台灣俗諺語典

卷七◎台灣俗諺的鄉土、慣俗與信仰

陳主顯　著

給我的孩子
宜寧、秉樺、信慧、立德：

水是故鄉的甜，月是故鄉的圓。

Chuí sī kò·-hiong--ê tiⁿ, goéh sī kò·-hiong--ê îⁿ. (11.46)

　　——甜，鹽水港的水；圓，月眉厝的月！

天，會光會暗。

Thiⁿ, oē-kng oē-àm. (35.34)

　　——運命，循軌而動；本份，知睏知醒！

序　言

　　夢裏的故鄉是綺麗的，浪漫的，滿有慈母的光輝和聖潔。多少時候，在他鄉外里蕩漾於心湖的相思和美化的，就是故鄉台灣。故鄉何只美麗？她樣樣世界第一，她的子女俊秀，她的山川靈淨，她的社會富裕、平安；還有她的電腦、晶圓……。可是，歷史記錄和現況下的故鄉，不是如此。她在哀怨控訴：我的美貌被毀容，我的尊嚴被踐踏，我的地位被貶抑，我的產業被掏空，我的子女變爪爬仔，我最秀麗的「台灣小姐」也被中國改名，被打得流淚參賽。啊，台灣受傷慘重，是鬱卒的故鄉！好了，眼觀起鼻來呵幾聲《美麗故鄉咱台灣》吧。

　　誰敢說故鄉的壞話？誰敢將神聖的故鄉脫神話化？我不敢！我不敢跟故鄉的詩人唱反調；我不敢！我不要跟我自己的感情過不去。可是，千百句台灣諺語帶淚哭訴，流血指控外來政權和台灣人濫用她、強暴她、出賣她。我可用什麼形像來譬喻台灣呢？一個患了四百多年「血漏」的阿母。可憐啊，台灣還有人橫心要將她踢進出賣她的中國？台灣須要新的活命。故鄉台灣確實非常鬱卒！

　　故鄉鬱卒。台灣慣俗和信仰如何？敢會鬱卒？一言難盡！但見許多「唐山屎」在妨礙著心靈健康——台灣諺語鐵證如玉山。當然，有不少台灣人早已揚棄不好的，不合時宜的思想習慣和毒害

心靈的迷信。只是有許多掛名「復興文化」的名堂，使勁拼裝廢物，硬化的皮囊要裝注新酒；粗鉛白粉，畫烏漆白的臉譜，會塗出什麼雄來？唉，腐朽不去，新生不來；迷信不除，正信不生。習俗、信仰這領域，對於許多台灣人只是茶餘飯後的詼諧，加上對於真理的「你烏溪，我烏溪」（You are OK, I am OK！）腐乳心態，信仰可以炒成一片好景氣，被裁肢毀容的「落難神明」也就劫數難逃了——台灣俗語也是鐵證如玉山。好啦，緩閣講啦！台灣有的是嬌娜鄉土，有的是淳穆慣俗，有的是鬧熱滾滾的大拜拜，哪會如此消極。……您是說，筆者台灣諺語看多了，「眼花花，嘴飛飛」？

OK！您手中這本書包含「鄉土、慣俗、信仰」三個主題，乃是相當沈重的題目。幸虧靈巧的台灣諺語，不因為主題的莊重而變癡呆，她們仍然萬分靈精，萬分可愛。我撫鍵釋義諺語，眼精有神，心肝有歡喜快樂——雖然有時難免鬱卒憂傷——台灣人有高度的語言天份，加上台灣話的特質，有辦法在嚴肅的話題中穿插詼諧，在莊嚴的信仰中向關聖帝君博幾下笑杯，在劇烈的政治鬥爭中扮演著梨山老仙，隨緣笑罵，不過諷的刺的，都是要命的代誌，都是要急救台灣。可見，本卷選的台灣俗諺，不僅是台灣精諺，更加是台灣SOS諺，救我破船諺。相信，只要用心意來讀這些諺語，可能增加幾兩故鄉的愛，捨棄幾款無衛生的習俗和迷信。善哉，如此的話。

本卷收了不少政治新諺，大多是諷刺中國國民黨政府的，也有幾句是譏刺在朝的民進黨政府。先互您媚幾句也：

三民主義，無疾而終。（12.34）

市長二年半，水淹一樓半。（13.47）

民進黨執政一年半，人民財產去一半。(13.46)

北京食麵，台灣喊燒。(13.54)

贏了選舉，失了台灣。(15.33)

現代包公——包賭、包娼、包工程，包…。(15.25)

立委減半，風調雨順；黨產入庫，國泰民安。(13.48)

眞讚！這都是近年來常說的、常聽到的、常看到的諺語。她們眞幽默，也夠刺鑿；那股凜然不可抗拒的義理，更是要得。她們絕不像「吐血節目主持人」的刻薄尖酸，顚倒是非的亂彈。這些新諺反映著叫人深省的當前台灣的政治、經濟、社會問題，乃是每一個台灣公民應該深思，而遲早要做回應的呼籲。

關於「神佛」、「信仰」的巧妙諺語自然更多。先舉幾句來做參考：

先顧腹肚，才顧道祖。(34.15)

神明若靈聖，弟子著猴行。(34.17)

戇人拜公媽，那看那無來食。(32.20*)

田頭加一掘，呣通桌頭加一佛。(34.16)

看有食無癮仙膏，親像佛祖蒸香煙。(34.29*)

大媽愛過溪，二媽興冤家，三媽愛食燒酒雞。(32.16*)

余清芳害死王爺公，王爺公無保庇，害死蘇有志。(16.10)

土治公，土治婆，下你鰹，下你蠔，到時逐項無。(33.57)

當然，本卷釋義的不可能都是新諺，不可能都是詼而莊的巧

諺奇語。但筆者用心選的一千多句台灣新舊「鄉土、慣俗、信仰」諺語，仍然一本選諺原則，雅言俗語兼收，哲諺戇話並蓄，要在義理明白，對於主題有話要說。對於那些極粗極魯的俚諺，我做了些功德，將之放生原野。本卷千句台灣俗諺，分類整理做三章來做釋義。其綱要簡介於下：

第一章「鬱卒故鄉咱台灣」。本章焦點在移民、社會、政治、族群、人民；以台灣歷史變遷為線，台灣人和台灣社會的反映現象為面；分做六節釋義。

11.「唐山過台灣」：有關先民從唐山侵入台灣的許多諺語。這一節的特別處在於「唐山過台灣」(11.08)；我們注意到每一次所謂的「過台灣」，根本是侵犯台灣，災禍台灣。例如，鄭成功、施琅、蔣介石的「過台灣」，有誰不殘殺、酷政、恐怖、剝削台灣人？唐山人看到的台灣好，是台灣軟土深掘！本節的名諺：

好東都，好台灣。(11.01)

台灣錢，淹腳目／淹頭殼／淹肚臍／淹XX。(11.06)

未過黑水溝，無算出外人。(11.12)

唐山屎，放膾離。(11.29)

有唐山公，無唐山媽；無番仔公，有番仔媽。(11.31)

12.「殖民地慘況」：有關台灣人在外來政權統治下的慘況的諺語。從明鄭開始到中國國民黨政府為止，台灣人經驗到的是貪官污吏，恐怖統治，騙民宣傳，掏空台灣的政棍的傷害。反正，台灣人是遭殃的人民。本節有許多怨嘆：

大官食小官，小官食百姓，百姓食鋤頭柄。(12.08)

白道綁標，黑道圍標。(12.13)

一任省主席，億萬新台幣。（12.14）

第一任蔣中正，第二任于右任，第三任吳三連，第四任趙麗蓮。（12.21）

有執照的土匪，穿制服的強盜。（12.26）

13.「民情和族群」：有關描述地方民情，城鄉殊異的個性，閩客、漳泉、角頭、台灣人和外省人、異文化之間的緊張的諺語。此中，我們看到了最險惡的就是「獨統」之水火不相容。這是台灣人最嚴肅的挑戰，可惜的是不少台灣人甘願爲匪作倀。這節有非常寫實的名諺：

台北人驚食，下港人驚掠。（13.02）

好柴，無流過安平鎮；婿查某，無留置四鯤鯓。（13.11）

福佬嬤，討客兄。（13.22）

民進黨執政一年半，人民財產去一半。（13.46）

逢李必打，逢扁必反。（13.50）

14.「台灣人列傳」：有關台灣人民性的自我理解，還有男人女人、紅塵韻事、文人縉紳、勢力人士、傳奇人物、台灣賢哲，等類人物的形像和性情的諺語。本節有維妙維肖的俚諺：

台灣人，放尿抄沙繪做堆。（14.01）

標會仔，請人客。（14.22）

嘭嘭哱哱，趁錢飼老娼。（14.32）

騎車無用後架，胸前結油食粿。（14.50）

死渭水嚇破活總督。（14.56）

15.「選舉救台灣」：本節選取的都是選舉諺。台灣選舉之多，競選之烈，黨派之惡鬥，都打破金氏世界記錄。選舉能救台灣嗎？這是民主的方法，不然要怎樣？問題是一定要將選舉做好，假如台灣立委是中國政府的走狗，台灣總統是中國政府的特首的話，還要選啥！選舉諺透露出相當緊張的信息：

　　寧投台灣牛，勿選膨風龜。（15.06）

　　選舉無司父，加錢買著有。（15.14）

　　許榮淑輸張子源二票：買票俗作票。（15.28）

　　葬儀社愛人死，柱仔腳愛選舉。（15.29）

　　政客的天堂，選民的地獄。（15.30）

16.「獨立新國家」：有關台灣歷史上的民變、造反，明鄭、日本政府和中國國民黨政府利用台灣人當炮灰的的俗諺，以及在這種歷史大災難中台灣國家意識的產生，當家做主意願的展現。這類諺語應該不少，但在外來政權宰制下，此殺頭諺流傳下來的不多：

　　頭戴人的天，腳踏人的地。（16.03）

　　黃虎生在太平洋，未升天牙癢癢。（16.11）

　　台灣中國，一邊一國。（16.13）

　　新而獨立的國家。（16.16）

台灣是我們的鄉土，我們的國家，非常不幸的是四百年來，她的人民都在強權的踐踏下苟延殘喘，她的人民沒有清楚而堅強的「台灣國家」意識。到了今天，仍然是「台灣人，放尿抄沙膾做堆」（14.01），為了私利特權而甘願給中國幹爪牙，拿台灣納稅人

的淨財，來遊走中南海。唉，世間罕有的怪事！願這一章諺語對於「喪失歷史記憶的台灣人」有些清醒的作用。

　　第二章「悲喜禮俗見情意」。顧名思義，本章處理的是有關民間慣俗的俗諺。這一群諺語給我們展示了社會生活的形式，包蓋著年節、人生喜悲大事的習俗，慶弔往來的禮數，以及一些慣例雜俗。這類俗語好多是e世代的台灣人所難想像的，對照現代社會生活來看，可能相當有趣。

　　21.「民俗節慶」：這裏整理了年尾到年頭，台灣人過節：冬節、過年、元宵、清明、五日節等，一般民俗節日的俗諺。這節有可愛的俗語：

　　　食尾牙面憂憂，食頭牙撚嘴鬚。（21.02）

　　　大人愛趁錢，囝仔煩惱過年。（21.37*）

　　　十二月屎桶——盡摒。（21.08）

　　　乞食望普渡，長工望落雨。（21.41）

　　22.「婚嫁禮俗」：本節有關嫁娶的禮數、忌沖，婚娶的類型，食新娘茶的喜句和新娘歸寧「休假」的諺語。例如：

　　　有賒豬羊，無賒新娘。（22.03）

　　　食人的餅，就是人的囝。（22.05）

　　　四月死日，五月誤差，六月娶半年某，七月娶鬼某，八月娶土治婆。（22.12）

　　　也無死，也無大，也無廢親，也無來娶。（22.19）

　　　來食新娘一杯茶，互妳二年生三個；一個手裏抱，二個土腳爬。（22.25）

23.「喪葬禮俗」：闡釋了有關喪葬的準備，還有各種死喪、慣習，以及對於喪事的感想的諺語。這裏有知識的，有勸化的俚諺：

　　死查埔扛去埋，死查某等候外家來。（23.02）

　　麻衫無吊上壁，無算團。（23.12）

　　後生哭家伙，新婦哭面皮，查某囝哭骨髓。（23.15）

　　有孝後生來弄鐃，有孝查某囝來弄猴。（23.17）

　　在生若不孝，死了著免哭。（23.43）

24.「慶弔禮物」：本節集解的的是生命禮儀、慰弔禮節和送禮的忌諱一類的俗語。從這些諺語我們清楚看到台灣人親切有禮，不過也有些不合時宜的思想和做法，但多數諺句還能妥當反映社交生活的共識。例如：

　　見靈不哀，不如無來。（24.11）

　　貓親成，狗斷路。（24.14）

　　花插頭前，呣通插後壁。（24.15）

　　人情無厚薄，只要媱加漏。（25.17）

25.「慣習雜俗」：這裏我們選了民間雜俗的一些俚諺，有尊重習俗的叮嚀，有惡俗的記錄，有堅持慣例的相關俚諺：

　　入鄉問俗，入國問禁。（25.02）

　　後生得田骨，查某囝得田皮。

　　死貓吊樹頭，死狗放水流。（25.13）

　　舊例無滅，新例無設。（25.17）

好例著設，歹例著滅。(25.18)

　　習俗諺語反映出某些日常生活和民間互動行為的規範，某些諺句顯得頗有權威，乃是社會合理化了的行為的形式。有許多習俗顯得相當頑冥，正是村長老常掛在嘴角的「舊例無滅，新例無設」(25.17)。大哉，慣俗的力量！君不見，前厝九叔公「死貓吊樹頭」，後厝三姆婆「死狗放水流」。然而，在急變的台灣社會，在文明快速爬升的實況下，看這類諺語的直覺反應是：習俗的好壞立判，無所遁形；不過，將惡例壞俗丟進焚化爐的勇氣可能還是個問題。

　　第三章「神祕信仰安身命」。這章釋義的是有關台灣民間信仰的諺語。我們清楚意識到，零散的俗諺難以反映民間信仰現象的全面，但就收集的有限相關諺語，還可獲得一定的信息。本章我們分成六節做了釋義：

　　31.「天道天命」：有關信仰的客體，乃是善男信女相信的主宰；他們是信士寄託身家生命的超然對象，人格性的或非人格性的天、天道、天命。這節裏，我們可窺見台灣人對於聖之實在的認識和態度。例如：

一人一個命，好歹天註定。(31.03)

巧的食戇的，戇的食天公。(31.19)

人飼人剩一支骨，天飼人肥朒朒。(31.21)

天害人則會死，人害人𣍐死。(31.23)

越奸越巧越貧窮，奸奸巧巧天不容。(31.29)

32.「神鬼世界」：有關崇拜、獻祭、敬禮的對象，如天神、地祇、物神、神仙、佛祖、聖賢、英烈、祖先、厲鬼等類的俗諺。例如：

南斗注生，北斗注死。（32.02）

會顧得東嶽，膾顧得城隍。（32.05）

床母公，床母婆，保庇阮囝勢大漢，勢迌迌。（32.07）

註生娘娘，唔敢食人無囝油飯。（32.11）

南部迎媽祖，北部大道公。（32.16）

33.「祀神祭禮」：本節釋義的是有關祭祀的時間、地點、祭物和獻祭的態度等類的俗語。例如：

中晝犒天兵，下昏犒將。（33.02）

二月二，土治公搬老戲。（33.04）

三月猶媽祖，四月迎王爺。（33.06）

豬公掛金牌，笑哈哈，眞搖擺，死唔知。（33.27）

拜忌辰拜到散，食忌辰食到胖。（33.53）

34.「宗教態度」：有關弟子對於神佛鬼神的行動、見解、心理反應：虔誠信靠，褻瀆不信，有馬虎安信，人神合作，等等反應的諺語。例如：

舉頭三尺，有神明。（34.01）

在世爲正人，死後爲正鬼。（34.04）

燒一炷清香，卡好刣豬倒羊。（34.09）

問神就有唔著，看醫生就著食藥。（34.14）

也著神，也著人。（34.37）

35.「時數命運」：本節釋義有關時、運、命的諺語。不過這個問題牽涉的範圍既廣泛又專業，民間流傳的相關諺語不足以全面地反映時運命的信仰內容，但對此主題的態度的描述應該有一定的份量。本節有不少常用的命運諺：

運去金成鐵，時來鐵成金。（35.02）

歹戲，抵著神明生。（35.07）

一百枝籤詩，去抽著罰油。（35.15）

濁水溪五十年清一遍。（35.40）

三分天註定，七分靠拍拚。（35.45）

36.「因果報應」：這裏注釋的是有關因果報應的諺語，這是台灣民間大部分人深信不疑的信仰。從有限的諺句我們尚能清楚看出堅信因果和報應之必有，以及報應的方式，還有對報應的懷疑。例如：

冤有頭，債有主。（36.02）

善有善報，惡有惡報；唔是無報，天時未到。（36.10）

草索拖俺公，草索拖俺父。（36.13）

亂亂做，繪責頭也責尾。（36.18）

紅面的，快落籠。（36.22）

台灣民間的信士們的宗教信仰熱情令人印象良深，對於神佛祖宗的虔誠令人感動。不過，民間信仰本身累積太多未經理性反思的要素，崇拜的對象過分繁雜，從天神到物神都有。這些重要的信仰內容是否應該整理一下：例如，我要拜什麼樣的神？他的

神格是什麼？理解此類問題，應該有益於信仰吧。

還有，從本卷集得的這些俗諺看來，民間信仰的巫術欲求和儀式化信仰趨向相當濃烈。在這方面，是否應該加強倫理的自律？這樣的話可能提升信仰的素質和境界，因為無限制的宗教欲求難免誘人濫用宗教，使之成為異化人性的工具。

有關「時數命運」和「因果報應」此二大問題，筆者的解諺是客觀的解說，讓諺語自己說話。但難免下按語，透露一己的感想，例如，筆者有不同角度的理解因果和報應，對於未能領會的「因果通三世」則表示保留。顯然，這並不影響筆者對於不同宗教信仰的尊重；求同存異，大家追求更加淨明的靈性，乃是筆者的祈願。

雖然筆者抱持謹慎、警惕的態度注釋《鄉土、慣俗與信仰》，以求避免誤釋台灣歷史，誤解台灣民間慣俗和信仰。然而，學識和宗教經驗淺薄，錯誤難免，敬請讀友指正。

停鍵前，我要感謝前衛出版社林文欽社長給與的鼓勵，給我無限制的自由發揮，例如，從卷一的234頁篇幅逐卷加厚，到了卷六已有666頁之多。前衛不惜工本，大力支持《台灣俗諺語典》這套書的發行，筆者深深感動。願這本書能夠符合前衛鼓舞台灣文化意識的宗旨，也能獲得諸位讀友的喜愛。

完成本卷時，正好我國成功地壓制了「中國肺炎」。我滿心歡喜，感謝上帝，感謝醫衛人士和所有的協力者。深信只要大家一心一意愛台灣，咱的故鄉哪會有啥鬱卒？撫鍵至此，我的心肝快樂，我的肺腑歡暢，我愛和您高唱：

咱的故鄉

美麗的島嶼台灣

山綠水青

花蕊四季齊開

善良的百姓

認真打拚做工

爲著光明前途暝日奮鬥

願上帝賜福阮所愛的故鄉台灣

伊是阮心內永遠的母親

無論離開外呢遠？

無論經過外呢久？

一生一世永遠會思念妳

咱的故鄉台灣*

陳 主 顯 謹誌

2003年六月六日
於德國古城Mainz

---

*《咱的故鄉台灣》，白蕊詞，林福裕曲。曾在音樂會中發表，由作曲者林
老師親自指揮，聲樂家葉君儀小姐擔任女高音獨唱，鋼琴家許景涓小姐
伴奏。贏得會眾的熱烈共鳴，和樂評家的稱讚：「台上、台下交融在一起
的熱淚盈眶與澎湃情感……當交織著血淚的嘔心之作獻給孕育之母──
咱的故鄉台灣，我們感受到的正是故鄉月好圓，咱的歌好美，咱台灣有
望！」

卷七　鄉土、慣俗與信仰

序言   I

第一章　鬱卒故鄉咱台灣 ——————— 1
第一節　唐山過台灣   3
第二節　殖民地慘況   52
第三節　民情和族群   93
第四節　台灣人列傳   136
第五節　選舉救台灣   180
第六節　獨立新國家   210

第二章　悲喜禮俗見情意 ——————— 233
第一節　民俗節慶   235
第二節　婚嫁禮俗   270
第三節　喪葬禮俗   288
第四節　慶弔禮物   315
第五節　慣習雜俗   329

第三章　神祕信仰安身命 ——————— 345
第一節　天道天命   347
第二節　神鬼世界   380

第三節　祀神祭禮　　　　　　　　　　　　　　*421*

第四節　宗教態度　　　　　　　　　　　　　　*463*

第五節　時數命運　　　　　　　　　　　　　　*492*

第六節　因果報應　　　　　　　　　　　　　　*525*

本卷索引 ──────────────────────── *553*

一、發音查句索引　　　　　　　　　　　　　　*553*

二、筆劃查句索引　　　　　　　　　　　　　　*597*

三、語義分類查句　　　　　　　　　　　　　　*619*

第一章

鬱卒故鄉咱台灣

第一節　唐山過台灣

本節段落：

台灣眞好01-07　唐山闖台08-14　未竟樂園15-22　拼命開發23-26

城鎮出現27-28　脫離唐山29-30　根植台灣31-36　鄉土情懷37-48

【01】

好東都，好台灣。

Hó Tang-to͘, hó Taî-oân.

Ho Tāng-to͘, ho Taī-oân.

有活路，新希望。

　　舊時，閩南唐山人用來稱讚台灣，說她是「逃難地」，又是「好趁食」的樂園。此所以新舊移民、難民、敗軍、偷渡人冒死竄台。

　　東都：原住民稱本地（今台南安平一帶）爲Taiuan，鄭成功據台，侵入者聽做Taioan。鄭氏忌諱Taioan音似「埋冤」、「埋完」，而改名做「東都」。❶　台灣：此詞到了萬曆年間（1573-1620）才通用，僅指現在的台南安平；用指整個本島，要到光緒十一年之後（1885）。❷　好趁食[hó thàn-chiah]：賺錢容易，生活安適。

　　人人都說台灣好！

　　唐山老難民說，台灣好！台灣是他們逃避內亂，避開饑荒，終結貧困，成家立業的樂園。君不聞，他們說「台灣，土軟」；台灣「…無餓死」；「來去台灣允有某，唔免唐山即艱苦。」(→.03-04; .07)眞的，台灣是他們的活路，是他們的希望。

　　清國海軍總司令施琅也說，台灣好！消滅鄭王朝之後(1683

年)，他向康熙皇帝力奏台灣有「三大好」：一好，土地肥沃，物產豐富；二好，位置重要，可保大陸；三好，收服台灣，壓制反攻。(→施琅，《陳台灣棄留利害疏》)確是如此，皇帝准奏，把台灣人製成「清國奴」。

貪官污吏都說，台灣好！她是歪糕人的勝地，「三年清知府，十萬雪花銀」，好賺！一任秘書長，A得十幾億元，免坐牢，又幹啥黨主席！噫，如此「好趁食」，不出50年，他們就砍禿了青山，污穢了綠水，淘空了資源，墟化台灣。啊，鬱卒，鬱卒的鄉土。

當然，我們台灣人都說，台灣好！只因爲她是生我養我的母親，在外來政權的凌辱下，她矜持著莊嚴獨立的風度；在風颱水災、土石流侵襲下，不停地用她的美麗和奇妙來撫慰所有的兒女。❸是的，母親台灣婿閣好！

【02】

第一好過番，第二好過台灣。

Tē-it-hó koè-hoan, tē-jī-hó koè Taî-oân.

Tē-it-hó koé-hoan, tē-jī-hó koé Taī-oân.

新希望在東南海！

指出唐山人理想的移民或偷渡的目標：一是「番」邦，二是台灣。

過：漠然地指遷徙、移居、偷渡到別的地方，字面義是「過去」。　番：舊稱南洋，今東南亞諸國。

唐山人爲什麼成群結隊，沒完沒了的「過番，過台灣」呢？清國官王家彥有言：「閩省……民耕無所，且砂礫相薄，耕亦弗收，加以年荒賦急，窮民於是走海如鶩，長子孫於唐市，指窟穴於台灣。」(《台海使槎錄》)

可憐！原來是因為唐山不能讓他們安身立命，農民沒有耕地，有的是貧瘠砂礫的荒埔，年多收成少，就是荒年也得照樣納稅。民不聊生啦，只好「走海如鶩」，窩居「番」邦的唐人窟來生產子孫，偷渡美麗的台灣來繁衍後裔。

誰要餓死唐山？走出活路，實現美夢吧！排除頹喪的現實，眺望海的那一邊，南進自由的番邦，東渡富庶的台灣！

【03】

台灣，土軟。

Taî-oân, thó ͘ nńg.

Taī-oân, thô ͘ nńg.

妙台灣土也柔情。

可能是中後期唐山過台灣的移民的讚嘆。用法有：一、表達歡喜滿足，因為腳下的台灣土，是那麼柔軟肥沃，豐收一定有。二、斷言台灣是移民的好家鄉，住得溫暖，活得舒適，魅力十足，人人心甘情願根植本地，認同台灣。

土軟：土壤成分有黏土，涵有適量的水分，乃是上等耕地；引喻，富裕又溫暖，牢牢吸引住移民或外來人的鄉土。

台灣原是「土軟」的寶島，庇蔭著老的、新的移民和他們的後代，使之安居樂業，繁衍不息直到今天。

但，我們驚覺到「台灣變硬」了！君不見，蒼嶺癩痢，綠崗崩解，地靈衰竭了，再也無力承戴甘露，涵蘊雨水。噫，深井無泉，大潭乾涸，水庫見底，良田被迫廢耕，縣市缺水起紛爭。

可惡，黑官奸商欺我台灣「軟土深掘！」(→246.27)

【04】

有病死，無餓死。

Ū pīⁿ-sí, bô gō-sí.

Ū pīⁿ-sí, bō gō-sí.

餓鬼終結所！

　　早期唐山移民稱讚新家鄉台灣的話。說，雖然水土不服，一旦罹患惡疾，可能有死無生；但，台灣一定能飽我腸胃，免當餓鬼。

　　本句，修辭用的是對偶異對格；以相同的字數「病死」和「餓死」爲對偶，來對出「有」此「無」彼的不同結果。

　　當時，台灣雖是天生麗質，但氣候濕熱、疫病橫肆，頗不衛生，所謂「台地初闢，水土不服，病者即死」(《台灣外記》)。君不見，明鄭英雄鄭成功在台灣準備「反攻大陸」未及二年，就敵不過「惡性瘧疾」，❹含恨以終。

　　或問，眞有「無餓死」的台灣嗎？有！豈只無餓死，又有餘力救濟唐山原鄉的饑民，所謂「晚稻豐稔，千倉萬箱，資贍內地」(《重修台灣府志》)。台灣物產豐富，「肉粽歸縖，土虱歸甕。」嘉哉，福爾摩莎，漁米之國！

　　附帶而言，日本領台(1895年)，帶來進步的醫療技術，衛生設施普遍。同時，台灣人認眞開墾「蠻荒」，淨化瘴氣惡水，消滅蚊蟲，環境變得清潔衛生。此後，「有病死」的機率大大降低。

【05】

金林投，銀八罩。

Kim nâ-taû, gîn pat-taù.

Kīm nā-taû, gīn pat-taù.

金銀島也。

　　形容澎湖馬公和八罩的漁產豐富，宛如蘊藏金銀的寶島。

*林投：林投樹也，此處指代馬公，因本島林投樹處處。馬公，原
名媽宮，澎湖縣府的所在地。　　八罩：澎湖群島的第四大島。南北長
五公里，東西寬約1.5公里；本島為著名的漁場，以出產美麗的文石
而聞名全國。*

　　漁民在意漁獲，那是謀生要務。若果終生浮海，盲於海島的
美麗，真是可悲！君不聞，十六世紀葡萄牙水手船過太平洋台灣
海域時，看到鬱鬱蒼蒼的台灣，不禁歡呼：「伊哈，福爾摩莎！」
("Ilha Formosa！")

　　啊，好浪漫的水手，心裏有美的感動，曉得欣賞我們的島
嶼！身為美麗島人(Formosan)豈可心眼只見金銀，要殺盡水族，
偷空寶石？看一看晶瑩燦爛的海岸，聽一聽風浪奏灘的樂曲吧！
這樣，「金林投，銀八罩」才有喘息的時間，繁衍、永續的機會。

【06】

台灣錢，淹腳目。

Taî-oân chîⁿ, im kha-ba̍k.

Taī-oān chîⁿ, īm khā-ba̍k.

黃金滿溢？

　　舊時唐山人的讚嘆，說台灣人民富裕，花錢慷慨大方，財源
就像滾滾大水，潦下去就有。

　　另有三句同類新諺：「台灣錢，淹腔尿」，「台灣錢，淹頭殼」
和反義句：「台灣債，淹肚臍。」這幾句雖是誇張粗糙，但頗有警
醒作用。

　　*淹：(水、油、土等物質)蓋滿(物體)。　腳目：足踝。　腔尿
[chi-bai]：女人的陰部。　頭殼[thaû-khak]：頭顱。*

　　據《台灣府志》所載：「郡中富庶，百物價倍，購者無吝色，

貿易之庶，期約不愆。傭人計日百錢，[尙且]不應召，屠兒牧豎，腰纏常數十金。」準此，比較唐山原鄉，台灣眞是錢淹腳目，極有錢途的金樂園了。

不過，台灣本地人的觀感是極不相同的，所謂「台灣錢，淹腳目」，或說「台灣錢，淹頭殼」，乃是諷刺！刺邪幫黑官惡吏「雙腳，挾一個卵脬」(→131.27)而竄來，「五子登科」(→613.19)而逃去。

致於新諺「台灣錢，淹膣屎」，用來譏刺近年來大陸妹偷渡來台灣「趁食[thàn-chiah]」的慘況。據悉，目前我國百業蕭條，但首都台北卻是春城無處不飛花，性業威震東瀛，《極樂台灣》驚動天下。相傳，馬市長因此大呼「國恥！」立下海誓，要消滅探春倭寇。

最後一句「台灣債，淹肚臍」，乃是親共反台者用來批評民進黨政府的。其實，國民黨政府執政到2000年5月20日時，債務已達二兆五千億元以上。(→《自由時報》2000(7.11):4)——也許，「錢進中國，債留台灣」才是債淹肚臍的禍根。

總之，「錢淹腳目」或「錢淹XX」，乃是社會病態，必有無數女人、男人、官僚沈淪「錢災」。今讀此老諺，能不驚覺台灣社會一片瘋狂賣錢、追錢、A錢的陰風麼？

【07】

刺瓜刺刺刺，東都著來去；
　來去允有某，呣免唐山即艱苦。

Chhì-koe chhì-chhì-chhì, Tong-to͘ tioh laî-khì;
　　laî-khì ún-ū bó͘, m̄-bián Tn̂g-soaⁿ chiah kan-khó͘.

Chhí-koe chhí-chhí-chhì, Tāng-to͘ tiō laī-khì;
　　laī-khì un-ū bó͘, m̄-bén Tn̂g-soaⁿ chiá kān-khó͘.

唐山人的春夢。

　　這句謠諺可能流行在清國據台初期，閩南唐山的單身漢之間，謠出他們心裏大願：來台灣終結窮苦的唐山生活，好建立個幸福的家園。

　　本句修辭生動可愛，用「刺瓜刺刺刺」來起興，然後第二分句，突現著「允有某，免艱苦」的美夢。

　　刺瓜：又名胡瓜，學名Cucumis satuvs L.英文名cucumber；因瓜體長有瘤狀小刺粒，故名刺瓜。刺瓜是一年生葫蘆科蔓性草本植物，原產地印度。我國已經育成萬綠、錦美、新市3號等十幾種新品。全國全年都可種植，三至十一月為盛產期。　刺刺刺：形容多刺。　允有：一定有（預料的人、物）。　某：俺某、牽手、賢妻也。　唐山：原指清國的領土，今中國大陸；字面義，大唐帝國的地域。

　　話說「允有某」乃是誇張之詞，誰能保證渡台的羅漢腳「有某」？君不聞，「雁叫一聲，散人著一驚」；「紅柿出頭，羅漢腳目屎流」（→131.39–40）；「無某無猴，穿衫破肩頭」；「無某無猴，做賊做鱟」。（→521.06; 521.09）這些俗諺說的都是羅漢腳的慘況。雖然美麗、健康、能幹、大方的本地小姐多的是，但得問：羅先生憑啥條件獲得美人青睞？牽不到手，入不了閣的，比比皆是。

　　但，優勝劣敗是現實的，夠格的羅弟兄們如願實現「允有某」的美夢。於是「唐山公，台灣媽」喜劇，在美麗島大公演——據說，現在台灣人有九成以上就是他倆的賢後裔。

　　羅先生，恭喜哦！台灣太太美又賢，生囡做穡件件能，族群融洽萬代興。來，來！乾啦！

【08】

唐山過台灣。

Tn̂g-soaⁿ koè Taî-oân.

Tn̂g-soaⁿ koé Taī-oân.

歷史大難的模式。

　　用來描述清國據台初期，個人或集體，從唐山移民或偷渡來台灣的事件。

　　這句諺語平常都從「個人的」移民或偷渡來解說，但轉個角度，從「集體的」所謂「過台灣」來考察它對於台灣的影響，則更能把握住這句史諺的精華。

　　非常不幸，台灣短短四百年歷史有不少大規模的「過台灣」：荷蘭、西班牙、明鄭、清國、日本、國府，等等。可怕的是，每次「過台灣」，台灣隨即淪陷於刀山劍海，成為夜叉魍魎橫肆的地獄。限於篇幅，我們只點出：鄭成功和蔣介石「過台灣」所帶來的大災難：

　　鄭成功過台灣：1662年，鄭成功帶四萬多軍民過台灣。此時平埔族只有二十幾萬人，❺唐山人約有十萬；❻這三十萬人從此背負起餵養四萬大軍的重擔。這時，台灣還是窮鄉僻壤，鄭氏的「屯田養兵」，實是與民爭地爭利：草地鹿場被侵佔，人民再也無法打獵維生，也繳不起重稅。平埔族人的「叛服」者，被抄家，被滅村，其酷暴殘忍甚於荷人。❼鄭成功死後的三十餘年間，鄭王朝藉「反攻大陸」來剝削人民，苟延腐敗淫亂。小朝廷被大清帝國統一之後，「回歸」祖國唐山去了。台灣人則留下來當「清國奴」。

　　蔣介石過台灣：1949年前後蔣介石從中國撤退來台灣的軍民有二百萬人。❽當時台灣人只有六百萬，如何供養起這大群難民

難兵？住，就是個大問題：一派佔領軍的傲氣，住進寺廟、學校、民間大宅。軍紀蕩然，不談也罷。此後台灣人惡夢連連。僅舉出比較長遠的「蔣介石過台灣」的禍害：

・蔣政權藉著「二二八」殘殺一、二萬台灣菁英。繼之清鄉、戒嚴、懲亂，迫害傑出的意見領袖。結果，政治成為禁忌，台灣人罹患嚴重的政治冷感症。

・蔣政權宣傳「反攻大陸，消滅共匪」，來閉門稱王，自絕於國際社會。結果，台灣人成為國際孤兒，並留下「共匪」吞噬台灣的瓜葛。

・蔣政權打壓台灣文化，嚴禁、醜化台灣話，強力推行「國語」。結果，老台灣人變成聾啞而失業，祖孫長幼不能溝通，台灣文化破碎，尊嚴掃地。

・蔣政權強將「中國」搬來掩蓋「台灣」。大街小巷、機關學校、電訊媒體、報刊書籍、身份證照，等等，都變成「中國」的。結果，模糊了台灣意識，混淆了認同體系：但知中國，不知台灣；連立委都回答不了「我是什麼人？」

一言難盡，「蔣介石過台灣」，古今台灣第一大災難！退一步言，「唐山過台灣」乃是台灣人的根本「災禍」。難怪，難怪，先賢大聲疾呼：「台灣不認唐山！」(→.29)

【09】

唐山過台灣，心肝結歸丸。

Tng-soaⁿ koè Taî-oân, sim-koaⁿ kiat kui-oân.

Tn̄g-soaⁿ koé Taī-oân, sīm-koaⁿ ket kuī-oân.

唐山賢妻的閨怨。

閩南唐山人用來反映家人移民或偷渡「過台灣」的焦慮。他們

有過台灣海峽的危險，有不服台灣水土的威脅，有工作不成，爲非作歹的墮落，有死無藏身之地的可能性。

有更強烈的類似句：「唐山過台灣，血汗粒粒像飯丸。」

心肝結歸丸：形容心思愁苦鬱結；歸丸，凝結成團。　*血汗粒粒像飯丸*：形容極度憂愁悲苦而泣血，驚慌而流冷汗，粒粒大如飯團。

這句俚諺取自歌謠，可能流行在十八世紀中葉閩南唐山人之間。這時期閩南窮民的「過台灣」不都是「移民」，大多是沒有組織，沒有資本，沒有政府保護、輔導的盲流。如此「過台灣」，事故多，凶險高，但這是唯一的活路，如何是好啊？於是，「莫過台灣歌」應運而生，用來發洩心裏的煩惱和驚慌，也好當做偷渡人的勸善歌。有歌唱道：

…………

在厝無路，計較東都，

[chaī-chhù bô-lō͘, kè-kaù Tang-to͘]

欠缺船費，典田賣租，

[khiàm-khoeh chûn-huì, tián-chhân boē-cho͘]

悻悻而來，威如猛虎，

[héng-hèng jî laî, ui jû béng-hó͘]

妻子眼淚，不思回顧，

[chhe-chú gán-lē, put su hoê-kò͘]

直至海墘，從省偷渡，

[tit-kaù haí-khî, chiông-séng thau-tō͘]

不怕船小，死生天數，

[m̄-kiaⁿ chùn sè, sí-siⁿ thian-sò͘]

…………

舊衫穿破，無人通補，

［kū-sa chhēng phoà, bô-lâng thang pó˙］

年終月滿，領取工顧，

［nî-chiong goe̍h-moá, niá-chhú kang-kò˙］

工藝不做，日夜嫖賭，

［kang-gē m̄-chò, ji̍t-iā phiâu-tó˙］

…………

食鴉片煙，穿緞綢褲，

［chia̍h a-phiàn-hun, chhēng toān-tiû-khò˙］

…………

結交表妹，綾羅絲布，

［kiat-kau piáu-moē, lêng-lô si-pò˙］

動頭搖目，朝歡暮樂，

［tōng-thaû iô-ba̍k, tiau-hoan bō˙-ga̍k］

牽車看戲，伸手相摸，

［khan-chhia khoà-hì, chhun-chhiú siō bong］

弄嘴斟唇，不顧廉恥，

［lāng-chhuì chim tûn, put-kò˙ liâm-thí］

…………

愁苦致病，酒色所誤，

［chhiû-khó˙ tì-pī, chiú-sek só˙ gō˙］

要水止渴，無人照顧，

［aí chuí chí-khat, bô lâng chiàu-kò˙］

命危旦夕，拖出草埔，

[miā guî tàn-sek, thoa chhut chhaú-poˊ]
……

死無棺木，骨骸暴露，
[sí bô koan-bȯk, kut-haî pȯk-lō˙]
豬狗爭食，並無墳墓，
[ti kaú cheng-sȧt, pēng bô hûn-bōng]
家後妻小，不知其故，
[ke-aū chhe-siáu, put-ti kî kò˙]
望夫寄信，奉養公姑，
[bāng hu kià-sìn, hōng-iōng kong-ko˙]
非是天命，自入邪路，
[hui si thian-bēng, chū jȧp siâ-lō˙]
…………

身死他鄉，妻思別路，
[sin sí tha-hiong, chhe su pȧt-lō˙]
勸君往台，須當勤苦，
[khoàn-kun óng Taî, su tong khîn-khó˙]
貪花迷酒，絕嗣廢祖，
[tham-hoa bê-chiú, choȧt-sû hoè-chó˙]
…………❾

此情此景，確實叫人不安，唐山賢妻，堂上老爸老母，一定牽腸掛肚，心肝結丸！但不可忘記的是，台灣老住民看「唐山過台灣」時，難道不「心肝結歸丸」嗎？外來族群的大軍酷吏壓境，騙、拐、搶、殺，都是殘酷的事實，都是永遠的傷害。

　　逝者已矣，凡我台灣人應當記取歷史教訓，同舟共濟，來建設平安的台灣，永續美麗的島國。

【10】

有羅漢腳查埔，無羅漢腳查某。

Ū lô·-hàn-kha cha-po·, bô lô·-hàn-kha cha-bó·.

Ū lō·-hán-khā chā-po·, bō lō·-hán-khā chā-bó·.

絕後的犧牲品。

　　用法有：一、指述台灣歷史中「某些時期」人口的異常結構：只有男「羅漢腳」，而沒有女單身貴族的社會。二、指出唐山偷渡人懸留在台灣的慘況，社會一片無某無猴。❿

　　這句老諺用對偶反對格來修辭，看她字數相等，男女羅漢腳兩兩相對，對出那拓荒時期台灣沒有「女羅漢腳」，只有「男羅漢腳」的歷史悲劇。讓聞聽此老諺的人，心發沉，耳刺逆。

　　背景：台灣歷史上的「男羅漢腳」社會，並不以清國據台的海禁為肇始。順治十八年(1661)鄭成功帶來台灣的官兵家眷有三萬多人；康熙三年(1664)鄭經再帶官兵眷口六七千人。總明鄭人馬有四萬之眾，而其中沒有家眷的「十有五六」。⓫後來，被遣散回唐山的「偽明鄭官員」人數不出一萬，留在「反清復明」基地上的三萬軍民，只能繼續扮當「羅漢腳」了。

　　說來不忍，史上最大群的「羅漢腳查埔」不是明鄭軍民，也非唐山偷渡族，而是蔣介石逃難台灣的那一大群軍民。1945到1949年間，陸續從中國「轉進」台灣的，據說有二百萬人。⓬這二百萬之眾，多少人要註定當「羅漢腳」？打個五折吧，「羅漢腳」就有1,000,000人。悲慘啊，蔣介石「反攻大陸」的幌子，出賣百萬「絕後」的犧牲品！

【11】

六死三留，一回頭。

La̍k-sí saⁿ-laû, chi̍t hoê-thaû.

La̍k-sí sāⁿ-laû, chi̍t hoē-thaû.

冒死而來的偷渡人。

用來形容清國據台初期，唐山人拚生拚死偷渡來台灣的危險和慘況：十個偷渡人之中有六人含冤而死，能留下來的只有十分之三。

同義句有，「三在六亡，一回頭。」另一句，「北港種芋」，說的是偷渡船，遇到海關稽查時，在離岸尚遠的海面被迫離船，不幸走入流沙，如人種芋埋之入地！——此外，還有「灌水」、「放生」、「餌魚」等惡行。⑬(→王必昌，《重修台灣縣志‧海道篇》)

北港：今雲林縣的北港鎮，原為河港，舊稱笨港。清國據台初期，唐山來我國中部的船隻由此上陸，聚成繁榮的港街，有諺道：「一府，二鹿，三艋舺，四笨港。」(→.26*)本鎮，有名聞全國的媽祖廟，建於康熙33年(1694)。

可憐！台灣人有無數祖先是「六死……一回頭」之中的倖存者。可悲！他們為了生存，而淪為偷渡人。可怕！為了更好的生活，來侵犯台灣原住民。啊，偷渡，偷渡，誰說是必要之惡？

那麼，昔日台灣先祖偷渡艱難如何？藍鼎元(1678-1733)留下一首「偷渡人」詩作，反映著偷渡人苦情和唐山政府的敗壞：

> 纍纍何為者？西來偷渡人；
>
> 銀鐺雜貫索，一隊一酸辛。
>
> 嗟汝為饑驅，謂茲原濕畇；

舟子任無咎，拮据買要津。

寧知是偷渡，登岸禍及身；

可恨在舟子，殛死不足云。

汝道經鷺島，稽察司馬門；

馬門有印照，一紙爲良民。

汝愚乃至斯，我欲淚沾巾；

哀再此屬禁，犯者乃頻頻。

……⑭

　　看了這首詩，您也許會說時過境遷，但未必然！只見「唐山」變成「中國」：中國的「大陸妹」、「黑工」、「毒品」、「武器」、「特務」源源偷渡來台灣，眞是捕不勝捕，防不勝防，偷渡犯收容所「靖廬」天天爆滿！

【12】

未過黑水溝，無算出外人。

Boē koè O͘-chuí-kau, bô-sǹg chhut-goā-lâng.

Boē koé Ō͘-chui-kau, bō-sńg chhut-goā-lâng.

烏籠關不住老鷹。

　　舊時，澎湖人(也可能是唐山人)用來鼓勵子弟，務必勇敢橫渡要命的「黑水溝」，登陸台灣來開創事業。

　　這句老諺用了對偶串對修辭格。句子的結構以「未……無」雙重否定來肯定某種條件的必要性；如此，使語氣變得鏗鏘有力。第一分句提出條件，以渡過「黑水溝」爲要求：第二分句懸示結果，「出外人」成焉。

　　黑水溝：黑水溝分有大洋黑水溝和小洋黑水溝。前者，廈門澎湖

之間的台灣海峽的海溝；後者，澎湖台灣之間的澎湖海道的海溝。**⑮**常言「黑水溝」係指大洋黑水溝：海水深黑如墨，漩渦急流，勢如黑洞，船隻橫流逆駛，乃是舊時唐山台灣間的最危險海溝。 出外人：不是觀光客，指離鄉背井去工作謀生的人；可能是「出外趁食的人」的省略。

澎湖群島天然資源和市場多有限制，而台灣具有比較好的發展條件，因此自清國據台以來，「澎湖過台灣」默默地進行著。結果，台灣港市重鎮，都有澎僑，政商學官多有傑出人才，圓融於台灣，貢獻本地。

是啦，唔通苦坐海埔哀破網，出外打拚則有氣魄，正是好男女本色！

【13】

大嶼窟，會得入繪得出。

Taī-sū khut, oē-tit ji̍p boē-tit chhut.

Taī-sū khut, ē-tit ji̍p bē-tit chhut.

注意！危險海溝。

用來形容唐山渡船來台，經過澎湖海域時海流凶險，一旦誤入「大嶼窟」則是有去無回，息勞往生了。

大嶼窟：可能是大嶼(七美嶼)海域的深溝急流形成的大漩渦。

【14】

澎湖若有路，台灣著出帝都。

Phîⁿ-ô͘ nā-ū lō͘, Taî-oân tio̍h-chhut tè-to͘.

Phīⁿ-ô͘ nā-ū lō͘, Taī-oân tiō-chhut té-tō͘.

大家來建設台灣！

舊時澎湖鄉親的展望和感嘆。說，渡台海路危險，海禁森

嚴，真是無法可想，否則來台打拚，事業可成，台灣必定發展繁榮。**⓰**

　　若有…，著……：台灣話的重要句型，用做「條件句」；滿足了某些條件，就有相應的結果。　　帝都：喻指經濟繁榮，文教鼎盛的都市。字面義，皇帝君臨天下的城都。

【15】

台灣地頭輕。

Taî-oân tē-thaû khin.

Taî-oân tē-thaû khin.

命該民主自由！

　　舊說，老先人用「地頭輕」來解釋台灣不出帝王，地方沒有人「中狀元」的原因。**⓱**

　　所謂「地頭輕」是風水說法，而「台灣地頭輕」意指台灣地氣不靈。為什麼？相傳，支那崑崙山脈是地氣的總根源，由該山延伸的地脈來發散靈氣。但崑崙山脈止於唐山，未能逾越黑水溝，因此台灣沒有唐山靈氣。

　　此說，附會「氣結崑崙……獨則無陰陽」(《青烏先生葬經》)。台灣「地理」是「獨」立自支那、中國的。同時，地無陰陽，則「龍不得會」，台灣會不到「黃龍天子」，結果，台灣不出皇帝，也缺狀元，高官顯爵也渺。

　　真好，「台灣地頭輕」，可斷絕專制帝王，可建立自由民主的國家。台灣人不須要走狗狀元，要的是服務人民的百業人才。

【16】

台灣梟雄山。

Taî-oân hiau-hiông-soaⁿ.

Taī-oân hiāu-hiōng-soaⁿ.

另類狐仙？

　　流傳在舊時唐山賢妻和唐山小姐之間。用來咒罵台灣，說她是「梟雄」的地方，出產美人來迷惑人家唐山的好女婿。

　　梟雄：形容背誓絕情急速難測；此處不做「奸雄」解。梟，原義猛禽、惡鳥，引申爲兇險不馴之徒。　山：用指地方。

　　看到唐山大姊，臭罵台灣美麗莊重的「山」，實有醋婦罵街之嫌。台灣青山峻嶺，石壁掛瀑，神木插雲，既能淨化性靈，又有馴化狂風暴雨之功，怎堪用「梟雄」來鄙夷？走鍵至此，心有感動，低吟「阮的山」來讚美懷念：

　　　　台灣的山，梟？
　　　　伊滿腹恩慈養育千萬囝兒！
　　　　台灣的山，雄？
　　　　伊寬宏大量庇護無數難民。
　　　　啊，阮的山
　　　　親像阿母涵懷乳水孕育眾生；
　　　　阮的山
　　　　也親像阿爸反抗風颱保衛鄉土。

【17】

唐山出虎，台灣出番。

Tñg-soaⁿ chhut hó͘, Taî-oân chhut hoan.

Tñg-soaⁿ chhut hó͘, Taī-oân chhut hoan.

漢人心非我即番。

　　台灣拓荒者用來形容，工作和生活的危險，說台灣的番害四伏，正如唐山屢有猛虎噬人。

　　這句俗諺用上對偶正對修辭格，對出唐山和台灣兩地都有危險：虎厄和番害。這種修辭式的強調處在第二分句。

　　無可諱言的，番害是台灣早期拓荒者常常遭遇到的災害，但番害並非單純的「番性好殺」所能說明的。**⓲**試想，成群入侵者，急速佔領自己的土地，用騙、搶、殺，無所不用其極地剝奪賴以生存的資源，生命危在旦夕，能不起而反抗，起來保衛嗎？

　　對照看來，「率虎食人」酷政，才是可怕可恨。君不見，支那改朝換代，莫不殺人如山，血流標杵；連近代中國「文化大革命」，也毀掉數千萬生靈。如此，台灣番害，算啥？小巫也。

　　今讀此諺，應該清楚意識到「苛政猛於虎」的古訓，必要隨時警覺，起來反對專制，消滅暴力，保衛共存同榮的人權。

【18】

花不香，鳥不語；男無情，女無義。

Hoa put-hiong, niáu put-gú; lâm bô-chêng, lú bô-gī.

Hoa put-hiong, niáu put-gú; lâm bō-chêng, lú bō-gī.

支那人才是東西！

　　支那大臣李鴻章，醜化台灣人物，用來搪塞責任，敷衍昏庸的慈禧太后。

　　背景：光緒20年(1894)，朝鮮國東學黨糾紛，求援清國。清國派兵干涉，日本同時出兵，二國因此衝突，演成「日清戰爭」。清國一敗塗地，翌年議和，五月二日在日本下關簽下「馬關條約」：賠償軍費二億萬元外，將台灣全島、附屬島嶼和澎湖「永遠割讓給日本」。

此時，台灣人極表憤怒，向北京發電諫阻，並呼籲國際干涉。五月二日簽約前適逢清國舉人應試，會集北京，呼籲拒約，甚至有大學士福錕奏請「誅李鴻章以杜和議之根……」

在這一片反對割台議和聲中，從未到過台灣的李鴻章口吐此言來「合理化」賣台。噫，台灣人，台灣人啊！替贖「祖國」的罪惡，還得遭受「祖國」的奇恥大辱！

台灣人今讀此諺，一定要反省「非我族類」都是番人愚民的邪見。當然，台灣人不容許「大中國主義者」以此惡見污衊台灣。

【19】

台灣，無三日好光景。

Taî-oân, bô saⁿ-ji̍t hó kong-kéng.

Taī-oân, bō sāⁿ-ji̍t ho kōng-kéng.

破雨傘王國。

工商界人士用來感嘆台灣社會，同行惡性競爭激烈，缺乏研創新品的意願，多傾向於仿造，結果賺錢的好光景短暫。❶❾

這句修辭格是相當有力的白描，直述「好光景」不出三天，何等短命啊！同類句有：「台灣錢，艱苦趁。」

無三日：極短暫；字面義，沒有三天之久。 好光景：商機多，錢滿溢。 艱苦趁：賺錢困難。

雖然本句負面地斷定台灣商景短暫快變，但急變的現代社會，「無三日好光景」也算正常。商業、經濟若要持續發展，多方適應，時時應變是絕對必要的，若要「維持現狀」無異於癡人說夢。君不見，六十年代台灣是世界「雨傘王國」，但登基不久就被廉價勞工的鄰國取代，台灣傘破利漏，光景不再。如何是好？台

灣人只好放棄破雨傘，造電腦、製晶圓，創造出一片好光景。

　　不過，令人悲觀的是，台灣錢繼續滾進中國，產業外移，資金失血，失業惡化。如此，恐怕「三年烏陰」都是過份樂觀！

【20】

台灣地，好無過三代人。

Taî-oân tē, hó bô-koè saⁿ-tē-lâng.

Taī-oān tē, ho bō-koé sāⁿ-tē-lâng.

錢阿舍的宿命。

　　用做警語。台灣老先輩鷹眼一照，看出唐山人來台打拚致富的後裔，沒有繼續維持家世超過三代者。

　　同類句有：「頭代鹽薑醬醋，二代長衫拖土，三代典田賣租」和「台灣地好𣍐過三代人：頭代鹽薑醬醋，二代長衫拖土，三代典田賣租。」

　　台灣地：台灣初創的社會，無關台灣的地理風水。　好無過三代人：好的家境不會超過父子孫三代。

　　說「好無過三代人」，為什麼？同類句有所暗示：阿舍囝不知創業艱難，不事生產，但知奢華淫樂。致於說「台灣地」好不過三代人，那就有關台灣整個社會的民風氣習了。什麼習氣？還不是缺乏人文馨香之氣，只知低俗的趣味，尚奢侈，好嫖賭，愛宴樂，興醉酒，癮鴉片，等等，一往淫肆糜爛，怎能好過三代？

　　（此處三句注釋，參看132. 32-35）

【21】

盡靠鹿耳門。

Chīn-khò Lȯk-ní-mn̂g.

Chīn-khò Lȯk-ni-mn̂g.

最後的飯票。

清國據台初期，鹿耳門一帶的討海人用來自嘲；說，鹿耳門這小沙港是我們唯一的衣食父母。

句裏的「鹿耳門」有訛音做「六衙門」或「六個門」者，而且都成爲流傳的俚諺。正句應是「盡靠鹿耳門」。

小檔案：一、鹿耳門是台灣的重要史跡。1661年新曆四月30日，鄭成功由此登陸台灣，驅逐荷蘭人，建立明鄭王朝(1661-1683)。於1662年，新曆二月十日，訂立荷鄭和約。

二、近年來，鹿耳門「天后宮」香火鼎盛。據聞，該宮正殿祀奉的是鄭成功隨艦的「鹿耳門媽」。——噫，媽祖幫鄭成功「反清復明」；施琅攻台，媽祖也隨艦。軍閥濫用神道，豈非太過？

三、1823年7月底，大水衝破鹿耳門媽祖廟，神尪流漓，寄普府城「水仙宮」。今該宮興盛，思想寄祀深恩而發動「寄普念眞情」，帶香擔、大旗、樂團、普品、信徒，浩浩蕩蕩來還香報恩。——神道間有恩報恩，頗有社教意義！

（參看，「鹿耳門寄普。」132.32

「無田無園，盡靠鹿耳門。」611.20）

【22】

甕內無米，三貂角也呣通去。

Àng-laī bô bí, Sam-tiau-kak iā m̄-thang khì.

Áng-laī bō bí, Sàm-tiāu-kak iā m̄-thāng khì.

還是轉進求生！

台灣老拓荒者的勸告，說，不論生活如何窮苦，就是無米爲炊，也不可冒險到「三貂角」去討魚、趁食。

這句老諺白話直述，但白得有力。句式用「…無…，也呣通

去…」來表達「強烈禁止某種可能解決問題的行動」——「甕內無米」問題嚴重，必須解決；但「三貂角」千萬去不得！爲什麼？隱伏殺機。

甕內無米：喻指一貧如洗，無米爲炊；舊時，白米都蓄於大小陶甕。　**三貂角**：屬台北縣，鄰接宜蘭縣，爲我國本島東北角，最東點，是個岩礁小岬角。三貂角，源自西班牙語「Santiago」，係1626年西班牙遠征隊命名者——西班牙有朝聖地，智利有首都，古巴有大都市名叫「Santiago」。

【23】

擔鹿港，走埔社。

Taⁿ Lȯk-káng, chaú Pō͘-siā.

Tāⁿ Lȯk-káng, chau Pō͘-siā.

雙肩挑起新市場。

用來敍述先人打拚經營台灣，說，在鹿港和埔社之間，商人和工人奔走不絕於途，做買賣於這一帶的鄉村市集。

這是一句非常可愛的台灣開發史諺，修辭又是萬分奇妙。看！「擔」和「走」，活現出臭汗淋漓的挑夫，埋首飛打算盤的大老闆；「鹿港」和「埔社」(今埔里)圖像化了城鄉互動，地方繁榮——乾嘉之間，鹿港文學、經濟鼎盛，而通往「埔社」沿途有彰化、草屯、南投，都是物產豐富，滿有商機的重鎮。

同類句有：「夯扁擔[pin-taⁿ]，走大路」；「擔扁擔，打天下」；「用孫中山打天下」。首句，可說是台灣島內初墾，在國內打拚的情形；第二句，台灣人認眞向外發展，但仍然以勞力爲主；最後一句，李前總統登輝博士名言也，指出外銷「勞力」早已過時，現在是用「資金」來賺錢，來影響世界的時代。

【24】

爬上三貂嶺，就無想家內某囝。

Peh-chiūⁿ Sam-tiau-niá,

　　chiū bô-siūⁿ--tio̍h ke-laī--ê bó͘-kiáⁿ.

Pé-chiūⁿ Sām-tiāu-niá,

　　chiū bō-siūⁿ--tiō kē-laī--ē bo͘-kiáⁿ.

向桃花樂園挺進。

　　用法有：一、拓荒者家眷的怨嘆。夫君翻過山嶺之後，就把家裏的「某囝」忘得一乾二淨。二、拓荒者自我鼓勵。說，冒著生命的危險過了嶺，進入新的墾殖區，只得放下家庭牽掛之情，專心工作！

　　關係句有，「什麼命？食到竹塹餅；什麼腳？行到倒吊嶺。」句裏的「倒吊嶺」[Tò-tiàu niá]就是三貂嶺的俗稱，可見其越嶺小徑之崎嶇難行。

　　同類句，「盤山過嶺，就𣍐記得家己的某囝」和「過山，唔知囝哭」。此二句強調著翻山越嶺的艱辛和拓荒者的心情。

　　三貂嶺：基隆河上游與雙武丹溪間之主要分水嶺，高525公尺；過嶺南下可達宜蘭。　某囝：妻子和子女。　盤山過嶺：翻山越嶺；墾山、抽籐、伐木工人，入山的情形之一。　竹塹餅：新竹餅，名產也；竹塹[Tek-chām]，今新竹。

　　為什麼說「爬上三貂嶺，就無想家內某囝」？相傳，拓荒者爬過三貂嶺來到了蛤仔難(今蘭陽平原)，舉目一看，荒地初開，工作機會多，生活容易，本地小姐美麗多情。於是，過不了多久，桃源情變了。

　　這裏的四句話，給我們留下先民開發宜蘭平原的痕跡，真是

彌足珍貴的見證。

　　小檔案：

　　一、漢人入侵蘭陽平原：嘉慶元年(1796)，吳沙率領千餘個拓荒者進入蛤仔難北部，遭遇到原住民抵抗，而退守三貂嶺。第二年，原住民痘疫流行，吳沙施藥救助，獲得信任，建立和約。吳沙歿後，其姪吳化，得寸進尺，到了第七年，已經驅逐原住民，到達「五圍」(今宜蘭市)了。❷⓿

　　二、險路危徑，三貂倒吊嶺：昔時從艋舺到蛤仔難必經三貂嶺，乾隆中葉嶺徑初開，崎嶇難行，「生番出沒，人多畏之」。嘉慶十二年(1807)台灣知府楊廷理將嶺路移東。姚瑩《台灣道里記》如此描寫三貂嶺：「盤石曲磴而上，凡八里，至其巔，嶺路初開，窄徑懸磴甚險，肩輦不能進，草樹蒙翳，仰不見日色，下臨深澗，不見水流，惟聞聲淙淙，終日如雷……」❷❶

　　三、思古幽情，三貂嶺古道：這條古道，刻畫著台灣政治、經濟、文化、軍事的痕跡。途中有咸豐元年(1851)警告濫伐山林「禁牌」，有同治六年(1867)台鎮使者劉明燈的「金字牌」，道：「……，穿雲十里連稠隴，夾道千章蔭古槐；海山鯨鯢今息浪，勤修武備拔良才。」

【25】

後山船無目睭，有去無回頭。

Aū-soaⁿ chûn bô ba̍k-chiu, ū-khì bô hoê-thaû.

Aū-soāⁿ chûn bō ba̍k-chiu, ū-khì bō hoē-thaû.

離苦海入新世界。

　　窮鄉僻壤的里人用來諷刺那些離鄉背井，到遙遠外地打拚，圖謀發達的鄉人。

本句原為林圮埔（今竹山）俚諺，修辭為起興式：「後山船無目睭」，足可引起山裏人的好奇吧！然後，企圖引起聽者的共鳴，刺那些離鄉的人「有去無回頭」，真是有眼無珠，枉費他食竹山蕃藷，喝竹山甘露水大漢的。

後山：自清國據台時期到前世紀五十年代前，後山一詞指花蓮（原稱奇萊）和台東（原稱卑南）一帶。而台灣西部稱為前山。 目睭：眼睛。

背景：同治十三年，因牡丹社事件，日本攻打南台灣。清國派沈葆楨來台視師，後來，他開鑿三條通後山的道路：由宜蘭、恆春、林圮埔。此時，林圮埔住民生活困苦，眼見新路通達「新世界」，於是相繼前來後山開墾。後山初開，地廣人稀，容易謀生；來者大多能建立家業，落地生根，也就不再回故鄉林圮埔了。㉒

【26】

荷人治城，漢人治野。

Hô-jîn tī siâⁿ, Hàn-jîn tī iá.

Hō-jîn tī siâⁿ, Hán-jîn tī iá.

紅毛城vs.虎尾寮。

老台灣人的自嘲。說，紅毛番算啥，只能治理那兩個迪斯奈玩具城，而我們漢人卻治理著鹿滿草場，千里沃野。

這句台灣史諺，修辭工整，辭格是對偶正對格，以「荷人」和「漢人」為對偶，說彼此都是「統治者」，彼此各有疆界，「城或野」。

荷人：荷蘭東印度公司的官民六百人，軍隊2,200人。 城：指熱蘭遮城（Zeelandia, 1630年建）和普羅民遮城（Providentia, 1650

建)。前者,原是軍事要塞,墟址爲今之安平古堡;後者,原址在台南市赤嵌樓。 *漢人*:*荷治初期,大多是農民、漁獵者,少數海賊黨徒,約有一、二萬人;後陸續從唐山正式移民來台灣,到了荷據末年,漢人已超過十萬。*

本句不能按字面直述,否則眞是打腫臉充胖子。當知,台灣歷史上第一個「統治機構」正是荷蘭東印度公司;這時期(1624-1662)的「漢人」只知漁獵和海上發財,缺乏政府、政權或組織的知識。於是,漢人「在野」生產所得,鹿皮、海貨、農產,等等,都得向荷蘭人納10%稅捐;獵鹿證,也得繳費——漢人哪裏是在「治野」?

走鍵至此,好像看到我國不少大商,充分發揮這句老諺的「精神」:「有錢賺就好,管它什麼鳥政府!」眞慘,奴隸性帶甲種!

【27】

一府,二鹿,三艋舺。

It Hú, jī Lȯk, saⁿ Báng-kah.

It Hú, jī Lȯk, sāⁿ Bang-kah.

港都排行ABC。

用來叙述我國台灣最早開埠的三大港,暗含她們分別建立了富庶鬧熱的都市,塑造著台灣三股不同特色的文化傳統。

這句老名諺的修辭格是層遞,按「府城、鹿港、艋舺」出現在台灣歷史舞臺的先後排列。應用序數來排列事件事理的前後、輕重、緩急等觀念,乃是台灣俗諺常用的形式。

所謂「一府,二鹿,三艋舺」已成定論。有趣的是,先人好像頗喜歡比賽,無能奪金摘銀的話,爭個老三老四也好。結果:

「一府，二鹿，三艋舺，四笨港。」

「一府，二鹿，三艋舺，四月津。」

「一府，二鹿，三艋舺，四北投。」

「一府，二鹿，三艋舺，四寶斗。」

「一府，二鹿，三新莊。」

「一府，二笨，三艋舺。」

　　府：府城，台南市。原址爲台灣府台江，今安平。明國時代漢人已來此拓殖。荷蘭、明鄭直到清末三百年間爲全台首府；光緒十八年（1892）劉銘傳將省治巡撫衙門移到台北。　鹿：鹿港。明鄭時期已有漢人聚此。雍正九年（1731），成爲中部最主要的貿易港。　艋舺：今萬華。明鄭時爲原住民聚落，本地人乘「艋舺」（獨木舟）來此交易蕃藷、柴薪。乾隆十一年（1746）艋舺渡頭已有宮廟，商郊，河深帆檣林立；嘉慶十三年（1808）市街增建，商船來集，越年縣丞遷來此地。到了道光二十年（1840），艋舺成爲淡水最大村鎮，巨商富戶雲集。　笨港［Pūn-káng］：今北港鎮，爲古港之一。乾隆五十一年（1786）泉人移民於此，而後繁榮。　月津［Goa̍t-tin］：今鹽水鎮，明鄭在此屯墾。雍正九年（1731）爲貿易港。　北投：今草屯北鄰。清國時船通大度溪，鹿港大商分行於此；台民抗日（1895），被毀成墟。　寶斗：今北斗鎮。乾隆三年（1738）建村於東螺溪大河洲中部，後被洪水所毀，道光二年（1822）建新市街於現址。　新莊：乾隆中葉，巨舟可由淡水來到新莊碼頭；三十二年（1767）設巡檢於此。　笨：笨港，今北港鎮。

【28】

來去鹽埕埔看查某。

Laî-khì Iâm-tiâⁿ-poˈ khoàⁿ cha-bóˈ.

Laī-khí Iām-tiāⁿ-poˈ khoáⁿ chā-bóˈ.

探春窺花鹽埕去。

　　舊時，有志一同的招呼。三五好友相邀趁入高雄市，鑽入「鹽埕埔」的溫柔巷來問柳看花。

　　鹽埕埔：日本領台後，於明治三十七年（1904）起三年，疏浚高雄港。將大量泥土填在一大片鹽田之上，蓋掉打狗八景之一的「鹽埕曉鷺」，驅散幾戶煮鹽民家，而成爲海埔新生地。後來，日人第一個都市計劃於此，市街產生，鶯鶯燕燕雲集；到了五十年代，此地段是高雄市最鬧熱的商業區。　查某：指趁食查某，酒家女或性業女士。

【29】

唐山屎，放獪離。

Tn̂g-soaⁿ saí, pàng boē-lī.

Tn̄g-soāⁿ saí, páng bē-lī.

惡質文化中毒深。

　　舊時老智者用來自省和批判。指摘唐山移民或偷渡來台灣的人，雖然歷經數百年仍然沿襲原鄉陋俗，不知隨新的台灣環境和時代的進步而革新。

　　這句俚諺用了相當粗糙的表象「唐山屎」，來比擬原鄉陋俗，以造成率直的，尖銳的諷刺。也許，對於奴性尙輕的台灣人，應該有警醒作用才是。

　　唐山屎：喻指唐山文化習俗中的迷信、禁忌、陋行、惡俗，等等有害的思想、心態、行爲、習慣。

【30】

安平呣認惠安，台灣呣認唐山。

An-pêng m̄-jīn Huī-oaⁿ, Taî-oân m̄-jīn Tn̂g-soaⁿ.

An-pêng m̄-jīn Huī-oaⁿ, Taī-oân m̄-jīn Tn̄g-soaⁿ.

他鄉久住爲家鄉。

　　舊時老移民用來表白身份歸屬，說，離開原鄉，工作生活在外已久，自己已經不再是唐山人了。

　　本句用省略詞法，以地名做爲該地人民的代詞，如「安平」指代安平人，「惠安」代惠安人。同時，「唔認」的對象都是原鄉，例如，澎湖人多是「惠安」一地的移民，而台灣人大多來自「唐山」。同類句有：

　　　　「澎湖唔認惠安，台灣唔認唐山。」
　　　　「橋南唔認惠安，台灣唔認唐山。」
　　　　「金門無認同安，澎湖無認唐山。」

　　看了這句老諺，未知從中國逃難來台，吃台灣米，喝台灣水，享受特權，將近一甲子的小姐先生們，有何感想？

【31】

有唐山公，無唐山媽；無番仔公，有番仔媽。

Ū Tn̂g-soaⁿ kong, bô Tn̂g-soaⁿ má;

　　bô hoan-á-kong, ū hoan-á-má.

Ū Tn̄g-soāⁿ kong, bō Tn̄g-soāⁿ má;

　　bō hoān-a-kong, ū hoān-a-má.

我們都是台灣人。

　　台灣人用來自勉自勵，務必認淸自己的台灣血緣，弄淸楚自己是誰。

　　這句台灣重要史諺的修辭式是對偶反對格：「有唐山公」對「無番仔公」，「無唐山媽」對「有番仔媽」，不但對得工整莊嚴，更是對得令台灣的大中國主義者心肌梗塞，叫數典忘祖的台灣人回頭認祖。

同類句有：「有唐山公，無唐山媽」；「有番仔媽，無番仔公」。

唐山公：台灣人的祖先來自唐山者。　番仔公：台灣人的祖公爲原住民者。　番仔媽：台灣人的祖媽爲原住民者，尤其是平埔族人。

蔣政權逃難來台灣以後，無所不用其極地灌輸「我們都是中國人」，以消滅台灣意識，便利中國外來政權的殖民統治。謊言百遍像實話，結果許多台灣人誤認「黃帝」爲祖宗，稱自己做「中國人」。

謊言止於智者，政治宣傳的「台灣人是中國人」，不堪學術檢驗。據悉：「根據馬偕醫院林媽利醫師、日本紅十字血液中心、東京大學人類遺傳學研究所等合作報告《從組織抗原推論閩南人及客家人，所謂台灣人的來源》，在基因上經族群系統發生樹及族群對應分析中，發現所謂台灣人及閩南人是屬於南亞洲人種，其人類淋巴球組織抗原(HLA)半套體與新加坡華人及泰國華人相近，屬於『越族』的後代，而非中原的『漢族』。古代越族文化被同化消失，但其子孫基因仍在。」❷❸

妙哉，原來「唐山公」是越族後裔，並非「中國種」；而台灣人乃是「番仔媽」和越族的「唐山公」恩愛的結晶。祖先是血統事實，不容捏造。台灣人的血緣既已澄淸，豈可繼續糊塗，濫認祖宗？豈可繼續混賬冒稱爲「中國人」？任何強迫台灣人接受的「中國人」標誌，都應該反對，徹底拋棄。

【32】

觀音抱大屯，贅婿攏唔轉。

Koan-im phō Toā-tūn, chio-saì lóng m̄-tńg.

Koān-im phō Toā-tūn, chiō-saì long m̄-tńg.

福地洞天好贅婿。

用來敘述入贅的唐山羅漢，割斷原鄉情結，忠誠於本地，來建立新的家鄉。

這是很美麗的諺句。興句是擬人化的「觀音抱大屯」，說大屯諸山環抱著淡水河流域的千里沃野，養育著她美麗又熱情的女孩。接著，異軍突起，說「贅婿攏唔轉」，挑出「唐山公」一見鍾情，歡歡喜喜地入贅「番仔媽」。從此，永浴淡水河，再也不想唐山了。

觀音：觀音山也，在淡水河口南側，隔河與大屯山對峙。　大屯：即大屯山，綿延於台北盆地北邊，遙對觀音山。　攏唔轉：都不再轉厝，不回唐山了。

【33】

陳林李蔡，天腳下鎮一半。

Tân Lîm Lí Chhoà, thiⁿ-kha-ē tìn chi̍t-poàⁿ.

Tân Lîm Lí Chhoà, thī-khā-ē tín chít-poàⁿ.

大姓氏陳林李蔡。

斷言，台灣住民的姓氏以陳林李蔡為大多數。

類似句，「陳林半天下，許蔡佔一半」；強調第二分句，說，雖然「陳林半天下」，但雲林縣內卻是「許蔡」兩大姓的世界。

天腳下：台灣全國境內，字面是天下。　鎮一半：語意是「多數」，雖然字面義是「一半」。

本句雖是古諺，但考之最大姓的實際，還算準確。據統計，1956年我國台灣人口的總姓氏有1027種；其中大姓有87種，稀姓有103姓──人口除以姓氏數為「平均姓氏人口」，而某姓超過平均姓氏人口者，為「大姓」。

　　進一步看，台灣人「大姓」的前十名是：

　　　台灣全國：陳林黃張李吳王劉蔡楊
　　　福佬人　：同上
　　　客家人　：劉陳張黃林徐邱李吳彭
　　　外省人　：陳王張李劉林黃楊吳周
　　　原住民　：林陳潘李黃張王高吳劉
　　　台北市　：陳林李張王黃吳楊劉周
　　　台中市　：林陳張賴廖黃王劉李何
　　　台南市　：陳黃林吳王蔡李張郭鄭
　　　高雄市　：陳黃林王李張吳蔡許劉
　　　台東縣　：陳林黃李張王吳潘劉楊
　　　花蓮縣　：陳林黃張李劉吳王潘楊
　　　澎湖縣　：陳許洪呂蔡林吳王黃顏

　　可見，陳林二氏總能保持金銀牌，其他大姓古今頗多昇降。致於我國台灣「獨有」姓，則有：枋爐欉覺廬世猴出毒閩。❷

【34】

三貂吳，水尾許，八斗仔杜。

Sam-tiau Gô·, Chuí-boé Khó·, Pó-taú-á Tō·.

Sām-tiāu Gô·, Chui-boé Khó·, Po-tau-a Tō·.

百子千孫集一村。

　　用來形容同姓人家，凝聚在一地一村的現象。

　　這句俚諺句式簡潔，鄉土味十足，只有「地方名」加上「姓氏」而已，但蘊含著台灣農村社會的建造和特定族群繁衍的許多故事。

　　同類句，「面前埔陸，保舍甲張，籬仔內黃」：現今，陸張黃

三姓，仍然各有龐大的祭祀公業。又有，「北砂崙蘇，頂茄萣吳，下茄萣薛，崎漏邱」：述說茄萣鄉四姓的分佈，其中「下茄萣薛」有基金會和宗親會，「崎漏邱」保持同姓聯姻的習俗。

　　三貂：三貂嶺。　　水尾：今金山。　　八斗仔：東北岸八斗仔半島西側的小漁村。　　面前埔：在燕巢鄉。　　保舍甲：高雄縣楠梓東北的集村。　　籬仔內：高雄縣楠梓東郊的小村。　　茄萣：高雄縣西北角，東接湖內鄉，北接台南市，以漁獲海鮮聞名。

【35】

張公，廖媽，簡仔孫。

Tiuⁿ kong, Liāu má, Kán a-sun.

Tiūⁿ kong, Liāu má, Kan ā-sun.

入贅異地傳異姓。

　　標出台中、南投、草屯一帶簡姓後人共祀唐山義祖張公，義媽廖氏的現象。

　　這種宛如神主牌詞的俗諺，雖然字面單調，但對於有關宗族的傳承卻有重大意義。其背後有因「入贅改姓」或因「過繼別姓」而創造出香火薪傳。同類句：「死張活廖」。㉕

　　公…媽：公媽，男女祖先也。　　仔孫：後裔，孫仔也。

　　游鍵至此，感慨無量！看到了台灣先人的心胸是何等寬大，姓氏，香火都可以「約定」，可以「商量」。看，「張公，廖媽，簡仔孫」，彼此誠誠懇懇，恭恭敬敬地興旺著，延續著不同的族姓和香火。善哉！

　　傳統神聖不可改易的姓氏，原來可以如此喜氣洋洋地更改。那麼，為什麼寸步難行於國際的「中華民國」不能或不要，或改做名符其實的「台灣民主共和國」？全體台灣人要加油了，為什麼偏

偏要在「中華台北」、「中華民國在台灣」等等，不三不四的片語中
打滾？

【36】

陳林李蔡施，鄭趙李劉高。

Tân Lîm Lí Chhoà Si, Tīⁿ Tiō Lí Laû Ko.

Tân Lîm lí chhoá-saí, Tīⁿ Tiō lí laū-ko.

陳弟兄澇屎馬也。

　　用來消遣陳林李等大姓的熟人好友，消遣他們是澇屎馬。

　　這句俚諺玩了訛音，造成戲謔的效果，即是將「陳林李蔡施」
唸成「陳林你泄屎」，說啥「姓陳的…大便流漓」；又將「鄭趙李劉
高」唸做「掟著你流膏」，嚇他「捏你鄭某卵脬，漏你膏精」。這粗
陋詼諧，乃是難兄難弟的嘻笑。

　　類似句有：「鹿港施一半，社頭蕭了了」；「留一半，爛一
半。」此二句叙述著相關地方的大姓，也搞訛音詼諧。前句，施
蕭爲鹿港和社頭二地的大姓，而「施，蕭」惡唸成「死、猎」，翹
翹、發狂；後句，屏東縣內埔鄉「劉、賴」爲佔「一半」的大姓，被
消遣做「老、爛」各半。

【37】

遠祖不如近祖親。

Oán-chó͘ put-jû kīn-chó͘ chhin.

Oan-chó͘ put-jū kīn-cho͘ chhin.

天公不如公媽親。

　　斷言，親情疏密的實際和感受，即使是位尊的老祖宗，因爲
疏遠也就比不上近祖那樣關係密切，感覺親密了。

　　現在，這句俗諺對台灣人有警語的作用：提醒人當親所當

親！台灣人不親台灣祖，不敬台灣媽，卻隨魔笛伏拜「虛無老祖」，進香疏遠的「唐山公」，對嗎？

【38】

親不親，故鄉人。

Chhin put chhin, kò͘-hiong jîn.

Chhin put chhin, kó͘-hiōng jîn.

讚，你也是蕃藷仔！

　　用來斷言人間最親密的關係之一是「故鄉人」。

　　關聯句：「媠唔媠故鄉水，親唔親故鄉人」；「人親土親」；「落地生根」；「落葉歸根」。前二句是易見的現象；第三句，其精髓蘊含在對於土地的認同和人生的歸屬；最後一句，是傳統的人生觀，不做他鄉之鬼。

　　故鄉人真的最親嗎？可能，若非「他鄉遇故知」的話，不然就是單身飄流在遙遠的外國的台灣人。君不見，在沒有利害關係衝突之下，台灣協會的同鄉是很親的。為什麼？不見得是「鄉情」，因為彼此不見得有故鄉的共同經驗。也許，是愛台灣的同道吧！不然，就是「國際孤兒」的共識在醞釀？

　　每當我國重要選舉時，候選人到處強拉關係，隨便捏造鄉誼，來「拜託鄉親牽成」。噫，真是愚昧又好笑！尤其是，某些候選人，顯然沒有「落地生根」於台灣，反而有「根歸中國」傾向！

　　生為同鄉，其親誠然可貴；但是，親於建造更好的台灣的共識和奮鬥，才是淳厚而牢固的同鄉情誼。

【39】

鹿港三不見。

Lȯk-káng sam put-kiàn.

Lȯk-káng-sām put-kèn.

再見啦，天地人！

　　舊時用來讚嘆古都鹿港有三項「不見」於世的人物：一不見天，街道夾窄，上覆頂蓋；二不見地，泥沙見笑，紅磚鋪地；三不見女人，人家小姑娘，不拋頭露面的也。

　　物換星移，現在的鹿港已經是非常「通透」了！但願貴鎮長老，還有保留「摸奶巷」的文化意識和能力。

【40】

竹山林圯埔，霧峰阿罩霧。

Tek-san Lîm-kí-poʼ, Bū-hong A-taù-bū.

Tek-san Līm-ki-poʼ, Bū-hong A-taú-bū.

地靈人傑名親切。

　　用來想念故鄉，激發熱愛鄉土的感情，因為地名是歷史，是歷代鄉人一步一腳印的符號。

　　這句俚諺的造型相當特別，僅僅並排著二個地名：前者是現代鄉鎮名，竹山、霧峰；後者是古早的地名，林圯埔、阿罩霧。顯然的，解讀這種句子，是以這地方的歷史為文法，為文脈(context)的。

　　類似句，「南投痛，埔里止痛」，南投人的戲謔話也。說日本政府在南投設「廳」，在埔里設「支廳」；嬉耍「廳」和「痛」，玩出鄉土一段市廳改定史。

　　此類諺語，有刺激我們認識鄉土歷史，反思過去，前瞻將來：

　　認識歷史事件——「林圯埔」的歷史主軸是明鄭參軍林圯侵佔

本地平埔族人的土地，驅其族人，開發「竹山」的慘事。而看到
「阿罩霧」，應認識先賢林獻堂先生的奮鬥，以及近年霧峰「凍省」
的一連串代誌。

記取歷史教訓——主題不外「建立自由民主台灣」。一切外來
政權，荷西、明鄭、清國、日本和蔣政權，如出一轍地侵犯、凌
辱、剝削、殘殺台灣人。這是台灣人的宿命嗎？非也。但台灣人
的「明天」，就在他們「今天」所爲何事了。

先人留下的鄉土俚諺眞好，詼諧可笑；眞有意思，供後人認
識自己的歷史，培養認同台灣的意識。

【41】

東甲好筆尾，南甲好櫓尾，北甲好龜粿。

Tang-kah hó pit-bóe, Lâm-kah hó ló·-bóe,

　　Pak-kah hó ku-kóe.

Tāng-kah ho pit-bóe, Lām-kah ho ló·-bóe,

　　Pak-kah ho kū-kóe.

吾鄉人物眞正好。

舊時，澎湖馬公鄉親用來誇耀，鄉黨兄弟姊妹都是賢能之
士：學士搖筆，漁士搖櫓，粿士搖粿；搖仔搖，搖出名，搖出
利，搖出鬧熱的馬公市。

這句老諺的句型非常特別：地方「角落」名(東、南、北甲)，加
上韻腳整齊的「事物」(好筆尾、好櫓尾，好龜粿)來形容吾鄉人文的特
色。眞讚，馬公出外鄉親一聽，可要三月只聞魚臊味了。

*東甲、南甲、北甲：媽宮發跡最早的中央街的三鄰。　好筆尾：
指代眞才實學，傑出的文人。　好櫓尾：形容擅於討海的漁人。　好
龜粿：直述餅家做出來的紅龜粿眞好食。*

【42】

三日無看王城，頭殼會眩。

Saⁿ-ji̍t bô khoàⁿ Ông-siâⁿ, thaû-khak oē hîn.

Sāⁿ-ji̍t bō khoáⁿ Ōng-siâⁿ, thaū-khak ē hîn.

王城害阮病相思。

舊時，台南安平出外人的懷鄉情話。說，只要離開巍巍「王城」幾天，就思念得令人暈眩。

王城：即熱蘭遮城（Zeelandia，今安平古堡），完成於1640年。所以稱「王城」乃是老台灣人稱讚「荷蘭王」之城，無關延平郡王鄭成功。

城是政治、經濟和文化的結晶，也是國力的標誌。城是鄉土，是歷史，是榮耀——有時是奇恥大辱的記號。

這句古諺真有意思！老安平人直言不諱，欣賞「紅毛番」所建造，堅固雄偉的「王城」。好像他們接受了荷蘭王，喜愛紅毛城，戀慕他們的文明，以致於幾天不見這洋城，相思病就大作。

或曰，老安平人，真無志氣也！為什麼不起來「驅逐紅毛」？善哉，難道他們沒有足夠的理由，喜歡紅毛番勝過蔡牽一幫海賊嗎？老安平人，在「王城」和唐山人的「土城」面前，還敢宣傳「消滅洋鬼」來自欺自慰嗎？

然而，王城陰影下的殖民霸權，經濟剝削，踐踏人權，賣身為奴等等酷政惡行，才是老安平人「相思病」過後，真正「頭眩」，大大頭痛的問題。

【43】

走頂走下，呣值著美濃山下。

Chaú-téng chaú-ē, m̄-ta̍t--tio̍h Bí-lông soaⁿ--ē.

Chau-téng chau-ē, m̄-ta̍t--tiō Bi-long soāⁿ--ē.
我鄉山水甲天下。

　　美濃鄉親用來表達懷鄉深情。說的是，出入四處名勝景點，還未見過像鄙村美濃山下一帶那麼靈秀的山水。

　　走頂走下：形容走遍各地，喻指遊覽過無數觀光勝地。　　唔值著：(可比較的事物)比不上。　　美濃：高雄縣美濃鎮，乃是地靈人傑的客家文化重鎮。

【44】

食大溪水，無肥嘛會媠。

Chia̍h Toā-khe chuí, bô puî mā-oē suí.
Chiā Toā-khē chuí, bō puî mā-ē suí.
山川秀麗小姐媠。

　　舊時，大溪人用來誇耀家鄉水質絕佳，清潔甘甜又含適量礦物質，飲者非「肥」則「媠」，特別是女人都生得美麗、溫柔、多情，嫁出入贅好商量。

　　同類句不少，句型大多是「飲…水，無肥也媠」，例如：「食著王城水，𣍐肥也媠？」；「飲大井水，無肥也媠」；「食著長女水，無肥也媠」；「食著下林仔水，會變媠」；「若食鹽埕水，無肥嘛會媠」。但「食著下林仔水，會變性」一句，卻在諷刺下林仔小姐皮相變媠了，性情卻發驕癡，不可取。

　　大溪：桃園縣大溪。　　大井：習稱「大井頭」，水泉甘洌，爲台南市第一號古蹟。現在安眠於民權路面的鐵蓋下面。相傳鑿井於明宣德年間(1426-1435)。　　長女：台南市長榮女子高級中學。　　下林仔[Ē-nâ-á]：台南市南區，從小西門起至鹽埕附近，有荷蘭人鑿大深井二口，泉水甘美。　　鹽埕：台南市的鹽埕，在小西門外臨海。　　無…

嘛…：非A即Y，二者必有一。 變性：性情變壞。 肥…嫷：肥即美，舊時台灣人的審美觀；昔日的「肥」不是現在的「腫胖」，因高熱能、高糖的「食料」尚未流行。

善哉，美麗的老台灣，水是處處清淨，女是多多秀英！君不見，南北二路，大城小村，美雲美雪，美麗美娜滿街趖。不過，「變性」嬌嬌並不多見。

美麗島好水，別來無恙？近半世紀以來，農藥水、豬屎尿水、化工廠廢水、核能放射水、污染臭水、劇毒無臭水，等等穢水氾濫成災。如何是好啊？飲污水，無死嘛變鬼！

【45】

台灣有五營保一府，布袋有四寮顧一塭；
四寮若減一寮，這口塭就顧燴稠。

Taî-oân ū gō·-iâⁿ pó chit-hú, Pò·-tē ū sì-liâu kò· chit-ùn;
　　sì-liâu nā kiám chit-liâu,
　　chit-khaú ùn chiū kò·-boē-tiâu.

Taî-oân ū gō·-iâⁿ po chit-hú, Pó·-tē ū sí-liâu kó· chit-ùn;
　　sí-liâu nā kiam chit-liâu,
　　chit-khau ùn chiū kó·-bē-tiâu.

宇宙中心我家鄉。

嘉義縣布袋人用來肯定自己的故鄉的重要性，語氣宛然說布袋就像北斗明星，四圍有眾星環繞。同時也在肯定整體互動的意義，任何一寮一塭都是不可缺的肢體。

這句俚諺的修辭格是白描，呈現出看顧魚塭仔的海埔「虎尾寮」的地位是多麼重要，可以和「府城」並駕齊驅。表象「府、營、塭、寮」多麼實在、親切；動詞「保、顧、減、稠」真是堅定有

力。整個語氣迴旋飄蕩，帶給聽者一陣陣腥的、鹹的海風塭味。

　　鄉土諺語就是要記述鄉土，她像鑽石閃鑠著家鄉的美好。這句俚諺，嘉義江寶釵老師如此解說：

　　　　布袋人有傳統，有傳統的驕傲，他們維持著一種特殊看待家鄉的方式，流傳的諺語說：『台灣有五營保一府，布袋有……。』瞧，布袋人把自己的鄉鎮與府城相提並論。以府城爲中心點，週圍是軍事重地，以布袋爲核心城，附近或是看守漁塭的寮(虎尾寮等)，或是養殖魚蝦的塭(新塭等)，人們偎海吃海，捕魚爲業。府城鞏固了五營的發展，布袋漁事帶動了塭、寮的繁榮，布袋人合該有他們的驕傲。❷⑦

　　是的，正像布袋人應有的驕傲，所有深愛這塊土地，經營一廠一行，照顧一坵一隴的，都合該有他們的榮耀和驕傲。啊，飄飄天涯的沙鷗，何處是妳疼惜、返顧的河洲？

【46】
水是故鄉的甜，月是故鄉的圓。
Chuí sī kò͘-hiong--ê tiⁿ, goéh sī kò͘-hiong--ê îⁿ.
Chuí sī kó͘-hiong--è tiⁿ, goē sī kó͘-hiong--è îⁿ.
故鄉有愛月自圓。

　　用來懷念故鄉，讚美她一切都美好——鹽水港的水，純淨甘冽；月眉厝的月，圓滿無缺！

　　這是詩情畫意的諺語，正像杜甫(712-770)吟的：「露從今夜白，月是故鄉明。」(《月夜憶舍弟》)雖然同一個月亮，卻因不同的

心，異樣的眼，主觀的經驗和環境的影響而有陰晴圓缺的感受。詩人心中有親愛，眼睛發光，月球不好意思不張得圓滿，照得明亮。

是的，公義、良善、恩慈的故鄉的水會永遠甘甜，她的月亮永遠光明。會的，自私、貪婪、邪惡的鄉人，他們的水源必定會污穢髒臭，他們的月亮必失色幽暗，因為他們將純淨的大地沈淪做鬥爭的舞臺，勾命的地獄。

【47】

日久他鄉即故鄉。

Ji̍t-kiú tha-hiong chek kò͘-hiong.

Ji̍t-kiú thā-hiong chek kó͘-hiong.

住地生根好公民。

用來鼓勵人，務必誠心愛惜供我工作，給我生活多年的地方，認同她做我的「故鄉」，即使您是一個不「忘本」的人。

對於原鄉的念念不忘，有時是很矛盾的，因為久別的家鄉，人事全非，何處尋覓關聯生命史中的一草一木？相傳，賀知章(659-744)息勞往生前二年，八十四歲罷官還鄉時，作了這首《回鄉偶書》：

小少離家老大回，[Siáu-siàu lī-ka ló-taī hoê]
鄉音無改鬢毛摧；[hiong-im bû kaí pin-mô͘ chhui]
兒童相見不相識，[jî-tông siong-kiàn put siong-sek]
笑問客從何處來？[chhiàu-būn kheh chiông hô-chhù laî]

誠然，每一個人都有權利懷抱夢裏原鄉，但「兒童相見不相

識，笑問客從何處來？」正挑戰著「落葉歸根」的傳統教條；是否「落地生根」才是一個現代人應有的覺識？豈不是當地公民應盡的義務？──噫，錢哪吃飽，人著落跑！敢是人子？

【48】

食台灣米，飲台灣水大漢的。

Chia̍h Taî-oân-bí, lim Taî-oân-chuí toā-hàn--ê.

Chiā Taī-oān-bí, līm Taī-oān-chuí toā-hàn--è.

母親台灣著疼惜。

　　用來呼籲疼惜台灣，因爲近年來有一大群「食台灣米，飲台灣水大漢的」人，見台必反，甘爲中國吞併台灣的應聲蟲、馬前卒。

　　這是一句新諺，常常出現在台灣主體意識堅定的媒體、報章雜誌和演講者的言詞。這句話，不離「飲水思源」和「反哺報恩」的道理，但尙未蔚成「台灣人」付之實踐的共識。也許，大力宣揚「食台灣米，飲台灣水大漢的」義理，以鼓勵愛惜母親台灣的情意，是目前台灣社會的緊急須要。

注釋

1. 有關「台灣」一名的由來，詳見，王育德，《台灣：苦悶的歷史》(台北：前衛出版社，1999)，頁16-19。
2. 參看，同上引，頁17。

3. 台灣是美麗又奇妙的寶島，海洋大學郭金泉教授有所論述。摘要如下：

海岸長、近海遼闊：有88個島，本島的海岸線長1141公里，若加上外島的海岸，則有五千公里。

海域蘊藏無數海洋生物：魚類、甲殼類、珊瑚、海藻類，高達全球十分之一。洄游海獸，如海龜、鯨豚，比世界其他沿海國家高出五百倍。

漁業資源豐富：台灣海區水產生物資源超過二千種；帶魚、黃魚、鯖魚、鯛等經濟魚類數百種；甲殼類超過一千種；蟹類有六百種左右。

海洋構造多樣化：棲地、底質、地形、水深、海流和水溫複雜。台灣海峽平均不出50公尺，底棲魚種繁多；東海岸極深，孕育鮮爲人知的生物。

珊瑚繁多著名於世：台灣頭尾、澎湖、小琉球、綠島、蘭嶼盛產珊瑚，位居世界珊瑚最繁盛的金三角之頂端。

海底景觀世所罕見：台灣首尾只有395公里，但南北端海域的海底景觀截然不同，乃是演化、生物地理分佈、資源利用等最佳研究地點和素材。

郭教授又指出，因爲過漁及混獲，棲地破壞，污染，引進外來種，氣候變遷等因素，使台灣海域的寶藏迅速喪失衰頹。如何因應，重建台灣成爲名符其實的寶島，乃是當務之急。(詳見，郭金泉，「台灣是名副其實的寶島」，《自由時報》2000(4.18):15)

此外，榮總耳鼻喉科主任連江豐醫師，另從三方面來述說台灣的神奇美妙。摘要於下：

地理環境特殊：短距離內，可登高山賞雪，可下海游泳，又山地面積廣闊，爲荷蘭、明鄭、清國、日本等所難統治。

隱藏的台灣：到1624才被荷蘭統治，這個特點讓台灣在人類歷史上一直保持年輕，活潑與美麗。

良好的人民性：吃苦像吃補，在生活、政治、經濟、藝術與文化各方面，不斷學習、濃縮、改良、創新，而能在短短378年間成爲世界一流的現代國家。

江醫師認爲，理解了台灣的神奇美妙的現象，「也能督促自己快樂地和台灣一起進步。」(詳見，連江豐，「神奇美妙的台灣」，《自由時報》2002

(5.27):13)

4. 瘧疾是這時期，台灣最兇、最常普遍流行，並且讓醫生急救不及的疾病。其他惡疾，有霍亂、赤痢、傷寒症和一般衰竭。這些情況，當時的傳教師馬偕博士(Rev. Dr. G. L. Mackay)和馮神父(Fr. Maila)等人，都留下了記錄。(詳見，陳冠學，《老台灣》，(台北：東大圖書公司，1993)，頁124-126)

5. 簡炯仁，《台灣開發與族群》(台北：前衛出版社，1995)，頁50。

6. 鍾孝上，《台灣先民奮鬥史》(台北：台灣文藝社，1983)，頁21。

7. 明鄭據台時期，承襲荷蘭人的制度，並對當地的平埔族人強微土地分配給水陸提鎮，對「叛服」的平埔族人，則予以剿殺，甚至抄家滅村。黃叔璥道：「鄭氏繼至，立法尤嚴，誅夷不遺妻子，併田疇廬舍廢之，……至今大肚、牛罵、大甲、竹塹諸社林莽荒廢不見一人，諸番視此爲戒。」又道：「沙鹿番原有數百人，爲最盛，後爲劉國軒殺戮殆盡，只剩六人，潛匿海口。」(黃叔璥，《番俗六考‧卷五北路諸羅番八》。轉引自，簡炯仁，《台灣開發與族群》，頁64)

8. 王育德，《台灣：苦悶的歷史》，頁167。

9. 《新刊勸人莫過台灣歌》原文頗長，筆者摘引，並做音注。詳見，張秀蓉，「牛津大學有關台灣的七首歌謠」《台灣風物》43卷，3期(1993): 177-196。這一類的「台灣歌」，又見，三田裕次，沼崎一郎，「關西范家所藏『台灣歌』手抄本」《台灣風物》37卷，4期(1987): 97-106。

10. 台灣人的唐山祖移民或偷渡，有百分之九十是在清國據台(康熙22年施琅攻下台灣到同治12年，1684-1873)的190年之間。雖然這時禁海令和遷界令都已廢除，但清國對台灣採取隔離政策，以防患鄭氏舊部聚集移民，坐大反清勢力。於是公佈「台灣編查流寓例」，實施移民三禁：
一、渡航台灣者，先須在原籍請得渡航許可。經台灣方面的警備司令部稽查，台灣的海軍司令部審驗後，始能渡台。
二、渡台者不准攜帶家眷，已經渡台的，也不准招致家眷。
三、粵地人民不准渡台，因爲是海盜淵藪，積習未脫。(轉引自，鍾孝上，《台灣先民奮鬥史》，頁119-122)
雖是「法有明禁」，但閩南窮民，不願坐斃唐山，只好用盡辦法，甘冒

「灌水」、「放生」、「種芋」、「餌魚」的危險，偷渡來台灣。

11. 詳見，鄭成功叛將施琅給康熙皇帝的奏章(1668年)。施琅，《靖海紀事·盡陳所見疏》卷下。

12. 王育德，《台灣苦悶的歷史》，頁167。

13. 乾隆十七年(1752)，王必昌所著《重修台灣縣志·海道篇》曾提到「灌水」、「放生」、「種芋」和「餌魚」等罪行。該志載：「按內地窮民，在台營生者數十萬，囊鮮餘積，旋歸無日；其父母妻子，俯仰乏資，急欲赴台就養。格於禁例，群賄船戶，冒頂船戶姓名掛驗。女春則用小船夜載出口，私上大船。抵台復有漁船乘夜接載，名曰灌水。……更有客頭串同習水積匪，用溼漏小船，收載數百人，擠入艙中，終艙蓋封頂，不使上下；乘夜出洋，偶值風濤，盡入魚腹。未到岸，恐人知覺，遇有沙汕，輒趕騙離船，名曰放生。沙汕斷頭，距岸尚遠，行至深處，全身陷入泥淖中，名曰種芋。或潮流適漲，隨波漂溺，名曰餌魚。」(轉引自，鍾孝上，《台灣先民奮鬥史》，頁119-120)

14. 關於唐山人三百年來「偷渡」台灣慘事，楊青矗先生有精要的敘述。藍鼎元「偷渡人」詩作和譯白，都引自楊先生的：
   由中國西來的偷渡人，你們為何那麼失意？
   你們被用鐵鍊鎖住，再用繩索一個接一個綁成一隊，
   一隊一隊都有無限辛酸。
   噯呀，你們是為飢餓所驅使，說台灣田野可以開墾新田地。
   船夫任意詐騙也不內疚，你們沒有錢也要借錢付船費，
   又要送紅包買通關卡偷渡。
   明明知道是偷渡，一登岸災禍就及身。
   最可恨的是船夫，雷殛斃都沒有什麼可說的。
   你們說經過廈門島，稽查的司馬這部門，
   司馬發有蓋官印的執照，可以證明你們是良民。
   你們怎麼傻到這種程度，那都是騙人的，
   我為你們淚水都流濕了衣巾，悲哀呀！這種嚴厲的海禁，
   冒犯的人還連綿不斷。
   …………。(楊青矗，「三百多年來的台灣偷渡客」《自由時報》2000(7.

30):15)

15. 這是根據王必昌於乾隆17年(1752)所著《重修台灣縣志・海道篇》的記載:「鹿耳門外,初出洋時,水色皆白……已而漸遠,水色變爲淡藍,台山猶隱現於海面。旋見水色皆黑,則小洋之黑水溝也。過溝……澎湖諸島,在指顧間。自澎湖放洋,近處水皆碧色,漸遠則或蒼或赤……再過深黑如墨,則大洋之黑水溝。橫流逆駛,乃渡台最險處。」(轉引自,鍾孝上,《台灣先民奮鬥史》,頁126)

16. 本句,楊青矗先生將之關聯現代時事,而解說做:「……台灣人民『三年一小反,五年一大反』,共武力反抗清朝一三五次。感嘆「任反艙成,任爭艙本」,所以台灣人民對反抗外來政權相當無力感,於是說『澎湖若有路,台灣著出帝都』。古時澎湖荒蠻無路,澎湖很困難有路,台灣也艱難出帝都。台灣政黨輪政,在今陳水扁當選總統而宣告確立……。台灣人四百年來的奮鬥,終於出頭天了,如今澎湖不但有路,交通也四通八達,台灣真正出帝都了!……『帝都』是台灣本土政權統治自己的統治中心……」(楊青矗,「台灣真正出帝都了」《自由時報》2000(11.15):15)

17. 參看,林美容,「草屯地區傳說諺語」《人類學與台灣》(台北:稻香出版社,1989),頁193。

18. 陳冠學先生在台灣的「拓荒」歷史脈絡中,對於「番害」現象有精要的叙述。參看,陳冠學,《老台灣》,頁124-142。

19. 廖漢臣指出本句特定的時期,他說:「道咸年間(1821-1861),移民定住於台灣,生齒日衆,又因洪楊之亂,東南沿海的居民,紛紛避難來台,昔稱『地廣人稀』的台灣殆有人滿之患。於是百業競爭日甚,生活漸形窘迫,似自這時候起……『不景氣』的呼聲,開始喧囂於塵上了。」(見,廖漢臣,「台灣歷史與諺語」《文獻專刊》1992(3卷4期):21)

20. 張德水,《台灣政治、種族、地名沿革》(台北:前衛出版社,1996),頁195。

21. 同上引,頁179。

22. 參看,廖漢臣,「俚諺拾零」《台灣風物》(1963年13卷1期),頁17。

23. 引自,陳永昌,「一邊一國繼續往前走」《自由時報》2002(8.29):15。曾

銘儀醫師也做過HLA交叉對比研究，探討台灣人的血源之謎，結論與林醫師等人的研究相似。(見，曾銘儀，「我們台灣人」《自由時報》1998 (8.16):11。其他，有沈建德，鄭書珉，張裕宏諸先生的評論，分別刊載於《自由時報》1997(10.5):23 ； 2001 (5.3):15 ；2001 (5.3):15)

24. 引自，潘英，「台灣地區的大姓與稀姓」《台北文獻》直77期(1986): 222。又，「台灣全國」、「原住民」二詞係筆者改寫，原文做「台灣地區」和「山地人」。

25. 這兩句俗諺的背景，按林美容教授所記，摘要而言：昔時，有簡德潤者，入贅張進興家，並改本姓為張。德潤傳有八子，三、四子承張姓，五、六子承張夫人廖氏之姓，而二、七、八房承本姓簡。因此，簡姓的子孫有祭祀義祖張公，義媽廖氏者。同時，德潤派下簡姓稱為「濁簡」，與張廖不婚；而德潤兄弟之後為「清簡」，可與張廖聯姻。致於「死張活廖」說的是，有張某入贅廖家，約定其後裔生時從廖姓，死後恢復張姓。(詳見，林美容，《人類學與台灣》，頁190)

26. 詳見，林鈺，「古早人的生命之泉──大井頭」《中央日報》1994 (6.11): 6。

27. 江寶釵，「愛漸漸地深入嘉義」《中央日報》1997(11.21):5。

第二節 殖民地慘況

本節段落:

光復一瞥01-03 貪官污吏04-14 恐怖統治15-28 騙民宣傳29-34
掏空台灣35-39 人民遭殃40-51

【01】

蓆老爹,兵大爺。

Chhiòh ló-tia, peng toā-iâ.

Chhiō lo-tia, pēng toā-iâ.

陣容如此凱旋軍。

「光復」當初,歡迎國軍的民眾的嘆息。他們看到所歡迎的國軍「英雄」精神萎靡,軍容糟亂,令人懷疑如何能夠戰勝日軍。出現在眼前的事實乃是這句俗諺所要形容的。

對於支那兵,台灣人對他們的印象很差,如台南老諺用「王管甫,顧拍」,來喻指蠻橫的人,又用「擋久,道輪管甫」(→.06)直指軍人搞地下錢莊坑人。

管甫[koán-hú]:清國派來鎮壓台灣的軍人;原為「管埠」,訛音而成管甫。 顧拍:只管打人,為暴力傾向者。

(本句詳解,請看613.34)

【02】

內戰內行,外戰外行。

Laī-chiàn laī-hâng, goā-chiàn goā-hâng.

Laī-chèn laī-hâng, goā-chèn goā-hâng.

豆枝燃豆阮專長。

　　用法：一、用來諷刺「國共」都是只會內鬥的軍閥集團，對外敵會的是緊急逃命。二、諷刺蔣介石逃難來台，驚魂未定，繼續對台灣人進行戡亂、戒嚴、殘殺、恐怖，等等「內戰」來壓制人民。

　　相關俗語：「蝦仔兵，草蜢將。」用來恥笑不堪「外戰」的將軍和軍人。（→613.35）

【03】

送虎迎狼。

Sàng-hó͘ ngiâ-lông.

Sáng-hó͘ ngiā-lông.

禍不單行。

　　用來表達台灣人對於「祖國」強烈的怨嘆：日本戰敗，遣送惡虎一般的軍民回歸日本，謂之「送虎」；所謂「光復」，台灣人歡迎的，竟然是以恐怖高壓、宰制百姓的政權，是謂「迎狼」。

　　這句俚諺用惡獸「虎」、「狼」來隱喻日本帝國和蔣政權：惡虎威猛，但易於防避；豺狼淫險，恐怖殘害無孔不入。

　　同類句有：「狗去，豬來」；「日本狗，中國豬」；「豬就是豬，北京來的嘛是豬」。這類俚語頗多，反映著「光復」後，老一輩台灣人對於日本和中國官員的鄙視、怨嘆。

　　當知，「送虎迎狼」乃是台灣人普遍又極深刻的夢魘，特別是在二二八事件以後。但台灣人的二二八哀怨，因蔣政權的恐怖壓制而噤聲，難得聞聽人民的嘆息。就此，楊青矗先生提到抗日文人葉榮鐘老先生有「感事」詩，反映著他對「祖國」的失望和這時期的悲劇：

> 送虎迎狼四百年，斯民命運實堪憐，
> 揮戈抗暴流腥血，斬刺披荊闢美田，
> 只望兒孫能挺立，何期兄弟竟相煎，
> 嗟余齒髮垂垂老，解脫端宜待後賢。❶

　　誠然，台灣人的歷史正似「送虎迎狼」的連續劇！四百年來，外來政權一個去，另一個又來。這裏的幾句詈罵日本狂犬、支那爛豬，不但可以理解，更是令人鼻酸，叫人同情；台灣人確實遭受到太強烈的屈辱和傷害。也好，罵他幾句來消消怨氣；之後，重要的是應該轉化這類情緒化俚諺為「警語」，不容許再有任何猛虎惡狼侵犯台灣。

【04】

三年官，二年滿。

Saⁿ-nî koaⁿ, nn̄g-nî moá.

Sāⁿ-nī koaⁿ, nn̄g-nī moá.

膏脂飽，黃金滿。

　　用法：一、主要地，譏刺黑官貪婪，食民膏脂，任職不久，就已經A得黃金滿籩了。二、次要的，形容官場變化多端，升遷調動難以預料。

　　這句俗諺用簡省法來表達，還原成一般口語的話，乃是：「三年一任的官職，只要服務二年就算滿任；同時，金銀也已經吃得飽滿了。」經過如此簡省，字詞短捷，語氣變得更有力。這是台灣俗諺常有的文學形式，也是欣賞俗語應有的認識。

　　同類句，「三年清知府，十萬雪花銀。」(→613.14*)

（本句詳解，請看613.04）

【05】

王廷幹，看錢無看案。

Ông Têng-kàn, khoàⁿ chîⁿ bô-khoàⁿ àn.

Ōng Tēng-kàn, khoáⁿ chîⁿ bō-khoáⁿ àn.

本官大名錢辦生。

　　用來諷刺黑官辦案的共同「特色」：提錢來辦！此所謂：「衙門八字開，有理無錢莫進來。」（→633.07）

　　這句俗語可能流行在道咸年間（公元1851年前後），鳳山一帶。這時王廷幹任鳳山知縣。相傳，王知縣貪污而激起民變，亂民攻陷縣城，知縣全家被害。這是一說，也是諺句字面上要傳達的意思；另說，王知縣是個好官。（→613.17）

【06】

擋久，道輸管甫。

Tòng kú, tō su koán-hú.

Tóng kú, tō sū koan-hú.

搞錢軍團兵吃人。

　　清國據台時期，老先人用來表示對放高利貸者的厭惡和驚慌，說，「管甫」放款利息高得驚死人，借貸者不久就會被剝削淨盡。

　　擋久：時間一久；拖欠既久。　著輸：一定敗給（對方）。　利〔laī〕：利息也。　管甫：清國鎮壓台灣的班兵；後來成爲「高利貸」的代詞。

　　看來台灣窮人有過高利貸經驗的人不在少數，有一句咒詛他們這一幫人的俗語：「放五虎利，好艙過後代！」（→427.23）

　　背景：清國調自福建各營來台灣「守衛」的「管甫」(→.01)，其中有些一面當兵，一面經營地下「錢莊」，放高利貸給窮困的台灣「同胞」。他們搞的是「五虎利」，例如，借一百元，每日應納利息五元，一直到還清母金之日爲止。如果利息未還，則再滾入母金，如此這般，債如滾雪球，還不了債的常因此被迫典妻賣子，來償還債務。

　　噫，難道軍人熱烈搞錢，是中國軍隊文化嗎？君不見，舊時清國的管甫拋出丁點「血本」來滾大錢；近代國民黨政府歪膏將校的軍購弊案時有所聞，而且一歪就是數百億元。完了！武官怕死又敢斂財的國家。

　　(本句又見，427.19)

【07】

吳大人開路──侵庫。

Gô͘ Taī-jîn khui lō͘──chhim khò͘.

Gô͘ Taī-jîn khuī lō͘──chhīm khò͘.

大工程大歪膏。

　　用指官僚貪污，說的是黑官「開路」，表面上是地方建設，但實際上是惡用工程，抽取油水，中飽私囊。

　　這句俚諺用厥後語的形式來表現，謎面「吳大人開路」，隱喻黑官貪污，而所謂「開路」，正是他歪膏的手段。如此譬喻，用「侵庫」做謎底來揭發其罪狀。

　　吳大人：未知何許人，用此俚諺泛指污吏可也。　侵庫：侵吞公帑，貪污也。

　　小檔案：

　　您知道我國台灣有一條叫做「中橫」的公路嗎？啥人嗎

知！……失禮了，就算是囉嗦吧。

　　這條公路，正式通車於1960年五月九日，前後費時十年。她分成三線：主線，由東勢經達見、梨山，循立霧溪經關原、天祥至太魯閣，銜接蘇花公路，全長194.2公里；支線，由梨山北行至宜蘭，全長111.7公里；供應線，自霧社經昆陽至大禹嶺與主線相接，全長42.2公里，深具經濟、國防、觀光等意義，呈現出巍峨壯麗的太魯閣峽谷。

　　參與施工單位有，公路局工程處，榮民工程隊為主，另有陸軍步兵、軍事監犯、職訓總隊、暑期學生戰鬥營及公民營廠商，等等。

　　懸絕壁，跨斷崖的中橫，一路確實是風景綺麗，更是親臨深淵的驚險。是的，她誕生自「絕險」，她血跡斑斑，開鑿一公里平均死亡2.4人。這些英靈都供在天祥的長春祠。(→《中央日報》1979(3.1):6)

　　路經中橫，欣賞我國嬌無比的景緻時，應該心懷感謝，記得殉路的英雄們。

【08】

大官食小官，小官食百姓，百姓食鋤頭柄。

Toā-koaⁿ chiah sió-koaⁿ, sió-koaⁿ chiah peh-sìⁿ,

　　peh-sìⁿ chiah ti-thaû-pìⁿ.

Toā-koaⁿ chiā sio-koaⁿ, sio-koaⁿ chiā pé-sìⁿ,

　　pé-sìⁿ chiā tī-thaū-pìⁿ.

大魚吃小魚！

　　用來譏剌支那官場，一言道盡共犯結構的性質；大小黑官大「食」小「食」，人民災殃，只好「食鋤頭柄」了。

這句俗語的修辭式是白描，言詞有力，讀來令人傷心。句中連用「食食食」，整個社會民生都被壞官吃了了了！

食鋤頭柄：喻指農民束緊褲帶，拼命翻田土來繳納重稅，以「孝敬」貪官污吏。

【09】

中國中國，花碌碌。

Tiong-kok Tiong-kok, hoe lȯk-lȯk.

Tiōng-kok Tiōng-kok, hoē lok-lok.

亂也中國，糟也中國。

用來譏刺中國國民黨政府，說它的政策幽黯，人民無法認同；它的官僚腐敗，看錢辦案，一片「花碌碌」！

花碌碌：形容官場污爛，法令不彰，受賄枉法非常嚴重。字面義是，一片不堪入目的髒污，「滿面臭豆花」也。

二次大戰結束，台灣人期待回歸「偉大的祖國」，夢想從此出頭天。誰知「光復」竟然是台灣的再度淪陷；蔣政權和他的中國官員比日本官吏更為殘酷，貪污慘烈更是日本酷吏所無者，官場亂七八糟，一片「花碌碌」！台灣人真是失望透頂，有詩為證：

> 台灣光復歡天喜地
> 貪官污吏花天酒地
> 警察橫蠻無天無地
> 人民痛苦烏天暗地❷

然而，「中國中國，花碌碌」豈只是「光復」當初的現象？後來還不是繼續「花」下去！君不見，為了勝選、漂白，黑道大哥可從

牢裏放出來「輔選」，Ａ十數億元的歪膏仙可以不辦……。總之，
精神生命已經嚴重「破病」，要不「花碌碌」也難！

【10】

無福不成衙。

Bû Hok put-sêng gê.

Bū Hok put-sēng gê.

好康同享福州幫。

　　用法：一、敘述清國據台時期的官場現象：統治台灣的大小
官員，上自總督、巡撫，下至幕僚衙役，都是福州人。二、諷刺
貪污共犯結構，大多是老鄉也。

　　背景：台灣收入清國版圖時（康熙二十三年，1684），隸屬福建
省，有此隸屬關係，行政人員多由福建派遣。台灣建省，要到光
緒十二年(1886)，而首任巡撫爲劉銘傳。

　　附帶一提，清國初據台灣時，將台灣置於閩浙總督轄下，兼
轄浙閩二省。當台灣建省之後，閩浙總督改稱爲福建總督，而閩
台二省還是由他管轄。這就是俚諺所謂的「福建總督管二省」。

【11】

千條萬條，唔值著金條一條。

Chheng-tiâu bān-tiâu, m̄-ta̍t-tio̍h kim-tiâu chi̍t-tiâu.

Chhēng-tiâu bān-tiâu, m̄-ta̍t-tiō kīm-tiâu chi̍t-tiâu.

司法破功金一條。

　　用來諷刺歪膏法官和一切大權在握的枉法官僚，刺他們有了
「金條」，就沒了「法條」；不論民法、刑法、憲法，萬條六法，立
即煙消雲散。

　　這是台灣新諺，「司法改革會議」(1999.7.6)的成員曾用它做爲

標語，來抗議司法不公。此類譏刺俚諺不少，因這種黑官貪污枉法的「固有文化」的歷史已經非常悠久了！同類語，「法律千百條，不如黃金一條。」

（參看，「有食，有食的工夫；無食，無食的工夫。」422.02*；
「有條有理，無法無天。」633.15）

【12】

官不守法千人怨，半世功名萬世冤。

Koan put siú-hoat chheng-lâng oàn,

poàn-sè kong-bêng bān-sè oan.

Koan put siu-hoat chhēng-lâng oàn,

poán-sè kōng-bêng bān-sé oan.

貪官污吏最可惡。

正派的老台灣人，用來發洩無力感，當他們看到國府黑官「食」相如此難看時，無能為力，只好提醒他「千人怨」、「萬世冤」。

本句源自福佬劇團《曲判記》的唱詞，❸頗能表現舊時民間對於「官人」的道德要求：黑官枉法受賄，不但是「千人怨」，更是「萬世冤」。讚，民間有正氣。

萬世冤：陰報也，民間相信，歪膏官遭報應，其後代將是「九牛六娟，三寡婦」。（→619.17）

這句話是民間對於貪官污吏的嫌惡、咒詛，而這種感情源自他們所堅信的民間道德：「報應的信仰」，「是非感」和「羞恥感」。這些台灣民間道德信念，乃是她的社會安定的基礎，也是先人守法的動力。也許，老輩台灣人所懷念的日本官場的清白通透，社會夜不閉戶的安寧，就是這種台灣民間道德和日本治安合作的果

實。

　　然而，令人憂心的是，目前台灣社會「是非」和「羞恥」雙雙出局。但見將軍、大官、立委、藝人、記者，「無是無非」，「不羞不恥」的爲數不少，而這些人物又能因此贏得票房、選票、知名度、收視率。怪哉，台灣社會，台灣人心，變得如此幽黯、懵懂，令人昏眩作嘔。

　　到底這是什麼一回事？相信，台大醫學院蘇益仁教授的診斷，有助於理解台灣社會的病症。他說：

> 台灣社會最大的危機其實是…道德及價值觀混淆的末世現象。我將此一現象稱爲集體「國民黨化」，所以台灣雖沒有馬可仕和蘇哈托，卻有國民黨主政的五十年集體舞弊。我們由宋楚瑜數十億如何挪用，以及赴美置產，高官卻一點也不感到羞恥，民眾繼續投給他四百多萬票可知，台灣社會已經道德淪落到將這些貪污舞弊習以爲常。……這種「宋楚瑜現象」才是台灣社會根本危機。(蘇益仁，「集體馬可仕——爲台灣被掏空而哭」《自由時報》2000(9.18):15)

　　是啦！正如莎士比亞所言：「一個罪惡可激發另一個罪惡的發生。」國民黨主政五十年來的集體無廉無恥，感染了多少善良的台灣人，使之罹患「無廉無恥，不是不非」惡症。如此沈重的台灣危機，能不驚覺嗎？

【13】
白道綁標，黑道圍標。
Pe̍h-tō pak-pio, ō͘-tō uî-pio.

Pē-tō pak-pio, ō·-tō uī-pio.

亡國害民在此一舉。

　　用來形容台灣社會結構性的敗壞：官員內神通外鬼，勾結幫派兄弟，用暴力恐嚇來圍標圖利。

　　這是台灣新諺，充分顯示台灣社會「市民保護機制」的脆弱無能，也是善良百姓的苦難。試想，黑白道狼狽為奸來圍標，豈是正派營造商所能對付的？

　　台灣政治生態之畸形，世所罕見：黑道參選「漂白」，尤其是搞個利委來方便犯罪，龜隱「保護傘」下來逃避刑責。多少立委、縣市長、各級民代，要不是「兄弟人」，就是掛勾者！如此，台灣還能有廉能政治和獨立司法的希望？

【14】

一任省主席，億萬新台幣。

Chi̍t-jīm séng chú-se̍k, ek-bān sin Taî-phè.

Chi̍t-jīm seng chu-se̍k, ek-bān sīn Taī-phè.

貪污？清知府算啥！

　　台灣人用來譏刺宋楚瑜，說他當一任台灣省主席，挪用了國庫億萬新台幣。

　　台灣新諺也。可能是想到清國的歪膏知府，三年才貪得「十萬兩銀」，貪技太遜，比起這位台灣省主席，實在是「老古董」也。

　　光鑑先生寫了一個對子，題目是「睛瞑目光」。上聯「三年清知府，十萬雪花銀」，下聯「一任省主席，億萬新台幣」；橫批是「青出於藍，勝於藍」。噫，對得入骨三寸，對出悽慘萬分。

　　光鑑先生寫好這副對子，問了幾個問題之後，他說，此前他

是「瞔瞑」的，因他選錯了人；但，現在他已經「目光」了！(→《自由時報》2001(10.19):15)

　　深願2300萬台灣人的眼睛，金光閃閃，看人艙走閃。善哉！

【15】

花是苦楝，人是警官。

Hoe sī khó͘-lēng, lâng sī kéng-koaⁿ.

Hoe sī kho͘-lēng, lâng sī kèng-koaⁿ.

小心惡犬！

　　老台灣人在日本次殖民地煎熬下，用來發洩苦情，諷刺警察大人。

　　這句名諺，出自台灣文學大家，故吳濁流先生的《陳大人》。這個陳大人指代台灣日本警官，用來表現日本警察統治的可怖。

　　從修辭式看，這句用的是仿擬，比擬日本武士時代的「花是櫻木，人是武士」。❹

【16】

冤枉啊，大人！

Oan-óng ah, Taī-jîn！

Oān-óngà, Taī-jîn！

暴君字彙無冤枉。

　　用法：一、日據時代，嫌疑犯在殘酷的刑求和恐嚇下，發出無奈的呼求饒赦的聲音。二、現代，譏刺蔣政權，特務四處，子彈上鏜，要抓要殺無辜良民。三、詼諧地，在好友間用來表示「沒有這回事」，「別誤會啦！」

　　在那日治時代和蔣政權白色恐怖的統治時期，「冤枉啊，大人！」處處可聞。因為他們信仰寧願枉案、錯殺，也不願錯放。

那麼，民進黨執政之後，「冤枉啊，大人！」是否絕響了？但聞小蒼蠅嚶嚶，叫冤處處，雖然老虎仍舊一派老神在在；誰敢打虎？2001年立委選舉，令人覺得好笑：民進黨政府對於選舉查賄，好像特別感「興趣」，一有嫌疑，即監聽、搜索、約談、聲押，頗有嚇阻作用，成績也極輝煌，賄選案超過二千，涉案人上萬！候選人，特別是小桩仔腳紛紛大喊：「冤枉啊，大人！」

小心啦，民進黨政府！千萬不要讓「公權力」侵犯「人權」，雖然查賄、掃黑、掃黃都是應該的。

（參看，「偷夯古井，也著認。」336.07）

【17】

童乩偷刣豬，見著巡查走去微。

Tâng-ki thau thaî-ti, kìⁿ--tioh sûn-cha chaú-khì bih.

Tāng-ki thaū thaī-ti, kíⁿ--tiō sūn-cha chau-khí bih.

王爺童乩不敢天皇巡查。

用來嘲諷日本巡查在台灣次殖民地的嚴厲、肆虐，就是一般沒有犯法的百姓，見「巡查」大人如遇惡犬，避之為吉。

這句俚諺的修辭式為起興：「童乩偷刣豬」是興句，不一定童乩真的搞私宰，它主要是引起聽者注意；主句是童乩「見著巡查走去微」。

本句的表象生動，想像活潑。眾所周知的，「王爺公」的童乩應是正氣凜然，法力高強，入油鼎不傷，下地獄不死，對付刀槍劍戟如耍小玩具。如今，這威猛童乩，竟然落到偷刣豬的地步，落到如小鼠見雄貓般的怕見大人。真讚，讀來令人愛笑！當然，也令人同情，她清楚反映著台灣人在日據末期的悽慘。

童乩：乩童也。　偷刣豬：日本領台末期，施行嚴厲的物資管

制，毛豬是控制品，農家要吃豬肉只得偷養偷宰。　　巡查：日本警察也。句裏指的可能是經濟警察，他們下鄉突檢，私宰被抓，必遭酷刑。　　微：逃避也。

　　小檔案：所謂「經濟警察」，係於1938年組成的。他們主要的任務是：負責管制物價和物資，調整勞動力、總動員時運送物資、管制貿易、取締暴利行爲、管制奢侈品的買賣、配給與管制生活必需品，在許多方面負有指導取締的任務，對於人民的生活多所干涉。僅1944一年之中，經濟警察共檢舉了涉案34,991件，涉案人數多達40,691人。❺

【18】

鱸鰻掠去花蓮港，得互彪婆尋無翁。

Lô·-moâ lia̍h-khì Hoe-liân-káng,
　　teh-hō· piu-pô chhōe-bô ang.

Lō·-moâ liā-khí Hoē-lēn-káng,
　　té-hō· piū-pô chhoē-bō ang.

望君早歸黑大姊。

　　舊時艋舺人用來嘲諷「黑大姊」，說她們的「鱸鰻」翁婿被警察大人掃走，她們是多麼孤單可憐啊！

　　本句源自童謠，雖是嬉戲的成分多，但不失爲可愛的台灣社會史諺。她反映著日據時代，警察大人取締流氓的一頁。許多老台灣人說，日據時代的治安比「光復」後好得太多，其主要原因正是不容黑道鱸鰻坐大；細尾鰻根仔，就已經被掃得清潔溜溜，送去花蓮港管訓了。

　　鱸鰻：流氓也。　　花蓮港：日本政府在此設有「無賴漢收容所」，來管訓流氓。　　得互：得使(某人)接受(某種結果)。　　彪婆：指兄弟

人的老婆也。緣因日據時代，艋舺有流氓組織「豹彪」，所以人稱「豹彪」的老婆爲「彪婆」。 ❻

【19】

拘留二九工。

Khu-liû jī-kaú kang.

Khū-liû jī-kau kang.

如關鷄鴨。

　　日據時代，台灣人用來消遣私下犯禁的人，要人小心從事，不然被日警「拘留二九工」！

　　這句俚諺的修辭格爲仿擬，苦澀地模做日本警官「宣判」違警的人，判他徒刑期爲「二九工」。這是地方小警察可擅自執行的警察權。

　　工：天也，日也；二九工，即29天。

　　背景：明治二十九年(1896)日本據台，三月末撤銷「軍政」，實施「民政」。同年六月，帝國議會通過台灣總督府有特殊威權，給與制定台灣殖民地特別法的權利，此即「六三法案」。立此法案的理由是「台灣人情風俗迥異，不能通用與日本國同一法律」，所以「委任立法權爲維持總督之權威，亦屬必要」。

　　如此，台灣總督儼然成爲台灣皇帝，可以獨自立法來統治台灣。此法使台灣人的人權受到嚴重剝削，就以明治二十九年發佈的第七號律令「犯罪即決例」而言，地方的小警官就是「判官」，他可以逕行台灣百姓最高八十九天的監禁之罪刑。❼

　　哀哉，台灣人在日本大人的濫權下，鷄鴨不如的喊拘留就被拘留。然而，日本的台灣總督的「拘留二九工」或「拘留八十九工」算啥！君不聞，蔣政權喊槍斃，台灣人就沒命，無數台灣菁英死

在他們的槍口下！噫，「拘留二九工」算得了什麼？早年畢業日本大學政治系的黃紀南先生，因爲主張「台獨」，在他青、壯、老，一生的三階段中，被蔣政權以「思想犯」罪名，三度下監，「拘留8760工」；一生只是爲了「思想」，被國民黨政府「拘留二十四年」！

【20】

一人獨裁，一黨專政。

It-jîn tȯk-chhaî, it-tóng choan-chèng.

It-jîn tȯk-chhaî, it-tóng choān-chèng.

希特勒和他的走狗。

台灣人用來譏刺兩蔣時代的政權和政府機器，說獨裁者以戒嚴法爲動力，以黨、政、軍、特、敎、司法、媒體爲機器來宰制人民。

這句現代諺語，指出國民黨的集體敗壞。一個獨裁者，成不了氣候，必有一黨爪牙，來拜他爲偶像，來助紂爲虐。一個毛澤東殺得了數千萬中國人嗎？二蔣在台灣能搞四十年獨裁嗎？誠然，「獨裁者」該罵，他的爪牙有罪過，不趕快改邪歸正嗎？

下野之後，國民黨聲稱要大改革。但聞黨員還在大喊：「鞏固領導中心！」好像紅姨法師在「收魂」；他們的黨主席，也表現得非常一言堂。噫，看來二蔣亡靈尚未散盡，又要回魂國民黨了。驚死人哦！黨性如此頑固，改造可能嗎？

【21】

第一任蔣中正，第二任于右任，

　第三任吳三連，第四任趙麗蓮。

Tē-it jīm Chiâng Chong-chńg, tē-jī jīm Î Ió-jún,

　tē-saⁿ jīm Û San-liân, tē-sì jīm Chaú Lí-liân.

蔣介石就是總統。

　　在那戒嚴時期，台灣人用來譏刺蔣介石破壞憲法，一而再，再而三而四地當總統，當到死。

　　這句台灣新諺，原是順口溜。她巧妙地用擬音修辭式來表現，唸來很好玩，譏刺味很強。句裏仿擬的都是台灣名人：「于右任」者，「余」又任也；「吳三連」即是「吾」三連；「趙麗蓮」即是國代噤聲，老蔣「照例連」了！

　　噫，台灣人啊，台灣人！在「一人獨裁，一黨專政」酷政下，還有這麼一顆赤子之心！詼諧地盡情發洩著萬般無奈。

　　請問，蔣介石「當選」了幾任總統？唉，「任」是算不清的了。國民政府逃難來台之後，他在1950年三月一日復職，一直當到1975年四月五日死爲止。諷刺的是，此間年年520就任紀念日，黨政軍發動民間來熱烈「擁戴」，但蔣總統都會照例表示一番「謙遜」，然後照例繼續「趙麗蓮」。

【22】

嘸是同志，就是敵人。

M̄-sī tông-chì, chiū-sī te̍k-jîn.

M̄-sī tōng-chì, chiū-sī te̍k-jîn.

敵人何其多也？

　　用來叙述蔣政權統治時期，黨同伐異的威權思考模式之一。如此，國民黨政府在台灣製造無數「敵人」，來供他施行戒嚴法和恐怖統治的藉口。

　　這句台灣政治諺異化自國民黨元老黃少谷老先生的名言，他

說的是「不是敵人，就是同志」。後來國民黨一黨獨大，非同志就是異類，什麼思想犯、匪諜、共產黨同路人，都是「非我同志」。可憐，這種精神病吞噬了國民黨自己，使它喪心病狂，使它殘害人民，使它大失民心，使它走到窮途末路而不改悔。

【23】

人人保密，處處防諜。

Jîn-jîn pó-bi̍t, chhù-chhù hông-tia̍p.

Jīn-jîn po-bi̍t, chhú-chhù hōng-tia̍p.

天壽也，大家都是匪諜！

　　這是五十年代，國民黨政府用來壓制台灣人的口號。政府製造匪諜處處有的恐怖，來合法化戒嚴，正當化踐踏人權。

　　這是那個年代流行的一句標語，處處張貼，刻意營造恐怖氣氛。還有，更邪的是「人人檢舉匪諜，家家安居樂業」。❽國民黨政府如此鼓勵，結果冤枉了95％以上的涉案者。同時，按「檢肅匪諜條例」，給告密者之獎金是「匪諜」被沒收的財產的30％。如此鼓勵，真的到了「人人檢舉匪諜」的地步。君不見，有二萬人以上的「匪諜」，有100,000人以上的受難者家屬。(→《自由時報》1998 (11.11):2)

　　噫，蔣政權如此亂搞「匪諜」，摧毀人權，製造恐怖，破壞人間誠信關係。今日台灣的社會亂象，國民黨政府乃是元兇！

【24】

錯殺一百，不可錯放一人。

Chhò-sat chi̍t-pah, put-khó chhò-hòng it-jîn.

Chhó-sat chi̍t-pah, put-kho chhó-páng chi̍t-lâng.

鎮懾台灣的魔咒。

用來形容那蔣政權白色恐怖時期，拋出來壓制人民的天羅地網。

這句俗話，在二二八事件中是「毒咒」。當年陳儀的文件收發員舒桃曾出面指證，蔣介石密電陳儀：「格殺勿論……錯殺一百，不可錯放一人！」(→鍾竹屏《自立論衡》1995(3.17):13)

同類句：「錯掠，無錯放。」

當知，這些被錯掠的人，犯的都是很難認定罪證的「顛覆政府」、「思想犯」或「匪諜」。省文獻會調查發現，其中95%以上的涉案者是冤枉的(→《自由時報》1998(11.11):2)，多少愛國愛民志士被羅織成大罪犯，有的死無葬身之地，有的送「去綠島唱小夜曲」，一唱就是數十年。

【25】

去綠島唱小夜曲。

Khì Lèk-tó͘ chhiùⁿ sió-iā-khek.

Khí Lèk-tó͘ chhiúⁿ sio-iā-khek.

關同島唱不同調。

詼諧地，形容大尾鱸鰻和部分思想犯，被送來綠島監禁。

這是台灣政治俚諺，源自六十年的一首老歌《綠島小夜曲》。相傳該歌曲的作者就是一位被監禁在綠島的思想犯。

小檔案：綠島，原名火燒島，為我國的第四大島，1949年改名。本島位於我國東南方海域，距台東33公里，全島面積16平方公里，東西長約4公里，南北約3公里，環島長約20公里。人口約有3000人(2002年)。

日據時代惡性重大的流氓監禁於此，國民黨政府沿用為監獄。1950年，關在這裏的都是二二八事件的涉案者，以及白色恐

怖下的思想犯，例如，柯旗化、柏揚、施明德先生等人；後來，王幸男先生也出身自綠島。到了1970年以後，警備司令部再將受保安處分的流氓、黑道大哥送管於此。但因法院審理不便，目前僅收容治平專案者。

綠島曾是人們極爲恐懼厭惡的人間煉獄。相傳，平時作威作福的流氓，一聽送綠島管訓就腿軟，甚至屎尿滿地。送島的「頑劣」者，得架上五、六公斤重的腳鐐，受漫長隔離，要搬石頭做苦工，要當「活象棋」來操練折磨。

綠島，自然景觀特別，海底資源豐富，有海底溫泉。2000年，來綠島觀光者有32萬人，隔年有35萬人。副總統呂秀蓮女士大力推動，要裁撤綠島監獄，將之規劃成世界級的旅遊景點。
(→《中央日報》1999(12.11):1;《自由時報》2002(1.1):2)

值得一提的是，1999年亞洲第一座人權紀念碑在綠島開幕。民主先生李總統登輝博士和綠島服冤獄的柏揚先生共同揭幕。碑文特別，寫道：

> 在那個年代，
> 有多少母親，
> 爲她們囚禁在這個島上的孩子，
> 長夜啼哭！

當然，台灣人應該走出歷史陰霾；但是，應該銘記歷史教訓，絕不容許任何政權重蹈國民黨政府的覆轍。

　　（本句注釋，又見613.25）

【26】

有執照的土匪，穿制服的強盜。

Ū chip-chiàu-ê thó͘-huí, chhēng chè-hȯk-ê kiông-tō.

Ū chip-chiàu-ē tho͘-huí, chhēng ché-hȯk-ē kiōng-tō.

次殖民地警察！

用來譏刺蔣政權的軍警人員，刺他們以「合法」公然「犯法」，踐踏人權，乃是傷害百姓的土匪、強盜。

這是蔣政權統治台灣之後產生的新俗諺，修辭格是借代：「有執照的…」和「穿制服的…」係指國家的治安、憲警人員。這一族的，應是打土匪，捕強盜，卻反其道而行。如此，突顯矛盾，形成強烈的諷刺，頗能顯示台灣人在這暴政時期中的痛苦、憤怒和無奈。

（本句詳釋，請看613.37）

【27】

中華民國萬萬稅。

Tiong-hoâ bîn-kok bān-bān soè.

Tiōng-hoa bīn-kok bān-bān soè.

五路財神件件要。

用來譏刺蔣政權對人民課以重稅，稅捐種類繁多，萬項要稅！

這句俚諺源自「中華民國萬萬歲」！那是國府統治台灣期間中，大小集會最常呼喚的口號。本句，應用擬音將「萬萬歲」化成「萬萬稅」，化得非常實在，喊出百姓的萬般無奈。

同類語：「一隻牛，剝雙領皮」；「海翁，一年貼大鯊三擔肉」(→612.69)。

　　呼口號，原是舊時軍國主義者和獨裁者的齣頭。現代民主國家，如日、英、美、法、德的大總統、大首相，有那一個在呼「XX國萬歲」的？萬一興起，他們要大呼幾聲也是「名副其實」的，因為日本等國，都很「健在」！

　　衆所周知，中華民國不足50歲，就被中華人民共和國取代了。難怪，陳水扁總統在軍校(2000.6.18)大呼「中華民國萬歲」，引起有識之士的大錯愕，議論紛紛：「喊眞？抑是喊爽的？」

　　噫，陳總統精通台灣史，關心民間窮苦，又是民進黨出身的，所以嘛………他喊的可能是「中華民國萬萬稅」哦！這比較實在，也比較能配合他目前拚經濟的心情。

【28】

官剝地皮，人剝樹皮。

Koaⁿ pak tē-phoê, lâng pak chhiū-phoê.

Koaⁿ pak tē-phoê, lâng pak chhiū-phoê.

炒地皮與民爭利。

　　用來譏刺黑官貪污，不滿他們剝奪人民的權益。

　　本句背景：相傳，從前有個大黑官死了，第二天在衙門口給貼了一幅輓聯：「早死幾日天有眼，再做半任地無皮！」

　　據說這個污吏的專長是剝地皮，剝得百姓無立錐之地，只好剝樹皮充飢。因此，怨聲載道，知其死亡者，莫不額手稱慶，都說老天有眼，罰他早日去見閻羅王。(→南投洪沛沂，「台灣精諺」《自由時報》)

　　衆所週知的，「官剝地皮」慘事，並不一定發生在「從前」。千萬台灣人在「光復」後都有此經驗。那是蔣政權實施「耕者有其田」，結果地主階級消失了，但佃農並沒有因此出頭天。嘉哉，

託我台灣物產豐富的福氣，人民雖然貧困，還不至於「人剝樹皮」。

(參看，「耕者有其田？」611.19)

【29】

清朝重風水，民國重嘴水。

Chheng-tiâu tiōng hong-suí, Bîn-kok tiōng chhuì-suí.

Chhēng-tiâu tiōng hōng-suí, Bīn-kok tiōng chhuí-suí.

口水不敵風水？

舊時用來諷刺蔣政權，說它的大小政策都是騙人的宣傳；它的官僚辦事，或是昇官發財，靠的都是三寸爛舌。

這句是白描，此處重點在第二分句；第一分句說的是，支那或中國官吏迷信風水——相傳中國出毛澤東、鄧小平，都是因為他們的祖墳位在吉穴的庇蔭。噫，毛鄧殺中國人無數，這種「吉穴」，這種「風水」，中國人要，台灣人大大不敢要！

同義句：「唐山重地理，台灣重嘴水。」

嘴水：政客奸詐的口舌，花言巧語，政治神話，欺民口號之類的口水。這裏不指一般台灣人親切又貼心的招呼或伶俐口才。

【30】

大本營發表，贏到食繪了。

Taī-pún-iâⁿ hoat-piáu, iâⁿ--kah chia̍h boē-liáu.

Taī-pun-iâⁿ hoat-piáu, iāⁿ--ká chiā bē-liáu.

天皇陛下數爛帳。

二次大戰末期，台灣人用來譏刺日本軍的騙人宣傳；他們每次發表「大捷」，實際上都是「大敗」。

同類句：「大本營發表，輸的攏記敵人的數。」

大本營發表：日本帝國全軍作戰中心的戰況公告。　記…的數 [siàu]：將賒欠、虧損的記在(某人、某科目的)帳上。

這是二次世界大戰期間日軍的心戰，曾發揮過相當大的欺騙作用，直到日本天皇無條件投降了，許多日本軍民、台灣人，都不相信是眞的。

【31】

漢賊不兩立。

Hàn chhảt put lióng-lỉp.

Hán chhảt put liong-lỉp.

賊立漢亡奈他何？

國民黨政府的外交政策也。結果是非常成功地孤立了台灣，二蔣如願地閉門稱王，眼巴巴地看「賊立漢亡」。

這句俗諺源於諸葛亮《後出師表》：「先帝慮漢賊不兩立，王業不偏安，故托臣以討賊也。」原文，漢指蜀漢，賊指曹魏；國府的政治宣傳，漢指中華民國；賊指所謂的「朱毛匪幫」，中華人民共和國。

關係句：「漢賊不兩立，國共不並存。」

背景：現代台灣人用這句俗語，無關孔明先生的「先帝」事業，而是關係台灣人自己的「前途」大事。緣因1971年，聯合國熱烈討論要讓「中華人民共和國」取代蔣政權佔有的「中國」席位。這時許多蔣政權的友好大國，如美國等，要蔣政權用「台灣」的名義留之聯合國。但蔣介石以「漢賊不兩立」爲政策來自我孤立，並於同年十月25日退出聯合國。如此，台灣消失於國際社會，而且給中國留下「統一台灣」的尾巴。

噫眞壞！蔣介石這一幫人。過去大喊「漢賊不兩立」，現在吵

著要「賊漢一統」。真是欺台灣人太甚,台灣人可不容許如此亂來!

【32】

反攻大陸,消滅共匪。

Hoán-kong taī-liỏk, siau-biảt Kiōng-huí.

Hoan-kōng taī-liỏk, siāu-bèt Kiōng-huí.

口號一聲,恐怖一世。

蔣政權用來製造恐怖氣氛,以便控制人民;理由是「共匪」會攻打台灣,須要「英明的」蔣總統父子來完成反攻大陸,消滅共匪的大業。

同類句:「反共抗俄,殺朱拔毛。」

任何「匪」都應該掃除。雖然「共匪」已經不「共」,改信了「資本主義」,但是他們「匪」性未改。君不見,四百餘枚飛彈對準咱台灣,這不是「土匪」是啥?這種「國家恐怖主義」,台灣人能隱忍,世上公義之士能不抗議?

應該一提的,老蔣的「消滅共匪」,害慘了反共義士。他們刺了一身「殺朱拔毛」、「殺盡共匪」、「誓死滅共」。現在,這類刺青變成恥辱,是他們回中國探親的尷尬。當年他們在戰俘營,沒有麻醉,沒有消毒,用鋼針咬牙自刺,墨混血一起入色。如今,又得忍受雷射漂白之痛楚。

啊,可憐的老英雄,醫生雖能還您一身素淨的皮膚,又有誰能撫慰您被「國共」的邪惡和錯誤所造成的傷害?您們心靈上的刺青,又有誰能消除?

【33】

一年準備,二年反攻,三年掃蕩,四年成功。

It-nî chún-pī, jī-nî hoán-kong,

　saⁿ-nî saù-tōng, sì-nî sêng-kong.

It-nî chun-pī, jī-nî hoan-kong,

　sāⁿ-nî saú-tōng, sí-nî sēng-kong.

世界第一大海口。

　　國民黨政府用來做政治宣傳的口號，向撤退來台的軍民和台灣人保證：安啦，不出四年，反攻必勝，光復大陸必成！

　　這句口號，是蔣介石在1950年，自中國大陸完全撤退來台灣以後，誇下的海口。

　　同類句：「十年生聚[sēng-chū]，十年教訓[kaù-hùn]。」

　　蔣政權的「反共」和「反攻」，打的都是「口號」戰。在台灣這塊跳板做了什麼「生聚」，搞了什麼「教訓」？難道「徵兵」、「戒嚴」為生聚，為教訓？請看，西歐民主國家，在第二次世界大戰中也喊「反共」，但同時設立了一連串的社會福利制度，消滅了貧、愚、惰、髒、病，等人類社會的五害；教育、健康、就業等，都有良好的制度。台灣如何？

　　國民黨政府的口水「反共」，騙不了人民；現在，民進黨政府要拚經濟，可不能用「口水」拚，應該發幾招出來看看！

【34】

三民主義，無疾而終。

Sam-bîn chú-gī, bû-chit jî chiong.

Sām-bīn chu-gī, bū-chit jī chiong.

同志仍須裝驚自強。

　　用來諷刺國民黨政府口口聲聲唱的「三民主義」，在它自己的黨裏從來未見實踐，早已經是「無疾而終」了。

　　這是新的台灣政治俚諺，修辭為仿擬格，將「吾黨所宗」，訛音化而變成「無疾而終」，真是巧妙非常。也許，這句話是語言學家，東吳大學德文系教授謝志偉博士的傑作。(→謝志偉，《自由時報》2001(2.28):15)

【35】

厝在遐，店在此。

Chhù tī-hia, tiàm tī-chia.

Chhù tī-hia, tiàm tī-chia.

家在遙遠的唐山。

　　舊時和現代通用。譏刺從唐山、中國過來，或台灣落地生的食錢黑官，攢財土豪、大地主、大企業主，等等大人在台灣開大「店」發大財，一旦台灣有啥風吹草動，急忙懷著滿肚黃金逃了——家，在山的那一邊！

　　現時台灣有一股反台親共邪風，吹散「命運共同體」的認同感，可說是頗有歷史淵源的。君不見，明鄭、大清帝國、國民黨政府的領袖頭頭，大官細卒，師爺爪牙，哪個不是抱持「厝在遐，店在此」的寄生台灣的心態？他們在台灣的「店」，可以隨意開關；他們在台灣的人，可以任意落跑。反正，唐山、中國有的是「家」。

　　這幫人的「外商」心機如此，「台灣民主國」急速夭折(1895.5.25-10.19)，也就不是偶然的了。真好笑，「與台共存亡！」口水未乾，總統、大臣們，早已落跑了，土豪富紳更不用講。最後，只有「家在此」的台灣人，竹篙鬥菜刀來對抗日本軍的機關槍。悲壯啊，勇敢的台灣人！

　　深願這樣的台灣史不會重演。阿們，阿們，誠心所願也！

【36】
台灣無城，食飽起行。

Taî-oân bô siâⁿ, chia̍h-pá khí kiâⁿ.

Taī-oân bō siâⁿ, chiā-pá khi kiâⁿ.

海賊響馬的樂園。

用來嘲諷唐山來台灣「趁食」的官吏，三年官二年滿，宦囊金飽，坐船回唐山去也。

眞慘，如此「父母官」。吞噬民脂民膏，已經太過，又敢用「無城」做藉口，來棄人民如敝屣！「食飽起行」乃是響馬海賊的行徑。說「無城」，就一起來建城嘛！

看！台灣第一座城是「紅毛城」（1632年竣工），她不是台灣人的城。台灣人得不到城的保護，當然也沾不到她的榮耀。她是荷蘭政治、經濟、文明的招牌，是殖民強權的象徵。

話說「台灣無城」，明鄭、清國據臺後如何？好長一段時期「無城」：城郭是用刺竹、木棚、土角圍成的疏籬薄笆，算啥城？之所以如此簡陋，是因爲清國認定台灣是化外之地，不值得投資建城；詭譎的是，認爲「無城」才不致於掩護謀反，就是要平亂，也比較容易。唉，海盜、土匪殺進來，也比較容易。

善哉，118年前台灣有城，台北城也。竣工於光緒十年（1884），前後用了十年的時間。她是台灣有史以來最講究建材的堅固城池：城的周圍1,506丈，城壁高一丈五尺，城裏馬路寬達一丈二尺，繞城周近五公里。應該知道的，建城工匠都是來自台北附近，石材用大直北勢湖的，紅磚用劍潭燒的，石灰來自大稻埕河溝頭窯，麻硒糊也是台灣的土產。全部經費二十萬兩。（→

《中央日報》1994(10.12):7)

（參看，「面皮，比王城壁卡厚。」218.04）

【37】

四萬箍換一箍。

Sì-bān-kho͘ oāⁿ chi̍t-kho͘.

Sí-bān-kho͘ oāⁿ chi̍t-kho͘.

台幣跳樓迎光復。

　　台灣人用來諷刺蔣政權逃難來台初年的經濟大崩盤，原來的台幣40,000元只換得1元新台幣。

　　「光復」初年，物價日日驚死人地膨脹，民不聊生，百姓叫苦連天。例如，1949年一月17日，台南市白米1斗20,000元，到了五月18日，已經1斗破1,000,000元大關。政府的辦法是「幣制改革」：40,000元改革成1元。

　　為什麼這時期的台灣經濟如此糟糕？簡言之，一、受到中國大陸經濟崩潰的拖累；二、國民黨政府來接收台灣，拆掉生產機器，運去上海建廠或當廢鐵賣錢，產業停頓；三、中國大陸來的難民太多，僅1949年就有270,000人，從1946–1952共有2,000,000人，他們絕大部分是「不生產」的。試想，六百萬台灣人，要如何才能擔待如此重擔。

　　總之，台灣人用這句失血俚諺，來「紀念」台灣回歸「祖國」的大驚恐、大痛苦！附帶一提，蔣介石運來70噸黃金，是「反攻大陸」的資金，沒有用來餵養他的二百萬難民，更是無關台灣民生經濟。

【38】

國庫通黨庫，黨庫通家庫。

Kok-khò͘ thong tóng-khò͘, tóng-khò͘ thong ka-khò͘.
Kok-khò͘ thōng tong-khò͘, tong-khò͘ thōng kā-khò͘.
中山袋褲褲有。

　　用來譏刺國民黨政府從中國撤退來台灣之後，佔取台灣人的
財利的方式：黨國不分，共謀橫財，與民爭利。

　　背景：國府撤退來台灣時，正如台灣俗語所說的：「雙腳，
夾一個卵脬」，正港「雙手，二片薑」的走路人。現在據國民黨自
估，黨產有537億，外界估計至少千億。那麼，這麼大筆黨產從
何而來？眾所周知的，這些黨產絕大多數是取之於台灣人的不義
之財，即使部分是投資賺的，也是「黨庫通國庫，特權通賺錢」而
來的。

　　現在，全國一片清理國民黨黨產的呼聲，但國民黨負隅頑
抗，又祭出反祭手法，就是不交出黨產。如此，繼續纏累國民黨
於不義，結果將如評論家胡文輝先生所言：「欠債不還的賴皮
黨，只有衰敗！」**❾**

【39】

賣祖宗本，食子孫糧。

Boē chó͘-chong pún, chiảh chú-sun niû.
Bē cho͘-chōng pún, chiā chu-sūn niû.
永遠的土匪老賊！

　　現代，用來譏刺那些「債留台灣，錢進中國」的業主。他們這
種掏空台灣的手法正是出賣台灣老祖宗的基業和子孫的將來。

　　舊時，這句諺語主要地用來譏刺浪子散盡祖產，毀先絕後。
誰知，今日台灣不少過氣黑官，熱烈進行「賣祖宗本，食子孫
糧」。但奇怪的是，連現任地方首長，也有異想天開的，如澎湖

望安鄉長許龍富，說要將七座島嶼向中國貸款，又要籌組共產黨。真是荒唐透頂，令人費解。(→《自由時報》2002(5.7):4)

地方首長無能發展祖宗產業，也就罷了，反而妄想賣身為奴，抵押土地給中國！這種為了錢，就想要出賣國土的人當「首長」，台灣還有什麼希望？先賢有言：「散，散我本頂！」家鄉雖窮，也沒有「賣祖宗本」的道理！

　　(本句另解，參看518.54)

【40】

行到六甲頂，腳冷手也冷。

Kiâⁿ-kaù La̍k-kah-téng, kha-léng chhiú iā léng.

Kiāⁿ-kaú La̍k-ká-téng, khā-léng chhiú iā léng.

賊在此行人保重。

清國據台時期，台南人用來形容治安大壞，出入「六甲頂」都得提心吊膽，因為土匪在此立寨，要財要命，要買路錢。

這是一句白描，前後二分句的韻腳對得和諧又悲涼，「頂」和「冷」都是[-éng]，讀來真的腳手發冷。

六甲頂：位於台南市北，乃是出入府城北門必經之地。清國時代是城外，原為高崗，樹林濃密，為強盜窩巢。 腳冷手也冷：心寒膽戰，冷汗直流也。

這句俚諺說的是清國的世代，政府敗壞，法紀不彰，治安糟亂，難免盜賊橫肆，人民的性命財物沒啥保障！

那麼，今日台灣又如何？君不見，坐在縣府公館、KTV，甚至勤務於派出所，都有吃子彈、勾老命的危險。黑道、黑槍、毒品、竊盜，隨時威脅著百姓的安全；真是腳冷手也冷，唔免行到六甲頂。真慘！

【41】
員外厝內尋無錢，親像大海掠無魚。

Goân-goē chhù-laī chhoē bô-chîⁿ,

　　chhin-chhiūⁿ toā-haí lia̍h bô-hî.

Goân-goē chhú-laī chhoē bō-chîⁿ,

　　chhīn-chhiūⁿ toā-haí lia̍h bō-hî.

大樹倒猢猻散。

　　用法：一、舊時，傭人階級用來怨嘆，地主富人一旦家道中落，佃農、長工就得隨之落魄，自謀生路了。二、現在，工人、小業主用來怨嘆，近年來政府沒有妥善管制大企業西進中國，以致台灣社會宛然一片「大海掠無魚」。

　　這句俚諺的修辭格是明喻。先人心有煩惱，用漁人在死海撈魚，來比擬失血過多的富豪和蕭條的社會。

　　員外：「正員」以外的官員。舊時，財勢之徒用錢買來的官銜。

　　親像：如同，好像。

　　這句俗諺，台南市林秋燕女士將之關聯到現時我國大業主和小市民的「共生」關係。她如此解說：

> 　　國內的大、小企業幾年來，一窩蜂的湧往對岸，大把大把的資金投入，卻美其名「根留國內」，殊不知屆時可能成了空殼，那麼下場如何可想而知。
>
> 　　戒急用忍的政策要如何執行，才能創造雙贏，政府雖有責任，然波波急功好利的企業主們，更應該三思。(「台灣精諺」《自由時報》)

加油啦，民進黨政府！別讓留在國內的業者和工人怨嘆「大海討無魚」！

【42】

草屯死歸墩，南投起火煙。

Chhaú-tun sí kuī-tun, Lâm-taû khí hoé-hun.

Chhau-tun si kuī-tun, Lâm-taû khi hoe-hun.

該死的清國奴！

　　用來敘述日據台灣初期，一件殘酷的事實。日本軍剿匪誤殺無數草屯良民，然後又濫殺窩藏在南投的匪徒和一般百姓。

　　死歸墩：(人)死了一大堆；墩，堆積如丘。　　**起火煙：**放火燒(厝、物)。

　　背景：明治時，南投廳日本兵爲油車莊的土匪所殺，日軍從台中出發討伐，因隊長看錯地圖，到了草屯就大開殺戒，居民死傷無數，所以說「草屯死歸墩」。後來，日軍發現殺錯，再進軍到南投，由一個叫做「王祿忠」的半山仔帶軍破油車匪窟，故說「南投起火煙」。應該一提的，此役草屯人也曾在半途擊殺日軍，殺傷他們的不少兵馬。❿

　　看了這句台灣史諺，有何感想？比較國民黨政府軍在「二二八」的屠殺台灣人，如何？這種歷史事件和教訓，台灣人豈可不知？

【43】

文官做到保正，武官做到壯丁。

Bûn-koan choè kaù pó-chèng,

　　bú-koan choè kaù chòng-teng.

Būn-koan chó kaú po-chèng,

bu-koaⁿ chó kaú chóng-teng.

傑出青年保正壯丁。

　　用來譏刺、怨嘆日人的愚民政策，也用來消遣自己。台灣人就算是文勝孔子，武壓關公，也只能幹個保正或壯丁。可惱啊！

　　這句諺語的修辭格是對偶正對格，「文官」對「武官」，講的都是所謂的日本「官」這一回事；而「官階」都是不得了的「保正」和「壯丁」；同時，腳韻工整動聽，都是[-eng]。眞讚哦！

　　這句台灣史諺雖是諷刺，但是個重要的見證：在那日本殖民台灣的時代，台灣人在教育和職業上遭受到極嚴重的虐待。那麼，蔣介石政權對待台灣人又如何？差不多啦！在蔣經國的「吹台青」之前，無數受過高等專業教育的台灣人，能頂個「科員」的缺就很了不起了！

　　　（參看，「日本仔保正──好勢。」643.10；

　　　　　「高升，做壯丁。」644.02）

【44】

腹肚斷油臊，則要刣豬哥；

豬皮軍用品，罰唔罰隨恁。

Pak-tó͘ tng iû-chho, chiah-beh thaî ti-ko;

　　ti-phoê kun-iōng-phín, hoa̍t m̄-hoa̍t suî lín.

Pak-tó͘ tng iū-chho, chiá-bé thaī tī-ko;

　　tī-phoê kūn-iōng-phín, hoa̍t m̄-hoa̍t suī lín.

最後的饗宴。

　　流行在日本領台末期，用來嘲諷日本的經濟警察，說，要抓我們「偷刣豬」可不那麼簡單，老豬哥宰來吃了，連皮帶骨都化了。

這句是台灣歷史謠諺，充分表現著物資缺乏的情形下，台灣鄉下人一方面要應付日本警察的監視，另一方面要想辦法弄點食物來塞腸肚的窮境——最後爲了止臊饞，連搖錢的老豬哥也沒命。

同類句有：「米甕弄龍，粟倉弄獅」；「兔肉卡甜鷄肉」。這兩句可以泛指缺乏食物的情景；但後一句，特指國民黨政府領台，五十年代民不聊生的苦境。

腹肚斷油臊：斷油斷肉久矣。　則要：只好，沒有辦法的辦法。　豬皮軍用品：軍方徵收豬皮，用做軍鞋。　罰唔罰隨恁：罰或不罰，由你；吃得皮骨不存，哪有罪證來罰人。　米甕[bí-àng]：舊時民家裝白米的小磁甕。　粟倉[chhek-chhng]：收藏稻穀的大倉庫。　弄龍…弄獅[lāng-lêng…lāng-sai]：舞龍、舞獅。　米甕弄龍，粟倉弄獅：喻指米甕粟倉空虛。　兔肉卡甜鷄肉：自嘲無可奈何地吃起兔肉。台灣人忌吃兔，怕生子「兔唇」，但兔繁衍極快，可救急。

【45】

台中到豐原，褲底結歸丸；
豐原到彰化，褲底破破破。

Taî-tiong kaù Hong-goân, khò͘-té kiat kui-oân;

　　Hong-goân kaù Chiong-hoà,

　　khó͘-té phoà-phoà-phoà.

Taī-tiong kaú Hōng-goân, khó͘-té ket kuī-oân;

　　Hōng-goân kaú Chiōng-hoà,

　　khó͘-té phoá-phoá-phoà.

窮兵黷武見笑啦！

　　二次大戰末期，台灣人用來嘲諷日本窮途末路，也用來自嘲，因台灣資源被消耗淨盡，台灣人只能穿戴易破易爛、衛生紙不如的人造纖維衣褲。

　　這句俚諺是白描。台中豐原，豐原彰化，鄰近二地不出二十公里，化纖衣褲就磨破，可見其爛無比。句裏「豐原」和「歸丸」，「彰化」和「破破」都很對韻，謠來詼諧，唸得心酸無比。

　　結歸丸：質料見水即化，爛糊成丸。　破破破：破得無捨無施；破，三音疊詞，用表「破裂」的最高狀態。這種詞式是台灣話的一大特色，例如，密密密［bā-at-bát-bát］，利利利［lā-ai-laī-laī］。

【46】

互人掠去刣，閣替人算錢。

Hō͘ lâng liáh--khì thaî, koh thè-lâng sǹg-chîⁿ.

Hō͘ lāng liā--khí thaî, ki thé-lāng sńg-chîⁿ.

至死不悟的奴才。

　　用法有新舊：一、舊的，在外來政權輪翻統治下，有識之士用來譏刺那些甘為走狗而不自覺的奴才。二、新的，用來諷刺民進黨政府，面對中國敵意強烈，吞噬我國日劇之下，還將戒急用忍鬆綁，使大企業「錢進中國，債留台灣」。

　　同義句：「互人賣去，攔替人算錢。」

　　或問，「互人掠去刣，閣替人算錢」的台灣人個性或台灣民族性，是怎麼一回事啊？答曰：四百年來次殖民地的奴才性。

　　再問，有解無解？有！何處跌倒，何處爬起來。但再須40年來學習當家做主，子孫才可望有健全的自信心，不卑不亢；後裔才可能有道德勇氣，明辨大是大非，敢爭權利，更敢盡義務。

【47】

台灣人，死好！

Taî-oân-lâng, sí hó.

Taī-oān-lâng, sí hó.

我是怎樣死的？

用來發洩深沉又劇烈的怨嘆。多少台灣人遭受到的嚴重傷害、挫敗、痛苦、失望，來自台灣人的鄉愿無知、墮落性格，等等絕症──「台灣人，死好！」

這句俚諺不可字面直解做「咒詛」，其修辭式是「反語」，用粗魯、刺耳的言詞，來棒喝昏庸，乃是台灣人的序大常用的激將法。

近年來，「台灣人，死好！」幾乎隨時隨處可聞：

「台灣囡仔」市長落選：政績七成以上被肯定，外省鐵票只有30%，台灣籍有70%──「台灣人，死好！」

立法院、縣市鄉鎮議會、政府，不乏黑道大哥、親共反台者；看他們亂搞政治，污爛經濟，動亂社會，阿諛中國文化而輕賤台灣──「台灣人，死好！」

民進黨政府鬆綁，大企業瘋狂西進：「錢進中國」供解放軍買飛彈來恐嚇台灣，「債留台灣」使台灣失血痛苦──「台灣人，死好！」

台灣人缺乏獨立自主的意志，缺乏追究歷史錯誤的勇氣，缺乏實踐正義的道德擔當，結果在自己的國土上面流放──「台灣人，死好！」

喂，喂！緩閣講啦！咱台灣人是勇敢的民族，是力行社會公義，慈濟天涯海角的人民──來，來，喊幾聲口號卡實在：「台

灣人，萬歲！萬萬歲！」

【48】

台灣無三尺平，要公平來生則去尋。

Taî-oân bô saⁿ-chhioh pîⁿ,

　　beh kong-pêng laî-seng chiah-khì chhoē.

Taī-oân bō sāⁿ-chhió pîⁿ,

　　bé kōng-pêng laī-seng chiá-khí chhoē.

不平不等台灣地。

　用來發洩對國民黨政府的失望。在蔣政權的恐怖統治下，台灣人在政治、社會、生活，各方面都清楚感受到「以不平等待我台灣民族」的深刻痛苦和絕望。

　這句諺語的第一分句是借喻，用台灣山多平地少的「不平」，來喻指政治、社會等等方面的「不平」。然後用直述句斷言，今生今世國民黨政府是不公不平的政府，沒有希望的了──誰知，終於國民黨下野，民進黨上朝了，但願「公平」現在可得！

　關係句，台灣新諺：「法律之前人人平等，法律之後特權一等。」

　在那時期，台灣人最感痛心的是：政府不法，二二八剿亂淸鄉，恐怖甚於納粹；壟斷財利，國家公器公利盡歸國民黨；保護特定族群，民脂民膏用來福利政府的軍公教人員，區分省籍來保障高普考的外省人錄取名額。凡此不平不等，眞是電腦難書。

【49】

判大官大證據，判小官小證據，判百姓免證據。

Phoàⁿ toā-koaⁿ toā chèng-kù,

　　phoàⁿ sió-koaⁿ sió chèng-kù,

phoàⁿ peh-sìⁿ bián chèng-kù.

Phoáⁿ toā-koaⁿ toā chéng-kù,

　　phoáⁿ sio-koaⁿ sio chéng-kù,

　　phoáⁿ pé-sìⁿ ben chéng-kù.

這一判民苦國亂。

　　這是近年來盛傳民間的新諺語，用來譏刺司法腐敗，其公正度久被人民所懷疑，質疑判官踐踏著台灣的正義防線。

　　小例證：嘉義陳劍萍先生有「贈伍澤元」(《自由時報》1997(10.28)：23)詩一首，寫他「保外就醫」，一出監門，健康得很，還可搞選舉運動，實驗所謂「當選無罪」的漂白法寶：

　　　　關在牢裏死沉沉，保外就醫活像神；

　　　　生龍活虎屏東現，起訴檢官能怎樣？

　　　　日夜相思縣長座，管你無期又徒刑；

　　　　投入選戰為條件，包能換得無罪歸。

　　哀哉，誰在踐踏台灣的正義？誰在搞亂台灣社會的安寧？

　　(本句另解，參看613.20)

【50】

某囝著寄人飼。

Bó͘-kiáⁿ tiòh kià-lâng chhī.

Bo͘-kiáⁿ tiō kiá-lāng chhī.

束緊腹肚家己飼。

　　用來哀嘆。景氣大壞之下的營業者、失業者、工人，等等艱苦人，赤字滾滾，日不見分文，萬分苦惱。

　　這是一句老俚諺，常出現在經濟條件極壞的時期。她的修辭格是反諷，君不見，說者嘴巴雖然哀著這句話，心裏雖然困苦萬分，但實際上還是咬緊牙關，「某囝家己飼」。

【51】

富的富上天，窮的窮寸鐵。

Pù--ê pù chiūⁿ-thiⁿ, kêng--ê kêng chhùn-thih.

Pù--ê pú chiūⁿ-thiⁿ, kêng--ê kēng chhún-thih.

森林社會窮人多。

　　痛苦的貧民用來怨嘆。台灣四百年歷史，一般百姓最常有的苦難就是利益的機會懸殊，貧富天淵之別。細看之下，台灣之極富者，大企業主，幾乎都是政府奧援的特權者，剝削人民的權益，建業在不義的基礎上。

　　到底台灣社會的貧富情形如何？就以首都台北為例，雖然不景氣，台北市在去年(2000年)每戶「可支配所得」高達1,230,700元，平均儲蓄265,000元；不言可喻，貧者是負收入的。貧富的差距是：富者，所得前20%家庭，擁有全市所得36.46%；貧者，最低20%家庭只有全市8.44%所得。

　　我國兩大市和國內其他地方的所得差距是：台北市每戶平均所得，為高雄市的1.32倍，為全國1.39倍。(→《自由時報》2001(8.30): 13)若以台北市的所得，來比較吵著要將島嶼抵押給中國的望安鄉的話，真不知貧富差距會有多大！

　　(本句另解，參看131.67)

注釋

1. 這首詩的背景和境界，楊青矗先生都有闡釋。參看，楊青矗，「斯民命運實堪憐」，《自由時報》2001(2.28):15。

2. 這首詩叫做「台灣零天地」。轉引自，林樹枝，《良心犯的血淚史》(台北：前衛出版社，1989)，頁57。

3. 台灣歌仔戲最有名的文武老生石文户先生，說他父親最討厭黑官，嘴裏常掛著嚴輝的這句唱詞。見，施如芳，「歌仔戲活字典：石文户(下)」《自由時報》1999(4.30):39。

4. 參看，黃慶萱，《修辭學》(台北：三民書局，1979)，頁89。

5. 根據，台灣新生報，《台灣年鑑》(1947)，頁F25。轉引自，黃昭堂著，黃英哲譯，《台灣總督府》(台北：前衛出版社，1993)，頁248。

6. 本句的社會背景，陳華民先生有精要的敘述。參看，陳華民，《台灣俗語話講古》(台北：常民文化，1998)，頁59-61。致於取締無業遊民，日語所謂的「浮浪者」，日本政府在明治三十九年(1906)發佈「浮浪者取締規則」五條，其法嚴酷，「浮浪者」也算犯法。參看，吳三連，蔡培火，《台灣民族運動史》(台北：自立晚報，1987)，頁65。

7. 撤廢「六三法案」是咱台灣先賢轟轟烈烈的「台灣民族運動」歷史的一頁。有關此一法案和撤廢運動，詳見，吳三連等，同上引，第二章。

8. 李筱峰，「蔣政權『反共抗俄』的政治迷思史料舉隅」《台灣史料研究》，第12號(1998年)，頁45-79。

9. 胡文輝，「這根本是賴皮！」《自由時報》2002(9.12):4)。關於，蔣介石這七十噸黃金，和台灣經濟發展毫無關係乙事，李筱峰教授有精要的論述，參看，李筱峰，「用七十噸黃金搪塞對台灣史的無知」《自由時報》1998(4.5):11。致於，台灣「光復」初年的台灣社會和經濟，如何被國民黨政府剝削，George Kerr有詳述。見，George Kerr著，陳榮成譯，《被出賣的台灣》(台北：前衛出版社，1996)，第五章、第六章。

10. 參看，林美容，「草屯地區傳說諺語」《人類學與台灣》(台北：稻香出版社，1989)，頁189。

第三節　民情和族群

本節段落：

地方民情01-09　異地相輕10-18　族群緊張19-26　分類鬥爭27-35
文化歧視36-45　政黨緊張46-50　媚中反台51-56

【01】
鷄籠人嘴闊食四方。

Ke-láng-lâng chhuì-khoah chiảh sì-hng.

Kē-lāng-lâng chhuì-khoah chiā sí-hng.

食路廣闊鷄籠人。

　　基隆人用來自我消遣，說鄙地鄉親眞有食福，本港魚蝦水卒食無夠，中港下港的豬肉、荣蔬、水果食來鬥。

　　嘴闊食四方：喩指有食福的人，他能吃到的食物種類多，來路廣闊又豐富。嘴闊，嘴巴大也。

　　背景：基隆原是漁港，後來演進成我國北部最重要的軍港，和國際貿易港；雖是這樣，漁港的功能猶在。本地海產種類繁多，魚鮮無數，旣生猛，價錢又公道。但本地缺少農產品，獸肉、家禽、稻穀、蕃藷、蔬荣、水果等等日常食物，都得從中南部供應。如此，基隆鄉親成爲中南部農產品的好主顧，歡喜地自誇「嘴闊食四方」。

【02】
台北人驚食，下港人驚掠。

Taî-pak-lâng kiaⁿ chiảh, ē-káng-lâng kiaⁿ liảh.

Taī-pak-lâng kiāⁿ chiā, ē-kang-lâng kiāⁿ liā.
啥人嗽驚食合掠？

　　用來叙述台北人和下港人的不同民性，彼此有不同的「驚」情：驚吃和驚掠。同時，暗示著彼此有不同程度的「嗽驚」：台北人「嗽驚掠」，下港人「嗽驚食」。

　　這句俚諺用的修辭式是對偶同對格，「台北人」和「下港人」成對相隨；彼此都有顧慮，那個「驚食」，這個「驚掠」；這個「嗽驚掠」，那個「嗽驚食」。

　　驚食：*招待飲食相當小氣；字面義，驚互人食。* **下港人**：*舊時，指府城以外的南台灣人。* **驚掠**：*怕上衙門，驚見衙門大人；此處，不指害怕犯案被捕，雖然「掠」，字義上是逮捕（人犯）。*

　　舊時，一般台北人不甚樂意接待下港來的親友，他們多數務農，胃納奇大，豈是小廚小灶，更非初進都市謀成的小家庭所能應付的？另外，多數下港人見官心裏就發毛，因為衙門一向惡名昭彰，錢生錢死，深為鄉下老百姓所畏懼。

　　值得注意的是，這句俚諺暗含台灣地方民性變遷的痕跡。近百餘年來，所謂「台北人」，其中無數是「下港人」上來求學、謀生、工作，而後落地生根的；南部有錢人遷居換籍的為數不多。然而，人一旦生活在台北，就有台北人的生活方式，久而久之，台北人的心性，台北人的民情成矣。此中，說「驚食」，「驚掠」或「嗽驚掠」，「嗽驚食」，就是都市文化和田園文化變遷的一種形式。

【03】

草地人驚掠，府城人驚食。

Chhaú-tē-lâng kiaⁿ liảh, hú-siâⁿ-lâng kiaⁿ chiảh.

Chhau-tē-lâng kiāⁿ liā, hu-siāⁿ-lâng kiāⁿ chiā.

一城之隔二樣情。

　　舊時，斷言鄉村和都市的民情民性不同；前者「驚掠」，後者「驚食」。

　　本句的修辭式和「驚」的理由，都類似上一句。然而，本句之異於上一句者，乃在於「草地人」和「府城人」可能涵蓋的社會關係：佃農和地主，貧農和富豪。

　　可能的背景：這個「草地人」大胃王，可能是某個「府城人」，大地主的小佃農。他按期繳田租以外，年節都得恭恭敬敬帶著特選的芋仔、蕃藷、菢仔、金瓜、雞小姐、閹雞公、獸頭鵝，等等土產來做節敬。

　　當然，頭家沒有讓草地來的佃農餓著肚子走人的道理。於是，擺上便飯，加了一二樣菜來招待。但見，秋風掃落葉，吃得飯坩見底，砸盤朝天。如此這般，原就吝嗇的頭家頓生「驚食」心理。相傳，府城所有的大地主都說「驚食」有理；於是，小佃農每次在府城地主家用餐，都得忍饑而返。

　　致於「草地人驚掠」，則是惡質支那文化的「衙門恐怖症」病徵。那麼，難道府城人「呣驚掠」嗎？也許，官人和財主以財勢勾結，只要不是造反大罪，任何犯案不難化小化無。見官，何驚之有？

　　（另解請看，326.11）

【04】

鹿港人厚臭頭。

Lȯk-káng-lâng kaū chhaù-thaû.

Lȯk-kang-lâng kaū chhaú-thaû.

禮數繁多人見怪。

用來諷刺鹿港人保守著非常濃厚的傳統禮俗，交陪往來宜小心，以免失禮。

舊時，鹿港鄉親比一般台灣人更加知禮有禮，也許因此使外地人自愧不如，只好拚出這句話來呫講了。

厚臭頭：鄙語，指繁文縟節，人間關係弄得相當複雜，令人緊張，要不小心應對，難免失禮又丟臉。

【05】

鹿港人，講話無相全。

Lȯk-káng-lâng, kóng-oē bô saⁿ-kâng.

Lȯk-kang-lâng, kong-oē bō sāⁿ-kâng.

方言一句罰一元。

嘲諷鹿港人講話的腔調、音色、字彙都和我的台灣話不相同。言下之意不外是，鹿港人講話好奇怪。

鹿港人話語的特色是泉州腔和泉州音，❶字彙也有些特別處，如衣袋叫通櫃，鉸刀是鉸剪，囡仔稱嫺仔。這都是鹿港人講話的特徵，用心聆聽，並不難聽出她的美妙韻味。

說「非我母語，就是差，就是醜」，乃是無知種族主義者的惡見。而那些發動歧視性的單一國語政策者，都是獨裁專制，踐踏人權，毀滅文化；人民應該大聲譴責，大力反對。

母語是天賦的最寶貴的「產業」，鹿港人講鹿港話，才成其為眞正的鹿港人。鹿港人的生命，也經由「鹿港人，講話無相全」得到完全的展現。

【06】

會堪得過西螺大橋，繪堪得過虎尾溪。

Oē-kham-tit koè Sai-lê toā-kiô,

　boē kham-tit koè Hó˙-boé khe.

Oē-khām-tit koé Saī-lē toā-kiô,

　boē khām-tit koé Ho˙-boe khe.

強人在此，來者小心。

　　用法：一、斷言地方民情不盡相同，一個旅人過大橋進入西螺，適應得了西螺人，並不見得就能應付虎尾溪那邊的虎尾人。二、引申做警言，提醒人做事沒有幾分把握的話，不可輕舉妄動。三、用來自誇或誇人，說沒有自信、沒有把握的話，就不敢如此而爲。

　　同義句：「無二步七仔，嗯敢過西螺溪」；「無二步七仔，嗯敢過虎尾溪。」

　　（本句背景，詳看433.19）

【07】

要娶嘉義人，要嫁台南翁。

Beh chhoā Ka-gī lâng, beh kè Taî-lâm ang.

Bé chhoā Kā-gī lâng, bé kè Taī-lām ang.

嘉南名產好翁某。

　　可用做嘉義和台南地方的婚姻介紹，說的是：嘉南地方民情純眞，家敎優良，社會風氣敦厚；前者盛產好女子，後者出產大丈夫。嫁女擇婿，勿失焦點！

　　本句又做：「要娶嘉義某，要嫁台南翁。」

　　（本句背景，詳見523.32）

【08】

嘉義嘉義，借錢免寫字。

Ka-gī Ka-gī, chioh-chîⁿ bián siá-jī.

Kā-gī Kā-gī, chioh-chîⁿ ben sia-jî.

信用最好落跑零。

　　舊說，嘉義人最講誠信，借錢還錢，連本帶利，準日準時，從無閃失，無須借條，更無須三保七認。

　　免寫字：無須立下借據，口頭承諾足矣。

【09】

無澎，不成籤。

Bô Phîⁿ, put-sêng kám.

Bō Phîⁿ, put-sēng kám.

食苦耐勞好店員。

　　斷言，地方的自然、社會、經濟條件塑造民性，影響著他們的工作和生活。本句敘述舊時台南、高雄一帶，「籤仔店」的店員，大多來自澎湖，而且是多到沒有澎湖店員，就開不成「籤仔店」的地步。

　　澎：澎湖也。　　籤：籤仔店，舊時的雜貨小店。零售食油、鹽、糖、醬；鹹魚、魚脯；金銀紙、香燭；糖果、鹹酸甜；牙膏、肥皂、毛巾，等等家庭日常用品。　　無…[甲]，不成…[乙]：甲為乙存在的必要條件；無甲，即無乙。

　　為什麼說「無澎，不成籤」？因為「籤仔店」早開晚關，工作時間長，工作零碎雜多，薪水又微薄。這種工作條件和待遇，只有刻苦耐勞，又出身貧寒的人才能，才願幹，而澎湖有的是符合當「籤仔店」要求的人才。

【10】

草地胡蠅，唔識食著縣口香餅。

Chhaú-tē hô͘-sîn,

　　m̄-bat chia̍h--tio̍h Koān-khaú phang-piáⁿ.

Chhau-tē hō͘-sîn,

　　m̄-bat chiā--tiō Koān-khaú phāng-piáⁿ.

入城消費亦看扁。

　　舊時，府城人用來嘲笑進城的草地人，津津有味地吃著城裏的名產「縣口香餅」。

　　草地胡蠅：鄙視地指鄉下人；字面是，鄉下蒼蠅。　縣口：清國時期台灣縣衙門附近的縣口街，今台南市赤嵌樓前，那時有數家著名的糕餅店。

　　（本句又見，422.41）

【11】

好柴，無流過安平鎮；媠查某，無留置四鯤鯓。

Hó-chhâ, bô laû-koè An-pêng-tìn;

　　suí cha-bó͘, bô laû-tī Sì-khun-sin.

Ho-chhâ, bō lau-koé Ān-pēng-tìn;

　　sui chā-bó͘, bō laū-tī Sí-khūn-sin.

俊秀人才本地多。

　　用法：一、用來貶低他人，往自己臉上貼金，說傑出男女人物盡在本地；暗刺，他鄉外地沒啥人物。二、喻指購買貨物，要見好就買，因好貨搶市；同時，指出下游小店難得好貨。三、舊說，用指人才出眾者，不會埋沒於野；賢又美的小姐，不會久藏娘家。

　　小檔案：看到「好柴」，不可不知咱台灣擁有世界上最好的柴，那就是「台灣杉」。台灣杉係1904年日本學者小西成章在南投

烏松坑海拔二千公尺處所發現。台灣杉乃是自地質時代第三紀遺下的活化石,與中國的水杉、銀杏、美洲的世界爺等古生物種同為世界稀珍。

台灣杉美譽為「舊世界第一針葉樹」,它是台灣最高樹種,可達90-100公尺,其樹皮細長纖維狀而色紅褐,側枝修長平展再下垂,舊名亞杉。台灣杉性喜濕蔭,生長迅速,材質耐蟻侵,拒鼠害,歷經至少六千萬至億年以上的演化歷程。

台灣杉近純森林的踏勘,要到2002年,由靜宜大學生態姸究所調查隊楊國禎擔綱。查知:台灣杉近純森林面積有1300公頃,杉有萬株以上,林區位在今之雙鬼湖,無路可達之險地。目前已測得最大樹株,胸徑達四公尺,冠幅直徑可達50公尺,高約60-70公尺,樹齡在千年以上。

這一大片台灣杉,族群形成近純森林,密度之高全球唯一,其價值無可替代。❷

(本句詳解,參看612.06)

【12】

卡梳也是鷄母毛,卡妝也是赤嵌糖。

Khah-se iā-sī ke-bú-mñg,

    khah-chng iā-sī Chhiah-khàm-thñg.

Khá-se iā-sī kē-bu-mñg,

    khá-chng iā-sī Chhiá-khám-thñg.

天然媸vs.人造美。

舊時,城裏人用來嘲笑從事戶外勞動的鄉下女人,說她們的頭髮疏鬆髒亂,皮膚乾燥又烏黑,再怎樣用心用力美髮護膚,都是無路用的也。

赤嵌糖：喻指皮色深褐如烏糖；赤嵌糖，舊時高雄楠梓出產的烏糖。　鷄母毛：頭髮疏鬆，缺乏光澤，煞像母鷄的羽毛。

（參看，「任你妝，也是赤嵌糖。」421.28）

【13】

要嫁都市乞食，嘸嫁草地好額。

Beh kè tō·-chhī khit-chiảh, m̄ kè chhaú-tē hó-giảh.

Bé ké tō·-chhī khit-chiā, m̄ ké chhau-tē ho-giā.

倉庫老鼠vs.農田水牛。

斷言，都市裏最貧窮的人的生活，也比農村的富人的生活要好。

爲什麼？可能是老先人看到「都市乞食」賢夫妻，窮則窮矣，但天天見財，日日安閒，至少算是都市人。反觀「草地好額」，田園多則多矣，農婦要下田做穡，侍奉翁姑，養育一大串兒女，又有養不盡的豬、鷄、鴨、狗，操得像田裏的母牛。

同類語：「嫁入城無食嘛好名，嫁入山有食嘛烏乾」；（→523.30）「查某囝嫁去米粉莊，無死嘛黃酸」。

都市乞食：喻指都市裏討生活的小百姓。　草地好額：鄉下田地多，鈔票少，操勞有，享受沒有的大戶人家。　烏乾：瘦皮包骨，皮膚乾得發黑。　米粉莊：做米粉的莊頭。舊時，做米粉是非常繁重的工作，趕時趕節，非常累人。（參看，「米粉粿萬百孔，千萬家財攏漏空。」611.07）　黃酸：面白泛黃，身體虛弱，顯然是一個破病的人。

（本句詳解，參看523.29－30）

【14】

鹹菜甕的乞食，嘸是做頭路的人。

Kiâm-chhaì-àng ê khit-chiảh, m̄-sī choè-thaû-lō· ê lâng.

Kiām-chhaí-àng ē khit-chiā, m̄-sī chó-thaū-lō· ē lâng.
貴地名產懶乞食。

用來諷刺舊時「鹹菜甕」一地的人，刺他們懶惰，生產了許多乞食。後來，將高度懶惰的人鄙薄做「鹹菜甕的乞食」。

這是一句清國時代的老俚諺，相傳「鹹菜甕」丐仙的特異功力就是懶惰功，他能睡到日頭曬屁股，睏到外地乞友深入甕底行乞，還在呼嚕打盹，不願上路。

鹹菜甕：今新竹縣關西鎮，是個歷史悠久的鄉村，產茶和柑桔。乾隆五十八年（1793）閩南人入墾失敗；嘉慶十七年（1812）已有老鄉街，道光九年（1829）稱本地為鹹菜甕。到了日據時代，日本政府認為地名不雅，而於1920年改名關西。　做頭路的人：工作者，討生活的人。

【15】

官佃查埔，娶無某。

Koaⁿ-tēn cha-po·, chhoā bô bó·.
Koāⁿ-tēn chā-po·, chhoā bō bó·.
選個總統給你看。

舊時，善化一帶的人用來嘲諷官佃的男人很難成親，因為鄉民大部分是貧窮的佃農。

官佃：今台南縣官田鄉，在1920年改為官田。

這句俚諺充分反映著一般台灣人看扁窮鄉僻壤的人。真不幸，這可能是人類普遍的驕傲。記得《約翰福音》介紹耶穌的出現，也有類似的情形：

腓力遇見耶穌，知道耶穌不是凡人。高興地來見拿但

業，説：

「我已經遇見先知書記載的，那位救世主。他就是拿撒勒人耶穌。」

「拿撒勒會出產啥好東西？」拿但業鄙夷地反問他。

「你來看吧！」腓力一言難盡，只好這麼回他。(1:43-50)

原來拿撒勒名不見經傳，也非大城，乃是以色列的庄腳草地。但耶穌基督偏偏就是草地拿撒勒出身的！眞好，草地不能捆綁偉大的人格；千萬不要絕對化個人「出身」的環境——番仔田出台灣總統：陳水扁博士！

【16】

內山猴，食樹籽。

Laī-soaⁿ kaû, chia̍h chhiu-chí.

Laī-soāⁿ kaû, chiā chhiū-chí.

請你來食莎絲彌！

舊時，台灣西部沿海一帶的人，用來恥笑住在山區的人，說他們生活困難，糧食缺乏，吃的都是「樹籽」。

莎絲彌：音譯日語sashimi，刺身，生魚片也。

（本句詳解，326.10；

參看，「內山猴，唔曾看著海口鱟；

海口鱟，唔曾看見內山甘蔗頭。」313.08）

【17】

後山滯久，番仔款。

Aū-soaⁿ toà kú, hoan-á khoán.

Aū-soaⁿ toá kú, hoān-a khoán.

本地化的模範生。

舊時,西部人用來消遣移民「後山」、落地生根的親友,說他們的言行舉止已經很像當地人了。

很好,台灣人適應性好,台灣化能力強,住進山區變成「樂山」之人。但聽他講得一口流利的本地話,也娶了本地賢慧的新婦,交陪著喜歡灌米酒頭仔、咬檳榔的親家親姆。

關連句有,「後山滯久,生囝番仔款。」說的是,落地生根,結親本地,陰陽相濟,繁衍台灣好子孫。但見,矜持「非我族類」者,一臉臭豆腐!

【18】

草地倯,府城戇。

Chhaú-tē sòng, hú-siâⁿ gōng.

Chhau-tē sòng, hu-siāⁿ-gōng.

城鄉相褒比誰戇。

舊時,台南府城人用來嘲諷鄉下人,說他們談吐、想法、行動、衣著,都很「倯」。當然,草地人不甘示弱,反譏府城人也沒有什麼了不起:他們「戇」得不會分別芋仔或蕃薯,「戇」得只會吃豬肉也沒見過豬拉屎。

草地:庄腳、鄉村也。 府城:台南市也。原義,府衙的所在地,舊時台灣府即在該城。到了光緒元年(1875),清政府新設台北府於台北;此後,台灣的政治、經濟中心漸漸移往該地。現在,台南市是台灣的第四大都市。 倯:形容人物的土粉味,鹽份味濃厚,其言行思想、態度、行動不同於都市的。 戇:笨頭笨腦,傻瓜。

(本句又見,326.11)

【19】

黃南球，放屎嚇番。

 N̂g Lâm-kiû, pàng-saí háⁿ hoan.

 N̄g Lām-kiû, páng-saí haⁿ hoan.

漢人的最後武器。

舊時，用來對原住民做文攻武嚇，乃是英雄化「黃南球」，說
他壯如唐山老虎，猛如北海蛟龍，交戰所向無敵。證據：黃英雄
的糞便，粗大如牛屎。

這句俚諺反映著漢人的狂傲，是不可信的傳統。因為，原住
民最能辨別「糞便」，那是覓跡尋獸、打獵的民族都非常發達的能
力。

背景：光緒十二年(1886)在大科崁（今大溪），設置撫墾總局。
在劉銘傳的「開山撫番」政策下，地方官也自網開一面；漢人有恃
無恐，處處越界私墾，強進「番社」拓墾，「生番」被迫，只得起來
反抗，或逃遁深山。

相傳，在此大環境下，有苗栗大墾首黃南球，聚集數百佃
農、鄉勇，從大科崁向原住民地界挺進。他先來一場心戰：秘密
散置「人造大便」，用香蕉混米糠等雜物擠成粗大糞狀物，散置於
茅舍旁邊；散佈謠言，宣傳大墾首黃南球高頭大馬，又粗又勇，
一人可敵百人。

原住民偵探暗訪，發現超級大便處處，傳回各社，上下震
驚，如見厲鬼。黃南球看時機成熟，於是率領部眾向「番社」進
攻；原住民聞風喪膽，不戰而退避深山，眼巴巴看漢人強佔土
地。

噫，不堪回首台灣苦難的歷史，昔日唐山人用「大便」爲工具

來侵略原住民；今日中國人用「飛彈」要吞併台灣？如此不停的野
蠻侵犯，台灣人能不和衷共濟、起來反抗嗎？

【20】

番仔若穿褲，平地人著走無路。

Hoan-á nā chhēng-khò˙, pîⁿ-tē-lâng tio̍h chaú bô-lō˙.

Hoān-á nā chhēng-khò˙, pīⁿ-tē-lâng tiō chau bō-lō˙.

知己知彼騙不了。

　　舊時，移民後山的西部人的危機意識，說，「番仔」一旦提升
到一定程度的文明，平地人就沒錢賺，就得另謀生路了。

　　番仔：廢詞，原住民的舊稱。　　**若穿褲**：喻指文明發達；一派驕
傲的平地人語氣。　　**著走無路**：走頭無路，事先避之為吉，暗示將遭
對方的攻擊或報復。

　　上面二句俚諺(.19-.20)可以窺見台灣史上所謂「開山撫番」慘
況之一斑。

【21】

圓仔花醜呣知。

Îⁿ-á -hoe baí m̄-chai.

Īⁿ-a-hoe bai m̄-chai.

驚見嫦娥奔月。

　　舊時，福佬人，尤其是福佬婦女，用來諷刺平埔族女人，刺
她們姿色平庸而又愛炫，尤其是節慶歡會，插著滿頭「圓仔花」，
真難看！

　　這句諺語乃是福佬婦女的酸話，眼見平埔族女人比自己健
康、美麗、又大方，會唱情歌、會跳熱舞、會裝飾得比花還鮮
艷。對看之下，自己連兒歌都不敢唱，還敢唱啥情歌？自己雙足

殘廢，寸步難行，還敢妄想跳舞？自己在頭鬃螺藏個含笑花就臉紅了半天，還敢插啥圓仔花？如此比對之後，夫人心裏有數，自矜自慰做「知醜的梅花」！

　　（本句詳解，參看，「圓仔花㑒知醜，大紅花醜㑒知。」
　　　　235. 19）

【22】

福佬嬤，討客兄。

Hō-ló má, thó kheh-hia^n.

Hō-lo má, tho khé-hia^n.

好款，狐狸精啦！

　　舊日，可能是口角時，客家婦女用來辱罵福佬女人。

　　福佬嬤：客家語，台灣移民社會的客家人稱福佬妓女為「福佬嬤」。坊間做「福佬馬」，是錯誤的；嬤誤為馬。　客兄：情夫，源自清國據台初期，閩南妓女稱呼客家恩客為客兄。

　　背景：清國據台初領的一百年間，禁止唐山人攜帶家眷來台灣，因此造成台灣處處羅漢腳。此種情形之下，常有人從閩南偷渡婦女來台，下海撈錢；尤其是雍乾年間的漢人妓女大多是閩南人，因客家人比較保守，少有偷渡婦女為妓的。

　　早期台灣移民社會，客家村庄的羅漢腳情形非常嚴重，例如，客莊大埔，七百多人口中只有二名婦女。因此，他們解決「性」的問題，只有找妓女戶了。所以，閩南妓女的恩客，客家人佔很高比例，有些老主顧日久生情而成為情夫。有時，同為妓女的姊妹淘會調侃她說：「妳那位客兄有來嗎？」

　　致於「客兄」的相對名詞即是「福佬嬤」。❸

【23】

熟客人，戇福佬。

Sėk Kheh-lâng, gōng Hō-ló.

Sek Khé-lâng, gōng Hō-ló.

硬頸團結客家人。

　　福佬人用來表達跟客人競爭而失敗的感想，說，客家人比福佬人「熟」，而福佬人「戇」；戇即敗，無話可說！

　　本句俚諺，在1986年立委選戰中，屏東立委當選者都是客家人，而最被支持者看好的福佬候選人陳進興卻意外落選。在此情景下，福佬仔用這句話來自哀自怨！ ❹

　　熟：深思遠慮，智性深厚，在客人間展現堅定的認同合作；熟，字面是成熟。　*戇：私心自用，散沙不如；戇，愚昧也。*

　　客家合作的族性非常珍貴，令福佬仔大大敬佩，若能思齊是很好的失敗的經驗。真正的「熟客」或「熟福」，應在於認同命運共同體，同舟共濟對付要吞噬台灣的大敵，如此才是真「熟」大「智」。

　　台灣現在的處境絕對沒有內鬥的本錢，只有在「公義」的前提下合作──若一定要論根本，客福都是漢化的越族，❺大多是平埔媽的後裔。

【24】

張飛押陣尾。

Tiuⁿ-hui ah tīn-bóe.

Tiūⁿ-hui á tīn-bóe.

功名勢力定前後。

　　用來嘲諷某姓，說他們姓氏功名不顯，勢力單薄，酬神會

親，被排在尾後。

　　這句俚諺無關三國猛將張飛，是用他來做指代。張飛是劉關張三姓義兄義弟的「押陣尾」老三，如此理解的話，應無任何輕別的意思；但是，若用其他排序的標準來排列，卻是另一個問題了。

　　背景：這句是彰化縣永靖鄉的老俚諺。相傳最早來墾發永靖的客家人是陳、邱、詹、劉、張，等五大姓。後來各姓後裔離鄉發展，各姓長老為要聯誼同姓，於是推出「字姓戲」：本鄉出身的此五姓客家人，在每年二月二十五日永安宮王爺神誕之第二日起，由各姓輪流集資在宮前演戲酬神，並舉行祭祖，然後大會餐「食祖」，分享祭肉。

　　我們要問的是：此五姓的「字姓戲」順序是按照什麼標準排列的？據說，原來沒有一定的順序，乃是後來五姓之中有人得了功名，勢力大增，於是按照功名勢力的大小，來排祭神日之先後：陳出過貢生，邱出過廩生，而排一二；其後三姓按人口多寡排序。**❻**

　　真不好意思！比大比細，比高比低，比人口，比秀才，比落第生，一直比下去；這就是台灣人的民族性嗎？在鄉親之間，若用「功名富貴」當尺度，人口繁殖力當「秤錘」，如此衡量排序，真能敦睦鄉親嗎？人家「張飛押陣尾」是按照年齒，不是比文比武。

【25】
你後擺著去互客婆趙。

Lí aū-paí tio̍h-khì hō͘ Keh-pô chio.

Lí aū-paí tiō-khí hō͘ Ké-pô chio.

姑娘不贅懶惰蟲。

　　台中人用來「激勵」懶惰、不求長進的後生，說他如此下去，成為無能無力的男人，只好出贅「客婆」了。

　　顯而易見的，這是福佬老母的激將法。君不見，人家「客婆」，勤儉樸素，有能有力來獨當一家勞務，把住宅內外整理得非常整潔。如此，劣等福佬後生要入贅「客婆」，實在經不起檢驗，恐怕只有眺婆門而興嘆的份了。

【26】

要做台灣豬，唔做澎湖人。

Beh choè Taî-oân ti, m̄-choè Phîⁿ-ô͘-lâng.

Bé choé Taī-oān ti, m̄-chó Phīⁿ-ō͘-lâng.

悽慘台灣豬太多。

　　舊時，澎湖貧困的男女鄉親用來發洩怨嘆，他們討海沒有漁船大網，耕種沒田沒園，只能出賣勞力，整天勞苦下來，不禁怨嘆自己為什麼是澎湖人。

　　這句澎湖地方俚諺，修辭用的是對偶反對格，「要」對「唔」，「台灣豬」對「澎湖人」。解釋時不可按字面直解，句裏的什麼人，什麼豬，都是譬喻「好壞的生活狀態」。

　　看了這句俚諺，請別譏笑窮苦人沒有志氣，當知，世代貧苦的話，不但難以翻身，恐怕連出頭天的意志都被窮困磨榨得一乾二淨──來，來！「無澎，不成簇」(→.09)，來阮簇仔店鬥腳手。做啥豬？嬤滾笑啦！

【27】

會過得鐵枝路，也繪過得黑隘仔門。

Oē koè-tit thih-ki-lō͘, iā-boē koè tit O͘-aì-á-mîg.

Oē koé-tit thí-kī-lō͘, iā-boē koé tit Ō͘-aí-a-mîg.

英雄把隘閒人免進。

舊時，用來宣揚角頭的勢力強大，打手濟濟，閒人免進；敢越雷池者，走著進來，躺著出去。

這是日據時代的台北俚諺。緣因大稻埕人憑著日本刑事大人的勢力，派人力車進入艋舺，強押在龍山寺公演的泉州傀儡戲藝人，並要載走道具。如此，引起艋舺人公憤，毆打幾個刑事和車夫。從此結怨，有好長的一段時期，以「鐵枝路」為界，雙方人力車夫越界拉客者，難逃被修理的命運。❼

相關語有，「大埕龜，艋舺鳥。」大人不睦，禍延孩童，這是艋舺和大稻埕雙方的孩子的惡口。

鐵枝路：鐵路也。此處指台北市鄭州路段的鐵路。　黑隘仔門：清國時大稻埕防艋舺人侵入的隘門，今延平北路石橋仔頭。　大埕：大稻埕促讀成「大埕」。

【28】

崙仔頂攻田厝。

Lûn-á-téng kong Chhân-chhù.

Lūn-a-téng kōng Chhān-chhù.

兇焰一時地頭拚。

用指，猛漢瞬息間的兇焰。

這句俚諺可知舊時台灣「拚庄」的嚴重，說的是，田厝人出來攻打崙仔頂，但遇到堅強反抗，不久銳氣不繼而敗退。❽

崙仔頂：東港街西南鄰接的小村落。　田厝：東港街東南，6.5公里處的小村集。

【29】

蔡抵蔡，神主牌仔損損破。

Chhoà tú Chhoà, sîn-chí-paî-á kòng-kòng phoà.

Chhoà tu Chhoà, sīn-chi-paī-á kóng-kòng phoà.

分類械鬥又一類。

　　用來諷刺同宗兄弟因爲爭取一些小利，侵犯地盤，而引起雙方人馬大械鬥。

　　這是清國時期的台南俚諺，反映著另類的「分類械鬥」。同類語：「蔡抵蔡，神主損損破；陳對陳，舉刀仔相殘。」

　　抵：對敵、鬥爭。　　神主牌：祖先牌位。　　損損破：(物件)打得稀爛不堪。

　　背景：今台南市西區在昔時稱爲「五條通」，因有五條港道而得名。港道兩岸行郊商社林立，附近集結了不同姓氏的苦力集團，劃分勢力範圍包攬商社貨物的運送。到了嘉慶年間(1796-1820)分別佔有港頭和港尾的「蔡」姓同宗，屢有越界謀利的動作；雙方無法妥協，於是由小衝突而械鬥，而侵犯庄頭，毀其唐山祖的神主牌位，雙方死傷慘重。此案驚動台灣縣，知縣出面調解，並立禁牌示警。❾

【30】

陳林李，結生死。

Tân Lîm Lí, kiat siⁿ-sí.

Tân Lîm Lí, ket sīⁿ-sí.

挑不動生怨死恨。

　　用以傳述舊時宜蘭一地，陳林兩姓和李姓後裔，世代互不通婚的現象。

　　緣由挑夫同行因搶生意，協商無效，而釀成陳林李三姓械鬥，彼此結怨，從此絕緣。❿

【31】

西皮倚官，福祿走入山。

Se-phî oá koaⁿ, hok-lók chaú-jíp soaⁿ.

Sē-phî oa koaⁿ, hok-lók chau-jíp soaⁿ.

樂器不同刀槍動。

　　用來敍述由宜蘭發生，然後延燒到基隆一帶，久久不息的「曲館分類械鬥」。

　　西皮：中樂器名，「吊規仔」也，以竹筒做成的管絃；西皮也是樂派名，其祀神是田都元帥。　倚官：投靠官方。　福祿：中樂器名，「殼仔絃」也，以椰子殼製成的提絃；祀神是西秦王爺。

　　背景：西皮和福祿二派鬥爭原因，跟蘭陽地方開發有關。當乾隆年間(1736-1795)，吳沙任宜墾社通士，從事開發，當中絕多漳人而少泉州客人，後來泉客越來越多移住。道光二十五年(1845)樂曲師林文章由頂雙溪來宜蘭開館授徒，未知何故分成西皮福祿二派，以樂器爲斷，互爭長短，紛糾輒起：一村分二派，或數村聯合對抗別村；演唱鬥勝、小事摩擦也互鬥，鬥得不往來，不通婚。經宜蘭知事周鳳章逮捕二派首領斬首，而始平息。

　　但如此分類鬥爭，並未眞正休止，到了日據時代，基隆地方鬥爭仍烈，賽會誇勝對抗，劃橋爲界，互相仇視毆鬥，雖經警察取締，街長協助和解成立。但仍然暗鬥，直至二次大戰後而不息。**⓫**

【32】

頂街靠大杉，下街靠會社煙筒。

Téng-ke khò toā-sam, ē-ke khò hoē-siā ian-tâng.

Teng-ke khó toā-sam, ē-ke khó hoē-siā en-tâng.

分類曲館也爭拆。

用來形容地方派系爭扎不和。表面是南北管不同傳統的爭鬥競勝，實際上是一種分類鬥爭的餘波。

這句是溪湖的老俚諺，日據時代溪湖街有南管、北管，而各有財勢雄厚的支持者：頂街杉行的大老闆，下街製糖會社的有力者。

頂街：溪湖人稱做大街，後來的太平里，舊時有多家杉行。　大杉：木材商行兼裁製工場。　下街：湖南，街之近郊。　會社煙筒：糖廠的大煙囱，曾是溪湖的地標。

這句是筆者故鄉的俚諺，唸來倍加親切。童年時常去大街的、西門的杉行迌迌，印象深刻又甜美。看那一枝枝像大煙囱般的原木，堆得像山那麼高，猴囡仔就像小猴子爬上爬下，忙著比較哪一枝最粗最長，好嘴地問鋸木阿叔，這是什麼柴，那又是什麼木。好奇地看著電動滑車輕移大枝柴，大電鋸刹那間就把粗勇非常、千萬斤重的大杉，修理成正直的寸枋，乖巧的角材；但嗅得一鼻子鶴松龜檜最後的芬芳氣息。小孩看得出神，聽不到電鋸刺耳的喧嚷，鋸屑夾膚的刺癢。

在戰後物資缺乏的時期，常和阿母、阿姊去杉行買鋸屑。三、四姊和我，跳入吸收鋸屑的小地下窟裏，扒鋸屑入麻布袋；裝了幾個大布袋下來，莫不搞得全身是屑。鋸屑是很好的燃料，尤其是松、檜的新鮮鋸屑，燒起沒有濃煙，又有純純、薄薄的芳香。啊，此時我想念兒時故鄉的杉行，我深深思念一起扒鋸屑的遙在天家的阿母，和遠在祖國台灣的阿姊——何時？來杉行扒鋸屑。

【33】

咸豐三，講到今。

Hâm-hong sa^n, kóng kaù-ta^n.

Hām-hōng sa^n, kong kaú-ta^n.

同州異縣亦爭拚！

這句古諺說的是咸豐三年(1853)，艋舺開埠以來第一次大規模的「頂下郊拚」，乃是同府異縣的分類械鬥，互相殘殺，火燒房屋非常慘烈。此一大事流傳不息，以致於成為「矮閣臭彈啦！聽到臭酸」的同義句。

類似語，「頂下郊拚」；相關語，「漳泉拚」。前者，指泉人間的械鬥，也是「咸豐三」此一事件；後者，發生在同年(1853)，台北漳州人和泉州人之間的分類械鬥。

背景：相傳，泉州府晉江、南安、惠安三縣的三邑人，俗稱「頂郊人」，協力開發艋舺(今萬華區)，佔據沿河繁榮的商業地區。此時，有居於八甲庄(今昆明、貴陽街街頭和桂林路一帶)的同安縣人，俗稱「下郊人」，要奪取「頂郊人」的地區而聚眾來攻，三郊人應戰，於是展開了慘烈的「頂下郊拚」。

雖三邑人力物力都比較優勢，但因地勢的限制，一時無法壓制對方。經中立的同府安溪人的暗助，允其破祖師廟取得直攻下郊人的八甲庄，因此打破相持不下的局面。下郊人看大勢已去，帶著城隍爺，殺出血路，退居圭母卒社來重起爐灶。❷

唉！老台灣人真的是「放尿抄沙，𣍐做堆」(→654.12)。咸豐三大械鬥的血跡未乾，到了同治十二年(1873)，板橋又有嚴重的漳泉械鬥。但這次地方有力者林本源家族的林維讓、林維源兄弟與泉州舉人莊正等人，出來調解，想出一個非常特別的方法：成立

書社！鼓舞漳泉人來讀書、吟詩作對，薰陶分類械鬥的野性。這就是「大觀書社」的創設動機；從書社可眺望觀音山和大屯山，故名。

該社距今(2002年)已有130年的歷史了，係我國三級古蹟，經整修後重新落成。(→《民生報》1997(3.12):22)

眞讚！一起讀書識理，擴大世界觀，拆下分類藩籬，調高「價值觀」。若能一同舉目眺望台灣美麗的山巒，來擴大視野，開放胸襟，彼此認同安身立命的島嶼，可能避免牛寮內觸牛母。

(本句別解，參看314.17)

【34】

山仔腳食豆菜。

Soaⁿ-á-kha chia̍h taū-chhaì.

Soāⁿ-a-kha chiā taū-chhaì.

入我虎口難活命。

舊時，用指進入「非我族類」的地界的危險，說，若有漳人來到「山仔腳」的泉人地界，有死無生，如人吞食豆菜。

這是清國時期，北投地區漳泉爭拚的俚諺。關聯句有：「蚋仔港洗身軀。」

山仔腳：士林街東側山邊，劍潭山北側的山坡下的村集，住民絕多數是泉州人。 食豆菜：人如豆芽菜被吞吃下肚。 蚋仔港：舊時淡海的一個小漁港，漳人多住在這附近。 洗身軀：洗澡也，這裏喻指危險的地方，如人入海港洗澡。

【35】

有頂店，無下店；有新莊，無七嵌。

Ū téng-tiám, bô ē-tiàm; ū Sin-chng, bô Chhit-khàm.

Ū teng-tiám, bō ē-tiàm; ū Sīn-chng, bō Chhit-khàm.
勢不兩立大拚鬥。

舊時，決一死戰的號角。西螺新庄的李鍾兩姓族人，因細故發誓要消滅七嵌的廖姓族人。

有…無：有甲無乙，不能並存也；此處，說的是必欲消滅對方而後快。

背景：同治初年(1862)戴潮春事變剛剛平定，雲林西螺堡和布嶼東兩堡，住有廖、李、鍾三姓。後來居於頂店、新莊的李鍾二姓因細故要滅居於下店、七嵌的廖姓而放出這句宣戰的口號。果然，發生火拚，但廖姓反敗為勝，並將李、鍾二姓所居的新莊、頂店夷為平地。從此原為繁榮的農產品集散地因此敗落，但勝者廖姓各家，也都傾家蕩產，無一倖免。⓭

以上九句(.27–.35)都是有關「分類群鬥」：閩南人和客人鬥；閩南人之中，漳泉鬥；泉州人之中又有同安和惠安、南安拚鬥；莊頭拚莊頭；樂團拚樂團；不同職業也鬥。真是鬥到脫褲走燴離！而拚鬥的時間，有數月，有數年；清國統治台灣211年間，發生過六十次大械鬥。到了日本領台之後，才壓下台灣人的「鬥氣」。

致於分類械鬥的原因，簡言之，為早期台灣移民，來自唐山的不同鄉，語言、風俗、習慣差異，自然形成各籍分類聚居。又到了台灣之後，交通不便，只能自始認同原鄉祖籍，而未能產生認同全台灣的意識。

這種分類認同意識，使統治者加以利用，例如，1721年朱一貴起事，原來閩客一起響應，後來演成彼此械鬥，南部客轉而協助清軍。又如，1786年林爽文之役，以漳籍為主體抗清，結果泉

籍人反成爲清政府的「義民」。

那些統治者所褒揚的「義民」，其實只是跳不出莊頭、族群意識的小格局之民而已。「義民」只知有本村、本庄、本族，最後被統治者利用而不自知。如今，台灣的總統、立委、縣市長選舉，不是選村長，應該從台灣爲主體的國家觀來考慮。

就此問題，李筱峰教授語重心腸地呼籲：不要用選票「分類械鬥」，更不要在選戰中做一個被利用的「義民」。❶❹

【36】

法院親像天主教，入去著愛先聆頭。

Hoat-ī^n chhin-chhiū^n Thian-chú-kaù,

　　jip-khì tioh-aì seng tìm-thaû.

Hoat-ī^n chhīn-chhiū^n Thēn-chu-kaù,

　　jip-khì tiō-aí sēng tím-thaû.

出頭天的清國奴。

日據時期，台灣人用來調侃進入法庭的人，說他們行「聆頭」禮，如同天主教徒進入教堂時對祭壇行禮示敬。

日本政府治台雖然嚴酷，甚至暴虐，但比較清國和極權政府，算是很法治的，很開明的了。君不見，清國時代的大小訴訟者，一進衙門，要先叩跪，何只「聆頭」？涉案者要不「錢關通好」，一入衙門先夾起來打個要死不活的，「聆頭」是最起碼的禮貌，算啥？

聆頭：點頭示敬，頓首也。

【37】

臭狗仔，有禮無體。

Chhaù kaú-á, ū-lé bô-thé.

Chhaú kaú-á, ū-lé bō-thé.

好禮貌vs.愛面子。

　　日據時代，台灣人用來恥笑「臭狗仔」，說她們待人處事禮貌非常週到，儀禮考滿分，但唯獨體統一科掛零。

　　同義句：「日本人，有禮無體。」

　　臭狗仔：日本人之臭又賤者，舊時台灣人的罵詞。　無體：沒有體統，沒有中國人所謂的廉恥也，譬如，日本女人穿和服，不穿內褲。

　　在保守的台灣人眼中，日本人是有許多「有禮無體」的事，例如，本句的穿和服不穿內褲。又如，日據台灣之初，日人尙未建設室內浴室，她們就在疏籬矮牆的後花園大大方方地進行沐浴。又如，男主人洗澡，太太、媳婦、女兒不但共浴，還可進行擦背服務。又如，清晨聽到豆腐叫賣聲，酥胸全露，在玄關上購買——福建興化的豆腐小販，看傻了眼，只管養眼，忘記算錢。

⓯

【38】

人插花，伊插草；人抱嬰，伊抱狗；
　　人睏紅眠床，伊睏屎礐仔口。

Lâng chhah-hoe, i chhah-chhaú; lâng phō-i^n, i phō-kaú;
　　lâng khùn âng-bîn-chhńg, i khùn saí-hȧk-á khaú.
Lâng chhá-hoe, ī chhá-chhaú; lâng phō-i^n, ī phō-kaú;
　　lâng khún āng-bīn-chhńg, ī khún sai-hȧk-a khaú.

非我族類風俗怪？

　　日據時代，頑童用來謠唸日本人的生活習俗，諷刺他們奇風怪俗：日本新年「插草」，日本婦女「抱狗」，日本家人「睏屎礐仔

口」。

這句謠諺,只是整首童謠的前後句,全首是:「人插花,伊插草;人抱嬰,伊抱狗;人未嫁,伊先走;人坐轎,伊坐糞斗;人睏紅眠床,伊睏屎礐仔口。」顯然譏刺非我族類的日本人,其文化必異必差。

插草:日人在新年,家家戶戶大門上都要掛著一束稻草,用以驅逐惡鬼幽靈。 先走:讓日本女人先坐車後補票。 坐糞斗:刺日本人坐人力拉車。 紅眠床:舊式四腳眠床,因漆深紅色,故稱爲紅眠床。從正面看,左、右、和背面都有骨架,支持著頂面的床篷,垂以細目薄紗以避蚊蟲。 睏屎礐仔口:舊時,日本人不睡床,睡榻榻米,而廁所都設在室內,可能就在睡處一、二公尺的對面。

對於外國人的風俗加以調笑譏刺,真是少見多怪。進一步看這句謠諺吧,日本人插草,台灣人插花;結果,日本人插出「花道」,插出「流派」,台灣人插花,插出了什麼名堂?還不是紛紛向日本人拜師學習花道。又如,日本人抱狗,台灣人抱嬰;其實,日本婦女也抱嬰,但她們多了一項寵狗:愛護動物也。

唉,好譏誚的族類!小心啦,無知的恥笑,暴露著自大和自卑。

【39】

食無油菜湯,睏無腳眠床。

Chiảh bô-iû chhaì-thng, khùn bô-kha bîn-chhng.

Chiā bō-iû chhaí-thng, khún bō-kha bīn-chhng.

吃、睡?看我!

日本據台時期,用來諷刺日人的飲食和睡鋪,說,喝的湯,無油無臊;睡的鋪,就在屎礐仔門口。

無油菜湯：湯不用油料爆香，如日本人最常喝的「味噌汁」(misoshiru)等等。 睏無腳眠床：睡榻榻米也。

【40】

外國月亮，卡圓。

Goā-kok goeh-niû, khah-în.

Goā-kok goē-niû, khá-în.

圓不是吹的。

用來諷刺凡事盛讚外國什麼都好，而本國什麼都不好的媚外人。

這句話雖有「滅自己志氣，助他人威風」的嫌疑，卻是台灣人長久以來的一項共識。不過，我國台灣在各方面都比二、三十年前進步，所以要說「外國」是不能籠統而言的，多少「外國」月亮是相當小，相當扁而暗。

過去，殖民時期台灣人的自信和自尊都受到抑壓；現在，台灣政經等等舞臺上有不少大小人物，卻又顯得過卑過亢——我們害怕，台灣的月娘是否被扭曲，是否被烏雲毒霧所遮蓋？用口水抹成的圓月，不論抹得多圓，也不光亮。

月的「卡圓」或「卡亮」，跟看月族的文明、衛生，對待自然的方式是息息相關的。那濫砍森林，燃燒毒物，製造沙塵黑煙的民族，頭上只能有黑月！

【41】

美國屎，卡芳。

Bí-kok-saí, khah phang.

Bi-kok-saí, khá phang.

嗅覺顛倒症末期。

用來譏刺台灣人的「大美國主義者」，說，這種人毫無判斷力，連美國最糟糕的事物也都予以美化，藉以看扁台灣的一切。

美國屎：喻指美國最糟糕的，最差勁的事物。　卡芳：比較香；卡，比較詞，比也，較也。

（參看，「扱著美國屎，卡贏討大海。」436.04）

【42】

黃皮，白心。

 N̂g-phôe, pe̍h-sim.

N̄g-phôe, pē-sim.

歐美改良二代囝。

台灣人用來恥笑那些移民白人世界的台灣人的後裔。看他們的頭髮、膚色、眼睛，都是「黃種人」，但言行舉止，思考方式，生活態度，還有嚴肅的世界觀啦，價值觀啦，竟然是「白人」的。

看了這句俚諺，可得想一想「黃」和「白」哦！

中國人認爲「黃」最正宗，「黃」的IQ最高，「黃」最尊貴。歷代專制暴君都是很「黃」的，多的是沒有衛生的病夫。所謂「天地玄黃」，什麼都要統一於「黃」的天下；祖先是「炎黃」、「黃帝」，別色就是異類。

一般人認爲「白」色無色，「白」單純，率直，「白」衛生又健康，它排斥「黃」的奸詐。「白」的可畫性最好，可能無限美化，也很容易被醜化；於是，「白」映照出美妙的、醜陋的畫面，包容著所有的顏色。

「黃皮，白心」是理想的配合，困難的是保持「白」的純潔。不論如何，「黃皮、獸心」最可怕！

【43】

鷄母屎──半烏白。

Ke-bú saí──poàⁿ o˙-péh.

Kē-bu saí──poáⁿ ō˙-pē.

死啦，咱弄死台灣人！

用法：一、現代，用來譏刺政客爲要騙得台灣人的選票，不得不混雜著幾句臨時學來的台灣話來講話。二、昔日，老先輩用來恥笑日本御用紳士或走狗的「日本國語」和台灣話混用的講說。

死啦，咱弄死台灣人：騙選票的「半烏白」一例，意思是「是啦，我們都是台灣人」。

有趣的是，這句俚諺很少用來譏刺講話夾雜英語的台灣人。爲什麼？可能是因爲英語重要吧！她是留學、移民、工作、研究、賺錢的重要工具，甚至重要到被等同做「國際觀」，被一班人炒成官方的第二語言。偉大啊！英語。

一般人「半烏白」講，沒啥；總統、縣市長、民代、官員不會講好本地話者，其服務品質，認同台灣的態度，會不會是「鷄母屎」之流的？

(本句詳解，參看326.09)

【44】

有錢，無文化。

Ū chîⁿ, bô bûn-hoà.

Ū chîⁿ, bō būn-hoà.

給呆胞的歡迎詞。

現代，部分自大又狂傲的中國人，用來恥笑到中國觀光的台灣人。

這些中國人為什麼譏刺台灣觀光客「有錢，無文化」？據說，呆胞財大氣粗。若是因此被罵，尚可理解，不過開口罵客，究竟不是「有文化」的主人。

姑不論罵人對不對。人家中國是很有古文化的也！這？不見得。當知現代中國是共產文化，高舉的是無神論，主張著唯物主義；中國傳統文化的儒、道、佛和民間信仰早被紅衛兵毀了。精神文化基礎已廢，還談什麼古文化？

那麼中國的現代「政治文化」如何？很「有文化」吧！也不見得。中共「一黨專政」，乃是一黨獨裁，政權的本質是槍桿子。君不見，中共願花大筆軍費安置飛彈恐嚇鄰國，卻讓人民：一億人失業，二億農民變成盲流，一億人口終年三餐不繼。這是二十一世紀「有文化」的政府嗎？這是「有文化」的國家嗎？

【45】

七分紳士，三分流氓。

Chhit-hun sin-sū, saⁿ-hun lô·-moâ.

Chhit-hūn sīn-sū, sāⁿ-hūn lō·-moâ.

校長文化大躍進。

斷言，當今要在我國擔任校長公定的資格外，重要的是要有七分紳士風度，還得有幾分流氓兄弟的霸氣，才罩得住老師。

這是現代我國校長先生集體創作的新諺，充分顯出時代丕變，教育文化發生狀況。本句的背景，退休校長曾金木先生有言：「從前校長威嚴十足，教員對之恭敬有加，唯命是從。現今強調校園民主，有些教員不但在背後對校長指指點點，甚至當面爭論或拍桌抗爭。」（「台灣精諺」《自由時報》）

如果台灣的學校進化成感化院，那麼校長先生那幾分「流氓」

氣，算是時代的精神展現，大可見怪不怪。

【46】

民進黨執政一年半，人民財產去一半。

Bîn-chìn-tóng chip-chèng chi̍t-nî-poàⁿ,
　jîn-bîn chaî-sán khì chi̍t-poàⁿ.

Bīn-chín-tóng chip-chèng chi̍t-nī-poàⁿ,
　jīn-bîn chaî-sán khí chi̍t-poàⁿ.

台灣失血何時止？

　　國民黨用來責罵民進黨，說該黨執政一年半，提不出振興經濟的對策，使股市大落，人民財產損失慘重。

　　同類語：「阿扁上台一年半，人民財產去一半。」這是台北市長馬英九爲多位國民黨籍立委輔選站台時提出的批評。(→《自由時報》2001(11.09):13)

　　這句政治新諺流傳於去年(2001)年底選立委之前，用來攻擊民進黨提不出好的經濟政策；其實，民進黨「上朝」之時，正是世界景氣低迷的時候。不過，民進黨政府的「戒急用忍」鬆綁，供千百億台灣錢滾入中國，高科技偷渡中國，確是嚴重的錯失。

【47】

市長二年半，水淹一樓半。

Chhī-tiúⁿ nñg-nî-poàⁿ, chuí-im chi̍t-laû-poàⁿ.
Chhī-tiúⁿ nñg-nī-poàⁿ, chuí-im chi̍t-laū-poàⁿ.

做秀第一，治水且慢。

　　民進黨台北市議員用來諷刺馬市長全國輔選走透透，怠忽市政，以致納莉颱風來襲時未及防患，全市變成澤國，捷運停擺，街可搖舟，損失非常慘重。

這句話是政治新諺，原爲台北市議員蔡秋鳳女士批評馬市長的詩句。全詩如下：

> 市長已當兩年半，跑步游泳比人帥，
> 做秀造勢一級棒，全台助選響叮噹，
> 市政建設來看看，市長已當二年半，
> 淹水淹到一樓半，捷運不走交通亂，
> 警察亂紀頻頻傳，市政不能放著爛，
> 市民在問怎麼辦？（《自由時報》2001(11.09):13）

真讚，民代苦中作樂，嚴肅問政當中有幽默，如此鞭撻時政，恐怕英國的國會議員也要自嘆不如了。

【48】

立委減半，風調雨順；黨產入庫，國泰民安。

Li̍p-uí kiám poàⁿ, hong-tiau ú-sūn;

　tóng-sán ji̍p khò͘, kok-thài bîn-an.

Li̍p-uí kiam poàⁿ, hong-tiau ú-sūn;

　tong-sán ji̍p khò͘, kok-thài bîn-an.

利委黑金大摒掃。

民間社團用來呼籲民眾支持立委減半，以及國民黨的不義黨產歸還國庫。如此，社會才能安寧，人民可得平安。

這句出現在「立委減半行動聯盟及全民監督黨產改革聯盟」等民間團體舉辦的「立委減半，黨產入庫」大遊行。遊行隊伍前導的是「千里眼」和「順風耳」，此二神尪身上披掛的布條，寫的就是這句俚諺的各個分句。噫，一定是非常成功的「示威」！(→《自由時

報》2001(11.19):2)

　　本句政治新諺，造句相當奇妙：由「立委減半」和「黨產入庫」的現代政治訴求，加上傳統俗諺「風調雨順」和「國泰民安」所構成的。如此，新舊思想交相輝映，訴求有力，譏刺直接，乃是形式和內容俱佳的標語式諺句。

　　君知否？立委一人年薪8,725,008.00元！全院225個立委，一年就得花1,963,126,800.00元！如此大錢，供部分立委在國會搞笑、做秀、亂彈、黑白反對、混亂國政，真是豈有此理！——「立委減半」提高委員素質，「黨產入庫」收回不義錢財，都是拯救台灣的緊急要事。

【49】

歹年冬，厚狷人。

Phaíⁿ nî-tang, kaū siáu-lâng.

Phaiⁿ nī-tang, kaū siau-lâng.

幸災樂禍這群人。

　　用來譏刺狂妄政棍、民代、巨商，每當國家遭逢天災人禍，百姓淪陷於水火，這一群人卻濫用議壇、媒體，瘋言瘋語，亂彈一通，甚至迷信也都公然上演。人民驚訝怨嘆，狷人何其多也！君不見：

- ·女立委在國會殿堂，掀衣露腰身，臭彈塑身成功，性感有加。
- ·立委要陳總統改名，理由：捷運泡湯因「水扁」，水庫見底為「水扁」。
- ·華航於澎湖空難(2002.5.25)，原因：未能和中國三通。
- ·立委質詢：游行政院長冲犯馬年太歲，因他肖鼠，今年馬

年。

・王永慶說：「台灣人也是中國人，台灣是我們的，中國大陸也是我們的。」⑯

爲什麼會有猾人出來表演？誰給他們做秀的場地？清楚可見的，猾人背後有「猾群眾」在呼應擁護，有「猾體制」供應猾人發狂的機會。

【50】

逢李必打，逢扁必反。

Hông Lí pit-táⁿ, hông Píⁿ pit-hoán.

Hōng Lí pit-táⁿ, hōng Píⁿ pit-hoán.

變種的紅衛兵。

用來叙述台灣某種媒體，某一班人，濫用言論自由，不分是非曲直，只要是有關李前總統和陳總統的言論、政策、行動，都毫不留情的攻訐、毀謗、謾罵、攻擊。

這是台灣政治新諺，赫然反映著台灣一片中國紅衛兵式的「鬥臭」、「鬥倒」，搞亂台灣的價值體系，破壞台灣命運共同體的認同前提。

這一干人無所不用其極的反李，爲什麼？根本原因是「喪失特權」！這班人從二蔣獲得無數不爲人知的權勢財利，但被李總統解構掉；這班人昔日煽動「反攻大陸，消滅共匪」要延續國共內戰，以控制台灣，但李總統宣佈「兩國論」，徹底否決中國、台灣爲內戰的關係或內政的問題。還有，這班人一逃難來台，即進行「中國化」台灣，但李總統改弦易轍，勵行「台灣化」台灣。

他們打扁，又爲了什麼？這班人多的是「一黨專政」的黨徒，妄想國民黨永遠執政。但民進黨勝出2000年總統大選，粉碎了一

黨專政美夢。敗選情緒無處發洩，「反扁」就是個出口。不是嗎？
或曰，他們是反扁的「台獨」，不見得吧！這一班人心口不一，嘴
巴親中，卻沒有一個回歸他們的祖國來定居的。

　　哀哉，「為反對而反對」的黨徒，乃是台灣社會的亂源。他們
為害台灣，泡沫化自己！

【51】

昔爲階下囚，今爲座上客。

Sek uî kai-hā siû, kim uî chō-sīong kheh.

Sek uī kaī-hā siû, kim uī chō-sīong kheh.

爲客之道何在？

　　用法：一、用來諷刺兩蔣時代的大官大將，昔日誓要「消滅
共匪」，近年卻是那麼認真走叩「共匪」，求得中南海「歡迎」，誠
惶誠恐住進釣魚台賓館。二、用指政府還民清白，兩蔣時代白色
恐怖統治下的「思想犯」得以伸雪，「冤獄囚」其實是台灣民主化的
推動英雄，因而成爲總統府的「座上客」。

　　眞慘，台灣人常常面對一些黑天暗地的代誌：昔日欲囚之殺
之而後快的敵人，忽然成爲把酒言歡的貴賓！變化至大，令人不
解，這難道是「無條件投降」嗎？階下囚的見面禮是什麼？是搞中
國統一台灣的捐客嗎？

　　變「囚」爲「客」，都是有條件的！除非是「冤獄的平反」。君不
見，前國軍連長林正義，陣前逃兵，游水投奔中國，還得用連
旗、國軍機密爲見面禮；還得多少交心，才能受訓練爲獨裁者的
走狗。今年，林連長父喪，要回台灣爲「客」，據聞政府高層有人
默許，但軍方堅持先交軍法裁判。

　　「囚」、「客」之間，存有「公義階梯」，不容許獨裁者的鷹犬和

執政當局私相勾結，任意爬上爬下。台灣雖有統派搗亂，但台灣人的眼睛是銳利的：囚，不囚無罪之人；客，不客重罪之徒。

【52】

饲鳥鼠咬破布袋。

Chhī niáu-chhí kā-phà pò'-tē.

Chhī niau-chhí kā-phá pó'-tē.

嘴吃台灣口咬她。

用來譏刺那一群大半生獲得台灣餵養，安居台灣、側身台灣的政府大官，吸食民脂民膏，但心裏卻依附中國，住在台灣繼續為中國吞併的走狗。

這句老俚諺仍然何等傳神地喻指吃裏扒外的人，用來諷刺近年來嘴吃台灣、心賣台灣的一批人。律師莊柏林先生有「饲鳥鼠咬破布袋」乙文，值得一讀：

日前國民黨中評會，中評委梁肅戎、陳立夫等提議要國共兩黨共組國家統一委員會，聯合共產黨來打擊台獨。真不知今夕何夕，他們何以跑來台灣，是因與共產黨打戰打輸，被迫過來避難的，而現在共產黨並不反對他們回歸祖國定居，何以賴在這裏？還不是因為不習慣中共專制獨裁、一黨專政的制度與人民的生活方式，他們吃台灣米，喝台灣水，還要聯合共產黨來打台灣(每次國共合作，都是國民黨吃虧，還未得教訓嗎？)，這不是「饲鳥鼠咬破布袋」嗎？……

中共所以敢如此堅持一個中國前提，無非是因台灣有梁陳這一班人，常跑到中共面前說台灣的壞話……梁陳則是歸附中共的異類，在面對強大敵人如中共的困境下，台灣還要

養那麼多老鼠在國內咬布袋，這是台灣最大的隱憂。**⓱**

老鼠誠可惡，但我國是民主法治的社會，台灣人是有愛心的民族，不會像南京歹徒用「老鼠強」來毒殺吃燒餅、喝豆漿的千百無辜顧客。但仍須對這些「咬袋鼠」進行愛的教育和溝通；當然，也得看緊布袋。

於此，我們不禁感念比台灣人更加愛台灣的無數「外省台灣人」，如：雷震先生、鄭南榕先生和廖中山教授等等。

【53】

商人，無祖國。

Siong-jîn, bô chó͘-kok.

Siōng-jîn, bō cho͘-kok.

台灣，台商之母！

台灣人用來刺激台灣西進中國的大商人，怨嘆他們「錢進中國，壯大中共」，台灣大筆資金讓解放軍安置打殺祖國台灣的飛彈。

有關新諺：「錢進中國，債留台灣。」到目前為止，企業從台灣的銀行貸款而到中國投資的金額高達新台幣1,450億元。但據銀行界的估計，台商留債台灣高達三、四千億。嚴重的問題是，錢匯回台灣嗎？央銀總裁彭淮南先生說：「……很少。」(→《自由時報》2002(3.19):2)

（本句詳解，參看619.26）

【54】

北京食麵，台灣喊燒。

Pak-kia" chiảh mī, Taî-oân hoah sio.

Pak-kia" chiā mī, Taī-oân hoá sio.

只能唱衰台灣？

　　用來形容統派政客及其同路媒體，整天宣揚中國，唱衰台灣，排斥台灣，不容許別人提到中國任何負面的事實。

　　四月四日(2002)美國布希總統在演講中稱台灣為「台灣共和國」，我國統派報紙即刻替布希總統澄清「口誤」。另有電視台迫不及待地設定「布希口出台灣共和國，該抗議嗎？」為辯論題目。這一切，將排斥「台灣」的心意表露無遺。台灣的危機在於「錢進中國，債留台灣」，也在於「北京食麵，台灣喊燒」。

【55】

內神通外鬼。

Laī-sîn thong goā-kuí.

Laī-sîn thōng goā-kuí.

吃裏扒外賊做爸。

　　用來形容，也是譏刺我國那些退任或現任高官、政務官，身懷國家重要機密，卻積極遊走中國，協助中國發展高科技產業，籌設鉅額投資公司替中國吸金，恨不得榨乾台灣的膏血。這種人，鄙之為「外鬼」猶嫌便宜。

【56】

親中反台。

Chhin Tiong hoán Taî.

Chhīn Tiong hoan Taî.

閹鷄啼衰。

　　用來諷刺台灣的某些政治人物，身為台灣的官員，卻以中國

的意見為意見，心中沒有台灣，不會維護台灣的尊嚴，而處處反台衰台。

這是一句台灣政治新諺，深能反映台灣政治形勢的危機。此一嚴重災情，處處可見，最奇怪的，可能是「在自己的國家不得帶國旗」。最不可思議的是，政府首長下達如此命令，動用警察權。

那麼，「親中反台」的政治人物像什麼？徐正毅先生在「太監雞」乙文有精彩的描述：

　　有一種雞，牠的兩粒睪丸被閹了，我們稱牠為太監雞。太監雞…高大挺拔，十分好看。在內涵上，太監雞…缺乏鬥志，無法在危急時保護雞群，也無法延續後代，但太監雞因肉質鮮嫩，是做白斬雞的好材料。……

　　在台灣，也有人甘願自我閹割，以期取得安逸榮華，其中的代表是馬英九。馬英九在亞洲女足賽期間，不但禁止國旗飄揚會場上空(他說是奧會模式…)，而且禁止觀眾攜國旗進場(…怕中國生氣)！有些人攜帶五星旗在觀眾席張牙舞爪，未見取締，而一些觀眾為了青天白日旗和警員發生爭執，受到喝斥。在自己的國家受到如此侮辱、委屈，都是拜馬英九的「恩典」。

　　馬英九高大挺拔，英俊瀟灑，是眾多女性的偶像，但以他在女足賽之所作決定，自我矮化，和香港特首的表現沒有兩樣，馬英九崇拜者若是明白此君如太監雞無法保護國人，不知作何感想？⓲

　　也許，馬市長認爲中華民國亡了，國亡還有啥國旗？但千不該萬不該，就是馬市長好像認爲台北市也滅亡了！所以，只准「五星旗」在運動場上耀武揚威，而禁止「青天白日旗」出現——台北市民拿「前朝國旗」當加油的道具不行嗎？眞是情何以堪！

　　媚中反台並非個案，台灣人能不驚覺？能不怨嘆？「五星可進球場裏，不准青天白日旗，親共反台無顧忌，人民覺醒必唾棄！」(高雲，《自由時報》2001(12.26):15)

注釋

1. 泉州腔和泉州音的特色，請看，許極燉，《台灣語概論》(台北：台灣語文研究發展基金會，1990)，頁95-100。

2. 看，陳玉峰、楊國禎，「雙鬼湖台灣杉近純森林踏勘記」《自由時報》2002(3.27):15。

3. 看，林瑤棋，「是『客兄』，非『契哥』」《自由時報》2001(12.23):13。

4. 參看，周榮杰，「選舉諺語(下)」《台灣風物》(1991年41卷4期)，頁88。

5. 看，林瑤棋，「閩、客都是漢化的越族人」《自由時報》2001(5.5):15。

6. 參看，李繼賢，「台灣戲曲諺語釋說」《台灣風物》(1985年35卷4期)，頁89-90。

7. 參看，陳華民，《台灣俗語話講古》(台北：常民文化，1998)，頁62-64。

8. 參看，廖漢臣，「俚諺拾零」《台灣風物》(1963年13卷1期)，頁22。

9. 參看，朱峰，「台灣方言之語法與語源」《台北文物》(1958年7卷2期)，頁22-23。

10. 參看，趙筥玲，《台灣開發故事》(台北：中央月刊社，1996)，頁354。

11. 參看，王一剛，「西皮福祿及軒園之爭」，《台灣風物》(1973年23卷3期)，頁7-9。

12. 本「背景」一段，係根據黃秀政教授的研究。見，黃秀政，《台灣史研究》(台北：學生書局，1995)，頁39-41，69。從「頂下郊拚」切入來理解這句俚諺的，還有陳華民先生(見，陳華民，《台灣俗語話講古》(台北：常民文化，1998)，頁16-18)。但坊間解釋「咸豐三，講到今」，有另從「漳泉拚」解說的，如徐福全教授：「……台北地區居民發生漳、泉分類械鬥。」(見，《福全台諺語典》(著者出版，1998)，頁155)。筆者在《台灣俗諺語典》314.17有關本句的解釋也是從「漳泉拚」切入的，他根據的是連橫，《台灣通史》：「[咸豐]三年……淡水漳、泉分類械鬥。」(北京：商務印書館，1983，頁62)，以及坡農(見，「五月十三…」《中央日報》1995 (9.6):8)。而連橫所載者，可能是黃秀政教授所謂，「此次分類械鬥的發生，一說係由淡水河貨夫之爭執而開始」一事。可見，這句俗語的「起事背景」有二說——2000年二月，前衛林文欽社長轉來讀友信息，提到「頂下郊拚」和「漳泉拚」的分別。筆者注意及之，但真象如何，須要更多有效的原始資料，而這是筆者力有未逮的，於此僅介紹第二說，以向讀友做個交代和道謝。

13. 見，樊信源，《清代民間械鬥之研究》，頁104-105。轉引自，黃秀政，《台灣史研究》，頁66-67。

14. 看，李筱峰，「不以選票『械鬥』，不當選戰『義民』」《自由日報》2000(3.3):15。

15. 參看，古山，「有禮無體」，《台灣今古談》(台北：時報出版社，1980)，頁270-272；林衡道，「日本人有禮無體」《林衡道談俚諺》(台北：中央月刊社，1996)，頁176-184。

16. 看，張國財，「猜話一籮筐」《自由時報》2002(5.31):15)

17. 看，莊柏林，「飼鳥鼠咬破布袋」《自由時報》2000(6.18):15)

18. 看，徐正毅，「在自己的國家，不准拿國旗」《自由時報》2001(12.26):15)

第四節　台灣人列傳

本節段落：

自我理解01-07　台灣男女08-20　庶民點滴21-26　紅塵春色27-32
文人縉紳33-38　豪門大戶39-45　有力人士46-50　傳奇人物51-54
賢哲領袖55-56

【01】
台灣人，放尿抄沙繪做堆。

Taî-oân-lâng, pàng-jiō chhiau-soa boē choè-tui.

Taī-oān-lâng, páng-jiō chhiāu-soa bē choé-tui.

保我老命難民心。

老台灣人用來反省，也用來互相激勵，以求改變「不合作」的台灣人性格。

台灣人：指大部分的老台灣人，不指大部分的台灣外省人，因爲外省人非常團結，以台北市的市長選舉爲例：本省人選馬英九的有39.7％，選陳水扁的有56.4％；但外省人選馬英九的高達82.2％，選陳水扁只有10.3％。（→《自由時報》1998（12.7）:15）　抄沙繪做堆：喻指不能合作，散沙也；字義是，攪沙使之成堆而不能。

台灣人「放尿抄沙繪做堆」的原因難以盡言。但從素稱合作精神最佳的日本人和德國人的近代史可看出一些信息。他們都是二次大戰的戰敗國，但都在最短期間內就復國、建國，成爲高度現代化、高度文明的國家。如此輝煌成果不是「美援」所能解釋的，而顯然可見的是：他們的「國家」定位清楚，人民忠誠認同；他們

「犧牲」奉獻的行動處處可見。這二大質素匯成「合作無間」的民性，使他們抄沙成高塔。

對看之下，台灣人「不合作」可能跟台灣人這四百年來沒有「自己的國家」有關。國家像母親給人民以愛心，國家如父親給人民以方向，於是國家成為人民認同的大目標。現在，台灣的「國家」定位混亂，人民有「獨統」之爭；人民有總統、國號、國旗、國歌，但都「走不出去」，都「見不得人」；有立委，但連「你是什麼人？」都答得支支吾吾。國家如此曖昧，人民的國家認同自然混亂，等而下之，移民心、難民情大大聳動，要「放尿抄沙做堆」極有困難！

台灣人「不合作」，可能跟台灣人缺乏犧牲奉獻的文化傳統有關。唐山祖沒有這種精神基因，雖然平埔媽有此天性；但歷經四百年來的漢化、殖民地的奴化，外來政權的扭曲、摧殘，而剝奪了台灣人無私的本土族性。結果，每當台灣社會大變遷時，關鍵人物紛紛西瓜倚大旁，紛紛落跑，紛紛搞個走狗來顯祖耀宗；一般百姓，自身難保，苟延殘喘，能夠龜縮延命就歡喜得謝天謝地，謝三光了。長久下來，犧牲奉獻成為高調，志士仁人成為大眾恥笑的戀人。民性如此，如何抄沙成堆？

顯然的，要台灣人「放尿抄沙做堆」極難，但不是不可能：先來一個名正言順、走得出國際社會的「國家」。其次，來一個為期100年的「心靈」和「體制」的改良。如此，以好的國家為基盤，以好的精神文明為水泥，台灣人哪有「抄沙燴做堆」的道理？

（本句又見，654.12）

【02】

台灣人，愛錢唔愛命。

Taî-oân-lâng, aì chî^n m̄-aì miā.

Taī-oān-lâng, aí chî^n m̄-aí miā.

目的價值大顛倒。

用法：一、舊時，用來自嘲，說大多數台灣人殷勤工作，不眠不休，拚命賺錢，搞得一身是病；錢雖賺了，卻無命享受。二、舊說，為了賺錢，台灣人再危險的工作，再多艱苦的勞動都肯幹——不指鋌而走險，圖謀橫財的罪行。三、現時，用來嘆息，為那些進入治安差，謀財害命屢有所聞；衛生環境壞，愛滋怪病叢生的國家賺錢的台商。

其實，這句俗語不限於上面的用法，她同時指出台灣社會的嚴重病症：為了創造所謂的「經濟奇蹟」，倒行逆施，亂搞許多「反自然」的事。只要有錢賺，不管森林、河川、沙石、海洋、空氣、水源，都敢亂搞；環境生態嚴重破壞，十足「愛錢嗯愛命」的罪行——但當土石流、大水、缺水等等「天災」降臨，才意識到「人禍」是真正的禍首。

顯然的，「台灣人，愛錢嗯愛命」也是一句警語。呼喚台灣人深思「目的」和「價值」的問題；勸化台灣人，生命和金錢的價值次序千萬不要顛倒！

　　（參看，「為錢生，為錢死，為錢走千里。」225.27；
　　　　　「要得錢，嗯得命。」225.34）

【03】

台灣人，驚死。

Taî-oân-lâng, kia^n-sí.

Taī-oān-lâng, kiā^n-sí.

為何而死？驚啥！

　　台灣人之勇者的感嘆，也用來激勵勇敢。眼見不少同胞因個人利益而屈服於強權、暴政，而不分大是大非，毫無反抗的勇氣，更缺犧牲奉獻的精神。

　　這句俗諺源自第四任台灣總督兒玉源太郎執政時，民政長官後藤新平對台灣人的評語，他說：「台灣人愛面子、愛錢、怕死。」

　　驚死：屈辱、龜縮於橫逆、強權、暴政之下；字面義是怕死。反義詞，勇敢。

　　日本人批評「台灣人，驚死！」也有幾分事實，值得反省。

　　不過，台灣人比唐山人勇敢多矣。這四百年來，台灣歷史培養的、訓練的就是勇敢：唐山過台灣的冒險；克服墾拓台灣的危難；知其不可為而用竹篙鬥菜刀來抵抗荷蘭、清國、日本、國府的大砲機槍——分類械鬥可以不論，它是唐山原鄉傳統文化的內鬥，非勇也。

　　近代大部分台灣人真勇敢，抗議國府的專制獨裁，為爭取民主自由，無悔無怨付出慘重的犧牲。現在大多數台灣人真勇敢，對外反抗共產中國的吞併，共產中國的飛彈威脅；對內堅定反對、唾棄出賣台灣的任何主張。

　　最可感謝的，台灣有不少偉大人格推翻了後藤新平的批評，如李前總統登輝博士。高雄醫界聯盟會長韓明榮醫師這樣讚美他：

　　　李登輝的精神正是我們所該學習的——愛台灣優於愛面子，愛鄉土優於愛金錢，為了台灣勇敢地站出來。這是李登輝的精神，也是新台灣精神。（《自由時報》2001(9.22):15）

善哉，李前總統這種勇敢的精神，也已經普遍地影響著台灣人。君不聞，面對中國的炮擊，台灣人異口同聲說：「台灣人，唔是嚇大的！」——台灣人不再屈服於恐怖的霸權。

【04】
勇敢的台灣人。

Ióng-kám ê Taî-oân-lâng.

Iong-kám ē Taī-oān-lâng.

迫上玉山非眞勇。

台灣人用來自我激勵，以提高自尊自信，在許多外來政權壓制、凌辱的淫威下，民族的出頭天須要勇敢。

這句是新的台灣俗諺，在歌謠、演講、文宣常常出現。其用意甚明：鼓勵台灣人當個勇者，不要屈服在強權惡勢力之下——論者認爲大部分台灣人的勇氣不足，妥協性太強，不顧公義，給搗亂、作惡者太大的空間。

是的，台灣有勇者、有英雄，只是未發展成勇敢的民族性格，所以這句「勇敢的台灣人」算是進行式。或曰，台灣義勇男女，憑「竹篙鬥菜刀」抵抗強大日軍，不是很勇敢嗎？這，這，比較是復仇的怒火，絕望的拚命吧！試問，眼看日軍淫我母姊，殺我父兄，凌遲我同胞，能不決一死戰？

玉石皆焚，神風的全滅是勇敢嗎？台灣縉紳迎日本軍入城，來換得全體市民的財產和生命的安全，不勇敢嗎？當代詩人黃遵範《台灣行》，工筆描畫台灣代表迎天皇大軍的景象：

一輪紅日當空高，

千家白旗隨風飄；

縉紳者老相招邀，

夾跪道旁俯折腰。

紅纓竹冠盤錦條，

……

跪捧銀盤茶與糕，

綠沈之瓜柴蒲桃，

將軍遠來無乃勞？

降民敬爲將軍犒，

……❶

　　啊，眞勇敢也！勇敢地從祖國的惡夢中覺醒過來，勇敢地承受沒有罪過的屈辱，勇敢地扮當腐敗的支那政府的贖罪羔羊，勇敢地割斷祖國的牽連。從此台灣人背負著「淸國奴」罪名，勇敢地活在大日本帝國的次殖民地，歷經四十九又一年。

　　台灣人從屈辱而學得的勇敢，應該是非常堅定的。而我們也好像看到勇敢的種子已經開花結果──若中共攻台，有75％民眾願意爲保衛台灣而戰。(→《自由時報》2002(7.14):2)啊，勇敢的台灣人！

【05】

過河卒仔──有進無退。

Koè-hô chut-á──ū-chìn bô-thè.

Koé-hō chut-á──ū-chìn bō-thè.

硬幹到底潦落去。

　　用來宣傳私鬥或黨爭的蠻勇，說得一派正氣凜然，義憤塡

膺，不惜一條老命，來弔民伐罪，改革弊端，非搞到你死我活不可的萬丈豪氣。

這句厥後語應用象棋的「兵」、「卒」角色，來表達「有進無退」，毫不妥協，絕對的蠻勇。有趣的是，她曾經一時成爲國民黨立法院黨團高幹們的口號，用來宣傳在野黨聯手推動罷免陳水扁總統的幹到底大決心。(→《自由時報》2000 (11.7):2)

顯然的，「過河卒仔」是台灣官僚、貴人、政黨高幹常有的「作秀」，也是所謂有頭有臉者的「勢態」，目的是撈回失落的「面子」，激發些流失的膽汁。眞的如此嗎？不假！請看「台灣民主國」於1895年五月下旬的「檄文」：

> ……查台灣之前後山二千餘里，生靈千萬，…家家有火器，敢戰之士一呼百萬，又防軍有四萬人，豈甘俯首事仇乎？……設以干戈從事，台民唯有集萬衆以禦之，願人人戰死而失台，決不肯拱手而讓台。……未戰而割全省爲中外未有之奇變。台民欲盡去田里，內渡之後無家可歸；欲隱忍偷生，實無顏以對天下，因此摭胸泣血，萬衆一心，誓同死守……特此布告中外知之。❷

這篇檄文是淸國的唐山大官以全台士民名義向世界發佈的，可說是「過河卒仔」一族的文宣的範本。這些大員大官，口沫未乾，在六月六日已經偷渡過唐山，用吟詩抗日，用作對念台了——最可憐是台灣男女義勇軍，扮當「過河卒仔」，昂頭顱，挺胸膛，來迎接日本軍的砲火，懵懵懂懂爲支那「祖國」至死不悟。

【06】

無貫鼻的台灣水牛。

Bô kǹg-phīⁿ--ê Taî-oân chuí-gû.

Bō kńg-phīⁿ--ē Taī-oān chui-gû.

標準的台灣野牛。

　　台灣的政治人物用來標榜自己是任勞任怨，立場清楚，不因個人的政治利益而受牽制──據說，這句台灣新諺是周平德先生用來自喻。❸

　　從修辭式看，這句話用的是指代格，用「台灣水牛」來喻指腳踏實地、工作勤奮的從政者；也用來區隔自己不是什麼金牛、母牛、鑽石牛之類的政棍。此外，用「無貫鼻」來進一步強調自己的自在、清白，絕對不被黑金集團牽著鼻子走──眞好，台灣人的政治人物有此自覺，表示台灣政界還有一點點希望。

　　當知，譬喻有其局限性，雖然可以藉著「無貫鼻的台灣水牛」來釋放出上述的人格優點，但不可不知，台灣人的思維中，「牛」不是理想的政治領袖的象徵，而是愚蠢、頑固、勞苦的記號。若是「無貫鼻」的牛，就是野牛哦！牠不會耕田，不會拖車，只會撒野；法律無能駕馭他，選民無法監督他。不成為國會亂源也難。

【07】

台灣蟳──有膏。

Taî-oân chîm──ū-ko.

Taī-oān chîm──ū-ko.

毛蟹也有滿膏時。

　　台灣人用來反省，用來自我激勵，也可能用來吹牛，說，近年來台灣政治、經濟、社會、教育、文化，等等方面已經眞厲害

了，此台灣人有膏的鐵證也。

這句俚諺原爲台灣人對唐山人的反彈：舊時參加科舉，被中國舉子冒籍佔額，中榜困難，因此遭到唐山「祖國」文人譏刺：「台灣蟳——無膏」。

很好，激之成之。現在台灣人自信「有膏」；台灣雖然走不進聯合國，但台灣的「膏」卻爲世人所共賞。按「歐洲資料研究公司」在1988年及1993年，向歐洲十一個國家的目標族群，針對全球三十六個國家做產品形像調查，結果台灣各項成績都在前十名：產品價值感，第二名；產品改進，第三名；產品創新，第六名；技術先進，第八名，在亞洲排位第二。(→《中央日報》1995 (4.6):7)

不過，「膏」是比上不足，比下有餘的也！還是謙卑繼續精進爲要。

> (本句另解，232.01；
>
> 參看，「台灣蟳——無膏。」232.19；
>
> 「一窟蟳，無一隻有膏。」516.23*)

【08】

鹿港查埔，台北查某。

Lȯk-káng cha-pó͘, Taî-pak cha-bó͘.

Lȯk-kang chā-po͘, Taī-pak chā-bó͘.

離鄉發展的族群。

舊說，形容鹿港男士和台北小姐，有遠走他鄉外里來謀生的風氣。

話說「鹿港查埔」：昔時鹿港爲繁華的港都，不但文風鼎盛，商工發達，就是手工藝，都有一流的水準，如鐵工、錫工、木工，裱褙、神像、石雕、印刻，等等都非常精緻。鹿仔港泥沙淤

積，廢港之後，她的男人四出，圖謀發展，蔚成風氣。

致於「台北查某」：係指舊時艋舺的「趁食查某」。這群台灣姊妹色退之後，轉進中下港來繼續服務，在比較素色的中南部一時色彩紛飛，驚艷處處。

【09】

台灣土快焦，台灣查某快過腳。

Taî-oân thô͘ khoài-ta, Taî-oân cha-bó͘ khoài koè-kha.

Taī-oān thô͘ khoái-ta, Taī-oān chā-bó͘ khoái koé-kha.

誰要那個貞節牌？

舊時唐山人用來譏刺台灣太太容易改嫁，正如台灣的泥土很快就乾燥。

土快焦：土壤的通透性好，加上陽光猛烈，打濕的土面容易乾燥。　過腳：改嫁也。

背景：昔時，唐山人來台灣和本地姊妹結婚，平時卻也相安無事。但多年努力，頗有積蓄時，難免要回唐山探親，有的隻身回去，經年沒有音訊。如此，要太太悽守活寡殊非人道；此時，太太只得「過腳」去了。

聚焦「過腳」來看台灣女人，是清國舊事，也是大男人主義者的陋見。當今，台灣女人已經為自己打造了一大片天。台灣的副總統呂秀蓮女士向「中華人民共和國」申賀國慶說：

> 台灣民主政治發達，人民參政管道很多元，上自總統……人人都可依法參選，擔任公職……女人在台灣早已撐起半邊天，除了副總統，我們的行政院有四分之一部長，立法院有五分之一女性議員，企業界女性也日益增多，顯示台

灣是一個兩性相當平等進步的社會。(《自由時報》2002(10.1):4)

　　其實，除了呂副總統提到的這些女政治人、女企業家之外，台灣有許多女學者、女教師、女從業員；近年來有女公關，也有檳榔西施等等，不論社會地位如何，都是有尊嚴的工作者。眞好，所謂「台灣查某快過腳」已經是考古的化石了。

【10】
錢若便，某滯六腳佃。

Chîⁿ nā-piān, bó͘ toà La̍k-kha-tiān.

Chîⁿ nā-pēn, bó͘ toá La̍k-khā-tēn.

平價招親純又好。

　　用來調侃六腳鄉親，說他們的父母爲了減輕食指的負擔，只要有人出得起一點點聘金，就把女兒嫁了。

　　錢若便：(對缺錢的人說)假如手頭有了錢。　*六腳佃*：嘉義縣六腳鄉，舊名六腳庄，因爲六腳鄉是由六股佃農開墾的。

　　據嘉義張新華先生說，娶六腳佃新娘的人，也都是「無本」的人，都比較會愛惜妻子；而六腳佃的新娘也都能勤儉持家，克盡婦職，所以姻緣多甚美滿。(→張新華，「台灣精諺」《自由時報》)

　　偉哉，六腳兄姊，養女兒不在釣金龜婿。至於說，爲了減省食指的負擔而嫁查某囝，究竟是少數父母的想法。人家乖查某囝不是飯桶，雖然沒有機會唸個大學士，至少「飼豬飼狗，綑柴搦草」(→526.25)無一不會，無一不精，不是食死米的也。

【11】
石牌仔查某──半丁。

Chio̍h-paí-á cha-bó͘──poàⁿ-teng.

Chiŏ-paî-a chā-bó͘——poáⁿ-teng.

女香火錢打對折。

用法：一、舊時，用指女人的能力有限，所以她們履行義務只要是男人的一半就可以了。二、用來罵男人，譏刺他沒有男子漢大丈夫的氣概，煞像「石牌仔查某」。

這是士林俚諺，相傳石牌某廟寺的香火錢分擔，女人也要分擔，但只收男「丁」的一半。

半丁：鄙夷地，指成年女人，刺她只有男丁的一半；丁，成年男人。

【12】

旱溪媽祖，大枝腳。

Hān-khe má-chó͘, toā-ki kha.

Hān-khē ma-chó͘, toā-kī kha.

卿有天足真婿也。

舊時，用來恥笑沒有纏足的「大腳」女人，尊稱她做「旱溪媽祖」！

背景：這句是流行在台中地區的俚諺。所謂「旱溪媽祖，大枝腳」是比較台中市內三座媽祖神像的腳之大小，而引申做譏刺台灣小姐的大枝腳。此三座媽祖廟是：南屯萬和宮，藍興萬春宮，旱溪樂成宮；前二者，建廟於康熙年間和雍正初年，而後者於雍正末年。❹

想來也真愛笑，善男信女不專心禮佛，竟然敢窺看媽祖婆的玉足，公開比大比小。真大膽也！不怕千里眼抓來打屁股。

【13】

澎湖查某，台灣牛。

Phîⁿ-ô͘ cha-bó͘, Taî-oân gû.

Phīⁿ-ō͘ chā-bó͘, Taī-oân gû.

台灣牛vs.檳榔西施。

舊時，老序大人的感嘆。眼見許多貧困的澎湖人，將他們的查某囡賣到台灣為婢女，工作生活有如台灣耕牛。

這句古諺是悲慘的暗喻，將舊時代的「澎湖女人」譬喻做「台灣牛」，真是情何以堪！本句，給舊台灣留下一筆警醒。同義句有：「台灣牛，澎湖查某。」

嘉哉，現在澎湖小姐是十二分出頭天了；但有多少台灣小姐正在被一支巨大黑手凌辱，塑造成什麼「檳榔西施」，而也已經演成名聞世界的台灣觀光景點。有朝一日真的「台灣小姐」被等同於「檳榔西施」時，未知諸位讀友有何感想？

小姐認真工作應該肯定；小姐穿畢其尼泳裝、各式辣裝的自由應該保障。但我們一定要反對公開在大小公路旁「賣檳榔兼展示性器」。操縱她們如此而為的老闆實在太可惡，豈可如此踐踏女人的尊嚴！這已是好多年的事了，民進黨政府無能處理嗎？

【14】

南院大鐘，開元大鼓，台灣刺查某。

Lâm-īⁿ toā-cheng, Khai-goân toā-kó͘,

　　Tâi-oân chhiah cha-bó͘.

Lâm-īⁿ toā-cheng, Khaī-goān toā-kó͘,

　　Taī-oân chhiá chā-bó͘.

刺查某撐大邊天。

這句俗諺可能流行在龍溪移民台灣的族群之間，用來形容「台灣刺查某」就像他們原鄉的「南院大鐘」和「開元大鼓」那麼有

名。

南院：福建龍溪最大的寺院，而以寺內的大鐘而聞名。　開元：泉州開元寺，著名的是它的大鼓。　刺查某：性情激烈，有分別是非的能力，又敢爭取自己的權利；但龍溪人用指，風流不怕羞的女人。

❺

相對於「台灣刺查某」，我們看到台灣社會的「公眾人物」中有一班「超級三八查某」，濫用權力，不分是非，扮當特定意識形態的打手，毀謗造謠，黨同伐異，濫用記者會、媒體來進行私判私刑。眞是「三八，無藥醫」！(→247.05)

（參看，「著愛精光刺，呣通三八刺。」523.15）

【15】

笨港──查某贏。

Pūn-káng──cha-bó͘ iâⁿ.

Pūn-káng──chā-bó͘ iâⁿ.

北港牽對新營去。

舊時老爸老母用來教訓、刺激不求長進的男孩，說他，「笨港，笨港！」飯桶，飯桶！多笨？「查某贏」！輸給女人！

這是一句厥後式的俚諺，謎面是「笨港」，謎底是「查某贏」；面與底之間，看不出關聯，其關鍵乃在「笨港」諧音化成爲「飯桶」。然後進一步推論「飯桶」的結果就是「查某贏」。

同義句，「笨港──查畝營」：謎面「笨港」和謎底「查畝營」都是地名。這比較不尋常，因爲厥後式的俚諺，謎底通常都是極簡單的直述句，如果謎底猶如謎面，就比較費解。但聽出了「查某贏」諧音做「查畝營」，也就知道台灣話的厲害，台灣俚諺的美妙了。

　　笨港：今雲林縣北港，爲台灣最古老的港口。荷蘭人的地圖將之標記做Pong-kang。天啟四年（1624）海上英雄在此登陸台灣。　查畝營：在今新營、柳營一帶，明鄭時爲調查田畝之處，故名。　查某贏：輕蔑地，贏不了女人；女人勝。查某贏者，男人自大狂，迷信男強於女。

【16】

三個查某人，一座菜市仔。

Saⁿ-ê cha-bó·-lâng, chi̍t-chō chhaì-chhī--á.

Sāⁿ-e chā-bo·-lâng, chi̍t-chō chhaí-chhī--á.

口才一流台灣婦。

　　舊時，老頑固用來諷刺「查某人」真愛講話，只要二、三個女人在一起，就像天光時的雀鳥，像政見發表會，像叩應節目，當然更像大菜市了。

　　這句的修辭式是借代，「三個查某人」在一起，其多言多語，大鬧大熱的程度，等於「一座菜市仔」。噫，刺得真過分，人家整日奉待翁姑，照顧細囝，難得和知己閨友見面聊天嘛。

【17】

枕頭邊聽無眞義理，古井腳看無勸世戲。

Chím-thaû piⁿ thiaⁿ-bô chin gī-lí,

　　kó·-chíⁿ-kha khoàⁿ-bô khoàn-sè-hì.

Chim-thaū piⁿ thiāⁿ-bō chīn gī-lí,

　　ko·-chíⁿ-kha khoáⁿ-bō khoán-sé-hì.

談情嚼舌伊專門。

　　舊說，男人用做警語也用來表達女人觀。斷定太太的枕邊細語缺乏眞知熟見，不可聽從。那些圍繞井邊的洗衣婦的閒聊，言

不及義，沒啥。

這句俚諺的修辭式是對偶正對格，前後兩個分句對得漂亮：「枕頭邊」對「古井腳」；「眞義理」對「勸世戲」。同時，對出「聽無」和「看無」的懵懂愚昧。——舊時老沙豬的惡見，眞對不起天下賢慧的女人也。

嘉哉！時過境遷，當今第一世界也好，咱台灣社會也罷，偉大女人輩出。姑不論台灣各方面有無數賢女人，單說最近在政治上的表現吧：先有副總統呂秀蓮女士榮獲「世界和平獎」，後有第一夫人吳淑珍女士榮獲「民主服務獎」。她們以優越的政治智慧，非凡的人格魅力，成功的將台灣帶上國際舞臺，萬分漂亮，令人敬佩！正港偉大的台灣女人。

另一方面，報紙、電視也常出現一夥豎眉瞪眼，搖唇鼓舌，紅衛兵似的「公眾女人」，一窩蜂幹抹墨的烏賊，扒糞的龜鱉，揭弊的金錢鰻，毀謗善良的毒河豚，凌遲無辜的食人鯊。這，豈只是「聽無眞義理」，乃是擾亂社會的敗類——枕邊言，古井語，可喜的話語啊！

【18】

在家燴捧茶，出嫁會駛犁。

Chaī-ka boē phâng-tê, chhut-kè oē saí-lê.

Chaī-ka bē phāng-tê, chhut-kè ē sai-lê.

台灣女子樣樣能。

舊時，老先人的敎兒經，指點養育女兒切勿嬌生慣養，未嫁時就得訓練她起人起客，煎茶待客，奉待翁姑一定要會。

這句俚諺不能按字面解釋做：台灣查某团都是天才女童，只要出嫁就會生团、會育兒，會煮三頓，會上班又會耕田。爲什麼

不能如此解釋？因爲「生活實況」中沒有這回事。這句俚諺的修辭式就是反諷：點出小姐被寵壞了，連泡茶招呼親友都不會，還指望她出嫁當了農婦，幹得了家事粗活？

查某囝啊，妳得好好操練哦，要會粗，會幼，捧茶會，扶犁也行。罷了，罷了！我苦命的乖查某囝啊！

【19】

埔里出美人。

Po͘-lí chhut bī-jîn.

Pō͘-lí chhut bi-jîn.

山明水秀女子嬌。

全國的共識，南投縣埔里一地的女人眞嬌。

台北地區也有同類的俚諺：「雙溪石頭鼓，內湖嬌查某。」

雙溪：士林的雙溪。　石頭鼓：大石頭。　內湖：位於台北盆地東北角，松山正北三公里處。有迷你湖東西長600公尺，南北寬200公尺。

或問，埔里美人是如何的嬌？嬌嬌嬌，看就知！

再問，爲什麼埔里出美人？有此一說，埔里集台灣人種最優秀的所在。從歷史上看來，此說頗有來歷，李嘉鑫說：「埔里在清末有來自苗栗、台中、彰化濱海的五族平埔族入墾，日據時代又有閩南和客家移民遷入，多種族長期通婚融合的結果，很可能是『埔里出美人』的原因之一。」(《中國時報》1994 (9.17):45)

美人難自棄，總是注目的焦點。但現代社會女人強烈要求的，並不是她們的容貌，而是認識和肯定她們的能力、權利、地位和角色。台灣男人應該多多關心的是她們在政治、經濟、社會、教育、大眾媒體，以及文化各層面的現況；應該多多擁護她

們參與這些層面的政策決定，以實現兩性平權的社會。如此，台灣才能超越膚淺美，而呈現真純的內在美。

【20】

新埔阿妹勝牡丹，銅鑼阿妹燒火炭，

　　三義阿妹人孤單。

Sin-po͘ a-moē sèng bó͘-tan, Tâng-lô a-moē sio hoé-thoàⁿ,
　　Sam-gī a-moē lâng ko͘-toaⁿ.

Sīn-po͘ a-moé séng bó͘-tan, Tāng-lô a-moé siō hoe-thoàⁿ,
　　Sām-gī a-moé lâng kō͘-toaⁿ.

美小姐vs.灰姑娘。

　　舊時，銅鑼小姐用來宣洩滿腹哀怨，自恨生在燒火炭的環境，整天和柴薪為伍，又得入窯燒炭，搞得全身黑灰，遮蓋著客妹的美貌。

　　這句是客家謠諺，原為銅鑼、三義一帶，燒火炭的阿妹，在連連七天七夜燒炭期間或是挑柴薪、運火炭時，唱來發洩心裏的哀怨。❻

　　新埔：新竹縣新埔鎮，在鳳山溪北岸。相傳，溪水清淨甘冽，女子天生美麗。　阿妹：台灣客家小姐。　勝牡丹：艷美勝過花后牡丹。　銅鑼：苗栗縣銅鑼鄉。　燒火炭：柴材入窯燒成木炭。　三義：苗栗縣三義鄉，舊名三叉，1950年改名。　人孤單：天天面對無情的火柴火炭，孤單寂寞總在心湖划蕩。

【21】

標會仔，請人客。

Pio hoē-á, chhiáⁿ lâng-kheh.

Piō hoē-á, chhiaⁿ lāng-kheh.

豪情萬丈映蘭陽。

　　用來讚美宜蘭人款待賓客的慷慨。說在手頭空虛時，爲了歡娛賓客，就是要「標會仔」來應付場面，也是照標不誤的。❼

　　也許這句俚諺，指的是地方大型祭典吧。君知否，一連數天的流水宴，開銷驚死人，平常家庭不舉債也難，標會乃是救急的辦法。

　　噫，這種舉債宴客的慷慨，世間罕有，韓國沒有、日本沒有、菲律賓沒有，德國更沒有。啊，我們的台灣偏偏有！

【22】

新港人來永安，唔是借錢就是還錢。

Sin-káng-lâng laî Éng-an,

　　m̄-sī chioh-chîⁿ chiū-sī hêng-chîⁿ.

Sīn-kang-lâng laī Eng-an,

　　m̄-sī chió-chîⁿ chiū-sī hēng-chîⁿ.

漁農信用組合。

　　舊時，用來諷刺新港鄉親，說他們進入永安沒有別的，只搞：舉債、還債。

　　新港：新港口也，小漁村。位於高雄平原西北海岸，竹仔溪溪口，永安東一公里。　永安：高雄縣永安鄉，鄉民務農也兼經營魚塭，經濟條件比新港好。

【23】

卡歹日本仔。

Khah-phaíⁿ Ji̍t-pún-á.

Khá-phaiⁿ Ji̍t-pun-á.

暴戾的台灣人。

用法：一、日據時代，台灣人用來譏刺為虎作倀的三腳仔。這種台奸為了向主子表示忠誠投靠，其嘴臉之醜惡尤甚於日本頭子。二、引申之，用來譏刺性格暴躁的台灣人，刺他動不動就起猞抓狂。

關係句：「日本人趕燴了」，喻指兇惡不講理的人，何其多也。

歹：性情急燥，攻擊性猛烈，張口就是咆哮，舉手就是要修理人。　日本仔：鄙夷地，日本人也，特指警察、刑事、各種幹部；據聞，日本老師大多是好日本人。

【24】
心肝卡硬石仔蝦。

Sim-koaⁿ khah-gēⁿ Chio̍h Á-hê.

Sīm-koaⁿ khá-gēⁿ Chiō A-hê.

急急相煎同根生。

用來譬喻心性殘忍，輕信讒言，硬心腸之徒。

這句俚諺的修辭式是借代，用「石仔蝦」來指鐵石心腸的惡人。

背景：清國光緒年間，府城大西門有一苧麻舖，老闆石蝦。當時生意非常興旺，邀來同父異母弟弟石同來台同住；起初，兄弟感情也頗融洽。某日，石蝦愛妾許氏與掌櫃阿九有私，被石同撞見。許氏唯恐洩漏秘密，於是向石蝦哭訴乃弟非禮，又要圖謀石蝦的財產。石蝦信以為真，於是由許氏幫兇，棒殺石同，並藏屍於櫃後。經鄰居密報官府，查出罪證確鑿，而將一干人犯處決。❽

【25】

文靠左營，武靠夢裏。

Bûn khò Chó-iâⁿ, bú khò Bāng-lí.

Bûn khó Cho-iâⁿ, bú khó Bāng-lí.

有文有武高雄人。

　　舊時，高雄人用來表現允文允武的自信：人文薈萃的象徵有左營的文廟，保衛鄉土的高超武術有夢裏的宋江陣。

　　左營文廟：初建於康熙二十三年(1684)，佔地1573坪，是全國面積最大，最宏偉的孔廟。但1914年文廟的大部分改成舊城公學校校舍；1973年在蓮花池北重建目前的孔廟。　夢裏：夢裏村，在高雄縣仁武村之南四公里處的小村集。相傳清國時代，爲了保護農田灌溉，人人學得一身好拳術，也因此，該村宋江陣相當出名。

【26】

嘭嘭唪唪，趁錢飼老娟。

Phin-phin phōng-phōng, chàn-chîⁿ chhī laū-chhiang.

Phīn-phin phōng-phōng, chán-chîⁿ chhī laū-chhiang.

日夜操弓飼老娟。

　　用來敍述，也用來譏刺舊時的一種現象：有一班打棉被的唐山師傅，雖隻身來台，但幾乎都和本地年老色衰的娼婦同居。

　　這句俚諺的第一分句，修辭用擬聲「嘭嘭唪唪」來擬指打棉師傅是多麼認眞地工作；然後，恥笑他的認眞工作是爲了要「趁錢飼老娟」。怪哉，老先人連這個也要譏刺；不過也眞好玩，「嘭唪」對「老娟」，刺得頗有形像和音韻之美。

　　嘭嘭唪唪：形容打棉師傅彈鬆棉弓的聲音。

　　(參看，「補綿績，換挨礱。」436.19)

【27】

未看見藝妲，免講大稻埕。

Boē khoàⁿ-kìⁿ gē-toàⁿ, bián kóng Toā-tiū-tiâⁿ.

Boē khoáⁿ-kíⁿ gē-toàⁿ, ben kóng Toā-tiū-tiâⁿ.

入花都能不看花？

　　日據時代，用來形容大稻埕的特色：藝妓多，遊客驚艷的機會也多。所以沒有這種「艷遇」的人，談不上來過大稻埕。

　　未看…免講：沒有甲的見識和經驗，就不算認識甲。　藝妲：藝妓也。　　大稻埕：舊地名，今延平北路、迪化街一帶，日據時代爲熱鬧的商業區，酒樓娼院林立，跟艋舺齊名。

　　　（參看，「日本藝妲──大色。」221.06；

　　　　　「乞食，開藝妲。」323.32）

【28】

待御巷，小台灣。

Thaī-gū-hāng, sió Taî-oân.

Thaī-gū-hāng, sio Taī-oân.

極樂台灣。

　　淸國時期，唐山人用來渲染台灣溫柔鄉處處，台北大城更是有名的飛花春市。

　　待御巷：巷名，在福建龍溪縣市區內。

　　這句俗諺顯然是舊時福建龍溪人發明的。他們眼見自己的「待御巷」艷旗高幟，風流萬千，又加上龍溪男人「極樂台灣」的豐富經驗，於是大膽將他們本地的春巷，和台灣的春城等同了起來。

　　「待御巷」是否「小台灣」是唐山人的家務事，要緊的是台灣不

可以成爲何處不飛花的春城，就算「極樂台灣」還不夠「國恥」的資
格——國名、國旗、國歌不見容於自己的都市，進不了國際才
是！——當然，性業聞名國際的都市，也沒啥體面的了。

【29】

有客去客，無客去尋永來伯；
　有空去空，無空去尋盧仔香。

Ū-keh khì kheh, bô-kheh khì chhoē Éng-laî peh;
　ū-khang khì khang,
　bô-khang khì-chhoē Lô͘ A-phang.

Ū-keh khí kheh, bō-kheh khí chhoē Eng-laī peh;
　ū-khang khí khang,
　bō-khang khí-chhoē Lō͘ Ā-phang.

老主顧老常在。

用來敍述一對紅塵老相好的故事：盧仔香女士有新客上門
時，盡可自由去接客；生意蕭條時，則可隨時回來找老主顧永來
伯。如此，互不嫉妒，頗有「修養」，默契極好。

相關句：「永來伯九條茄，唔值著盧仔香一粒蟯。」用來諷刺
和怨嘆，九個強壯的桑農辛辛苦苦所得，大大不如一個性業者的
收入。

客：尋芳客也。　永來伯：新莊山腳人，當地桑農。　有空：好
康也，有可賺錢的機會。　盧仔香：新莊山腳人，當地性業者，爲永
來伯的老相好。　九條茄：指九個男人；茄，象形陽具。　一粒蟯：
指一個人女；蟯，象形陰唇。

　　（參看，「三條茄，唔值著一粒蟯。」112.22）

【30】

番仔酒矸。

Hoan-á chiú-kan.

Hoān-a chiu-kan.

有所不賺。

　　日據時代，流行在性服務業姊妹淘之間，用來譏刺那些服務日本「番仔」的女人。

　　番仔：指日本人。大漢人思想影響下，台灣人認爲非我族類的都是「番」。　*酒矸：酒瓶。*

【31】

揹籃仔，假燒金。

Koāⁿ nâ-á, ké sio-hiuⁿ.

Koāⁿ nā-á, ke siō-hiuⁿ.

神明vs.客兄。

　　舊時，用來譏刺不安於室的婦女，她以上廟謝神祈安，「燒金」爲藉口來幽會情人。

　　類似語有：「呂祖廟燒金，糕仔燴記得提。」(→326.29)

　　(本句詳解，請看527.12)

【32】

東原謙記，秀英罔市。

Tong-goân Khiam-kì, Siù-eng Bóng-chhī.

Tōng-goân Khiām-kì, Siú-eng Bong-chhī.

府城風流韻事多。

　　淸國咸同年間，府城人用來傳述秦樓楚館的艷妓「秀英罔市」；她兩得到恩客富商「東原謙記」寵愛而爲之脫籍藏嬌的風流

韻事。

　　東原：陳姓大老闆，府城內南濠街，今西區新安里人氏；嬌藏秀英。　謙記：黃姓大老闆，府城宮後街，今西區水仙里人氏；嬌藏閭市。❾

【33】

十步一舉，五步一秀。

Cha̍p-pō͘ chi̍t kú, gō͘-pō͘ chi̍t siù.

Cha̍p-pō͘ chi̍t kú, gō͘-pō͘ chi̍t siù.

陳老師桃李滿門。

　　舊時，台北人用來讚美大龍峒一地，在陳維英老師的教育下人才輩出，門生中舉的很多。

　　相關俚諺：「台北二敬。」陳老師的大弟子也，即是士林曹敬和關渡黃敬，這二位學者乃是學問淵博的一代通儒，晚年都在家設帳授徒。❿

　　十步…五步：形容處處有，多多有也。　舉…秀：舉人、秀才。

　　小檔案：陳維英老師(1811-1865)，淡水大隆同人(即大龍峒港仔墘，今台北大同區)，舉孝廉方正，後中式舉人，並供職內閣中書。先後掌教仰山、學海兩書院，並任明志書院講習，在本籍作育甚多英才，真是桃李滿門，頗有「十步一舉，五步一秀」的盛況，時人尊稱他為「陳老師」。

　　陳老師並不是只會講學，他也關心社會發生的代誌。1862年戴潮春起義，淡水騷動，他和地方士紳合辦團練，使地方得到安寧。陳老師的詩作通俗可喜，幽默可誦，例如他的「鄉人」：

　　　鄉人會飲盡來前，孰富孰貧我了然；

從中敢說大聲話，便是能備些少錢。

盜賊有錢皆好友，無錢兄弟亦非親；

俗情顛倒君休怪，當世論錢不論人。⓫

【34】

周池仔好榜路，燿堅仔好腹肚。

Chiu Tî-á hó pn̂g-lō·, Iâu-ken-á hó pak-tó·.

Chiū Tī-á ho pn̂g-lō·, Iāu-ken-á ho pak-tó·.

比較會考試罷了！

　　對於舊時代文人，諷刺聰明才智平庸，但作弊技巧優良者，考得功名；惋惜平時被老師看好，所謂有膏的紅蟳，卻屢屢落榜。

　　周池仔…燿堅仔：都是大龍峒人。　好榜路：考試很會作弊；榜路，小抄也。　好腹肚：滿腹學問；字面義，肚裏很有（膏、學識）。

　　（參看，「僥倖秀，積德舉。」411.33）

【35】

九萬十八千，八秀三貢生。

Kaú-bān chàp-peh chheng, peh-siù sam kòng-seng.

Kau-bān chàp-pé chheng, pé-siù sām kóng-seng.

內門鄉親富而賢。

　　舊時，內門鄉人非常歡喜又有自信地宣揚著：鄙鄉人有錢，又有文化！

　　這句俚諺的形式比較罕見，初看第一分句並不容易理解，但看出她的修辭式為鑲嵌格時，也就不難解讀。易言之，那是「萬」、「千」、「秀」、「貢生」鑲了數詞，來表現：財富「萬」級者，

有九人；「千」級者，有十八人；秀才，有八人；貢生，有三人。
這在清國時代，眞是富又賢的體面之鄉了。

【36】

中崙文章，港仔墘字。

Tiong-lûn bûn-chiuⁿ, Káng-á-kîⁿ jī.

Tiōng-lūn būn-chiuⁿ, Kang-a-kīⁿ jī.

台北學士文字讚。

舊時，清國同治至日本領台年間(1862-1895)流行在台北的諺
語，用來稱讚本地二位著名文士的學藝：中崙李文元的「文章」，
港仔墘張書紳的「字筆」。

*中崙：台北市八德路二段一帶。　港仔墘：台北市延平北路四
段，靠淡水河一帶。*

李文元的「文章」有多厲害？眞厲害哦！當知，中法戰爭時，
提督章高元的移檄稟奏，就是中崙出身的這位文士的手筆。此
外，他還著有《存眞堂雜稿》，刊行於福州，可惜散失。

張書紳的「字筆」又如何？據聞，港仔墘張學士旅寓福建泉州
時，該地朱子廟正中廟壁的大「魁」字，就是他的傑作。但見，張
學士用甘蔗粕當做筆穗，餵飽好墨一揮而成。但見這字「魁」，龍
飛鳳舞，出入壁面。

於是，平時看扁台灣學者的唐山文人，紛紛讚賞「台灣蟳有
膏」！❷

【37】

頂港潘永清，下港許超英。

Téng-káng Phoaⁿ Éng-chheng, ē-káng Khó͘ Chhiau-eng.

Teng-káng Phoāⁿ Eng-chheng, ē-káng Kho͘ Chhiāu-eng.

勇智的台灣文人。

　　清國據台晚期，台北人用來傳頌二個令人懷念的豪傑，頂、下港的潘永清和許超英。

　　頂港…下港：此處指，台北地區爲頂港，而新竹地區爲下港；現在指，台灣的北、南部爲頂、下港。

　　背景：潘永清和許超英二人，都是淸國的舉子，爲人富正義感，不畏權勢，常代人興訟，深深獲得百姓的敬重。

　　士林的潘永清所以令人懷念，不僅是他的正義感，更加是他轟動頂港的「悔改的勇氣」。相傳，潘氏和業師陳維英都申請利用河濱地，但官府只核准給陳老師。潘氏認爲執事偏袒，聲言要告他和陳維英。陳老師聞知，大爲震怒，責其禽獸不如，須加敎訓。潘氏風聞業師生氣而幡然悔悟，要求謝罪。於是在千百人圍觀下，背負一根漆紅竹板，跪在老師府門前請罪，等待陳維英老師來打屁股。但見陳老師從府內走出，隨即扶起潘永清，師生相攜淚下，前嫌盡釋，和好如初。

　　新竹許超英留下許多美談，如，挑戰權勢還人公道，智屈富豪接濟窮人，等等義舉，里人傳誦不息。⓭

【38】

人丁不滿百，京官三十六。

Jîn-teng put-boán pah, kiaⁿ-koaⁿ saⁿ-chȧp-lȧk.

Jīn-teng put-boan pah, kiāⁿ-koaⁿ sāⁿ-chȧp-lȧk.

島不在大，官多就行。

　　金門人用來懷念先賢，說小小金門人口不滿百，但自從明國、清國以來，島上科甲鼎盛，官宦輩出。

　　曾任金防部司令官的胡璉曾自問：「爲什麼金門出產如此多

的高官顯爵？」他的答案非常特別，從食物切入，說：

> 幾經研究，發現食物乃是其中最大原因之一。蚵螺加髮
> 菜，與地瓜粉對稱拌合的地瓜粉而成的主食品，不但使金門青
> 年男的強毅勇敢，女的慧美賢淑，而且給他們一種力爭上游的
> 衝勁。……代代相承……便成了一種氣質、一種精神。❹

此說可信！證之我的媳婦，金門小姐也。她聰明秀麗，考試
如食清飯，輕輕鬆鬆就摘下美國著名大學的音樂碩士；列祖也多
淸國科甲。所以如此，就是小時在金門，吃蚵、吃螺、吃蟳、吃
蝦，吃海帶、吃髮菜，一吃就是幾個大水桶；我猜，吃蕃藷也一
定是歸牛車的也。就是如此，善哉！

【39】
台北三粒五。
Taî-pak saⁿ-lia̍p gō͘.
Taī-pak sāⁿ-liá̍p gō͘.
台北豪門三劍客。

舊時，淸國咸豐年代台北有三個名門望族，各有他們的成性
豪放不羈的「老五」，走動鄉里，性好滋事，爲一代風雲人物。

三粒五：字面義，三個排行老五的；指板橋林本源之林國芳，大
龍峒之陳維藩，士林之潘某，此三人皆排行第五。林潘爲漳人，而陳
爲泉人，據聞咸豐年間「泉漳拚」，三氏實主其事。❺

【40】
大厝連機器，五某五囝娶細姨。
Toā-chhù liân ki-khì, gō͘-bó͘ gō͘-kiáⁿ chhoā sè-î.

Toā-chhù liān kī-khì, gō˙-bó˙ gō˙-kiáⁿ chhoā sé-î.
財大氣粗某亦多。

　日據時代，草屯鄉親用來諷刺本地富豪簡茂林。他經營糖廊、油行，富甲一方，對於娶集姨奶也是名聞一方。**⓰**

　大厝連機器：住宅和工場連在一起。　　**五某…娶細姨**：已經有了五個姨奶，還在繼續進行納妾活動。

【41】

上富方，錢銀屯粟倉。

Siōng-pù Png, chîⁿ-gîn tún chhek-chheng.

Siōng-pù Png, chīⁿ-gîn tun chhek-chheng.

方家銀多似稻穀。

　舊時，台南關廟一帶的鄉親，用來形容方姓家族是如何的暴富，雪花銀多得像稻穀一般，只得用穀倉來蓄藏。

　方：方姓宗族，自明永曆年間由漳州移民來台。初務農，後種甘蔗，努力奮鬥，到了第七代，富甲台一方。**⓱**　　**屯粟倉**：屯積在穀倉裏；粟，稻穀，脫殼後謂之米。

【42】

有樓仔內厝，無樓仔內富；有樓仔內富，無樓仔內厝。

Ū laû-á-laī chhù, bô laû-á-laī pù;

　　ū laû-á-laī pù, bô laû-á-laī chhù.

Ū laū-a-laī chhù, bō laū-a-laī pù;

　　ū laū-a-laī pù, bō lau-a-laī chhù.

吳尚新大宅大財。

　台南人用來形容舊時府城吳大富翁厲害：住宅是一片大廈庭

園，財富有的是日進萬金的事業，而此二方面全台灣是無可比擬的。

這句諺語修辭用的是對比格，用「樓仔內厝」為標準來泛比「有無」，以突顯其「厝富」兩全。同式諺有：「有中崎厝，無中崎富；有中崎富，無中崎厝」；「有山後富，無山後厝」。前句，說清國時代高雄橋頭中崎港村的繁榮；清末廢港而敗。後句，說金門山後厝，十八座古厝連厝成村的盛況；今已凋零。

樓仔內厝：指清國道光年間，吳春貴的住宅，因庭院有樓閣，故稱為「樓仔內厝」，而正名為「吳園」。按朱峰先生描述，吳園「廣袤約有數甲，前有華麗大廈，後有庭園，內有池塘石山，迴樓曲榭，奇花異草，四時皆春，誠為南市古之一勝地。」[18]*人世無常，吳園也都進入歷史了。 樓仔內富：吳園主人吳春貴，在嘉慶初（1796），承辦台灣、諸羅二縣的鹽販館，後經其子吳尚新接續經營，而成鉅富。*[19]

【43】

財甲新艋，勢壓淡防。

Chaî kah Sin-Báng, sè ap Tâm-Hông.

Chaî kah Sīn-Báng, sè ap Tām-Hông.

財勢壓人李勝發。

用來形容也用來諷刺，財大氣粗，惡霸的富豪。

新艋…淡防：指新莊、艋舺二地和淡防廳。[20]

背景：清國時，艋舺泉郊行號李勝發的第二代老闆李孫蒲，土地田園處處。有一佃農積欠甚多，屢屢催繳都未能還清，於是李家將之告官，請衙門代為收租。艋舺縣丞准請，派衙役前來執行，佃農見狀逃避，懷孕的婦人驚嚇萬分，攜幼女投水而亡，一日勾勒三條生命。後來，族人代抱不平，告到淡水廳，無下文；

再告到福州，也無結果。**㉑**

【44】

第一好張德寶，第二好黃阿祿嫂，
　第三好馬笑哥。

Tē-it hó Tiauⁿ Tek-pó, tē-jī hó N̂g A-lȯk só,
　tē-saⁿ hó Má Chhiò-ko.

Tē-it hó Tiāuⁿ Tek-pó, tē-jī hó N̄g Ā-lȯk só,
　tē-sāⁿ hó Ma Chhió-ko.

艋舺三大富豪。

　　用來謠唸清國據台的道咸年間，艋舺的三大富人：張德寶、
黃阿祿嫂、馬笑哥。

　　*張德寶：商號，老闆張秉鵬通商於淡水泉州之間而致富。　黃阿
祿嫂：丈夫黃祿，艋舺人，本爲道上人物，因護主有功，得到經濟上
的援助，而轉入經營樟腦業，因此大富。　馬笑哥：名王則振，原爲
艋舺的富豪，爲人總是笑面迎人而得號「笑哥」，無關鵓哥。***㉒**

【45】

大浪泵張，加蚋仔楊。

Toā-lōng-pōng Tiuⁿ, Ka-lȧh-á Iûⁿ.

Toā-lōng-pōng Tiuⁿ, Kā-lā-á Iûⁿ.

地頭豪族威勢猛。

　　舊時，同治光緒年間，大浪泵有新張氏豪族崛起，威德雙
全，雄視一方。該地保安宮的字姓戲，人不敢與爭。同時，加蚋
仔，有楊家一族與大浪泵張勢均力敵。

　　*大浪泵：大龍峒。　張：指張夢星一族，人多勢強，德望甚
好。　加蚋仔：今雙園。　楊：楊氏一族，族長未詳。*

【46】

文鱸鰻何賜卿，武鱸鰻高老榮。

Bûn lô͘-moâ Hô Sù-kheng, bú lô͘-moâ Ko Ló-êng.

Būn lō͘-moâ Hō Sú-kheng, bu lō͘-moâ Kō Lo-êng.

文武大哥萬華有。

　　日據初期，萬華鄉親用來傳述本地大哥，可跟日本警察週旋的有文武二尾大鱸鰻。

　　文…武鱸鰻：文者，受過學校教育的，屬於中上社會階層的鱸鰻；武者，不學無術的，活動在下層社會的鱸鰻。　鱸鰻：鰻魚之大老，用指沒有正當職業，遊閒四處，惹是生非，有時為非作歹；比較而言，沒有當今黑道大哥那種結構性的大惡。

【47】

洲仔尾陳，拍人粗殘，

　　食肉食三層，看戲看亂彈。

Chiu-á-boé Tân, phah-lâng chho͘-chhân,

　　chiah-bah chiah sam-chân, khoàⁿ-hì koàⁿ lān-thân.

Chiū-a-boe Tân, phá-lâng chhō͘-chhân,

　　chiā-bah chiā sām-chân, khoáⁿ-hì koáⁿ lān-thân.

角頭強人陳家村。

　　舊時，用來敘述稱霸一方的陳姓族人，他們橫行作惡，非常鴨霸，鄰里莫敢觸犯。

　　洲仔尾：屬蘆州庄。　粗殘：（打人）動作殘忍，缺少人性。　三層：即是三層肉，赤白相兼的豬肉。蒜泥三層肉，真好食也。　亂彈：台灣戲劇之一種，即正戲、正音，所唱者，有京調、徽調、崑曲等。

【48】
日本仔保正——好勢。

Ji̍t-pún-á pó-chèng——hó-sè.

Ji̍t-pun-a pó-chèng——ho-sè.

以台制台有保正。

用來調諷日本政府利用統治台灣人的下級人員。

日本保正的地位約類似於村里長，但其勢力在台灣人的眼中是相當「偉大」的，頗有勢力。昔日，民間只敢在背後調侃：「客人叫保正——好勢」（→643.10*），「石碇仔保正，擋火車」，說連那已經開動的火車，也得爲他煞車，恭請他老大人上車。

可是，現今的台灣里長，也太可憐了。詩人賣鹽順的「北市里長哭窮歌」爲證，他唱道：

> 每月收入數萬元，開銷項目千萬千。
>
> 紅白喜事各場面，陪哭陪笑又花錢。
>
> 機關團體求捐獻，里長無一能倖免。
>
> 少數里民眞討厭，三不五時借零錢。
>
> 轄區警員來聊天，招待不宜陽春麵。
>
> 遇著窮酸市議員，餐會募款必率先。
>
> 意外開銷更難免，捉襟見肘非所願。
>
> 每月所剩無幾元，不夠買支海狗鞭。

（《自由時報》1998(6.13):11）

姑不論，里長伯伯是否必要「海狗鞭」壯陽，民主台灣的里長必要性頗有疑問。若說選舉柱仔腳須要里長，那不是要害他坐牢

嗎？若說掠姦須要里長，那不是要害他天天去看眼科？唉，現代人都是DIY，「自己來」；里長？免了。

　　（本句另解，參看643.10）

【49】

李春盛最僥倖，食飯摃銅鐘。

Lí Chhun-sēng choè hiau-hēng,
　　chiàh-pn̄g kòng tâng-cheng.

Lí Chhūn-sēng choé hiāu-hēng,
　　chiā-pn̄g kóng tāng-cheng.

服務鄉里伊熱心。

　　日據時代，草屯人用來敘述鄉賢李春盛令人印象深刻的一件事：他主持開鑿北投新圳時，雇用許多工人，吃飯時間一到，就得敲鐘集合。

　　僥倖：（對於某人的操勞，甚至不幸表示同情）可憐也；不指意外、幸運。

　　無疑的，「食飯摃銅鐘」對於那時代的鄉下人是大驚小怪的代誌。那麼，誰是李春盛？按林美容教授所記，他是草屯圳寮人，生於光緒六年(1880)，日據時代曾擔任多項要職：台中州協議會員，得過勳章；草屯公學校訓導，帽有金線，腰插文官短刀，威風凜凜。㉓

【50】

騎車無用後架，胸前結油食粿。

Khiâ-chhia bô-iōng aū-kè, heng-chêng kat iû-chiàh-koé.

Khiā-chhia bō-ēng aū-kè, hēng-chêng kat iū-chiā-koé.

趕文明鄉村紳士。

　日據時代，用來調諷庄腳紳士的一派新潮氣。但見他穿上白襯衫，掛著紅花領帶，不好坐牛車，又捨不得僱人力車，只好騎上卸下後架的孔明車，入街辦事。

　　車…後架：舊時腳踏車大多有後架，以便載貨物。　油食粿：油條也，指領帶。

　眞的，模倣洋式生活，都有四不像的地方，這算是學習和適應的過程吧。畢竟，白襯衫啦，紅花領帶啦，孔明車啦，都不是唐山祖，也非平埔媽開發的。此情此景，筆者印象深刻，孩童時候時常看見；但他們的頭上多了一項裝置：四季不論，頂戴著白色匏杓殼。眞好笑，哈日族的始祖也。

【51】
卡雄蔡牽。
Khah-hiông Chhoà Khan.
Khá-hiōng Chhoá Khan.
大海盜算啥！

　用來譏刺成性兇惡，打殺搶奪，無惡不作的歹徒。

　　雄：梟雄也，橫心作惡，喪盡人性天良。　蔡牽（？-1809）：福建同安人，嘉慶年間橫行中國沿海和台灣海峽的大海盜。

　背景：蔡牽是窮兇惡極的海盜，其惡事屢見於台灣古史和傳說。❷他屢屢侵犯台灣：1800年，攻鹿耳門，牽走商船，向船東勒索贖金；1804年，再犯鹿耳門，搶奪數千石米；隔年，聯合台灣山賊，洪四老一幫人，侵犯淡水，自封爲「鎮海威明王」以行反清復明。他掠奪後龍時，曾剿滅走避不及的四千多位老人和小孩──本鎮北門外的「愍善亭」就是供奉這群被害的亡靈。蔡牽一再侵掠台灣，直到1809年，水師王得祿率大軍追擊；蔡見大勢已

去，開砲裂船自沈。

【52】
你也唔是林本源。

Lí iā-m̄-sī Lîm Pún-goân.

Lí iā-m̄-sī Līm Pun-goân.

好店員財星高照。

這句俚諺原為家長用來教子弟節儉，因為家裏不像「林本源」的富有，哪堪得浪費。

於此，我們將焦點置於「林本源」，清國和日本時代台灣的首富。他當然有經營事業的智慧，但他的發跡實在頗有「機運」，使他很快的轉貧為富，過程頗有傳奇色彩。

「林本源」這個店號的始祖是林平侯，他於乾隆四十二年(1777)隨父親從福建漳州府龍溪縣移民來台灣，居住於台北新莊。當時，林氏父子很窮，林平侯在鄭谷的米店當店員。鄭老闆見林平侯是個人才，不可久居人下，於是自動借給他一筆錢開米店。

林平侯是個實踐道義的人，不敢與恩人競爭，而轉對唐山做外銷米的生意。那時正值福建沿海缺米，林平侯的米賣得多，又賣得好價錢，不久就發了一筆大財。林平侯是知恩報恩之人，也在中和買了一塊土地送給鄭恩人。

後來，又逢官鹽專賣轉給民營，林平侯包得鹽的專賣權，因此又是大大發財。後來，林氏見官僚腐敗，盜賊橫肆，認為必要捐官來增加威望，於是搞了廣西柳州知府。當官不久，再回台灣來從事「大墾戶」，包攬開墾今台北縣、台北市、桃園縣，宜蘭縣一帶的土地。如此，林平侯白手起家，而成為當代全台灣的首

富。

那麼，「林本源」究竟是什麼樣的店號？林氏在嘉慶年間，從新莊移居大溪鎮，此時林家公子國華、國芳從事開墾大料崁，二兄弟的店號爲「本記」和「源記」；如此，林家的大事業就是「林本源」了。

林本源財勢可以敵國，又是關心鄉里禍福之士。在咸豐三年(1853)的大械鬥，國華、國芳再遷居板橋，坐鎮暴亂中心，以其勢力來安定民心，協助平定械鬥。從此，台灣人稱板橋林家爲「林本源」。㉕

【53】
我毋是辜顯榮，你毋是廖添丁。

Goá m̄-sī Ko͘ Hián-êng, lí m̄-sī Liāu Thiam-teng.

Goá m̄-sī Kō͘ Hén-êng, lí m̄-sī Liāu Thiām-teng.

香火鼎盛廖義賊。

原用來回應挑釁，說，別以爲我有錢可以敲詐，何況你也不是亡命之徒。

辜顯榮(1866-1937)和廖添丁(1883-1909)都是傳奇色彩濃厚的名人。但辜高昇爲官方的歷史人士，頭銜顯赫，傳記又多，後裔也興旺；俚諺傳有「屎桶仔彬，假辜仔榮」(→241.29)。致於廖添丁，名不見經傳，出身市井，轟動台灣社會一時，但隨其身亡而成爲傳奇人物：不但是民間故事的主角，更演成民間信仰的神祇。

廖添丁，原台中縣秀水庄人，生於光緒九年，歿於明治四十二年。相傳廖添丁善於技擊和化裝術，對於日本人的壓榨剝削和台奸的助紂爲虐，強烈不滿。他生於貧窮，深深體驗到窮苦的滋味，於是專門劫富助貧，與保正、警察鬥法週旋，最後被圍捕而

被殺死——或說,在深睡時被他嫂嫂一鋤斃命。民間感念他的「義行」而尊稱做「義賊廖添丁」。

廖添丁死後,他的生涯被故事化,戲劇化,通過講古、電影而活在民間。到了1958年有人給他建廟,現在台北縣八里已經有一座規模頗大的廖添丁廟了。該廟香火鼎盛,特別是找錢路的賭徒、商人,常來過夜,求廖添丁託夢,洩漏大發財的天機。❷⑥

(本句另解,參看632.21)

【54】

蔡姑娘嫁翁——加勞的。

Chhoà koˈ-niû kè-ang——ke-lô--ê.

Chhoá kōˈ-niû ké-ang——kē-lô--ê.

不如守寡!

用來消遣人,一時不察,而自找麻煩,真是後悔莫及。

這句是厥後式俚諺,謎面是「蔡姑娘嫁翁」,謎底是「加勞的」。這裏,先玩了一個雙關語:「嫁羅的」和「加勞的」——蔡姑娘若不嫁給姓羅的,也就不致於加勞的。

背景:蔡姑娘芳名碧吟,十九世紀末台南的才女,能作詩,能寫字。元配丈夫早逝,本要守寡,後來被繼母諷刺「無福為舉人娘娘」,因而決心要選擇一個舉人來匹配,來炫給繼母看。

到了四十二歲那年,她嫁給舉人羅秀惠。他性好漁色,婚後仍然繼續尋花問柳,同居妓女,不出三年花盡碧吟的豐厚積蓄。彼此感情惡化,終而分居,後來蔡才女鬱鬱以終;六十六歲時,結束不幸的一生。❷⑦

【55】

憑番勢,李仔春。

Pēng hoan-sè, Lí Á-chun.

Pēng hoan-sè, Li A-chun.

事業思想兩大家。

　　原用來形容「李仔春」，即李春生(1838-1924)，財勢大，有「洋番」為背景靠山。

　　但，僅是字面義的感受，或解釋「番勢」、「患勢」，閃失了認識李氏為台灣先賢更重要的另一面。

　　楊雲萍教授說：「關於李春生，人多知道他是一位殷商，一位事業家，一位敬虔的基督徒；可是他也是一位思想家。……他對於宇宙、人生、政治、社會、宗教，以及學術、文藝等，下過一番真摯的思索和檢討的工夫，而建立他自己的一些見解。」❷⓼是的，他是個思想家！這在前世紀台灣無數大事業家、大富豪、大文人之中是絕無僅有的！

　　李氏的思想，表現在他手著的《東西哲衡》外數十種。❷⓽近年來，李氏的思想也獲得學界的重視，台大黃俊傑教授稱李氏為「台灣第一位思想家」，中研院李明輝教授主編有《李春生的思想與時代》(1995)，陳俊宏博士著有《李春生的思想與日本觀感》(2002)等專著。

　　啊，原來「憑番勢，李仔春」包蓋著當代「西洋番」的思路。若能就此俚諺解讀出指向「李春生的思想和時代」的路標，無疑的是讀諺的大收穫了。

　　（本句另解，參看642.13）

【56】

死渭水嚇破活總督。

Sí Uī-suí háⁿ-phoà oa̍h chóng-tok.

Si Uī-suí haⁿ-phoá oā chong-tok.

醫國醫民蔣渭水。

　　用來譏刺日本總督。「台灣的孫中山」蔣渭水醫師大衆葬時，派八十名武裝警察，由北警察署長指揮，沿途警戒取締，如臨大敵，膽戰心驚。

　　蔣渭水醫師(1891-1931)引導台灣人抗日，進行民族運動，豐功偉業，此處難以盡述，僅點出些微事蹟以供緬懷台灣偉人：

　　政治衛生大醫師：文化協會初期，就是以蔣渭水醫師的大安醫院爲據點。台灣總督府不准台灣人在台灣辦報，於是蔣醫師和同志創刊《台灣民報》於日本，然後再運回台灣發售，藉以宣傳民族運動，爲當時台灣人唯一的喉舌。

　　政治黑牢第一人：於1923年日皇太子巡狩台灣，抵達基隆，蔣醫師帶一群人，旗幟鮮明寫著「奉迎鶴駕台灣議會請願團」去做「假歡迎，眞請願」。因此，蔣醫師被請去台灣警察署拘留，成爲「我台人爲公事受拘引的第一人」。自此，日本皇室來台，蔣醫師都要被請進拘留，直到離開爲止。

　　拯救台灣不灰心：文化協會分裂後，蔣渭水籌組台灣第一個政黨和全台灣最大的工會：「台灣民衆黨」和「工友總聯盟」。在大安醫院前設有告示板，揭示社會運動的情形，如「反對日本以許可鴉片毒化台灣」，揭發「霧社事變用毒瓦斯殘害原住民」等等。大安醫院的亭仔腳成爲民衆召集的地方。

　　犧牲奉獻爲台灣：蔣渭水將所有的心力與財力投入社會運動，無心經營醫院與酒樓。大安醫院樓上的十個病室漸漸的成爲學生運動的據點，免費招待所、大衆食堂。蔣渭水也因散盡家財做社會運動，一身鐵骨，兩袖清風，當他過世時，負債累累，電

話被抵債，孩子的學業被迫中斷。

　　天人同悲斯人逝：蔣醫師長期馬不停蹄，南北奔波，以及十餘次的政治黑獄，身心俱疲，不幸染上傷寒，竟於1931年八月五日留下遺囑後息勞歸天。八月23日，民眾爲他舉行大眾祭；日政當局多所控制，檢查弔辭，禁止弔歌，參加者五千多名，沿途目送的民眾更是不計其數。是時，天候忽變，暗雲迷空，突然降雨，上天與台灣人同悲哀。

　　永遠懷念蔣渭水：蔣醫師的同窗杜聰明博士的讚辭可爲代表：

　　　　蘭陽傑出大醫師，濟世懸壺救病情；
　　　　抗日一生愛民族，立功立德永留名。❸⓿

　　偉哉，蔣醫師犧牲的大愛！這種精神繼續感動著無數台灣醫生，各階層的台灣人，激發他們來從事社會、政治改革，反暴政、反侵略，以建設台灣成爲更美好的國家。

注釋

1. 轉引自，王大力，「百年詩歌」《中央日報》1995(9.10):4。
2. 轉引自，鍾孝上，《台灣先民奮鬥史》，頁249-250
3. 看，周榮杰，「選舉與諺語(上)」《台灣風物》，41卷5期，頁103-104。

4. 林衡道,《林衡道談俚諺》,頁33-38。

5. 看,紀曉,「台灣刺查某」《自立周報》1991(4.19):10。

6. 看,趙莒玲,《台灣開發的故事》,頁112。

7. 參看,上引書,頁354。

8. 參看,朱峰,「台灣方言之語法與語源」《台北文物》(1958年7卷3期),頁20。

9. 參看,同上引。

10. 參看,吳槐,「台北鄉土諺語釋說」《聯合報》1963(4.6):8。

11. 這首詩收在,楊雲萍,《台灣史上的人物》(台北:成文出版社,1981),頁200。有關「陳維英」事略,參看,同引書,頁198-200;莊永明,「『太古巢』主人陳老師」《台灣記事(下)》(台北:時報出版社,1996),頁484-489。

12. 參看,陳華民,《台灣俗語話講古》,頁91-93。

13. 參看,上引書,頁97-99。

14. 黃啓,「鄉愁地瓜」《中央日報》1999(7.14):5。

15. 參看,吳槐,「台北鄉土諺語釋說」《聯合報》1963(4.6):8。

16. 參看,林美容,《人類學與台灣》,頁189-190。

17. 參看,徐福全,《福全台諺語典》,頁35。

18. 朱峰,「台灣方言之語法與語源」《台北文物》(1958年7卷3期),頁23。

19. 參看,陳華民,《台灣俗語話講古》,頁131。

20. 本句諺語,在本節的注釋異於本書131.55,雖然坊間諺書也有理解做「財冠新竹,艋舺兩地,勢蓋淡水,海防兩廳」者(見,吳瀛濤,《台灣諺語》(台北:台灣英文出版社,1975),頁144)。

21. 參看,陳華民,《台灣俗語話講古》,頁31-33。

22. 參看,陳華民,《台灣俗語話講古》,頁22-27。

23. 參看,林美容,《人類學與台灣》,頁188-189。

24. 參看,楊雲萍,《台灣史上的人物》,頁127-129;楊碧川,《台灣歷史辭典》,頁17-18;林衡道,《林衡道談俚諺》,頁209-210;陳華民,《台灣俗語話講古》,頁133-135。

25. 參看,林衡道,《林衡道談俚諺》,頁123-124。

26. 參看，李季樺，「八里廖添丁廟巡禮」《台灣風物》(1986年36卷4期)，頁125-132。

27. 參看，陳華民，《台灣俗語話講古》，頁164-166。

28. 楊雲萍，《台灣史上的人物》，頁282。

29. 見，賴永祥，「錄李春生公墓誌銘」《台灣教會公報》2001(11.4):10。筆者以前所看到的資料載有，李春生「著作五種」(→642.13)。

30. 參看，蔣朝根，「蔣渭水：日治時代第一位坐政治黑牢的台灣人(下)」《台灣日報》2001(8.6):25。

第五節　選舉救台灣

本節段落：

地方派系01-04　選戰妙語05-13　勝選內幕14-20　敗選苦景21-22

如此民代23-26　選民怨嘆27-33

【01】

白派白賊七，紅派收紅包，黑派烏白來。

Pe̍h-phaì pe̍h-chha̍t-chhit, âng-phaì siu âng-pau,

　　o͘-phaì o͘-pe̍h-laî.

Pē-phaì pē-chha̍t-chhit, āng-phaì siū āng-pau,

　　ō͘-phaì ō͘-pē-laî.

派系爭利民受害。

　　高雄縣地方勢力有白、紅、黑三大派系，久已聞名全國。本句顯然是派外候選人的講法，頗有「揭弊」或「抹黑」的嫌疑，要選民唾棄三大派來支持他最正派的人士。言下之意，他是說話不「白賊」，服務免「紅包」，行為絕對不會「黑白來」的最佳候選人了。

　　另有一句，說的是地區的宗教、政治的勢力範圍：「頂街天主教，下街基督教，中街陳烏炮。」

　　白賊七：喻指滿口說謊言的人；台灣民間故事有「阿七」者，一天二十四小時都在騙人，故名。　烏白來：搞猥褻、犯法的代誌，胡亂來也。　陳烏炮：舊時台北松山街的總理老爺。

【02】

鄭役場，阮組合。

Tīⁿ iȧh-tiûⁿ, Ng cho͘-hȧp.

Tīⁿ iā-tiûⁿ, Ng chō͘-hȧp.

大本營公所農會。

　　日據時代屏東林邊地方二大派系和他們的領袖：役場派的鄭大老和組合派的阮大老。他們既競爭又合作，對於地方事務頗有貢獻，眞是難得。

　　應該一提的，這句俚諺的句式相當特別，由「姓＋機關名」所構成的，因指謂的都是地方聞人，所以雖然高度的省詞，仍然可以淸楚的傳達信息而流傳下來。

　　鄭…阮：屏東縣林邊鄉的二位名人：鄭如南和阮朝吉。　役場：日語，日據時代的庄役場，今之鄉公所。　組合：日語，日據時代的信用組合，農會也。

　　背景：鄭役場派係由鄭如南擔任林邊鄉庄長時開始發展的。鄭大老出身林邊安記，乃是財勢兩全的世家，擔任鄉長一呼百應，勢力非凡。另一方面，阮朝吉也是富甲一方的長者，當時組合在鄭寶才經營下破產，眼見此情，阮大老捐出自己的財產來支持，使組合得以繼續營運；因阮大老救組合有大功績，鄉民追隨者眾。從此，形成兩股勢力，時人稱之爲「鄭役場，阮組合」。❶

【03】

八仙彩歸八仙彩，選舉歸選舉。

Pat-sian-chhaí kui pat-sian-chhaí, soán-kí kui soán-kí.

Pat-sēn-chhaí kuī pat-sen-chhaí, soan-kí kuī soan-kí.

選範選姻親照結。

　　用來形容派系不同，政治立場各異，但不作惡性競爭，不爲反對而反對，處事講理，不傷感情，因此兩派的君子和淑女照樣

談戀愛、談婚姻，結做親家。

這句俚諺的結構也很有趣，第一分句修辭用上借代，以「八仙彩」喻指結婚喜事；第二分句，則是用直述句「選舉歸選舉」，表示選舉時絕對沒有「連皮，宋骨」之類的代誌。

八仙彩：紅色錦布上繡有八仙圖像，婚禮或一般喜事時，掛在大廳做裝飾來增加光彩。

雖然，這句俗諺的背景是林邊鄉的政治實況，但我相信全國保持這種君子之爭的，一定還有。若為了政治理想和派系之不同，就要像國民黨和共產黨，非煽動世世代代，結下深仇大恨不可；非戰得民窮財盡，生靈塗炭不休，那就太野蠻，太可惡了。這句俚諺可為黨同伐異者的借鏡。

【04】

車輪牌翱獪過濁水溪。

Chhiā-lián-paî kō boē-koè Lô-chuí-khe.

Chhia-len-paî kō bē-koé Lō-chui-khe.

民進黨票倉在此。

可能是民進黨員或黨友的宣傳，斷言濁水溪以南是民進黨的地盤，是它的票倉，「車輪牌」黨無法越雷池一步。

車輪牌：喻指國民黨，貶抑地，將它的黨徽和車輪同一化。 翱過：身體貼地翻滾而過。 濁水溪：源自中央山脈南麓的霧社溪，為我國最長的溪流，全長186公里。

(→「無二步七仔，唔敢過西螺溪。」433. 19)

【05】

說獪清楚，講獪明白。

Soeh boē chheng-chhó, kóng boē bêng-pĕk.

Soé boē chhēng-chhó, kong boē bēng-pe̍k.

口若懸河講不清。

總統大選進入高潮時，國民黨揭弊，說候選人宋楚瑜涉嫌Ａ十幾億元，要他清楚交代。但他的妹妹替他辯護，說她哥哥就是一派講不清楚的個性。

背景：公元二千年台灣總統選舉前，興票案爆發，國民黨要宋楚瑜「說清楚，講明白」。誰知宋楚瑜的大妹宋楚瓊女士，替她哥哥解說：宋楚瑜從小接受母訓，「有過要替弟妹擔」；「每次遇到鄰居小孩抹黑他」，他就是這種個性，「既說不清楚，也講不明白。」(→《自由時報》2000(3.11):5)

宋女士說的，有幾分可信！君不聞，媒體問宋楚瑜在美國置產的事，他說，不要說是「別墅」，連「別野」都沒有。唉，變「別墅」成「別野」的個性！這樣子，興票案當然是「說𣍐清楚，講𣍐明白」的了。上天有眼，他沒選上總統，不然國家大事他也「不清不楚」，那不就完了？

【06】

寧投台灣牛，勿選膨風龜。

Lêng taû Taî-oân-gû, but soán phòng-hong-ku.

Lēng taû Taī-oân-gû, but soán phóng-hōng-ku.

惠賜一票台灣牛。

斷言，應該投他一票的就是像「台灣牛」這類候選人；而絕對不可選的，就是像「膨風龜」一般的政棍。

本句新諺形像活潑，由台灣通俗成語「台灣牛」、「膨風龜」和比較、選擇詞語「寧…勿」所構成的。這是很好的選舉諺，不但台灣選民一聽就懂，又極有說服力，容易引起共鳴。

　　句裏的「膨風龜」和「台灣牛」不難理解，但奧妙在「寧…勿」二字：「寧…」指向的是「比較好的」，並不明言是否理想的；但「勿…」所表達的是「極不好的」，清楚表明須加否定的對象。人盡皆知「膨風龜」無路用，只會亂放毒瓦斯；其實，「台灣牛」也有頑固、遲鈍，又有「牛知死，唔知走」(→231.20)的種種缺點。

　　背景：台灣重要選舉前，有力人士都會紛紛推薦所謂「理想的候選人」給選民。本句，係立委鄭逢時先生為公元2000台灣選舉所創作的。他說：「逢時來自台北雙溪鄉下，我們庄腳人常說要疼惜『台灣牛』，因為他實實在在，不變臉，不變心，默默一步一犁耕田勞動，副總統連戰就像台灣牛翻版……。相形之下，另一位總是拿著所謂超黨派的總統候選人，就有些像是本省俚語說的『膨風龜』，說了一大堆，卻是一點實質意義也沒有，希望選民慎思明辨，寧投台灣牛，勿選膨風龜。」(《自由時報》1999(9.11):15)

【07】

貪污者死，買票者亡。

Tham-ù--chiá sú, boé-phià--chiá bông.

Thām-u--chià sí, be-phià--chià bông.

貪污賄選大送葬！

　　台灣一般選民的感嘆，透露出對於過去國民黨長期執政下，普遍的貪污和賄選的厭惡。

　　據悉，這句話原是無黨籍參選人蘇秋鎮先生，參選1993年高雄縣縣長時的競選標語。(→《自由時報》1993(11.3):4)本句，句式工整，內容極能表達選民心聲，讀來令人稱快，令貪官污吏刺耳，真是一句好的選舉諺。

　　有「貪污、買票」之處，就沒有真正的民主政治，國民黨政府

長期執政下，此兩大弊病爲人民所深惡痛絕。台北魏錦源先生的
詩作「買票賣票」，眞能反映選民唾棄它的心情：

> 冬風透，選舉到，形像牌，口才勢；
> 政見會場名嘴濟，宣傳發表鬥推銷；
> 街頭巷尾四界走，找椿仔腳拜碼頭；
> 你兄我弟眞有效，
> 當選後，能力好閣骨力走，
> 百姓歡喜放大炮。

> 冬風透，選舉到，金牛牌，名聲臭；
> 黑白兩道攏掛勾，亂開支票面皮厚；
> 街頭巷尾逐家鏨，利用半暝分紅包；
> 厝邊買票眞有效，
> 當選後，歪膏蝕斜逐項偷，
> 百姓當做戇癮頭。

> 選民啊！
> 形像牌愛互朝，
> 金牛牌嘸通投；
> 人在做天在看！
> 買票賣票死了了，
> 報應不爽隨時到！❷

【08】

買貨看標頭，選舉看人頭。

Bé-hoè khoàⁿ phiau-thaû, soán-kí khoàⁿ lâng-thaû.

Be-hoè khoáⁿ phiāu-thaû, soan-kí khoáⁿ lāng-thaû.

選我貞昌大禿頭。

參選者用來自我推銷，說，要選就得選我這個人格好，能力強，肯爲台灣犧牲打拚的形像牌候選人。

這句原是蘇貞昌先生在1985年參選屏東縣區省議員時，向他的支持者呼救的反宣傳。本來的意思是：請一定選我這個「大禿頭」，謠傳我會高票當，請勿相信，選況危急得很啊。讚，自幽一默，親切一等，但見選民歡歡喜喜，投給他一票又一票，再一票。

【09】

吳淑珍當選，陳水扁就職。

Gô͘ Siok-tin tòng-soán, Tân Chuí-píⁿ chiū-chit.

Gō͘ Siok-tin tóng-soán, Tān Chui-píⁿ chiū-chit.

投我淑珍最合算。

1986年，吳淑珍女士參選台北區立法委員，用這句口號，來回應競爭者的酷評和挑戰。

背景：當時同台競選者，批評她行動不便，出席會議、質詢、審查預算的功能將大打折扣。這時，吳女士發揮她的急智，用這句話來反擊，說，陳水扁再過二個月就出獄，到時她當選，陳水扁將擔任她的立委助理，來爲民做雙料的服務。❸這句選諺，新穎可愛，又極具煽動力。果然，她一鳴驚人，台北公民用最高票把她送上立法院。

【10】

票房毒藥──台獨。

Phiò-pâng tȯk-io̍h──Taî-tȯk.

Phió-pâng tȯk-iō──Taī-tȯk.

台獨，十全大補湯。

　　舊時國民黨政權，現時統派人士和媒體，用來扭曲、醜化、毒化「台獨」，以消滅台灣人的國家認同，動搖社會的根基，進而爲中國吞併台灣鋪路。

　　這句話常常出現在我國自由化以後的選舉運動，源自國民黨政府迫害台獨思想的口號。據說，在綠島過去關政治犯的監獄，還可看到「台獨就是台毒」的標語。此後，每次選舉，「台獨」被加工成「票房毒藥」，用來謀殺選票。

　　那麼，「台獨」是什麼？陳隆志博士精要的說：「台獨就是台灣獨立於中國之外的簡稱。台獨表示台灣有獨立的國格，表示台灣……是一個主權獨立的國家，這個國家不隸屬於中華人民共和國(中國)，也不受中華人民共和國的統治。台灣不是中華人民共和國的一部分，不是它的一省，也不是它的內政問題。」又說：「台灣是一個主權獨立的國家，但這個國家還不是正常化國家。要將台灣……建設爲一個名實合一的正常化國家，還須要……共同努力打拚……。」❹

　　讚，「台獨」是台灣獨立的事實陳述，是正常化國家的意識。無「毒」啦！千萬不可聽人喊「毒」，就被嚇得大小便失禁。

【11】

關公在受氣，媽祖流目屎。

Koan-kong teh siū-khì, Má-chó˙ laû-bảk-saí.

Koān-kong té siū-khì, Ma-chó˙ laū-bảk-saí.

看關刀盡收奸人。

　　國民黨當局用來反擊民進黨參選人提出的「新國家、新憲法、新國會」訴求。說，此「三新」是台獨，是關公、媽祖所不能接受的。

　　背景：1989年三大公職人員選舉時，國民黨發出的攻擊。當時由一個月琴盲歌手楊秀卿自彈自唱：「山西出關公，福建出媽祖，伊的故鄉攏是在唐山，關公尙忠義，媽祖講慈悲，保庇大家無分你和我，台獨主義不忠又不義，欲將台灣與大陸拆分離；關公看了眞怒氣，媽祖看了目屎滴……」❺

　　顯然的，國民黨利用這個盲歌者要來混亂台灣人的「國家認同」，消滅台灣人的「主權意識」，眞是惡毒無比。其實，關公和媽祖早已經「台灣化」了，供養他倆的，祭祀他倆的，都是台灣人的香火，台灣人的牲醴。台灣人對於他倆的信仰理解，不是唐山傳說，而是台灣人在本島的關公、媽祖的宗教經驗。這一切，都不是山西關公或福建媽祖所能替代或改變的事實。另外，台灣、中國本來就是兩個分離的政治實體，豈可胡彈亂唱？

　　看了這首盲者的統戰歌，筆者做了一首「關公怒，媽祖哭」來對唱，好獻給我的台灣鄉親。調寄「出頭天」：

　　　　關公行忠義，怒責老鼠咬布袋，無天閣無地；
　　　　媽祖教貞節，哀怨叛徒投北京，親像討客兄。
　　　　雲長住台灣，香火旺盛心清閒，無清算鬥爭；
　　　　默娘居寶島，客囝無數人和諧，獨立是應該！

看台奸，關公怒，利利大刀敢不悔悟？

聽猶話，媽祖哭，共產無神欺我透透！

　　台灣民間信士還相信唐山「神明」較靈聖嗎？試想，山西關公、福建媽祖，歷經共產無神主義的長期壓迫，數十年來無香也無火，宗教信徒抓來清算鬥爭，還有啥虔誠信仰？能保什麼「靈聖」？若要比靈聖，一定是「台灣的黑面媽祖」，熱烈香火薰黑了她的面容；若要比威靈，一定是「台灣的紅面關公」，他弟子多，「充電」夠，拜得祂滿面紅光。所以，要拜嘛，台灣媽祖，台灣關公！

【12】

捏死台灣人，餓死台灣人，踏死台灣人，
##　　突死中國人。

Nih-sí Taî-oân-lâng, gō-sí Taî-oân-lâng,

　　tảh-sí Taî-oân-lâng, tuh-sí Tiong-kok-lâng.

Nī-si Taī-oān-lâng, gō-si Taī-oān-lâng,

　　tā-si Taī-oān-lâng, tū-si Tīong-kok-lâng.

台灣人就是台灣人。

　　用來諷刺在台灣半世紀，還不會講台灣話的大官，出面拚選舉時臨陣惡補這幾句台灣話，來表示「突死中國人」。

　　這句俗語的修辭式用的是擬音，將「你是台灣人，我是台灣人，他是台灣人，都是中國人」予以諧音化；原文是二二八前後國民小學的課文。民間所以如此解讀，流傳不息，顯然是台灣人不認爲自己是中國人，也不要成爲中國人。

【13】

准呣准是個兜的代誌，講呣講是阮兜的代誌。

Chún m̄-chún sī in-tau ê taī-chì,

　　kóng m̄-kóng sī goán-tau ê taī-chì.

Chún m̄-chún sī īn-tau ē taī-chì,

　　kóng m̄-kóng sī goan-tau ē taī-chì.

言論自由不可廢。

　　二十幾年前，所謂「黨外人士」用來表達舉辦助選演講會的決心，不論監選單位是否批准，一定要如期進行開講。

　　據悉，這是1978年黨外人士集其名嘴，為工人團體代表立委候選人楊青矗和第四區立委候選人謝三升，林麗蓮在台南市和新營舉行演講會時產生的選諺。原來，此二場演講會都沒有得到監選單位的批准。時間一到，人山人海，欲罷不能。此時，周滄淵上台向聽眾宣告：「准呣准……」這句話，以表示決心。同時，徵求聽眾的意見，問他們：「要不要改期？」台下轟聲雷動，大喊：「免啦！」❻

【14】

選舉無司父，加錢買著有。

Soán-kí bô sai-hū, ke chîⁿ bé-tiòh--ū.

Soan-kí bō saī-hū, kē chîⁿ bé-tiō--ū.

金牛紛紛出稠來。

　　用來諷刺台灣在國民黨執政下的賄選風氣和愚化選民的選舉：選舉無他，就是用錢買票，花錢當選。

　　相關語：「買票無一定當選，無買票一定落選。」

　　背景：這句俗語是在國民黨長期執政下，人盡皆知的台灣選

舉的黑幕。2001年，民進黨執政下的首次立委和縣市長大選，新
政府全力反賄選，法務部設置二十四小時熱線處理檢舉，又有高
額檢舉獎金，賄選者處以重刑。雖是如此嚴厲，各地仍然紛紛傳
出情況：涉案賄選有3560件，被告多達3612人，刷新司法史上的
記錄。(→《自由時報》2001(12.1):6)

　　或問，真的「加錢買著有」嗎？是的。按國策顧問莊柏林先生
的分析，那是利用台灣人敦厚的性格，「歹勢，收人的錢」，一家
有五票，至少分一、二票出來賣。地毯式的買票，設若每票五
百，鄉下可買到三成票，都市二成票的話，那麼鄉下花五千萬，
城市花七千五百萬，不要政見，不必拜票，不必造勢，即可當
選。因此，國民黨多提名有錢的候選人；同時，國庫通黨庫之
下，競選經費源源而來。

　　再問，誰在賄選？可能不只國民黨候選人賄選，但以國民黨
執政時代1992年十二月立委選舉為例，當時所謂賄選案不過數百
件，其中國民黨候選人，即達97％。國民黨某要員說，社會風氣
使然，為勝選，不得不然。

　　那麼，不買票能當選嗎？要看情形。不過，買票起家的政
黨，不買票要當選很難。君不見，2001年大選，國民黨得票率自
1998年的46.40％，降到31.28％。為什麼？緊抓賄選也。(→《自由
時報》2001(12.4):15)

【15】

先上車，後買票。

Seng chiūⁿ-chhia, aū bé-phiò.

Sēng chiūⁿ-chhia, aū be-phiò.

集體觀光鄉選票。

用來形容賄選技術的升級，椿腳改變傳統逐戶預購選票的方式，將立場曖昧的選民集體帶上車，去旅遊，去做大型的賄選活動。

背景：情形大概是這樣的，除了鐵票外，可能被挖走的支持者集體帶去「觀光」，或被關在旅館看閉路電視、打牌，或性招待，有的議員因此中鏢，而傳為笑話。更誇張的，連喪禮公祭現場，也有公然拉人集體上車賣票的怪事。上車後，候選人出現在觀光巴士，當面議價，做了一車檢警查無實據的買賣。❼

（比較，「先坐車，後補票。」527.02）

【16】

提範提，投範投。

Theh hoān-theh, taû hoān-taû.

Theh hoān-theh, taû hoān-taû.

拿他錢財不消災。

用來形容性格敦厚，不敢得罪人的台灣選民，在椿仔腳的人情壓力下所做的「妥協」。

提範提：買選票的錢，照收不娛；提，拿下、收下。　投範投：支持的候選人，照樣支持，就算沒有拿他的好處；投，投票。

舊時的民間「義理」是「提人錢財，替人消災」(→619.05)，而其「消災法」蘊藏著不道德和罪惡。可惜，這句選諺卻在合理化「違法的背信」：鼓勵人拿他買票錢，就是不給他投票消災。

那麼，真的有「提範提，投範投」嗎？有！君不聞，1999年南投縣和平鄉鄉長選舉，某位候選人在達觀村雪山坑花了近百萬元買票，結果僅買得「一票」。(→《中國時報》1999(1.24):15)

真害，如此惡選，腐化了道德良心，混亂了社會秩序。台灣

因之墮落！
【17】
一手提錢，一手夯鎗。
Chi̍t-chhiú the̍h chîⁿ, chi̍t-chhiú giâ-chhèng.
Chi̍t-chhiu thē chîⁿ, chi̍t-chhiu giâ-chhèng.
黑道治國的進徑。

　　用來形容台灣黑道進入各級議會或國會的方法。他坐大地方
勢力之後，就要進軍議會、國會，搞個議長、利委來做斂財的護
符，而其參選方式是：買票兼恐嚇。

　　背景：這句選舉新諺，係前法務部長廖正豪先生在「黑道、
派系與財閥問題」研討會(1999.12.21)席上的言論，說：「由於部分
政府功能不彰，使黑道在社會經濟層面發生功能，最後黑道也要
選票，常是『一手拿錢，一手拿鎗』。以前如果候選人落選，都羞
得將鐵門拉下，現在是候選人落選，樁腳就要跑路。許多黑道人
士當選後，洋洋得意，黑道與政治……對國家政治影響深遠。」

　　研討會中，台大陳東升教授指出，台灣「民意代表黑道化，
也就是黑道漂白問題相當嚴重」。根據他的分析：「如果除掉北高
二市的幫派，台灣省各縣市黑道幫派中，有66.7%由幫派成員或
原生家庭親人擔任民意代表……有組織且組織力大的黑道，除了
在都市地區外，大部分都藉由選舉，取得政治影響力。」(《中時電
子報》1999/12/22/PM09:37)

　　黑道把持政壇議會一日不除，台灣一日不安，台灣一日算不
得是「民主國家」。人民在「一手提錢，一手夯鎗」之下，已經被宰
制做「恐懼的奴才」；沒有自主的、自在的選舉，算啥「民主」？

【18】

食蘇振輝的肉粽，投呂世明的票。

Chiảh So͘ Chín-hui ê bah-chàng, taû Lī Sè-bêng ê phiò.

Chiā Sō͘ Chin-hui ē bá-chàng, taū Lī Sé-bêng ē phiò.

連皮宋骨自古有。

五十二年前，彰化員林一帶的鄉親用來表達選舉運動的詭異，「食曹操米，講劉備話」(→655.29)的，處處有。

背景：1950年，彰化縣首次參與國大代表選舉，當時參選人有彰化市名人醫學博士蘇振輝和事業家呂世明，雙方都具有很好的群眾基礎，眞是勢均力敵。選戰相當激烈，但蘇陣營中有不少「蘇皮呂骨」，於是呂世明贏得艱辛的一戰。地方鄉親歸結其原因，乃是「食蘇振輝的肉粽，投呂世明的票」作祟。

【19】

坐美國船，投番仔王。

Chē Bí-kok chûn, taû Hoan-á Ông.

Chē Bi-kok chûn, taū Hoān-a Ông.

人民眼睛眞雪亮。

用來諷刺國民黨爲勝選而肆意壓迫黨外參選對手，以致該黨提名的候選人「美國船」船破坐底，而選民用同情票力捧「番仔王」，請他榮登市長寶座。

美國船：人名諧音化，李國俊也。　番仔王：林番王的俗稱。

背景：1960年，第四屆基隆市長選舉，國民黨提名該市黨主委美國船參選；對手是民社黨的番仔王。番仔王只當過二屆議員，財力也頗單薄，但以破釜沉舟的決心參選。選戰中，番仔王的海報屢遭美國船掩蓋；小學老師做調查，凡家長支持番仔王

者，其子女一律要打手心；政見發表會，輪到番仔王演講時，也會突然停電。凡此種種，引起市民反感痛恨，在投票前二個晚上，番仔王的同情者匯集萬人造勢。結果，番仔王獲得壓倒性勝利，而美國船敗得相當難看。此後，基隆鄉親用「坐美國船，投番仔王」來傳述人民擊敗不義的選舉，來宣揚第一個黨外人士當了基隆市長。❽

【20】

食國民黨，飲國民黨，票呣投國民黨。

Chiah Kok-bîn-tóng, lim Kok-bîn-tóng,
　　phiò m̄-taû hō͘ Kok-bîn-tóng.

Chiā Kok-bīn-tóng, līm Kok-bīn-tóng,
　　phiò m̄-taū hō͘ Kok-bīn-tóng.

扛著連旗反連旗。

用來形容國民黨人的「忠貞」，諷刺國民黨飼老鼠咬布袋。

背景：2000年總統大選，國民黨耗費的人力物力非常可觀，熟悉內情的黨內人士透露：「全黨投注的總統選舉經費超過150億元，為了勝選，國民黨可說是不惜成本，甚至加碼演出。」又說：

「不過，倚賴『銀彈攻勢』的國民黨這回可是慘遭滑鐵盧，不僅地方派系，樁腳群像吸血鬼般猛吸國民黨的資源，就連黨務幹部都趁機撈一筆的也大有人在；而以傳統宴客、發放走路工進行造勢的輔選作為，更令國民黨大感吃不消，因為很多扁、宋的支持者，都是扛著連旗反連旗，抱定『食國民黨，飲國民黨，票呣投國民黨』的態度」。(《自由時報》2000(5.8):4)

這句俗語所言不虛，選後，國民黨進行檢討：有黨部高幹涉

嫌歪膏的，有「連皮宋骨」的，有四百餘人違紀的，有……被檢舉的。選得亂七八糟，豈能不敗？

【21】

寧願破產，不能落選。

Lêng-goān phò-sán, put-lêng lȯk-soán.

Lēng-goān phó-sán, put-lēng lȯk-soán.

服務鄉里願破產？

　　南部某縣市立委候選人的老爸用來宣示，用盡財產也要把小犬送上國會殿堂的大決心。

　　背景：據聞2001年立委和縣市長大選，「南部某縣市有地方政治家族第二代出來參選，新人形像不差，但在買票文化盛行的選區，其老父已在基層大鳴嗆聲，『寧願破產，不能落選』，地方就盛傳，光是大樁腳的前金活動費，這個家族就已下重金，價碼是其他人的二、三倍。」(《自由時報》2001(11.26):6)

　　或問，買票眞能買到破產的程度嗎？可能。1977年，第六屆台灣省議員選舉花費榜首，八千萬元；當時，可買得一百棟以上的「透天厝」。到了1994年第十屆台灣省議員選舉，一席的正常花費，在一億五千萬至二億元之間，那是：七萬票安全票數爲準，收回率二成計，就須打點35萬票，而每票數百元的基本花費，再加上數千萬的文宣、廣告；如果「重複發給」，花費三、五億也屬可能。總之，1994年省議員選舉是耗費二、三百億的鉅大工程。怎不令人怨嘆？(→《中央日報》1994(11.25):2)如此這般，「選到破產」並非偶然。

【22】

當選過關，落選被關，在職不關。

Tòng-soán koè-koan, lȯk-soán pī-koan,

　　chaī-chit put koan.

Tōng-soán koé-koan, lȯk-soán pī-koan,

　　chaī-chit put koan.

掛帥政治代司法。

　　用來諷刺國民黨政府執政下的「政治重於司法」，不論良心犯，或白道，或黑道，一旦參選民意代表成功，就無代誌了。

　　據悉，這句俗語是1985年陳水扁先生在蓬萊島案的一年纏訟後，倉促成軍，參選台南縣長選舉提出的口號。目的在爭取二十歲到四十歲之間的選票。他這句「當選過關，落選被關」曾激起排山倒海的支持。❾

　　或問，「當選過關」眞有其事？這要看當了什麼選，鄰里長啦，鄉鎮長啦，難免一關；但縣市長，立委，也就安心「過關」了。因立委、大員有「保護傘」可逍遙，有「漂白粉」來漂黑──當局關他不合算，政治成本太高。

　　司法頹喪，政治氾濫的國家，「選擇性的執法」是常事，所以「當選過關，落選被關，在職不關」也是常事！君不見，立委施明德，爲推動總統直選而違反集會遊行法(1992)；國代陳婉眞，爲「除廢土、愛鄉土」而違反集遊法和公務(1996)；張國龍教授，爲參與罷免擁核立委而違反集遊法規(1994)，都被判拘役三十天。他們也都主動要求服刑，但都遭檢察機關拒絕。(→《自由時報》1997(12.12):5)

【23】

萬年老賊。

Bān-nî laū-chhȧt.

Bān-nî laū-chhat.

豬仔議員吸血蟲。

　　台灣人民用來譏刺國民大會代表，他們古早在中國大陸就任，撤退來台灣以後續任，無所事事，但知擴權自肥，坐領厚金，作威作福，吸取民脂民膏。

　　背景：1999年七二四「公民廢國大行動聯盟」召集人瞿海源教授，在聲明中指出：「國民大會的設計不符合民主政治的需求，國民大會原本是為人口眾多，交通落後，未具有民主政治基礎而建立的特殊制度。」又說，「國民大會平時無所事事，卻又獨攬修憲大權，國代挾權自重，無法抑制擴權欲望，背離人民和政黨的制約。國代雖定期改選，但新國代挾修憲權敲詐全民的惡習未改，其擴權要錢的行徑較老國代有過之而無不及。」

　　瞿教授又表示：「國代本來只是一個只出席臨時會議，不領薪水的民意代表，如今卻變成全民豢養的一群每月坐領十七萬，開個會要拿幾十萬的吸血蟲，還成為台灣黑金人物漂白的捷徑。」(《自由時報》1999(7.25):3)

　　最後，在全民反對聲中，國代領得一筆鉅金才不情不願的下了台。國大議長蘇南成因參與擴權延任，也被國民黨開除黨籍。自此，中華民國國民代表大會走入墳墓。

【24】

選舉前嗆大聲，選舉後攏無聽。

Soán-kí chêng chhiàng toā-siaⁿ, soán-kí aū lóng bô-thiaⁿ.

Soan-kí chêng chhiáng toā-siaⁿ, soan-kí aū long bō-thiaⁿ.

好康由我，聽啥民意？

　　用來譏刺台灣某些立委、縣市長候選人的雙重面目：選前，

口水臭彈、支票亂開；選後，罔顧民意，圖謀私利，欺騙選民。

　　台灣大小型選舉，候選人的素質參差不齊，當選者未必有啥專長，但有錢、有人就能「嗆大聲」，造大勢。屏東許思先生有一首「選舉」，生動可愛，反映著選舉亂象：

　　　　選舉到，斬雞頭；
　　　　咒詛開惡口：
　　　　買票全家死了了。
　　　　欺騙百姓面皮厚，
　　　　對著這款大賊頭，
　　　　測謊器，也失效。

　　　　像小偷，暗時到；
　　　　送到門腳口：
　　　　一批辛仔認真走，
　　　　傳單夾錢當面交，
　　　　行路費用非紅包，
　　　　最標準，政治佬。

　　　　放大炮，弄獅頭；
　　　　半暝大聲鬧：
　　　　買票成功官運到，
　　　　四年官期認真撈，
　　　　規劃建設收回扣，
　　　　膾曉食，戇大頭。❿

【25】

現代包公——包賭、包娼、包工程，包……。

Hiān-taī Pau-kong——pau-tó˙,

　　pau-chhiong, pau kang-thêng.

Hēn-taī Paū-kong——paū-tó˙,

　　paū-chhiong, paū kāng-thêng.

格局宏大包山海。

　　選民用來諷刺用錢買票的參選者，不論金牛、黑道、白道，一旦當選，都是青一色的「現代包公」，連本帶利從納稅人身上回收。

　　這句選舉諺用的是厥後式，而修辭請出「包公」來做今古對看：現代阿包，包的一盡是「私」。還有，這句俚諺是開放式的，讓說者可以繼續「包」下去：包陳情，包關說，包揭弊，包毀謗，包……。雖是「開放」式，但句型清楚可辨，成爲俗語得以流傳下來。

【26】

貓不在，鳥鼠就作怪。

Niau put-chaī, niáu-chhí chiū chok-koài.

Niau put-chaī, niau-chhí chiū chok-koài.

改革立法院的秘密武器。

　　人民用來譏刺，某些立委大人平日在媒體面前指東罵西，但在立院惡貓發飆之下，衆鼠噤若寒蟬，乖若龜鱉。據說，惡貓握有鼠輩爲非作歹的證據。

　　背景：這是一句相當詭譎的台灣政治新諺，本句係立委羅福

助的名言。當時，他代子出征，堅持其子羅明才仍有資格第三度連任召委。羅大哥因此在財委會內一人獨飆近一小時，口出「貓不在，鳥鼠就作怪！」驚世名言。又說：「立委若要吐我槽，我也會回報，因為我深知誰有買票，誰有貪污或包工程。」又說，他在立院痛毆李慶安而遭停權，也是因為他自己同意，「否則立院哪有本事叫我停權。」(→《自由時報》2001(10.5):15)

噫，誰敢相信這事發生在台灣的立法院。不過，民眾也有叫好的，認為改革立院何須「減半」，多來幾隻惡貓，鼠輩就消聲匿跡了。

【27】

做六年，關六年。

Chò la̍k-nî, koeⁿ la̍k-nî.

Chó la̍k-nî, koēⁿ la̍k-nî.

不懂貪污的縣長。

地方鄉親用來謠唸他們的縣長，懷念他忠厚古意，官場適應不良，也不會歪膏，以致於下台不久就被請入牢。

據說，這句俚諺的主角原是雲林縣第一、二屆縣長吳景徽醫師。他是地方的慈善家，稟性善良，在地方人士慫恿下，棄醫從政。就在他縣長下台後不久，發生土庫大橋幣案，從此官司纏身，終以貪污罪名處刑六年。吳醫師是個好縣長，為其清白，變盡祖產來平反，結果大財主變得家貧如洗，又未得平反。鄉親不忍，唸道：「做六年，關六年，富家子弟變成流浪漢，天公無目睭，好人無好尾。」❶

【28】

許榮淑輸張子源二票：買票佮作票。

Khó˙ Êng-siok su Tiuⁿ Chú-goân nñg phiò:

　　bé-phiò kap chò-phiò.

Kho˙ Ēng-siok sū Tiūⁿ Chu-goân nñg phiò:

　　be-phiò kap chó-phiò.

賄選作弊贏選舉。

　　選民用來譏刺國民黨政府的選舉技倆：用「通庫」的錢財買票，用國家的行政資源來作票。

　　1985年，許榮淑女士參加台中市長選舉，每場政見會都是人山人海，眞是民氣發飆。選舉前夕，一般民眾咸信許女士一定勝選，但國民黨用買票和作票選使張子源當選。人民覺得無奈，流傳這句選諺來「紀念」國民黨的魔術表演大會。**⓬**

【29】

葬儀社愛人死，柱仔腳愛選舉。

Chòng-gî-siā aì lâng sí, thiāu-á-kha aì soán-kí.

Chóng-gī-siā aí lāng sí, thiau-a-kha aí soán-kí.

選舉財對天跌落來。

　　民間用來諷刺「柱仔腳」，刺他最喜歡選舉，因爲他包攬買票，他經辦選舉活動的開銷，他從中撈錢，他知道賄選臭錢見不得光，暗來暗去，暗入他的私庫。

　　從修辭式看，這句是起興格。興句衝破民間禁忌，嚷什麼「葬儀社愛人死」，說的雖頗實在，但商業廣告不是可以這樣嚷的。但她的修辭是成功的，極能引起趣味和期待來聽她的第二分句，「柱仔腳愛選舉」。

　　哀哉，豈只一般「柱仔腳」興選舉，「掛牌的」大柱仔腳，政黨高幹，更是激烈哈選：選勝，功臣自有高位酬庸；就是敗選，黑

金多多有，加減貪也算是柱仔腳的傭金吧。君不聞，2000年總統大選，國民黨的北部某縣市黨部主委，涉嫌挪用近千萬元進入「私庫」。國民黨中央掌握相當的事證，說一定要開刀。(→《自由時報》2000(5.8):4)

　　噫，國民黨大黨大量嘛，高幹A十數億元，可以為了政治利益而不予計較；小主委歪膏區區千萬元，照樣可以商量商量。要開啥刀？罔講罔講的了！不信，等著瞧。

【30】

政客的天堂，選民的地獄。

Chèng-kheh ê thian-tông, soán-bîn ê tē-ge̍k.

Chéng-kheh ē thēn-tông, soan-bîn ē tē-ge̍k.

我心所欲盡在選舉。

　　用來譏刺台灣的政客，刺他們惡用人民託付的權力來圖謀自己的利益，他們無法無天，搞得社會一片不安，人民痛苦如在地獄。

　　背景：按名政論家金恆煒先生的評論，我們可看到這句政治諺語的某種背景。他說：「……台灣是政客的天堂，政治圈，無論是國會議員或政務官，基本上就可享用各種各樣的權力。儘管朝野各黨充滿了『鬥爭』的言論與行動，可是只要一涉及『共同利益』，馬上可以棄『小異』而求『大同』……反正，千里為官，大家互相幫襯。……[例如]『政務官』竟然可以有『退休金』，這個法案既不合理又不正當，又一次彰顯『做官』就是『發財』的『鐵律』。……台灣的政治就是由『自肥』、『分贓』譜成的交響曲。」(《自由時報》1997(12.26):4)

　　如此，台灣不必勞煩中國飛彈來製造地獄，台灣內部的政

客、利委，就已經急忙地製造了。當然，台灣人不願意活在「地獄」也是有辦法：用選票來制裁啊！

【31】

要伊死，就勸伊去選舉。

Aì i sí, chiū khìg i khì soán-kí.

Aí ī sí, chiū khńg ī khí soán-kí.

炒選抬轎催命鬼。

用來嘲諷和警告，提醒人千萬不可聽任慫恿來參選民代，那是要花無數孫中山的，還得冒名利兩失，財散人亡之險。

本句，修辭式是誇張，將「鼓勵選舉」和「要伊死」等同起來，真能營造「危言聳聽」的氣氛。

其實，這句諺語確切反映著台灣選舉現實，並非空穴來風。君不見，多少參選人要不是「通庫」者，就是角頭黑道，就是黑金，就是金牛，否則哪怕是個大富豪，也難逃傾家蕩產惡運。為什麼？台灣選舉是一種花錢的大拚鬥，炒得全國比「羅天大醮」（→332.05）還熱鬧，規模更是無比龐大。難怪，選總統要數百億，選立委縣市長，數億起跳。⓭

比之外國如何？以德國為例，筆者在德多年，寓居都市，看過一些大小選舉，但印象可用「冷冷淡淡」四字盡述：德國人選舉有不少政策性的說明會，但沒有台灣那種政見大拚場，大造勢。德國人在大廣場搭些帳篷，擺些文宣，令人自由取閱，看來單調，宛如論文；哪像台灣的選舉文宣，有造謠、毀謗、烏龍、八掛、扒糞、抹黑、塗黃，等等，驚死人的文字盡展。德國人的宣傳會場有音樂，但沒有台灣的熱舞。德國人的選舉演講會備有咖啡、啤酒、甜點、三明治，但吃喝者付錢；哪有像我們台灣的選

舉流水席，吃山吃海，吃暝吃日，吃崩了玉山。

　　稀微啦！德國選舉沒有千萬人上街造勢大遊行，偶而看到的是貌不驚人的小宣傳車；哪像我們台灣有巡迴不停的無數輛宣傳大車，有遊覽車，有戰車，又有鎮暴車。德國人不懂啥柱仔腳，也不懂啥走路工，沒有L帽P帽可戴，沒有綠紅夾克可穿，沒有集體觀光遊覽，沒有「有的無的」招待。唉，台灣人說，德國人真小氣，不會辦選舉！也許，就是國會大選，其熱鬧度都遠遜於咱台灣私立幼稚園的運動會。

　　然而，德國報紙、雜誌、電視，對於參選人的政黨的政策性論說、評論、探討，何等豐富、深入、客觀；這是咱台灣人瞧不起的吧？今年德國大選，兩黨黨魁上電視辯論，辯的是攸關人民大事，社會問題，外交政策；哪像我們台灣的那麼「有趣」，有扒糞，有抹黑，有抓黃，有叩應，有替敵國恐嚇自己的選民。

　　怎樣？台灣選舉萬歲？當知，台灣的參選人和全體選民，其生命力、經濟力、政治關懷，國家認同，都受到有形無形的傷害，耗費、破壞和扭曲。長此下去，參加台灣選舉，無死也半條命！

【32】

三年一小選，五年一大選。

Saⁿ-nî chi̍t sió-soán, gō͘-nî chi̍t toā-soán.

Saⁿ-nî chi̍t sio-soán, gō͘-nî chi̍t toā-soán.

愛台灣乎，賣台灣？

　　台灣人用來嘆息，眼見大小選舉不可勝計，參選人、助選者口水亂噴，處處喧嘩，人人競爭，鬧得雞犬不寧。而這一切宛如炮陣，爆炸後留下一堆可惡的垃圾和煙硝臭味。

　　台灣是選舉多多有的國家，有時年年選、隔年選，而一定有的是「三年一小選，五年一大選」。此時，整個台灣爲之震動，政治、經濟、社會、軍公敎、各行業無不投入，耗費無數財力人力。雖然政治自由化因之進步，但國家的政治、社會的秩序、人民的幸福，並沒有什麼進步。

　　不過，在選舉活動中，「台灣」的地位再次浮現，她被講說，被當做愛的偉大對象。最奇怪的是，平時輕視她，遺棄她，蹂躪她，迫害她，想出賣她的歹徒，到了選舉，都成爲熱愛台灣的天使、聖徒。

　　這樣的話，三、五年的大小選，豈不太少？多選多愛台灣嘛！別太天眞了，人家「愛台灣」是選舉口號，是騙台灣人選票的「違心論」。君不見，舊威權體制下的人士，重建集團，企圖重掌政權，要來「佔有」台灣，出賣台灣。

　　此外，多選多傷感情，多選多分裂社會和諧。每一次台灣的大小選舉，都是集體的，深仇大恨的戰鬥，非鬥得兩敗死傷慘重不可。而勝選的，還得「有恩報恩」，將大位肥缺酬庸功臣；那敗選的，臥薪嚐膽，伺機復仇，永遠敵對。

　　選舉是建國的必要，也可能是亡國的殺手！台灣人要如何做好選舉？

【33】

贏了選舉，失了台灣。

Iâⁿ-liáu soán-kí, sit-liáu Taî-oân.

Iâⁿ-liau soán-kí, sit-liáu Taī-oân.

用絕手段失民心。

　　給認同台灣，「台灣第一」的政黨和選民做警言，也用做挑

戰。說的是，絕對不可爲了勝選而不擇手段，否則失落民心，也就失了台灣。

　　這句選舉諺，可能源自史明先生的言論。葉博文先生在「永遠的革命者——史明」說：「[史明]他從豐富的生命歷程中，曾留下：『民主是內政問題，而民族解放是一個國際問題！』的見解。讀他充滿前瞻性的警語，感受雖政權輪替後，台灣人終有機會做自己的主人，但台灣國家的建構與認同仍然混淆不清，正反映了這樣的警語。台灣問題在內，不在外，台灣社會必須注意避免『贏了選舉，失了台灣』……」(葉博文，《自由時報》2001(11.7):15)

　　誰信人民的眼睛是雪亮的？爲什麼無數台灣人選了黑道、灰道、黃道、三八道，看好大哥、小妹、黑牛、黑金，興趣臭彈仙、鷄規仙，迷戀英俊小生、統戰推手、唱衰台灣哭女。如此選出的政治人物，會不會像趙伯軍先生「贈陳文茜」所吟的：

> 民主政治至今日，
> 只有暴力和民怨；
> 政治人物再不醒，
> 同歸於盡在台灣。(《自由時報》2001(12.14):15)

　　無法度嗎？什麼樣的選民選什麼樣的代表。台灣人的奴才性格尚未超生，選舉文化尚未清淨。怎麼辦？

注釋

1. 這只是浮現領袖，成立派系的根由，後來繼續發展成新舊兩派，就不在話下了。(詳看，周榮杰，「選舉與諺語(上)」《台灣風物》(1991年41卷2期)，頁95-96)

2. 魏錦源先生原詩生動可喜；為一致本書的台灣漢字，未得魏先生同意，更動了下列數處，請先生諒解。我們舉出原詩用詞，以供讀友欣賞原文：「口才勢」原文用「敖」；「名嘴濟」原「齊」；「歪膏蝕斜」原「歪哥飼斜」；「慧癮頭」原「憨愿頭」；「愛互朝」原「愛互條」；「毋通投」原「未使投」；「報應不爽隨時到」原「報應不貪耗」。(見，魏錦源，「買票賣票」《自由時報》1997(11.13):11)

3. 詳看，周榮杰，上引書(中)，頁82。

4. 陳隆志博士又提出六點「共同努力」：一、堅定台灣是一個主權獨立國家的信念。凡認同台灣是自己的國家的人，都是台灣人。二、台灣的前途由台灣人民來正名決定。三、制定一部以台灣為中心的新憲法。四、成為聯合國的新會員。五、與中國保持平等互惠、共存共榮的和平友好關係。六、……要與世界各國和平相處，友好合作，貢獻人類……。(見，陳隆志，「為『台獨』解『毒』」《自由時報》2002(3.20):15)

5. 詳看，周榮杰，上引書(下)，頁91-92。

6. 詳看，同上引(上)，頁104-105。

7. 詳看，同上引(中)，頁76-77。

8. 詳看，同上引(上)，頁99。

9. 詳看，同上引(中)，頁77。

10. 原詩沒有標點，取三、五、七字一行形式，為省篇幅，做成現式，又「政治佬」原詩作「政治撈」。這些改變，請許思先生諒解。(許思，「選舉」《自由時報》1997 (11.2):23)

11. 詳看，周榮杰，上引書(中)，頁79-80。

12. 詳看，同上引(中)，頁74-75。

13. 邱垂亮教授說他的澳洲選舉經驗，說：「選一個市議員只花三、四十萬

新台幣即可；選一個州議員只花八、九十萬新台幣就打發了；選一個聯邦議員，也只須花上一、二百萬新台幣就足夠。」又說，他「在澳洲三十年，看過無數大小選舉，從來沒有看過給帽子、夾克、原子筆、手錶……」(《自由時報》2001(10.16) :15)

第六節 獨立新國家

本節段落：

大陸逃城01-04 蕩亂抗暴05-10 台灣新國11-16

【01】
反清復明。

Hoán Chheng hȯk Bêng.

Hoan Chheng hȯk Bêng.

反攻大陸。

舊時，明鄭政府用來做政戰口號，對隨衆、軍人、台灣人，以及大清帝國宣示他要反攻大陸，消滅清國，恢復明國。

背景：明崇禎十七年(1644)李自成破京師，明帝自縊，由繼承人福王接位於南京；一年後南京陷落，福王被殺。其後，鄭芝龍擁唐王聿鍵於福州，爲隆武帝；二年後，隆武帝被捕，絕食而死。於是鄭芝龍降清，但被押解北京，鄭家被清兵劫掠，鄭夫人切腹自殺。這時鄭成功在金門招軍買馬，回到福建安平老家時，見國破家亡，悲憤填膺，發誓反清復明。

鄭成功在順治三年(1646)，二十三歲時，從安平帶著親信至廈門鼓浪嶼，並招得數千士兵，開始訓練，準備作戰。四年後(1650)鄭軍攻佔金門廈門兩島，軍力大增，兵士有四萬多。此後七年(1651-1658)鄭軍在大陸沿海一帶打過不少仗，使滿清窮於應付，但談不上是中興事業。此時，有陳永華等謀士投入，軍隊繼續壯大，到了1658年，軍兵已有二十餘萬。

　　隔年(1659)，鄭成功帶著大軍進攻南京，勢如破竹，破城在即。此時清國守城將軍求情寬待三十日再戰；鄭成功輕敵，答應所請。清軍利用休戰時，突擊出城。鄭軍應付不及，大將紛紛陣亡，部隊損失三分之二以上。鄭成功只好帶著敗軍殘兵，退回金廈二島。二年後(1661.4.30)鄭成功攻下台灣，繼續「反清復明」。他在台灣僅僅一年又一個月多(1662.5.8)而含恨逝世。❶

【02】

十年生聚，十年教訓。

Si̍p-liân seng-chū, si̍p-liân kaù-hùn.

Si̍p-lên sēng-chū, si̍p-lên kaú-hùn.

準備內戰的標語。

　　從中國逃難來台灣的政權，前有鄭成功，後有蔣介石，曾用這句話做標語來統治百姓，訓練軍隊，準備「反攻大陸」。

　　這是一句非常古老的諺語，見於《左傳哀元年》：「越十年生聚，而十年教訓，二十年之外，吳其為沼乎。」

　　生：增加人口，以豐富兵源。　聚：積蓄財富物資，以裕軍需補給。　教訓：教育人民，訓練軍隊。

　　台灣人對這句諺語應該很熟悉才對，因為她在台灣歷史留下深刻傷痕：

　　先是，明永曆十四年(1660)，鄭成功反攻大陸失敗，進退兩難時，有荷蘭翻譯官何斌前來勸誘鄭成功攻台。他說：「台灣沃野千里，雞籠淡水硝磺有焉，其地橫絕大海，肆通外國，耕種可以足食……移諸鎮兵士眷口其間，十年生聚，十年教養，而國可富，兵可強，進攻退守，足與中國爭衡也。」鄭成功覺得有理，於是興兵攻台灣。驅逐荷蘭人(1661.4.30)，以台灣為「十年生

聚,十年教訓」的反攻大陸基地。❷

其次,1949年國軍敗給共軍,中國大陸全面告急,於是國民政府在十二月七日遷來台北,接著蔣介石也從上海逃來台灣。蔣介石來台灣前後,據說有二百萬難民逃難來台灣,其中軍人有五十萬之眾。1950年三月一日蔣介石在台北復職,保證要「一年準備,二年反攻,三年掃蕩,四年成功」。蔣介石在台灣進行「十年生聚,十年教訓」——近年來,蔣介石系的軍政大員,卻紛紛走叩北京,踴躍做中國吞噬台灣的馬前卒。

可嘆的是,鄭成功和蔣介石的「生聚教訓」,就是把台灣建設成練兵基地,台灣人要為「反攻大陸」生男育女,打拚經濟,積聚財富,來「建設中國」。如此「生聚教訓」,直到今天仍餘波盪漾。

【03】

頭戴人的天,腳踏人的地。

Thaû tì lâng--ê thiⁿ, kha tȧh lâng--ê tē.

Thaû tí lāng--ē thiⁿ, kha tā lāng--ē tē.

他人天地奈他何?

被外來政權統治的台灣人用來怨嘆,明明是土生土長,本地的主人,卻淪為入侵者的奴才來苟延殘喘。

這是一句相當沈重的借喻,用「人的天…人的地」來指喻寄身於別人的天地,生活在非我族類的世界。

人的:別人的(事物)。 天…地:表象詞,泛指社會、世界、文化系統、政治體制等等,而不指自然「天地」;自然的天地,是天賦的,沒有「人的」、「我的」這回事。

【04】

清朝錢,明朝進士。

Chheng-tiâu chîⁿ, Bêng-tiâu chìn-sū.

Chhēng-tiâu chîⁿ, Bēng-tiâu chín-sū.

虛幻價值vs.市場價值。

　　清國據台時期，台灣先人用來表達兩種價值：道統在明而不在清；現實價值，錢財、貨幣，在清而不在明。

　　這句老諺的修辭式是借代，用「清朝錢」和「明朝進士」來指謂兩種不同的價值。❸

　　諸位讀友，看了這句俗語有什麼感想？她是否反映著台灣老先人被扭曲的價值觀？「明朝」，那個未曾經驗的，存在於宣傳的、虛幻的、過去的政制文化是價值所在；而「清朝」的價值卻是現實的、不可抗拒的雪花銀，它可買官來搞，它可辦生，也可辦死(→613.15*)。眞不幸，台灣人在這種惡質的中國文化的泥淖中打滾，久久不得出頭天。

　　小檔案：台灣第一位進士是新竹的鄭用錫。父鄭崇和，十九歲時由金門移民來台，卜居於後龍，乾隆五十三年(1788) 用錫誕生。用錫幼時隨父課讀，嘉慶十五年(1810)二十三歲時，中了秀才。那時，鄭父高興之餘，用所有積蓄在新竹北門口的水田中蓋了一所家園，供用錫專心讀書，準備鄉試。嘉慶二十一年(1816)，去福建參加鄉試落第；三年後再試，中了第七十二名舉人。又五年，道光三年(1823)赴北京殿試，進士及第。

　　鄭進士曾供職京都，覺得官場腐化，難以適應，於道光十七年(1837)，四十九歲時，藉母親年邁告假還鄉。隔年，爲榮祖耀宗，在讀書之地建了「進士第」：今新竹市北門街，爲我國的三級古蹟。此外，又建了「鄭氏家廟」，爲新竹第一祠堂。(→《中央日報》1995(1.25):8)

【05】

三年一小亂，五年一大亂。

Saⁿ-nî chi̍t sió-loān, gō͘-nî chi̍t toā-loān.

Sāⁿ-nî chi̍t sio-loān, gō͘-nî chi̍t toā-loān.

反清抗暴大家來。

清國官僚用來譏刺台灣人，說他們是桀驁不馴，不守王法，滿身逆鱗，動輒造反作亂的人民。

這是台灣歷史名諺，反映著清國據台212年間(1683-1895)台灣社會動亂不安的現象。語見，徐宗幹，「請籌議積儲」《斯末信齋文集》。

清國據台年間，發生過四十二次民變，二十八次械鬥，所以說「三年一小亂，五年一大亂」一點也不爲過。爲什麼如此多亂？比較根本的原因約有：

一、人口暴增，民不聊生：台灣反亂最多的時期是自乾隆四十七年到同治六年(1782-1867)的八十六年間：民變有33次，械鬥26次，平均1.46年發生一次動亂。而這時期，台灣的人口由明鄭時的20萬漢人暴增到250萬。這麼多的食指，在農產不足之下，豈能不亂？按1764年文獻：「近年以來，生齒日繁，山窮樵採，澤竭罟網，物力甚黜，用度益肆。」❹

二、政治腐敗，貪官污吏：清國掠奪台灣豐富的資源，礦產、糖米、硫磺、樟腦等運往唐山。地方官貪污枉法，中國各省「極壞」的官吏都集合在台灣。道光年間(1821-1850)分巡台灣兵備道徐宗幹說：「各省吏治之壞，至閩而極；閩中吏治之壞，至台而極。」(「治台必告錄」，《斯末信齋文集》)有同治五年(1866)左宗棠奏摺爲證：

> 台灣物產素饒，官斯土者，惟務收取陋規，以飽私橐。縣廳有收至二萬餘兩[銀]者。台道除收受節壽禮外，洋藥、樟腦規費，概籠入己。知府於節壽外，專據鹽利。武營以虧挪爲固然，恬不爲怪。❺

面對清國文武百官集體大貪污，台灣人迫不得已，造反了。台灣人的「逆鱗」是清政府的傑作——1947年的二二八事件，不是這樣嗎？

三、羅漢嫖賭，摸竊作亂：唐山接觸台灣後，最悲慘的罪過是製造出世界獨一的「羅漢腳」社會。什麼是羅漢腳？他們是從唐山來台灣謀生，出了狀況，不務正業的單身男人。《噶瑪蘭廳志》如此描寫：

> 台灣有一種無田宅，無妻子，不士，不農，不工，不賈，不負載道路者，俗指爲羅漢腳；嫖賭摸竊，械鬥樹旗無所不爲。……單身遊食四方，隨處結黨……且衫褲不全，赤腳終生。❻

羅漢腳現象的背後，就是無人道的政策。清國禁止婦女來台，家眷留在唐山爲人質，以防勾結鄭匪餘孽圖謀造反。雖然自從台灣有唐山人開始就有羅漢腳，但到了清國據台，羅漢腳已經是一大座活火山。1727年閩浙總督高其倬奏摺提到，「台灣府所屬四縣中，台灣一縣皆係古來駐台之人，原有妻眷；諸羅、鳳山、彰化三縣，皆新住之民，全無妻子。」北台灣的情形也是如

此。❻羅漢腳無所事事，也無所顧忌，爲害社會如食淸飯。

此外，論者認爲反亂的原因還有「反淸復明思想」，「反對苛課重稅」，「淸國輕視台灣住民」等等。總之，「三年小反，五年大亂」乃是淸國的政治、文化腐敗墮落的必然結果——怪哉，如此敗壞的「祖國」猶爲抗日志士所戀慕？

【06】

食要走番仔反。

Chiah beh chaú hoan-á-hoán.

Chiā bé chau hoān-a-hoán.

食食食，食飽逃命。

舊時，老母用來責備吃相難看的孩子，罵他飯吃得快又多，好像要走反逃命。

原來這句俚諺反映的是台灣先人「走反」的歷史。趕快食飽，才有氣力來逃命，避海賊、走民變、閃械鬥，等等，都得盡快結束飲食來跑路求生。

同類語有：「食要走大目降」；「食頓飯，走七遍」。前者，指趕快逃避大目降社變亂；後者，形容馬祖人時時有海盜侵犯，連吃頓飯都不得安穩。

（本句另解，參看422.57）

【07】

三日拍到府，一暝溜到厝。

Saⁿ-jit phah kaù Hú, chit-mî liu kaù chhù.

Sāⁿ-jit phá kaú Hú, chit-mî liū kaú chhù.

反淸復明鴨母王。

舊時，民間用來流傳朱一貴反淸的故事，說他率領台灣義勇

軍抗清，很快就攻陷台南府城，但也很快就被擊敗逃亡。

　　這句俚諺的修辭式用的是對偶反對格：誇張地用「三日」、「一暝」形容進攻敗退，變化至速；「拍到府」和「溜到厝」，對出起義勇軍的勝敗結果。

　　三日…一暝：喻指短短的幾天之內。　　拍：（用武器、空手）攻打。　　府：台南府城。　　溜：溜渲，落跑。　　厝：住宅，住家。

　　背景：這句名諺的主角是朱一貴，他在明鄭滅亡後，由唐山來台任低級衙役，不久被革職，而移居羅漢門(高雄縣內門鄉)，以養鴨爲業。一貴爲人豪爽好客，每每宰鴨煮酒，痛談反清扶明，深得草莽英雄的尊重。鄉人看一貴有驅鴨成戰陣之能，驚爲「眞命天子」下凡養鴨，也就稱他做「鴨母王」。

　　康熙六十(1721)年三月，檳榔林(屏東內埔鄉義亭村)杜君英招集十六位好友，唱戲拜把，詭稱朱一貴在內。遠近因此轟動，鳳山縣令聞訊前來緝拿「匪徒」；有二百餘良民被處決。逃離者前來投靠朱一貴，慫恿他起義，並共推他爲盟首。在四月十九日起義。

　　義軍很快就聚得農民軍四萬人，竹篙鬥菜刀，一路攻來，勢如破竹。五月一日攻陷台灣府城，勝利如火燎原，很快就光復全台灣。五月五日一貴在台南天后宮登上王位，稱「中興王」，號「永和」，分封諸將，成立政府，宣告恢復明國制度，並向世界發表文告，成爲略具形式的台灣第一個政權。

　　然而，一貴分權不均，大功臣杜君英深感不滿，與客籍同志反抗他，關係惡化而發生閩粵慘烈的「內戰」。此時，清軍從大陸趕來，迅速攻克府城，進擊義軍。六月二十八日夜，一貴及其主將逃亡到溝仔尾(嘉義縣)，鄉民殺牛備酒款待，至深夜，一貴等被鄉丁擒住獻官。一干義士被解送北京分屍，親族連坐而死；杜

君英等因爲就撫，賜以斬頭。餘黨繼續打游擊，前後三年才告平定。❽

此事，民間又有謠諺流傳著：「頭戴明朝帽，身穿淸朝衣，五月改永和，六月還康熙。」

【08】

順續，攻彰化。

Sūn soà, kong Chiong-hoà.

Sūn soà, kōng Chiōng-hoà.

一路攻來殺無赦。

原指順道而取，雖然不是原來攻擊的目標。後來引申做，忽然心血來潮，順路來訪，順道觀光覽勝。

背景：這句是舊時流行在彰化一帶的俚諺，句裏的主角是戴潮春。戴氏字萬春，彰化四張犁(今台中市北屯區)人，家境富裕，曾爲北路協署低級文員。咸豐十一年(1861)戴氏因拒絕向上司北路協副將夏汝賢行賄而遭革職。此後，戴潮春積極經營八卦會；不久會勢強大，有幾萬黨徒，名聲震天。

同治元年(1862)三月，分巡台灣兵備道孔昭慈認爲情勢堪虞，於是來到彰化將會黨總理處決，並會同北路協副將帶兵駐紮東大墩(今台中市東區)，準備剿滅八卦會。在此情況下，八卦會黨徒擁戴戴潮春爲首起義。會黨先攻下東大墩，然後回過來「順續」攻打彰化城，於三月十九日破城。

城破之後，會黨用鼓吹隊迎戴潮春。但見他頭戴黃巾，身穿黃袍馬掛，前呼後擁騎馬進入彰化城，自封爲大元帥；宣示百姓恢復蓄髮等明國規制。此時，淸國剿伐大軍開始反攻，會黨屢戰屢敗，戴潮春終於十二月二十一日自首，被斬於市。但戴氏部屬

繼續抗清，直到同治六年(1867)才告平息。這是「台灣第三大革命」。❾

【09】

竹篙鬥菜刀。

Tek-ko taù chhaì-to.

Tek-ko taú chhaí-to.

抗暴軍團的武器。

舊時，台灣老先人用來表達知其不可爲而爲之的反抗暴政、暴軍，或抵禦亂賊的武器。

這句俚諺表象生動地形容義軍裝備的薄弱，暗示著敵方的武器精良，火力強大，可預知的結果是犧牲慘重，沒有勝算的戰鬥。

竹篙鬥菜刀：曬衣物的竹桿子綁上老母切菜的鈍刀。

看到這句俚諺請別說是「諏古」，君不見，史上台灣人抗荷、抗清、抗日、抗國府軍，都只有「竹篙鬥菜刀」一般的用具，所憑藉的實在是怨恨邪惡的義氣，以及獻身保護鄉土百姓的大愛。

一八九五年十一月，日軍已經攻佔南台灣，「台灣民主國」的總統一干人早已經落跑唐山，但屏東「六堆」還有台灣義勇軍繼續爲「台灣獨立」而英勇作戰。他們只有幾根古老的火槍，大多是「竹篙鬥菜刀」。而日軍有的是現代化猛烈的野砲、機槍等火力強大的武器。如此，全庄被日軍野砲攻擊，在三小時內化爲「火燒庄」。

後來，六堆義勇軍幹部邱鳳揚等人被俘。日軍審問，有此記錄：

為什麼要抗拒日軍？

我們只知有祖國不知有日本。

清廷已將台灣割讓給日本，你們不知道麼？

未接我政府當局諭知，所以不能服從日本。

現在為什麼不再抵抗？

兵器彈藥缺乏了，不得不停。

還想戰麼？

我們有的是勇氣，也有的是人……可憾心有餘而力不足。❿

啊，「竹篙鬥菜刀」要爭的，要戰的是什麼？難道不知，武力單薄不堪一戰？「竹篙鬥菜刀」者，義戰也。傅錫祺詩吟道：

一場春夢去無痕，
畫虎人爭日笑存；
終是亞洲民主國，
前賢成敗莫輕論。⓫

讚，好一場「亞洲民主國」爭戰，成敗有種種條件，對於台灣義勇男女，敬愛都來不及，豈敢輕論？

【10】

余清芳害死王爺公，王爺公無保庇，
　害死蘇有志。

Î Chheng-hong haī-sí Ông-iâ-kong,

　Ông-iâ-kong bô pó-pì, haī-sí Soˑ Iú-chì.

Î Chhēng-hong haī-sí Ōng-iā-kong,

　Ōng-iā-kong bō po-pì, haī-si Sō˙ Iu-chì.

弟子神明相剏治。

　　用來敘述台灣人抗日的余清芳事件失敗，調侃地說，弟子和
王爺公互動不良，以致於事敗彼此受傷慘重。

　　這句是台灣的重要史諺，廣泛流傳在中南部民間，頗能一語
點出受害之慘重，連那「代天巡狩」的王爺公都成爲被害者。一般
用簡單句：「王爺公無保庇，害死蘇有志。」

　　*余清芳：台南市人(1879-1915)，曾任台南廳巡查補，後任保險
業務員，爲人成性豪爽，喜交遊，反日意識堅強。因讀書多，在西來
庵解佛字，因此結識蘇有志等抗日同志。　害死王爺公：王爺，瘟
神，西來庵的王爺是「五靈公五福大帝」，由福州分火來台南。因爲余
清芳以「西來庵」王爺廟爲策反基地，事敗廟被拆，王爺神像被燒
毀。　蘇有志：大目降(台南縣新化)名人，遷居台南，曾任台南廳參
事，台南西來庵董事，因資助余清芳抗日而殉難。　西來庵：原址在
台南東坊亭仔腳，今台南市靑年路123號；現在，該庵於台南市正興
街27號。*

　　背景：大正四年(1915)，日本據台二十年後發生最大規模的
抗日事件。這就是本句俗諺所要傳述的「西來庵事件」，或稱爲
「余清芳事件」，「噍吧哖事件」──那是按策謀的地點、主謀者、
主要戰場來說的。

　　西來庵事件主要的領導者是余清芳、羅俊和江定；羅俊行醫
江湖和看風水爲業，而江定則是殺日警的逃犯。余負責南部，羅
北部，以西來庵建醮名義募捐，招募同志。神符是其黨證，翻日
本政府爲其口號，以眞主、神仙降世等謠言來宣告日本必亡。此
外又宣傳擁有：刀槍不入避彈法，變樹木爲兵馬法，出劍三分斬

三萬人的寶劍法。如此宣傳，獲得許多黨員。

余清芳籌謀成熟，自稱「大明慈悲國大元帥」，在黨員出入多的地方宣示文告——其內容被日警臭罵做「夜郎自大的誇大妄想狂」。抄幾句來看：

> 大明慈悲國奉旨本台徵伐天下大元帥余，示三百萬民知悉。……今古中華主國，四夷臣卿……豈意日本小邦倭賊，背主欺君……侵犯疆土……今我中國南陵，天生明聖之君，英賢之臣，文有經天濟世之才，武有安邦定國之志……。

> 聖神仙佛，下凡傳道，門徒萬千，變化無窮。今年……倭賊到台二十有年已滿，氣數爲終，天地不容，神人共怒……本帥奉天，舉義討賊，興兵伐罪……救群生之生命，天兵到處，望風歸順，倒戈投降……倘若抗拒，沈迷不悟，王師降臨，不分玉石，勿貽後悔……。

> 本師率引六軍，戰將如雲，謀臣如雨，南連北越，北盡三河，鐵騎成群……班聲動而北風起，劍氣沖而南斗平；長鳴則山岳崩頹，叱吒則風雲變色。以此剿敵，何敢不摧？以此圖功，何功不克？但願你等萬民細思……望你等良民，聽從訓示……奮勇爭先，盡忠報國，恢復台灣，論功行賞……爾等萬民，各宜凜遵而行，勿違於天，特示。

到了五月，謀反事洩，余清芳和羅俊等，逃奔到江定的山中根據地，未及逃亡的，被警察逮捕。到了七月以後，革命軍開始在活動，範圍頗廣：北到台中，東到阿里山，南到下淡水溪，西到西海岸；在此一帶打游擊，攻擊日本政府支廳。八月十五，革

命軍發動最大規模戰鬥，攻擊噍吧哖支廳。但見革命軍赤身帶符，衝向日軍的機槍大炮，紛紛化做炮灰；死傷無數，被捕也不計其數。余、羅、江等，見大勢已去，紛紛遁入深山。

到了第二年五月，革命軍領袖被捕的被捕，誘降的誘降。日政府計捕得涉案者1957人；死刑866人；徒刑十五年18人，十二年63人，九年372人。無罪86人。可說是空前大審，日本國內紛紛責難，不久逢大正天皇登極大赦，除95人已執死刑外，減爲無期徒刑，但江定等37人仍判死刑。❷此外，日軍到處施行報復性殺戮，無數良民被殺，噍吧哖百姓犧牲無數。

這是日本領台最後一次武裝抗日，台灣人由此認識到武鬥無能爲力，於是一群愛台灣的知識分子，轉型做政治控訴，以及文化宣傳。

【11】

黃虎生在太平洋，未升天牙癢癢。

 N̂g-hó͘ siⁿ-tī Thaì-pêng-iûⁿ, boē seng-thian gê chiūⁿ-chiūⁿ.

Ng-hó͘ sīⁿ-tī Thaí-pēng-iûⁿ, boē sēng-then gê chiūⁿ-chiūⁿ.

建國未成，繼續奮鬥。

台灣民主國人，用來表達建國失敗的哀怨，也用來鼓勵台灣後生，要繼續奮鬥，務必在太平洋升起台灣民主國的國旗。

本句修辭格用的是借代，以「黃虎」代台灣民主國國旗：藍底黃虎。我們看到的「黃虎」大頭大面，兩隻大圓眼睛，緊閉著一口「王」字嘴巴；牠是一隻天眞無邪、不知天高地厚、散步在雲彩上的少年虎，看來非常快樂又可愛。同義句有：「黃虎跳落太平洋，未升天牙癢癢。」

未升天：尚未出頭天，藍底黃虎成不了國旗，也見不得國民、國

際。　**牙癢癢**：*志不得伸，虎心有恨，所以虎牙相咬悽切*。　　**跳落太平洋**：*沒有希望了，從此沈沒洋海；比「虎落平陽」更悽慘*。

日清戰爭，清國大敗求和。日本提出停戰條件，其中第二條就是「台灣全島及其所屬各島嶼，永遠割讓給日本國」。這就是光緒二十一年(1895)清國出賣台灣的「馬關條約」，從本年六月二日起，台灣成爲日本的國土。

此時，台灣士紳不滿台灣人被所謂「祖國」出賣，以「割地時紳民不服」爲理由，由進士丘逢甲率台北紳民百餘人，扶著「台灣民主國總統之印」去叩請唐景崧就任台灣民主國總統；大將、內務、外務、軍務等等大臣，台灣、台北、台南知府等等，重要官員齊備。五月二十五日唐景崧總統向世界宣告獨立，各部門大員宣誓就職。

當然，台灣民主國有「重要」文告向世界宣傳：有「獨立宣言」，有「抗日死守台灣檄文」，有「誓死討伐賣台賊臣文」等等。此時台灣的兵力也有：前清正規軍三萬五千，台灣子弟義勇軍十萬。

台灣民主國誕生後四日(5.29)，日軍從澳底登陸，台灣的正規軍不堪一戰，基隆失陷，台北告急。唐總統驚惶萬分，棄總統大印，帶著清國巡撫小印，奔走淡水，溜回唐山。相傳，他萬分無奈「被迫」當了十天總統。隨之，丘逢甲；最後，有劉永福，一干清國大官都逃回唐山去了。

如此，從光緒二十一年(1895)，舊曆五月二日(陽曆五二五)唐總統就任時算起，至九月二日劉永福從安平逃回廈門止，台灣民主國只有五個月壽命而已。❸但此後直到光緒二十八年(1902)林少貓事件止，斷斷續續有台灣人竹篙鬥菜刀的抗日。雖然台灣人

「獨立」和「民主」的觀念一知半解，反抗日本也頗缺乏理由和能力，但他們奮鬥的精神對現代台灣人要「當家做主」，實有豐富而珍貴的啓示。有詩吟道：

> 唐去民無主
> 旗揚虎有威
> 明知烏合衆
> 抗戰未全非❶

　　好一句「抗戰未全非」！但見今日台灣人一片中國熱，對中國的400餘對準台灣的飛彈「禮讓隱忍，不痛不癢」。政府到底是在幹什麼？令人嘆息不止。啊！

　　（參看，「龍游淺水遭蝦戲，虎落平陽被犬欺。」636.23）

【12】

亞細亞的孤兒。

A-sè-a ê koˊ-jî.

Ā-sé-a ē kōˊ-jî.

台灣人的身份。

　　自從日本領台到現在，論者用來形容台灣的政治身份，以及台灣人在日本、中國強權統治下的一切不幸。

　　這句俗語原是台灣文學家吳濁流先生(1900-1976)，於第二次大戰中手著的小說的書名：《亞細亞的孤兒》。原爲日文，起稿於1943年，脫稿於1945年，並於日本出版。1962譯成華文，1995收入草根出版公司的「台灣文學名著」。

　　同類諺語：「台灣人，新婦仔命」；「台灣，國際的流浪者」。

　　新婦仔[sin-pū-á]：童養小媳婦。常是從小被父母棄養，或出賣的歹命女童；她天天面對的是匱乏、艱苦、凌辱、打擊、不安。

　　到底台灣的國際地位，台灣人在國際上的身份是不是「孤兒」？

　　假如台灣隸屬於支那，歸屬於中國的話，台灣是孤兒，甚至大大不如孤兒。君不見，台灣被支那出賣給日本，台灣被國府恐怖統治以進行「非台灣化」，台灣被共產中國文攻武嚇要吞併。這不是新婦仔的遭遇是什麼？

　　但實際上，台灣已經是主權獨立的國家，雖然在國際承認方面尚未正常化。台灣人不應該再有啥「亞細亞的孤兒」的自卑感。目前重要的是，台灣人要萬眾一心拒絕中國的「好意」，說要結什麼「神聖不可分割的」關係，要什麼大通直通。免了，中國已經私通了多少暗娼、間諜、毒藥、武器、暗鏒病來到台灣。

　　彼此保持安全距離最好，那才是台灣人心身健康又平安之道。現代世界，有誰能使台灣人成為孤兒？有的話，是台灣人自己。自作孽不可活嘛！

【13】

台灣中國，一邊一國。

Taî-oân Tiong-kok, chi̍t-pêng chi̍t-kok.

Taī-oân Tiōng-kok, chi̍t-pêng chi̍t-kok.

一台一中兩國家。

　　這是因應中華人民共和國的所謂「一個中國，而台灣是中國的一部分」的謬論，所提出的事實。

　　本句是台灣政治新諺，常常出現在媒體和講說，她的同義句是：「台灣是台灣，中國是中國。」

　　無疑的，中國，中華人民共和國，是一個，台灣人沒有疑問；清楚的，台灣是一個，中國人也不能否認。「台灣中國，一邊一國」是歷史事實，不容許武力來改變，用市場來買收，用文字來混淆歪曲。

　　關於台灣地位的問題，論者多矣。其中，立委蔡同榮先生精要指出，有關台灣定位的「舊金山和約」第二條條文與聯合國憲章第七十七條之一的內容一致證明「台灣並不屬於中國」，該條文明定：「日本國業已放棄對於台灣及澎湖群島以及南沙群島及西沙群島之一切權利。」而這是自1952年四月二十八日起生效的。

　　此外，「舊金山和約」第二十五條明定「本條約不得給與本條約中所定義的聯合國簽字國之外的任何國家任何權利」。（《自由時報》2002(5.12):2)於此，中華人民共和國跟「舊金山和約」是毫無關係的，所以「台灣是台灣，中國是中國」。

【14】

我是台灣人。

Goá sī Taî-oân-lâng.

Goá sī Taī-oān-lâng.

就是台灣人。

　　近年來，台灣人用來表明眞正的身份，同時用來鼓舞認同台灣的意識。

　　這是一句台灣政治新諺，她的形式非常固定，思想反映著台灣人普遍的覺識，對於「脫台灣化」提出清楚否定。從形式、內容和流傳看，她諺語的條件充足，雖然流傳的時間尚短。

　　相關句有：「新台灣人」；「我是台灣人，唔是中國人」；「我是台灣人，嘛是中國人」；「我嘛是台灣人」。

　　每當看到有關「我是台灣人」這類句子，真是感慨萬千。世上沒有一個國家像台灣，迷迷糊糊地被外來政權濫用政治、教育、媒體來扭曲他們真正的地位和身份。為什麼台灣人被人家亂七八糟的加上了「新的」、「也是」、「不是」等等限定詞？連國會議員也蠻橫地質詢台灣的行政長官：「你是那裏人？」

　　但願看到、想到這句諺語的台灣人，清楚知所認同，明白表示：「我是台灣人。」詩人李魁賢先生吟道：

　　　　若有人問起
　　　　你是什麼人
　　　　你講我是忠厚人
　　　　古早行過黑暗的歷史
　　　　話講未大聲
　　　　若有復再問起
　　　　你是什麼人
　　　　你講我是海島人
　　　　開闊的世界
　　　　帶領希望的時代
　　　　若有人堅持問起
　　　　你到底是什麼人
　　　　你應該有充分的自信
　　　　用堅定的語氣講
　　　　我是台灣人❿

【15】

愛拚，則會贏！

Aì-piàⁿ, chiah-oē iâⁿ！

Aí-piàⁿ, chiá-ē iâⁿ！

奮鬥救台灣！

　　原來民間用做勵志，提醒人「拚爲勝利成功之本」。後來，爲民進黨所愛，用做群衆運動的口號；繼之，國民黨也用她來拚鬥。

　　這句新俗諺，源自流行歌，全首歌詞如下：

> 一時失志　免怨嘆
> 一時落魄　免膽寒
> 哪通失去希望
> 每日醉茫茫
> 無魂有體親像稻草人
> 人生可比是海上的波浪
> 有時起有時落
> 好運歹運攏著照起工來行
> 三分天註定，七分靠打拚
> 愛拚則會贏，愛拚則會贏

　　個人有個人要拚的目標。那麼，台灣人沒有共同打拚的理想和目標嗎？例如，台灣正名；參加聯合國；拒絕中國威脅，等等緊急而重要的代誌。

　　民進黨政府宣稱拚經濟，固然重要，但是政治搞不好，經濟

會好嗎？特別是處處「政治掛帥」的台灣和她所應付的中國。先賢有言：「散，散我本頂！」台灣一旦淪陷，再有錢的台灣人還不都成爲「呆包」？

　　　（本句有解，參看242.15）

【16】

新而獨立的國家。

Sin jî tȯk-lı̍p ê kok-ka.

Sin jī tȯk-lı̍p ē kok-ka.

台灣人四百年大夢。

　　台灣人用來表達有史以來，最嚴肅的要求：台灣要獨立自中華人民共和國，台灣要建設成民主的、自由的、新的國家。

　　這句是台灣政治新諺，原是台灣基督長老教會的「人權宣言」的一句話。那是在1977年八月十六日，美國國務卿范錫訪問中國北京前夕，該會爲了防止台灣被極權出賣，緊急向台灣全體人民、國民黨政府、國際發表台灣人的政治意見。

　　對於這份宣言，李筱峰教授說：「[它]是島內以團體形式公開台灣獨立的聲音的頭一遭，引起執政當局以及大中國主義者相當大的疑慮，反駁及攻擊的文字相繼而來……台灣民主政治運動進入新的階段，長老教會的政治關心與表現，確實發揮著催化劑的作用。」❶「人權宣言」表示：

　　　　面臨中共企圖吞併台灣之際，基於我們的信仰及聯合國人權宣言，我們堅決主張：「台灣的將來應由台灣一千七百萬住民決定。」我們向有關國家，特別向美國國民及政府，並全世界教會呼籲，採取最有效的步驟，支持我們的呼聲。

爲達成台灣人民獨立及自由的願望，我們促請政府於此國際危急之際，面對現實，採取有效措施，使台灣成爲一個新而獨立的國家。**⓱**

這份文件，在當時台灣政治環境實在是非常有意義的呼籲，就是在今日台灣內部「台灣認同」不足，「一個中國」發燒，民進黨政府失落創黨的理想和志氣之際，此一宣言對於全體台灣人仍然是先知的呼喚。

（參看，「出頭天。」227.01）

注釋

1. 這段歷史詳見，鍾孝上，《台灣先民奮鬥史》，頁39-51。
2. 詳見，同上引，頁51-53。
3. 本句，吳瀛濤先生這樣解釋：「最被珍視的東西。明朝時代，取士嚴格，連考進一位進士，也非常不容易，又清代……自康熙八年［1669］施行捐輸制度以後，官可以用錢買來，因有此句。」吳瀛濤，《台灣諺語》，頁171。
4. 見，陳瑛曾，《重修鳳山縣志》。轉引自，簡炯仁，《台灣開發與族群》，頁94；83-118。
5. 轉引自，鍾孝上，上引書，頁146。
6. 轉引自，上引書，頁144。
7. 參看，簡炯仁，上引書，頁157。
8. 詳見，鍾孝上，上引書，頁171-188。

9. 詳見，上引書，頁214。

10. 見，邱福盛，《六堆同胞孤軍奮鬥抗日血淚史》。轉引自，鍾孝上，上引書，頁286-287。

11. 傅錫祺，《櫟社沿革志略》，台灣銀行出版，1963。

12. 余清芳事件爲日據時代的大案，曾一時轟動世界，因爲日本人非常殘忍的報復性殘殺，引起台灣老先人久久不能赦免的怨恨；但日本政府的恐怖統治也相應見效。見，《台灣匪亂小史》，台灣總督府法務部編，1920年。詳見，鍾孝上，上引書，頁413-439；史明，《台灣人四百年史》(台北：自由時代週刊社，1980)，頁442-449。

13. 台灣民主國存立期間的算法，一般是以唐景崧就任總統時算起，至九月二日劉永福離開台灣逃回唐山爲止。另有，從唐總統算起到光緒二十八年(1902)林少貓事件止來計算的；理由是，認爲該事件仍然是台灣民主國抗日精神的延續。參看，楊雲萍，《台灣史上的人物》(台北：成文出版社，1981)，頁276。

14. 劉篁村，「台北詩話小談」《台北文物》(1957年5卷2, 3期)。轉引自，王育德，《台灣：苦悶的歷史》(台北：前衛出版社，1999)，頁108。

15. 李魁賢，「若有人問起」(《自由時報》2002(5.9):15)。

16. 李筱峰，《台灣史100件大事(下)》(台北：玉山社出版公司，1999)，頁99-100。

17. 轉引自，同上引，頁99。

悲喜禮俗見情意

第二章

第一節 民俗節慶

本節段落：
準備過年01-09 歡渡新正10-16 新年好話17-19 元宵頭牙20-25
踏青掃墓26-28 五日節慶29-34 七八民節35-36 年節感想37-41

【01】

食冬節圓，加一歲。

Chia̍h tang-cheh-îⁿ, ke chi̍t-hoè.

Chiā tāng-ché-îⁿ, kē chi̍t-hoè.

添歲壽歡喜食圓。

舊時，阿母用來對她的細囝講說「冬節」食「圓仔」的重大意義：增加一歲啦，舊年就要過去，新年正在叩門；孩子身體會長高，功課和品行都得一起增長才好。

冬節，也就是節氣「冬至」日，古人留下生動的觀察報告；《周書・時訓篇》載：「冬至之日，蚯蚓結；後五日，麋角解；後五日，水泉動。」可見，冬節是年中最冷之日，連蚯蚓也凍得打結成球，但過後陽氣漸增，麋鹿的角開始長大、脫落，地下的水泉也開始湧動了。嘻，真美的想像。

冬節：*通常在陽曆十二月22或23日。這天北半球黑夜最長，白晝最短，因太陽直射南回歸線。* 冬節圓：*冬至這天早上用「圓仔」來拜神明和祖先，而圓仔也是當夜全家要吃的湯圓。舊時，冬節圓必要紅白二種，也得用圓仔沰捏出小鷄、鴨、狗等等家禽。* 加一歲：*可能受到周漢時，冬至為歲首的曆法的影響。*

　　舊時台灣民間在冬至這天用「冬節圓」祭拜祖先之後,要用一、二個圓仔黏貼於門扉、窗戶、桌椅、床櫃,以酬勞這些器物之神。當天也是各項訂約、履行或變更契約的日子。此外,冬節切關農耕社會,因為它是以太陽為準的節氣,對照著陰曆來測定寒暑的時間,雨水的多寡;如此,而有「冬節在月尾,烏寒正二月」;「焦冬節,霑過年」,等之類的氣象諺。

　　雖然冬節的許多習俗已廢,但搓圓仔,吃湯圓,不但保持下來,而且愈演愈熱,成為衝衝滾的「民俗文化活動」。所以如此,也許是圓仔已經成為便利的食品,既好吃,又寓意美好,象徵著「甜蜜」、「圓滿」、「團結」等等,個人、家庭、社會所嚮往的價值。

　　(參看,「未冬節都得搖圓,冬節沐會無搖圓。」432.20)

【02】

食尾牙面憂憂, 食頭牙撚嘴鬚。

Chiáh boé-gê bīn iu-iu, chiáh thaû-gê lián chhuì-chhiu.

Chiā boe-gê bīn iū-iu, chiā thaū-gê len chhuí-chhiu.

鷄頭有知示去留。

　　舊時,用來表達工商界僱員被他們的老闆,招待「食尾牙」和「食頭牙」的兩樣心情:「面憂憂」vs.「撚嘴鬚」。

　　為什麼會這樣?因為「食尾牙」也就是老闆表示「解雇」或「續聘」員工的時候。得注意看,頭家娘擺上那一道「白斬鷄」,鷄頭指向誰,他就得另謀高就了。若是鷄頭向頭家,或不見鷄頭,表示老闆恭請全體同仁繼續為本店效勞。當然,「食頭牙」是輕鬆愉快的,那是頭家表現繼續慰留的誠意。

　　背景:這句俚諺,原由打「牙祭」變化而來;所謂「牙祭」,是

古時每月初二、十六，老闆發給員工的肉食。後來，加上生產之神「土治公」，祂成爲財神而被商家崇拜，於是每個月的這兩天行「牙祭」來祭祀祂。祭後，又得在門口供五碗家常飯菜，「五味碗」，燒銀紙，來祭祀住宅孤魂「地基主」。

二月初二是土治公神誕日，也是「頭牙」。由此順推，十二月十六爲「尾牙」。致於，「牙」，原來是牙市，古代的「互市」也，即是定期互換貨物的市場。後來「牙」字混淆了「互」字，積非成是而稱爲「牙市」。❶

「食尾牙」是台灣工商界專有的重要活動，原定農曆十二月十六日舉行。其主要目的在於慰勞員工，祭祀商家守護神土治公以求興旺發財。而「食頭牙」是農曆二月初二，土治公神誕日；工商業者和農家都要祭祀，但只有工商業者有宴請員工之舉。

用鷄頭來暗示員工去留的習俗已廢。然而，「食尾牙」卻愈演愈熱烈，連員工家屬、客戶都可能被邀請。這是勞資雙方的交誼，在重情社會是很重要的做法。因「食尾牙」的人多，餐廳不能應付於一日，於是尾牙前後一週都算。

善哉，時過境遷，鷄頭已經無能示威走人。想像那「食尾牙」的日子，員工人人「面憂憂」，要如何消受「尾牙」腥臊？這種看似頗有人情味的「食尾牙」，對於員工心理健康的不衛生是顯然可見的。

【03】

送神早，接神晏。

Sàng-sîn chá, chiap-sîn oàⁿ.

Sáng-sîn chá, chiap-sîn oàⁿ.

迎送諸神有規矩。

用來形容台灣民間信仰者「送神」和「接神」的習俗：農曆十二

月二十四日在黎明前，愈早愈好，送家裏的灶神和地上諸神上天，祂們要向玉皇上帝報告弟子這家人一年之間的功過。於元月初四午後，但愈晚愈好，弟子得接祂們回來。

相關俗語，有「好話傳上天，歹話放一邊」：送灶神時，將一粒湯圓黏在灶口，表示封住灶神金口，請祂網開一面，只報功德，不檢舉罪惡。無法度啦，吃人的圓仔，不得不說人家的好話。

有，「新套舊年年有」：送神後，要清理大廳的香爐，香灰不可倒掉，只能篩掉髒物、硬塊。然後用些新的香灰裝進香爐後，再將清理好的舊香灰裝回香爐。此時，嘴唸「新套舊年年有」。有人在爐底置一銅錢，以求錢多多。

又有，「大佛蹌蹌走，尪仔車糞斗」：說的是廟寺裏「大尊佛」的升天，一路走來迅速又威風，因有小神們伺候；而那些小神「尪仔」升天，麻煩多多，一路爬來顛顛倒倒，寸步難行。小神艱苦也，哀哉！

又有，「送神風，接神雨」：二十四刮風的話，那是吹送神明飛上天的好風；元月四日下雨的話，那是天神帶來的甘霖。

又有，「二四起，剃草庀」：新年就到，從這天起，所有的男人都要理髮；髮師生意太好，但見他清採削削咧，宛如農夫剃草皮。

送神除了要獻祭，要燒甲馬供諸神飛天之外，當日家家戶戶在送神過後，開始大清掃。清除灶烟囱和廚房內的煤塵，這是所謂的「清黗」或「筅黗」；此外，連房屋的柱子、門窗，門扇、天花板、地板、眠床、椅桌，等等都得徹底清掃。當然，神桌、神龕、香爐等一類神俱，得利用諸神升天時，清掃一番；這些地方

平常是不能動的，那會驚動諸神。不過，這年的喪事之家，不舉
行送神，也不清黗，以免不利逝者。

　　嘻，「送神」兼清潔，一兼二顧也。如此，一年到頭，應多多
送神才好。

【04】

二四送神，二五挽面。

Jī-sì sàng-sîn, jī-gō͘ bán-bīn.

Jī-sì sáng-sîn, jī-gō͘ ban-bīn.

修好面子迎新年。

　　用來形容婦女過年的重要活動之一：挽面。主婦清早送走諸
神之後，接下來裏裏外外大清掃；住宅四周清潔了，接下來就得
清潔自己的「面子」。舊時，沒有美容院做臉，婦女們用「挽面」來
美容，如此才能安心過年。

　　所謂「挽面」，就是用二根細棉線交成T字形，一端唧在嘴
裏，兩端用左右手拉住，雙股繃緊的棉線往臉上的面毛貼緊，雙
手一拉一合，面毛連根捲拔而起。台灣婦女認爲，女人臉上的面
毛不可用剃刀刮，說那會愈刮愈粗，只有挽面才是好辦法，它有
按摩和消除皺紋的作用，能帶給女人十足光鮮細嫩的面子。

　　然而，挽面不僅是美容，也是儀禮。未嫁小姐不可爲，但結
婚前夕必要挽面，此謂之「修容禮」，會帶給她吉祥好運。爲了
「面子」和「裏子」兼好，必要請有經驗又好命的婦人來挽面。現在
桃園、新竹、苗栗一帶的客家，仍然保持這種儀禮。❷

【05】

甜粿哲年，醱粿發錢，包仔粿包金，

菜頭粿做點心。

Tiⁿ-koé teh-nî, hoat-koé hoat-chîⁿ, pau-á-koé pau-kim,
　　chhaì-thaû-koé choè tiám-sim.

Tīⁿ-koé té-nî, hoat-koé hoat-chîⁿ, paū-a-koé paū-kim,
　　chhaí-thaū-koé chó tiam-sim.

過年食品有意思。

　　舊時，用來謠唸過年最重要的食品：甜粿和其他粿類的象徵意義。如此誦唸，一則討喜氣，再則多少減輕過年時天天吃粿的恐慌。

　　這句俚諺的粿類，都是節期的吉祥食物：「甜粿若年」，甜甜過新年；「醱粿發錢」，大發大賺錢；「包仔粿包金」，包你日進萬金；「菜頭粿做點心」，好頭彩像吃點心，隨時可得。

　　給人請吃粿時，也得說句吃粿喜句：吃甜粿，說「食甜甜，互恁新年大賺錢」；台灣化的基督徒可能會說，「食甜甜，互恁信仰加添」。

　　炊粿是過年大事。二十四送神過後，媽媽、嫂嫂、姊姊、妹妹，總動員浸糯米、挨粿、炊粿。先炊「甜粿」，後炊「醱粿」、「菜頭粿」、「包仔粿」等等數不完的粿，用做新年祭拜的供品，招待隨時來訪的客人。雖然年中喪事之家不炊粿，但親人得炊粿贈送，真是設想週到——粿真是過年必備的也。

　　粿炊得那麼多，不吃甜粿，不吃發粿，不吃N粿，就不像過年。但吃多了，腸胃艱苦啦，目睭看粿，心肝起煩惱。粿是吃得十二萬飽足了，但見家裏的大大小小，厝邊的左鄰右舍，人人粿面粿面，爭先恐後向胃腸科衝去。

【06】

二九暝，無枵人新婦。

Jī-kaú mî, bô iau lâng sin-pū.

Jī-kau mî, bō iāu lāng sīn-pū.

歹命新婦望過年。

　　序大人用來提醒自己，「二九暝」應該善待整年勞苦工作的
「新婦仔」，使她參加圍爐，吃一頓飽，以營造和順快樂的氣氛，
來歡迎吉祥的新年。

　　*二九暝：過年夜，除夕夜。若該月有三十天，就叫做「三十
暝」。　　枵人：使人得不到應該有的飲食，不一定要到「枵」，缺乏食
物的飢餓的程度。　　新婦：這裏指的是「新婦仔」，童養媳婦。這種新
婦常因父母貧窮，無力養育而「送給」人家餵養，長大後就是他們的媳
婦。新婦仔常常未能得到飼養家庭的善待，所以有「新婦仔命」之說。*

　　老先人所謂的「台灣人新婦仔命」，說的是：台灣人被所謂
「祖國」出賣給日本人，當了五十年的無價勞工兼三等國民。過
後，國府又以「佔領者」的姿態來統治台灣人；再來，共產中國掠
狂要吞併台灣。真的，說台灣人新婦仔命並不過分。但願新婦仔
們會自覺，有獨立奮鬥的剛強志氣，才有完全出頭天的日子。

　　啊，「二九暝」！是回家的日子，更是懷鄉的日子！「二九暝」
誘我低吟：

　　　　旅館寒燈獨不眠［Lí-koán hân-teng to̍k put-bên,］
　　　　客心何事轉悽然［kheh-sim hô-sū choán chhi-jên;］
　　　　故鄉今夜思千里［kò·-hiong kim-iā su chhian-lí,］
　　　　霜鬢明朝又一年［song-pin bêng-tiau iū it-lên.］

（高適(702？-765)，「除夜作」）

虔誠地從萊茵河邊，遙祝我的親人、親鄉、親國，大家平安，大家快樂！

【07】

跳火盆，飼豬卡大船；過火氣，百般攏吥畏。

Thiàu hoé-phûn, chhī-ti khah-toā chûn;

　　koè hoé-khuì, pah-poaⁿ lóng m̄-uì.

Thiáu hoe-phûn, chhī-ti khá-toā chûn;

　　koé hoe-khuì, pá-poaⁿ long m̄-uì.

討吉利又助消化。

舊時，圍爐後男人集合埕前來跳火盆；跳過之後，就用這句話來討吉利。

圍爐吃了許多象徵吉祥的好料：有抽壽的長年菜來祝父母萬壽無疆，有活得長長久久的韭菜，有合家慶團圓的魚圓肉圓，有好彩頭的菜頭，有興旺家庭的雞肉，有許多過油過火爆發的炸料，還有無數腥臊。此時，坐下來「圍爐夜話」或看看電視，都不合衛生，出來跳跳火盆可能有助消化。

雖然「跳火盆」已非普遍年俗，但鄉間仍然偶爾可見：在廳門前，在盆裏燃燒稻草，稻穗擺向家裏。跳者僅限男人，按長幼為先後，由外向廳的方向跳，一直跳到稻草火熄。然後，把灰燼放在「衫仔裾」，上衣的下擺，帶入廚房，放在灶裏。此時，還得唸唸有詞向土治公婆倆討金討銀：「公擔金，婆擔銀；擔到無塊下，下在阮兜灶腳下。」❸

跳火盆時唸的吉語很多，如：「跳得過，富無退」；「新年卡

好舊年」；「跳火城，輪輪爭到贏；跳火群，凊採做也著」。最後一句的「輪輪爭到贏」頗有奮鬥精神；但「凊採做也著」，隨便做也對，大有問題，大大違背迎新年的奮鬥精神，眞是驚死我大賴皮仙也！

　　我覺得有一句除夕夜「好話」值得推薦：總統陳水扁先生說，小時除夕晚上，團圓的氣氛很溫暖，他爸爸都拿起柑仔，一邊擘開分給他們，一邊說：「我分半，你分瓣；我分千，你分萬。」(→《自由時報》2002 (2.12):1)陳總統用這種「我千你萬」的心情來祝福台灣繁榮平安。眞讚！

【08】

十二月屎桶——盡摒。

Cha̍p-jī-goe̍h saí-tháng——chīn-pià".

Cha̍p-jī-goē sai-tháng——chīn-pià".

去臭迎香新年好。

　　這句厥後語雖然主要地用來說「盡摒」。她的謎面是台灣過年的習俗：年底凊除便桶穢物，將之洗刷乾淨，以迎新春。

　　盡摒：(力量)用盡全力；(秘密)全盤托出，毫不保留。

　　看這句年諺，一定沒有人反對「屎桶盡摒」；污穢除盡，家裏才能有馨香之氣。但看我國台灣現況，特別是政治人物和政黨與政黨之間的不同意見，不同意識形態，也都當做屎桶一般地「盡摒」！摒得非他死我活不可，眞是大凶大惡之徒之黨。又見，特定媒體攪池扒糞，整個美麗島國，宛然沉淪在「屎泥浸身大地獄」。❹太殘忍了！

　　零二年底的北高市長、市議員選舉將到。台灣人一定要小心選擇，看候選人，看他的政黨要「摒」什麼？爲誰而「摒」？「摒」法

如何？

【09】

有欠過日，無欠過年。

Ū-khiàm koè-ji̍t, bô-khiàm koè-nî.

Ū-khiám koé-ji̍t, bō-khiám koé-nî.

還清欠債好過年。

　　用指台灣民間收欠債、收舊賬的習慣；欠債、欠賬不可拖過「過年」，若不主動還清，可能在年底派店員來討錢、收賬，即使是除夕夜。

　　同類語：「會欠得一年，𣍐欠得一日」；意指一年到頭可欠錢，但年底之前就要還清。

　　看了這句老諺，難免要問：那些無力在過年前還清債務、舊賬的人，要怎麼辦？有，有辦法，又是相當滑稽的辦法：欠債人趕緊躲到廟埕看「戲」去。這時演的是「避債戲」，而觀眾也大多是欠債的同志。此時，就是被討錢的人看到，也不敢向他討錢，若要硬來，會被在場的觀眾同志毆打，責怪討錢人太不顧情面。據說，這種戲一直演到天光；到了「新正」，就不能收賬、討錢了，那是觸犯禁忌，大大違反傳統習俗的也。❺

【10】

正月正時。

Chiaⁿ-goe̍h chiaⁿ-sî.

Chiāⁿ-goē chiāⁿ-sî.

十二，溻屎！

　　斷言「新正」有異於平常的日子，乃是與春同樂，準備偕春進入人間的時節。進而形容「正月正時」歲時節慶連連，拜拜多，走

動多，吃喝也多。如此，這句話也就含有：放下工作，專心過節
迌迌的意思。

　　所謂「正時」，是元旦到初五，「新正」也。而「新正」是以「開
正」，正月初一零時開始；傳統而言，開正是以該年的干支爲準
來推算的。開正後，隨即祭拜神明，然後愛睏者，可以就寢。那
些虔信之士，可能衝向附近宮廟等候開廟門來「進頭香」（→323.
11）。近中午，全家老少進入點燈結彩的大廳來祭拜祖先。過
後，或行香，或拜正，或探親，或出國觀光。

　　致於「正月」，雖指元月份，但從歲時節慶的觀點言，主要係
指初一到十五這段期間。初一是「大過年」，十五元宵是「小過
年」，其間幾乎天天有節有慶，有吃有喝。君不聞，「新年歌」唱
道：

　　　　初一，早；
　　　　初二，巧；
　　　　初三，睏到飽。
　　　　初四，接神；
　　　　初五，隔開；
　　　　初六，把肥。
　　　　初七，七元；
　　　　初八，原全；
　　　　初九，天公生。
　　　　初十，有食席；
　　　　十一，請囝婿；
　　　　十二，浏屎。

十三，關老爺生；

十四，結燈棚；

十五，上元暝；

十六，拆燈棚。❻

噫，童言無欺，童言無忌！「十二，滂屎」這種見笑代誌，也敢拿出來謠，拿出來唱。無要緊，小孩童老實嘛，節制飲食就是了。

【11】

新年頭，舊年尾。

Sin-nî thaû, ku-nî boé.

Sīn-nī thaû, kū-nī boé.

用來提醒自己，或勸勉別人，在「年尾」和「新正」務必小心言行舉止，不可觸犯這段期間中的許多忌諱；同時，務必比平時更加專注於修心養性，多做善事，多積功德。

爲什麼在「新年頭，舊年尾」如此慎重從事？因爲二十四到初四，諸神升天述職，此間由「天神」來監察世人；天神在看，世人敢不好好表現？個人要力結善果，家庭要力營和平，神聖和世俗的禁忌都要敬而遠之。如此的話，天神龍心大悅，五福紛紛臨門，也就萬事非常如意的了。

其實，這句俚諺旨在呼喚人有意識地活在「聖和俗」的時間裏。整年在世俗的時空下打滾，令人俗化、物化；人應該「有時有陣」的回歸聖的時空，來體驗生命的另一些層面。豈可讓禁忌充塞時間，來自我恐怖？應該隨著多去春來的韻律，來歡迎新春，跟春風跳跳舞，扭扭屁股。我想，這才是「新年頭，舊年尾」

的真諦吧。

【12】

正月正，牽新娘，出大廳。

Chiaⁿ-goe̍h-chiaⁿ, khan sin-niû, chhut toā-thiaⁿ.

Chiāⁿ-goē-chiaⁿ, khān sīn-niû, chhut toā-thiaⁿ.

新婦仔變美嬌娘。

　　舊時，用來形容過年夜「送做堆」的新婦仔，在新正時被新郎「牽」出來大廳拜神明，拜祖先的情景。

　　這句謠諺是「歲時歌」的首句，唱詞的「新娘」也可能是年底嫁過來的媳婦。同類句有，「正月正，請囝婿，入大廳」；此處，「囝婿」指的是「贅入的囝婿」，因為「正月正」，嫁出的查某囝和囝婿不准回到娘家。通常，初二「做客」；此日，查某囝和囝婿才回娘家探親。

　　本句，「牽新娘」的「牽」字，有畫龍點睛之功。但見平時粗勇的「新婦仔」罔飼小姐，搖身一變，模做成纖弱幼秀，美而嬌的新娘。又見新郎水土仔頂頂顢顢地牽著她的手——大不如他牽水牛的自然——顛顛簸簸走出洞房，一步步向大廳挺進。讚！這場「秀」，把水土仔一家的新春喜氣high到極點。

　　上面提到的「歲時歌」，活潑可愛，生動地描繪著農村生活的重要場景：

　　　　正月正，牽新娘，出大廳；

　　　　二月二，土治公，搬老戲；

　　　　三月三，桃仔李仔，雙頭擔。

　　　　四月四，桃仔來，李仔去；

五月五，龍船鼓，滿街路；

六月六，做稿人，拍碌碡。

七月七，芋仔蕃藷，全全畢；

八月八，牽豆藤，挽豆莢；

九月九，風箏滿天哮。

十月十，三界公，來鑒納；

十一月，人搓圓；

十二月，人炊粿。

【13】

初一場，初二場，初三鳥鼠娶新娘。

Chhe-it tiûⁿ, chhe-jī tiûⁿ,

　　chhe-saⁿ niáu-chhí chhoā sin-niû.

Chhē-it tiûⁿ, chhē-jī tiûⁿ,

　　chhē-saⁿ niau-chhí chhoā sīn-niû.

通宵博繳真愛睏。

用來形容那些愛賭的人，新正初一、二、日夜賭博下來，到了初三就該休息，提早息燈就寢，不可驚重鳥鼠小姐和老鼠先生的好事。

初三為「鳥鼠娶親日」，民間在此夜於廚房、倉庫放置穀物、粿餅，給鼠新娘添粧。同時，這天也是所謂的「赤狗日」，乃是諸事不宜，應該多多休息補眠的日子。同類句：「初一早，初二早，初三睏到飽」；「初一遊，初二遊，初三遊，初四蠓破裘」。「蠓破裘」做啥？上工了！還用問。

台灣人算是非常勤勉的民族，「新正」如此迢迢，已經十二分

脫散了。於是造個美麗的傳說「鳥鼠大婚」來收攝放逸之心；這也是頗爲自然的事。但，先人看「鼠婚」的勸阻效果欠佳，於是再來一個「赤狗大忌日」，看他敢不敢再去賭博。嘻，用心良苦啊！

【14】

初一早食菜，卡贏食一年齋。

Chhe-it-chá chiah-chhaì, khah-iâⁿ chiah chit-nî chai.

Chhē-it-chá chiā-chhaì, khá-iāⁿ chiā chit-nī chai.

修養心腸待開筆。

用來提醒人，鼓勵人，元旦早餐吃素，那是大有功德的，勝過整年吃齋。

所謂「初一早食菜」，其實況是這樣的：早餐吃素，吃乾飯，不准喝湯，不可以吃稀飯。咸信，喝湯會被雨淋；吃稀飯，會鬧窮；同時，吃稀飯也是「破病」的記號。這些不吉不利的忌諱都要在「初一早食菜」戒除。

然而，到了中餐就一定要鷄鷄鴨鴨，魚魚肉肉，腥臊一番了。但不得開殺戒來做料理，也不得煮飯，只可蒸熱除夕做好的「春飯」(剩飯)來吃。如此，豐盛的中餐，可當做一種預見，來期待，來瞻望豐收的一年。

【15】

有父有母初一二，無父無母初三四。

Ū-pē ū-bú chhe-it-jī, bô-pē bô-bú chhe-saⁿ-sì.

Ū-pē ū-bú chhē-it-jī, bō-pē bō-bú chhē-sāⁿ-sì.

娘家探親有時陣。

用來形容嫁出去的查某囝，在新正轉厝的規矩：雙親健在者，初一、二轉厝；只有兄弟者，在初三、四。

眞是所謂的「嫁出去的查某囝，潑出去的水」，難得收回，難得隨興回娘家迌迌了。同類句有：「有父有母初二三，無父無母頭眈眈」；「有父有母初二三，無父無母頭眈眈；有兄有弟初三四，無兄無弟看人去。」

頭眈眈〔 taⁿ-taⁿ〕：抬頭望天。仰天凝視白雲之旣逝，抑制著哀思遠在天家的父母的眼淚。

這幾句俗諺假定了父母兄弟，都是值得回去探看的親人。其實，血緣至親並不保證彼此關係是親甜如蜜的，有時竟然是旣疏且苦。如此，嫁出去的查某囝，難免視轉厝爲畏途。在那舊世代，鄰人嚴密的監視下，多少查某囝含恨帶怨轉厝，爲的是要搪塞九姑婆的糞口。

【16】

初五隔開，初六挹肥。

Chhe-gō͘ keh-khui, chhe-la̍k iúⁿ-puî.

Chhē-gō͘ ké-khui, chhē-la̍k iuⁿ-puî.

新正圓滿開吉市。

用來敍述「初五」和「初六」在新正這段日子裏的重要性；前者是「隔開」，乃是新正和平日的分水嶺；後者「挹肥」，淸理著已經囤積了五、六天的「滿桶黃金」，其重要性不言可喻，其功德無量的也。

【17】

恭喜發財，萬事如意。

Kiong-hí hoat-chaî, bān-sū jû-ì.

Kiōng-hí hoat-chaî, bān-sū jū-ì.

新年吉語多財利。

新正時，或是新春見面時，用來彼此祝賀的吉利話。

這是通俗年諺。祝的福氣愈多愈好，沒有人疑問是否太過貪婪、妄想。只要賀者滿面春風，今年就一定「發財」，一定「如意」。

此類賀語很多，例如：「三陽開泰，五福臨門」；「風調雨順，五穀豐登」等等。❼這原是成語，也可寫在紅紙來張貼，如：工場貼「開工大吉」；豬稠貼「六畜興旺」；大錢櫃貼「滿」。當然，馬桶不好貼「滿」；閨房豈可貼「六畜興旺」？

時代大大不同啦，但聽見多少野孩童用北京語向老爸，向親人大喊：「恭喜發財，紅包拿來！」慘慘，無教無示的「小呆胞」！

【18】

食甜甜，好過年。

Chia̍h tiⁿ-tiⁿ, hó koè-nî.

Chiā tīⁿ-tiⁿ, ho koé-nî.

吃人甜點，講人好話。

新正出門給親友、長輩賀正拜年，少不了喝甜茶，吃些甜粿、甜料。此時，說「多謝」不夠禮數，必要說些賀新年的吉祥話。本句是其一例。

有趣的是，台灣基督教的信徒，努力將信仰融入本地文化，所以他們發明另類喜句，例如，「食甜甜，信仰加添」。筆者不敏，未知台灣的佛教徒兄姊有否：「食甜甜，阿彌陀佛」？

【19】

今年無春，明年雙春。

Kim-nî bô-chhun, bêng-nî siang-chhun.

Kīn-nî bō-chhun, mê-nî siāng-chhun.

新正大好不衰衰。

　　用來破解新年的忌諱。新春談話中，若對方心無春情，坦承今年「無春」。那麼，對話者就得馬上用堅定的語氣說：「饞講笑，明年雙春！」

　　這裏玩了「春」的一語雙關，「無春」或「雙春」，說的都是「剩錢」，都是發財的絕對關懷也。

【20】

十三點燈起，十五上元暝。

Chȧp-saⁿ tiám-teng khí, chȧp-gō͘ siōng-goân mî.

Chȧp-saⁿ tiam-tēng khí, chȧp-gō͘ siōng-goān mî.

元宵鬧熱小過年。

　　用來形容元宵燈節的盛大，也用來反映國家昇平，社會治安良好，人人平安歡喜。於是，從元月十三開始準備，到了十五「上元暝」，火樹銀花射藍天，炮聲隆隆處處驚，真是鬧熱，小過年並不多讓大過年。

　　那麼，上元的元宵燈節從何而來？傳說紛紜，僅舉幾則比較有意思的，流傳在我國台灣的傳說來看：

　　好久好久以前，有個滿月的夜晚，人們隱隱約約看到有許多天神翩翩飛舞。不久，變天，烏雲蔽月，天神失踪，觀者大驚失色，於是，人人手拿火把到處尋找天神。雖然看不到天神，但人們依然年年在這個夜晚點燃火把去找，久而久之成了一種風俗。❽後來，火把漸漸改進，而成為精緻、花樣百出的鼓仔燈。

　　又說，漢武帝時，被選入宮的宮女在新年頭倍加懷鄉思親。此時有一個宮女煞不住愁思之苦，就要投井自盡。嘉哉，被東方朔看見，阻止了她尋短；問明原因後，心生一計，要解救她們。

於是，散佈預言：元月十六日火君要燒長安城，百姓在元宵夜供火君愛吃的元宵，宮女提燈遊街，並大開城門讓城外百姓進城看燈，就可改厄。如此，宮女終於會見親人，歡喜團圓。元宵節成矣。❾

另說，相傳早年私塾，春節放假，老師還鄉過年，要過正月十五才開學。學生在十五這天要「開燈」：家長備好一盞燈籠，交給子弟帶到學校，由老師替他們點燃。如此，寓意學業順利，前途光明。後來，人將燈籠掛在門前，或讓小孩提燈遊街，營造新春歡喜平安的氣象。❿

噫，真好！元宵不盡在吃元宵，而是要實現它的象徵意義：建造平安、光明、歡喜的人生。

【21】

北天燈，南蜂炮。

Pak thian-teng, lâm phang-phaù.

Pak thēn-teng, lâm phāng-phaù.

報平安天燈蜂炮。

用來形容元宵我國台灣南北的二大民俗盛事：北部平溪鄉十分村的「孔明燈」，南部台南縣鹽水鎮的「放蜂炮」。

背景：大約在道光年間(1821-1850)，老先人從福建惠安、安溪渡海過來基隆河上游的山間墾殖。某日，該地有土匪打家劫舍，於是村人紛紛走避山間。土匪離開後，留守村裏的人放天燈為訊號，表示可以安心回村。如此，天燈也就含有平安吉祥的意思。據說，這天剛好是元月十五暝，於是翌年這天晚上，大家都放天燈來紀念此事；此後，年年舉行，暫暫擴大到各村。因此，她又叫做「祈福燈」。

「南蜂炮」的起源是這樣的：光緒年間(1875-1908)鹽水一帶曾流行瘟疫，死者無數。當時，老先人以爲是惡鬼作祟，爲了驅邪趕鬼，就在上元夜請關帝爺出巡；神轎過處，善男信女大放鞭炮，以焰火增加關老爺的威風。相傳，自此瘟疫消聲匿跡；於是，每年到了上元夜，就重演一番。如此下來，愈演愈烈，但見，神轎過處，萬炮齊發，炮彈射人，爆聲震地，硝煙窒息人畜；雖是如此，神轎勇往向炮城衝入衝出。本地人相信「愈放愈發」，商家炮城愈做愈大。❶

諸位讀友，看如此萬炮齊爆有何感想？祈福驅瘟乃是「儀式」行爲，象徵意思到就是了。毫無節制的燃燈放炮，污染水源、空氣，可能有過無德哦！若用這筆大錢買「飛彈」來阻嚇土匪敵人，買「疫苗」來預防瘟疫，不是更實際，不是更有功德嗎？

【22】
穿燈腳，生卵脬。

Chhñg teng-kha, siⁿ lān-pha.

Chhñg tēng-kha, sīⁿ lân-pha.

鑽燈腳傳人香火。

舊時，久婚未添丁的媽媽，或新婚急要弄璋的太太，在元宵暝來遊走花燈之間，穿梭其下。咸信如此可能「生卵脬」，來給翁婿傳宗接代。

現在，「穿燈腳，生卵脬」的活動常由地方的大廟主辦。但見，那些猴急著要當老爸的夫君，攬腰牽手漫步花燈間，竊竊私語花燈感孕的故事，如此穿燈腳也是頗有情趣。

元宵夜有些古俗，非「破壞」就是「偷提」，頗不可取，例如：「挺倒牆，娶好团娘；偷挽蔥，嫁好翁」；「偷魯古，得好某」；

「拔竹籬，生好囝兒」；「跳菜股，娶好某」等等。怪哉，台南某媽祖廟，堂堂舉辦「偷挽蔥，嫁好翁」的所謂民俗活動。(→《中央日報》1997(2.20):4)「偷」是犯法行爲，豈可頂戴民俗頭銜來推廣？

【23】

冬新娘仔，婿噹噹。

Tang sin-niû, suí tang-tang.

Tāng sīn-niu, sui tāng-tang.

美若仙女冬新娘。

　　舊時，先人在上元暝祭祀小孩的守護神「冬新娘仔」，稱頌她非常非常的美麗。

　　小時候，若有客人帶著乖巧又漂亮的小女孩來我家，阿母總會讚她：「哎噢，這個查某囝仔，生甲這呢乖巧，婿甲哪冬新娘仔咧！」簡單一句話，但見冬新娘仔高興又見笑，她媽媽口稱：「你勢呵咾！」而面子極有彩色。

　　咱台灣民俗傳說中，「冬新娘仔」是個乖巧的小姐。她針線手藝、家事樣樣會，孝順父母，一生不嫁。可惜，某日跌入「大礐」，淹死糞坑。認識她的小孩和大人都很想念她。後來，祭拜她，而成爲小女孩的守護神。

　　有一首「囡仔歌」是女孩們在元宵暝唱來讚美「冬新娘仔」，向她祈禱的：

　　　　冬新娘仔，皮幼幼，保庇阮，亦會挑，亦會繡。
　　　　冬新娘仔，冬新新，保庇阮，有福氣，遇貴人。
　　　　……
　　　　冬新娘仔，冬西西，保庇阮，嫁好翁，伴好婿。

冬新娘仔，新冬冬，保庇阮，父母兄弟攏平安。

　　「冬新娘仔」就像布袋戲尪仔那麼大的台灣娃娃，穿衫、褲，縛腳，足穿弓鞋，用香綁成十字形，在元宵夜或過年暝，插在廁所，祭之以鷄腿。**⓬**

　　傳統台灣小孩的守護神有媽祖婆，有觀音媽；她們的神話背景都是清純可喜。致於「冬新娘仔」爲小孩守護神，美則美矣，但脫離不了「屎礐仔鬼」的陰影和臭味。又用鷄腿在「廁所」祭祀，氣氛眞是怪異透頂。如此小孩守護神，對於孩子的心理健康，不好吧！

【24】
破佛興趖。

Phoà-pu̍t hèng sô.

Phoá-pu̍t héng sô.

趖佛出洞煦烟火。

　　諷刺地，形容上元夜的「趖神」活動。同時，也用以嘲諷大庭廣衆之前喜歡出風頭，耍賴皮的羅漢腳。

　　所謂「趖神」，乃是在攑轎上安置一尊「古老佛」，由四個赤身裸體，僅穿短褲的男人抬著攑轎任人抛擲鞭炮。**⓭**或許，「趖神」就是「造佛」，也就是「炸寒單爺」。但「趖神」與「造佛」的主角不同，攑轎上坐的人物有異：前者是「古老佛」，後者是一個男人。

　　致於「炸寒單爺」，原是台東玉里多年來上元節的民俗活動。在清國領台時期，坐在攑轎上的這位先生，就是「羅漢腳」。但見他端坐攑轎上，裝做非常神勇，戴著破尼帽，裸著上身，穿著短褲，手拿執帚；那四個抬轎的人也是如此裝扮。他們若無其事地

抬著攆轎巡街，讓商家任意炮轟。如此，咸信商家愈炸愈發，而流浪漢也討得不少賞金。❹

　　爲什麼「炸寒單爺」？相傳，寒單爺很怕冷，爲了要給這位財神驅寒，就用鞭炮來炸祂、爆祂、薰祂，使祂貴體發熱。拿人的手軟，「寒單爺」得到商戶的驅寒好處，也就報以開店大吉，利市百倍。

【25】

頭牙無拜尾牙衰，尾牙無拜會狼狽。

Thaû-gê bô-paì boé-gê soe, boé-gê bô-paì ē lông-poē.

Thaū-gê bō-paì boe-gê soe, boe-gê bō-paì ē liōng-poē.

二二頭牙求利利。

　　一般商家用來強調「頭牙」和「尾牙」的祭拜。咸信，此二牙的拜拜乃是大興大發的必要條件。

　　頭牙是二月初二，此「二二」彼「利利」，對得眞巧。當日除了農家外，商工界莫不祭祀財神土治公，和護宅守店的地基主。同時，頭家招待員工，來鼓勵他們大大爲敝店的興旺來共同奮鬥。

　　相關句有：「頭牙無做，尾牙空；尾牙那閣無做，就無親像人」；「頭牙早，尾牙晏」。前句強調頭尾牙的重要性，後句指出做頭尾牙的時間，一早一晚：早在三、四點，晚在四、五點。

　　（參看，「食尾牙面憂憂，食頭牙撚嘴鬚。」J.02）

【26】

三月節，食清明。

San-goeh cheh, chiah chheng-bêng.

Sān-goē cheh, chiā chhēng-bêng.

清明有異分漳泉。

　　流傳在祖籍漳州的台灣人之間，使他們的子子孫孫記得「我們」的清明是「三月節」，有異於泉州來的台灣人的「清明節」。

　　三月節：農曆三月三日，祖籍漳州人，在此日掃墓祭祖。相傳，漳泉本來都是在「清明節」掃墓，但因雙方的太太們爲了準備祭拜，因買菜而發生衝突，引起漳泉分類械鬥。後經官府調解，規定漳州人以「三月節」爲掃墓節，他們在這一天「食清明」。　清明：二十四節氣之一；這裏是指清明節，從冬至算起105天，陽曆四月五日或四日。當日，政府訂爲民族掃墓節。

【27】

今年培新婚，明年培生查埔孫。

Kim-nî poē sin-hun, bêng-nî poē siⁿ cha-poˈ-sun.

Kīn-nî poē sīn-hun, mē-nî poē sīⁿ chā-pōˈ-sun.

生生不息祖庇孫。

　　民間相傳新婚培墓，有祖靈福祐「孫媳婦」弄璋來繼承香火之功。

　　咱台灣的傳統禮俗，長孫結婚、兒子添丁、發財置產，一定要培墓，答謝祖先的庇蔭。舊時的這類培墓，還得準備一對「子孫燈」，上書「子孫興旺」等吉句，在墓前祭拜後，燃燭插在燈籠裏，一路不能熄滅，帶回家後供在大廳。以此祈求「添丁發財」。

　　其實，就算不是新婚，舊時的老先人還是鼓勵新婦們虔誠上墳掃墓的，有話說：「踏草青，生後生。」所謂「踏草青」，就是「掃墓」兼「踏青」。眞是一兼二顧，祭先兼郊遊，何樂而不爲？

【28】

一年培墓，一年少人。

Chit-nî poē-bōng, chit-nî chió lâng.

Chit-nī poē-bōng, chit-nī chio lâng.

上網掃墓怎麼樣？

家裏的老人用來發洩深刻的感嘆。清明祭祖思親時，發覺老親戚、老朋友愈來愈少啦。環顧一起來培墓的子孫，也是年年減少，不禁嘆息「一年培墓，一年少人」！

　培墓：新築之墓要擇吉日連培三年，且得準備豐盛的牲醴和粿類來祭拜，要燒銀紙，放炮，讓孩子們來「挹墓粿」。還有，遇有新婚，或生男兒，也要培墓。　掛紙：是比較簡單的掃墓，除雜草，清污穢，修崩隙；然後，獻上鮮花水果，並將「墓紙」用小石子壓在墓土上。

看了這句老諺，筆者感慨良深，雖然每次回國都恭恭敬敬掃我阿爸阿母和阿兄，還有義父義母的墓。但祖公的，遠在員林東山之巔峰，也就無力顧及了。雖然，祖孫就是在天相見也不相識；但祖公的墓，總覺得幾分不捨。

不論如何，「一年培墓，一年少人」是現實的代誌。幾年前文化大學調查過北台灣十一所大學，522位學生的「清明掃墓」。結果：49%學生表示今年不會去掃墓；69%學生掃墓不到四次；大部分一至二次；14%一次都沒有掃過。

那麼，他們的理由何在？說是要「避開人潮」，「祖墳太遠」；其實他們著重的是「情人節」和「聖誕節」。(→《自由時報》1999(4.4): 10)眞的，這是可以理解的代誌。

然而，追思親人，思念故人，是一種相當強烈的感情，頗難作罷。面對離散又忙亂的現代人，外國早有許多追思故人的網站，提供種種服務：有紀念館，有墓園，可貼上照片、紀念的詩詞。

電子虛擬的「掃墓」已經引進我國，有好幾個網站提供：中式掃墓，玉皇大帝、觀音、媽祖、土治公齊備；就是西式的，也有天主教或基督教式的可選。

您說，這「不夠誠意」嗎？據經驗過的網友說：雖是虛擬場景，但掃墓的氣氛非常濃烈，在那瞬間確是「如對故人」的心情來進行懷念和追思。(→《自由時報》2001(4.3):11)

這很好，明年若不能回國掃墓，就上網來追思吧。遊鍵至此，思親之情洶湧：「清明不怕人少來，墓可培海角天涯，養育寵愛恩海深，拼湊音容心苦哀。」

（本句另解，參看436.20）

【29】

五月五，龍船鼓，滿街路。

Gō͘-goe̍h gō͘, lêng-chûn-kó͘, moá ke-lō͘.

Gō͘-goē gō͘, lēng-chûn-kó͘, moa kē-lō͘.

轟動轟動扒龍船。

用來形容五日節的重頭戲「扒龍船」：鑼鼓喧天迎龍船到河岸，沿途商家民戶，燒香禮拜，萬人空巷，爭看龍舟競渡，眞是鬧熱無比。

這句俗諺，吳瀛濤先生有詳細的解說：從初一開始，打龍船鼓，燒香點燭，由道士領導，划龍船至水邊，迎水神。迎畢，將龍船置於岸邊，用博杯來定爐主等祭事負責人。初五晨，祭事負責人祭拜龍船，以求競賽勝利。中午，鑼鼓陣迎龍船到河邊。此時，沿途街民燒香禮拜。本句俗語，即言此景。**⑮**

五月五：台灣話叫做「五日節」，北京語叫做「五月節」，漢語是「端午節」。此節和元旦、中秋爲年中三大節。 龍船：傳統的規格，

船長五丈餘，中央寬四尺五寸，高一尺五寸，材質爲台灣樟木；造型有龍頭龍尾，舷有龍鱗，色彩華麗。**⑯**

舊時，五日節要「謝江」，感謝水神，賜水供人飲用，使農田得到灌漑，人命得以生存；同時，要「祭江」，以安撫那溺死、枉死的水鬼冤魂，撫之，嚇之，驅之，以免「水鬼，叫交替」(→334. 03)，使合境得以平安。此一俗信深刻民心，淡水有俚諺說：「淡水河無扒龍船，敢會加添新孤魂。」

現代雖是公辦的龍舟競賽，仍然有某種形式的「祭江」。例如，向海元帥敬酒，獻花，獻果，行禮，並向河裏抛灑銀紙、粽子，以求比賽順利。不過，對於水的感謝，水鬼的驅逐，冤魂的慰撫，卻是日漸淡薄了。

【30】

二龍村划龍船——看人幹譙。

Jī-lêng-chhoan kò lêng-chûn──khoàⁿ lâng kàn-kiāu.

Jī-lēng-chhoan kó lēng-chûn──khoáⁿ lāng kán-kiāu.

比糊塗賽，操三字經。

用來形容划輸龍船，面子難看，吞不下怨氣，於是借題發揮，亂操一通。

二龍村：宜蘭礁溪的二龍村。　*幹譙：罵歹嘴也，惡口嘔吐三字經。*

二龍村划龍船與衆不同，競舟不設裁判，不擊鼓造勢，採取立式划法，由洲尾和淇武蘭兩村壯丁鏖戰終日。因爲競賽萬分劇烈，常有紛爭，轇幹譙處處。相傳他們的龍舟比賽也已經有170餘年了。**⑰**未知，幹譙是否也有170餘年悠久歷史？

看了這句俚諺，頓覺愛笑。佳節蕩舟河中是爲了身體健康，

心靈快樂，敦睦里人。爭啥面子？比賽沒有規則，沒有裁判，又得苦挺終日，肝火難免大燒，幹譙難免也。若是代代如此「幹譙」，二龍村扒的是什麼龍船？

【31】

百日造船，一日過江。

Pah-jı̍t chō-chûn, chı̍t-jı̍t koè-kang.

Pá-jı̍t chō-chûn, chı̍t-jı̍t koé-kang.

�龍船是秀的也。

用來形容製造龍船何等費時、費精神，好不容易造好一隻貫婿的龍船，只有在五日節大顯一日身手而已。

姑不論造龍船所費幾何，我們的龍船從其材質、結構看，**⓲**仍然是非常古式的、傳統的、祭祀趨向的造型，又兼我國缺乏理想的划舟場地，結果「百日造船，一日過江」而後藏之市府，真是太冤枉了龍舟，也遠背全民運動的主旨。

筆者住過的Hamburg，今寓居的Mainz，美麗的大湖大河就在市內。一到夏天，許多男女老幼在划著，泛著各式各樣小舟、帆船；看來悠悠自在，快樂無比——世界級的划舟選手，就在如此環境下誕生。比對之下，覺得我們的扒龍船，「作秀」的成分太過頭，「提倡」的宣傳太高調。

我國河溪池湖不少，但理想的「划舟」處少得可憐，是否應該提升「一日過江」，使成為「百日泛海」的運動。如此也比較符合島國的實況。

【32】

午時水，食肥閣婿。

Ngó͘-sî chuí, chiảh-puî koh-suí.

Ngo͘-sī chuí, chiā-puî kó-suí.

反塑身的午時水。

　　斷言，「午時水」對於瘦皮包骨的人士，對於自覺不夠漂亮的小姐太太有「肥美」神效。

　　其實民間對於端午節十二點正，取自古井的「午時水」，主要是認為它有解熱的功效，特別是和以荣瓜汁。那是西藥未引進我國台灣以前，民間的重要解熱劑。❶不過，說「午時水」有肥美神功，並不奇怪，因為凡是咱台灣的好水，都有肥婿作用。於此，「照井水，面卡美」算是進一步將午時水巫術化了。

【33】

艾草淨身，菖蒲驅邪。

Hiāⁿ-chhaú chēng-sin, chhiong-pô͘ khu-siâ.

Hiāⁿ-chhaú chēng-sin, chhiōng-pô͘ khū-siâ.

驅邪穢艾草菖蒲。

　　斷言，五日節在門口插上一束菖蒲，可以驅魔避邪；用艾草薰身，泡水沐浴可以潔淨身體。

　　艾草：菊科植物，多年生草本。中藥材，艾含揮發油，有水芹烯、畢澄茄烯、側柏醇科成分；有抗菌作用，用來做室內消毒；對支氣管有舒展作用，也可解熱。❷　菖蒲：天南星科植物，多年生草本。中藥材，含揮發油，主要成分細辛醚、石竹烯等，有鎮靜、助消化和消毒作用。可治癲癇、失心、痰迷心竅、神昏，等等。❷

　　這句老俚諺近年來頗能描寫台灣情景。某一年的五日節，「菖蒲」一束難求，商人大賺。據說是因為「由於最近一年來台灣發生了許多重大刑案至今未破，造成民眾對社會治安的憂心，家

家戶戶無不祈求平安度日。因此，端午節在庭前插菖蒲也無形中成了大家共同的心願」。《中央日報》1997(6.10):6)

啊，艾草，艾草！菖蒲，菖蒲！這些草藥竟然被老先人加進許多「神秘能力」，何時也增加了輔助治安的功能。也好，民俗嘛。就請艾草兄，菖蒲姊多多幫忙囉。當然，小心門戶，注意出入爲要！且慢，還有「插松卡勇龍，插艾卡長命」的五日節法寶。

【34】

食菜豆食到老老，食茄人卡會鵤趒。

Chia̍h chhaì-taū chia̍h-kah laū-laū,

　　chia̍h kiô lâng khah-oē chhio-tiô.

Chiā chhaí-taū chiā-ká laū-laū,

　　chiā kiô lâng khá-ē chhiō-tiô.

長命強精午時菜。

用指五日節的菜蔬一定要有「菜豆」和「茄」，因爲：前者供人長歲壽之營養，後者令人增加「鵤趒」的精力。

同類句：「食茄肥到若搖，食豆食到老老。」前一分句，意思是吃茄可能肥得走路搖擺如大象。當知，古人以肥爲福相，爲健康；今反是。

午時菜：五月五日，端午必吃的蔬菜。　菜豆：豆形花科，屬一年生蔓性草本植物，盛產期五到九月，主要產地我國中南部各地。營養豐富，民間咸信它有造血健骨的營養。❷❷　茄：多年生小灌木狀草本作物，做蔬菜爲一年生繁殖。種類頗多，有胭脂茄、麻糍茄、新娘粉紅茄等等，生產期五月至十月。民間相傳它平血壓，防止血管硬化，並有治糖尿病的療效。❷❸　鵤趒：形容男人精力旺盛，性趣勃勃宛如公雞。

【35】

七月頓頓飽，八月攏無巧。

Chhit-goéh tǹg-tǹg pá, peh-goéh lóng-bô khá.

Chhit-goē tńg-tńg pá, peh-goē long-bō khá.

舒解腸胃在八月。

　　用來形容七月份拜拜多，時時處處可能憑神鬼來大吃大喝。但八月份節期少了，沒有什麼可吃的了。

　　頓頓飽：每餐都吃得飽飽的，暗示吃了許多好料的。　　攏無巧：都沒有什麼好吃的了。

　　善哉，幸虧「八月攏無巧」，假使繼續「頓頓飽」，胃腸一定起滾絞。小心啦，神明興弟子窮，恐驚俺某起革命！

【36】

食米粉芋，有好頭路。

Chiáh bí-hún-ō͘, ū hó thaû-lō͘.

Chiā bi-hun-ō͘, ū ho thaū-lō͘.

中秋的神秘食物。

　　用來傳述中秋節的一項祭物和好料；用「米粉芋」來祭拜祖先，祭後吃「米粉芋」，祈求祖靈庇佑，就可獲得到好的職業。

　　看到這句俚諺，使我想念先慈煮的「米粉芋」，半世紀之後猶仍印象深刻，不禁口水倒流。記得她是這樣煮的：選用大檳榔芋（風味比棉芋香），去皮、切大塊，洗淨備用。多蝦、魷魚干切絲，薑、蒜爆香，加入芋頭炒赤，加水湯煮。芋頭熟透時，加米粉滾熟，再加蒜白、鹽味。如此，真是好吃的「米粉芋」了。

【37】

大人亂操操，囡仔愛年都。

Toā-lâng loān-chhau-chhau, gín-á aì nî-tau.

Toā-lâng loān-chhaū-chhau, gin-á aí nī-tau.

年都節到二樣情。

　　用來形容經濟不寬裕的「大人」，到了「年都」莫不爲了要過個像樣的年，而操煩；小孩不知天高地厚，歡喜地吵著要這要那來過新年。

　　有表現得更活潑、更可愛的一句：「大人愛趁錢，囡仔煩惱過年。」啊，何等古錐！「囡仔煩惱過年」，此「煩惱」二字，用得萬分傳神。

　　大人：序大人或家庭經濟負責者。　年都：又做「年兜」，過年前十日內。

【38】

飽年，飽節。

Pá nî, pá cheh.

Pa nî, pa cheh.

年節者，睏吃吃！

　　用來形容台灣人過年過節的情形：暴飲暴食，吃到人人競騎Autobi！君不聞，「新年歌」哀道：「……十二，滲屎！」

【39】

鬧熱有時過，三頓卡要緊。

Naū-jȧt ū-sî koè, saⁿ-tǹg khah iàu-kín.

Laū-jȧt ū-sī koè, sāⁿ-tǹg khá iáu-kín.

餓肚一年，塞腸一頓。

　　用做警語，提醒人過年過節不可浪費，更不該暴飲暴食，而應該注意家計，和平時飲食的營養。

鬧熱：指民俗節日，或神誕日的慶典、祝祭、宴會等等活動。
有時過：像放煙火，好看瞬息而已。　　三頓：指平常的生活，尤指經
濟生活。　　卡要緊：爲應該注意著重的(代誌、事項)。

【40】

乞食，好命八月日，歹命四月日。

Khit-chiah, hó-miā peh goeh-jit, phaiⁿ-miā sì goeh-jit.

Khit-chiā, ho-miā pé goē-jit, phaiⁿ-miā sí goē-jit.

悲喜與共乞食仙。

　　用來形容和台灣社會長相左右的丐友們，隨著民俗悲喜而好
歹命：有八個月之久可唱山歌，有四個月就得唱哀歌了。

　　背景：本句是鹿港俚諺，說的是該地人士，在五六七九，這
四個月忌嫁娶；因此，衆乞友進入不景氣的小月，只能做平常的
乞討——幸虧，七月普渡，有「乞食寮」來供養乞先，有容易乞得
大魚大肉的機會。此外八個月，嫁娶、入厝、開工等等喜事紛
紛，乞友比較容易討得，算是進入好命的月份了。

【41】

乞食望普渡，長工望落雨。

Khit-chiah bāng phó͘-tō͘, tn̂g-kang bāng loh-hō͘.

Khit-chiā bāng pho͘-tō͘, tn̂g-kang bāng lō-hō͘.

難兄難弟有美夢。

　　用來形容農業社會二種邊緣人的妄想：乞友夢見飽醉在肉山
酒池間；長工幻想梅雨連月，可躲在茅舍裏掠虱母相咬。

　　　(本句詳解，參看，「長工望落雨，乞食望普渡。」227.08)

注釋

1. 參看，林茂賢，《台灣民俗記事》(台北：萬卷樓圖書公司，1999)，頁 27。

2. 參看，曉薇，「挽臉：老祖母的臉部美容術」《中央日報》(1994(10.19): 6。

3. 參看，吳瀛濤，《台灣民俗》(台北：振文書局，1970)，頁35；陳正之，《台灣歲時記》(台北：行政院新聞局，2001)，頁204-205。

4. 看，《玉歷寶鈔勸世文》第六殿的一個小地獄。

5. 參看，吳瀛濤，同上引。

6. 這首歌的歌詞歧異，我們參考了吳瀛濤(同上引，頁37-38)和陳正之(同上引，頁25, 27-28)的資料，並針對顯然的新年現象加以修訂。詞句較難的，簡注於下：「初一，早」：家家戶戶很早就「開正」。「初二，巧」：囝婿前來岳家拜年，他是稀罕的貴賓。「初三，睏到飽」，初一、二忙著交際，初三輕鬆休息。「初七，七元」：俗信天地初開，造物主第一日做雞，其後各日造狗，造豬，造羊，造牛，造馬，造人，所以初七屬「人日」；此日，要吃麵線來「抽壽」，延長壽命。「初八，原全」：今日沒有特別行事，照常過日。「初十，有食席」：昨天天公神誕剩下的酒菜可以撐肚。「十一，請囝婿」：老丈人宴請囝婿之日。「十二，㴔屎」：從年底一直吃來，能不拉肚子？

7. 「三陽開泰」，意指正月來到，為你大開吉祥之門；三陽，正月也。「五福」，乃是壽、富、康寧、攸好德、考終命。

8. 參看，陳正之，上引書，頁36。

9. 參看，王崇堯，「元宵的神學啟發」《台灣教會公報》2001(2.18):9。

10. 參看，李清泉，「金吾不禁話上元」《中央日報》1994(3.6):4。

11. 參看，陳正之，上引書，頁39-40；林茂賢，上引書，頁13；劉還月，《台灣的歲節祭祀》(台北：自立晚報，1993)，頁11-18。

12. 見，洪惟仁，《台灣禮俗語典》(台北：自立晚報，1986)，頁55-56。

13. 參看，邱冠福，《南台灣的俚諺探討》(台南：大益出版社，1993)，頁

181。

14. 參看，陳正之，上引書，頁40。

15. 參看，吳瀛濤，上引書，頁15。

16. 參看，吳瀛濤，同上引，頁14。

17. 參看，上引書，頁18。

18. 以大稻埕霞海城隍的「霞城號12」龍船來說，船身長40公尺，重700公斤，材料亞杉，造價55萬元。(→《自由時報》2002(3.22):12)如此重船，實非普遍的划舟運動用船。

19. 參看，「台灣方言之語法和語源」《台北文物》(1958年47卷10期)，頁7。

20. 參看，《中藥大辭典(上)》，頁559-560。

21. 參看，上引書，頁612-614。

22. 參看，吳昭其，「菜豆」《台灣的蔬菜(二)》(台北：渡假出版有限公司，1997)，頁126-127。

23. 參看，「茄」，上引書，頁148-152。

第二節　婚嫁禮俗

本節段落：

嫁娶禮數01-09　忌諱沖剋10-15　婚娶類型16-24　食新娘茶25-25*
轉厝歸寧26-27

【01】

六禮齊到。

Liȯk-lé chiâu-kaù.

Liȯk-lé chiâu-kaù.

正式夫人六禮娶。

　　用來表示按照正式的，完全的結婚禮數：納采、問名、納吉、納徵、請期、親迎，等六禮來成親的。

　　　　（本句詳解，參看524.07）

【02】

就伊的土，糊伊的壁。

Chiū i-ê thô͘, kô͘ i-ê piah.

Chiū ī-ē thô͘, kō͘ ī-ē piah.

查某囝無料奉送。

　　女方親家用來對男方表示聘金分毫不收，但嫁妝、宴客概由貴親家的禮金支理。

　　　　（本句詳解，參看524.12）

【03】

有賒豬羊，無賒新娘。

Ū sia ti-iûⁿ, bô sia sin-niû.

Ū siā tī-iûⁿ, bō siā sīn-niû.

銀貨兩訖好買賣。

　　舊時，無錢免想要娶某。小訂和完聘的禮數雖然可以「量力而為」，但不能免。所以說，沒有賒欠新娘的事。當然，迫不得已，只好借錢娶某了。不過，老先人警告在先：「借錢娶某，生囝無地估！」(→524.22)

　　(本句詳解，參看524.09)

【04】

肉互人食，骨呣互人齧。

Bah hō͘-lâng chiạh, kut m̄-hō͘-lâng khè.

Bah hō͘-lāng chiā, kut m̄-hō͘-lāng khè.

聘禮收受有禮數。

　　用法：一、關於聘禮。用來提醒女方親家收受完聘禮物時，其中的「豬爿」不可全收，只能割下底部一片，其餘奉還，以免失禮。二、一般用法。忍受他人的欺負有一定的限度；太過分的話，「老命，配你凊肉凍」(→632.23*)，拚了！

　　同義句：「食你的肉，無齧你的骨。」

　　背景：咱台灣民間的完聘禮，男方要送給女方十二項禮物，例如，聘金、豬羊(全豬全羊，或豬爿羊爿)、閹鷄二隻、鴨母二隻、喜餅、檳榔、冰糖、冬瓜糖、柿粿、麵線、福圓、耳鈎、手環、布料等等。禮物一定要「雙」項；豬羊不可全收；代表男家福氣的閹鷄、鴨母、福圓如數奉還。不然，親家遺貪萬代，查某囝難免顧人怨。

【05】

食人的餅，就是人的囝。

Chia̍h lâng-ê piáⁿ, chiū-sī lâng-ê kiáⁿ.

Chiā lāng-ē piáⁿ, chiū-sī lāng-ē kiáⁿ.

食餅過戶該覺悟。

父母用來教訓查某囝，說她吃下男方送來完聘的「大餅」，已經是人家的媳婦了。從今以後要多多自覺，時時操練婦道，才能捧得起人家的飯碗。

　　食人的餅：指收下男方完聘的喜餅。

【06】

男清女明。

Lâm Chheng lú Bêng.

Lâm Chheng lú Bêng.

禮服抗清。

用來形容清國時期台灣人婚禮的禮服：新郎身著清國禮服，新娘則穿戴明國的。

背景：清國時期，明鄭舊臣無能反清復明，難嚥淪爲清國奴的怨氣，於是發明「男降女不降主義」，要來討回50%的面子。而這種「意識」的具體表現，就是在結婚之日，新郎乖乖的穿上清國式的「長衫馬掛」，但見新娘憒憒懂懂的頂戴著明國式的「鳳冠」，身穿「蟒襖」，煞像歌仔戲的花妲。

噫，如此反清，如此復明，乃是一種很壞的宣傳，台灣的老公老婆不患精神分裂症也難。

【07】

人未到，緣先到。

Lâng boē-kaù, iân seng-kaù.

Lâng boē-kaù, ên sēng-kaù.

好人緣小巫術。

　　舊時，媒人的粉紅色「咒語」，用來給進房的新娘製造好人緣。

　　背景：新娘轎到了男家，由小舅子或小男孩，手捧著放二粒膨柑的盤仔，來請新娘出轎。新娘用手惜惜二粒柑仔，然後用一個紅包放在盤上回禮。然後，由男方的好命婦人牽新娘出轎；新郎和這婦人高舉轎後帶來的「八卦米篩」，讓新娘從篩下走過，如此以驅除邪魔。新郎牽著新娘向新房走來，前導有媒人，但見她在房間內外和「觀眾」之間大撒鉛錢、鉛粉。❶同時，唸唸有詞：「人未到，緣先到！」真是用心週到，要給新娘製造好人緣，使她得到夫家序大序細的喜愛。

【08】

燒火炭，勢生湠。

Sio hoé-thoàⁿ, gaû siⁿ-thoàⁿ.

Siō hoe-thoàⁿ, gaū sīⁿ-thoàⁿ.

過火新娘生產多。

　　新郎和好命婦人牽著新娘一路走向閨房，房前置有小烘爐，內置微微燃燒的火炭。為了感應熱「炭」來大大生「湠」，新娘得抬高貴足來跨過那烘爐。

　　勢生湠：生殖力強，很會生孩子；**勢**，能力強；**生湠**，百子千孫的生產力和繁衍力。

【09】

伐會過，活百二歲。

Hāⁿ oē-koè, oah pah-jī hoè.

Hāⁿ ē-koè, oā pá-jī hoè.

戶定在此請小心！

　　舊時，媒人給新娘的提醒和祝福：注意別侮辱夫家的門戶，來享受無疆的壽數。

　　伐會過：伐，舉足跨過也。說的是，新娘進入夫家之門，一定要文文雅雅的跨過「戶定」，絕對不可踏或踢。

　　背景：俗信門有門神，戶定有戶定神，而古人認爲女人屬陰，穢氣較重，踐踏戶定乃是褻瀆的行爲。初過門的新娘，當然要尊重夫家的戶定神，它是聖和俗的界限，是夫家和外界的分野，是家庭的門面代表；咸信，新娘踐踏戶定，難免死翁，不然就是死婆。對此大禁忌，媒人的責任是協助新娘順利通過門戶，於是在過戶定時，媒人就一邊提示，一邊唸道：「伐會過，活百二歲。」

【10】

同姓不婚。

Tông-sèng put hun.

Tōng-sèng put hun.

亂倫禁忌？

　　舊時，禁止和父親同姓者結婚，不論這位「同的」自台灣開天闢地以來彼此毫無瓜葛。

　　台灣老先人嚴格而盲目地執行「同姓不婚」，顯然不是爲了防止亂倫，或考慮優生，而是迷信傳說，缺乏知識，沒有獨立思考

的能力所致。此外，我國台灣還有地方性的「異姓」禁止結婚，說是同一祖先，例如，陳胡姚、蕭葉、許柯，等等。

但應該注意的倒是「姑表婚」，那是四等親，含有同一祖母的血緣，有混亂血統，妨害優生的事實，爲我國民法禁止，民俗反對。

> (參看，「二姓聯姻。」523.35；
>
> 「姑表骨肉親，姨表是他人。」514.26；
>
> 「姑表相趁，歸大陣。」523.37)

【11】

無時無候，二九老。

Bô-sî bô-haū, jī-kaú laū.

Bō-sî bō-haū, jī-kau laū.

偕老百年在二九。

斷言，農曆十二月二十九，或三十，乃是黃道吉日，不必擇時，隨時可以「挾做堆」或嫁娶。

二九老：二九日結婚者，可得「百年偕老」之福。　挾做堆：→513.01。

> (本句詳解，參看524.31)

【12】

四月死日，五月誤差，六月娶半年某，

　七月娶鬼某，八月娶土治婆。

Sì-goeh sí-jit, gō·-goeh gō·-chha, lak-goeh chhoā poàⁿ-nî bó·,

　chhit-goeh chhoā kuí-bó·, peh-goeh chhoā thó·-tī-pô.

Sì-goē sí-jit, gō·-goē gō·-chha, lak-goē chhoā poáⁿ-nî bó·,

　chhit-goē chhoā kui-bó·, peh-goē chhoā tho·-tī-pô.

禁結忌婚凶煞日。

俗信，四、五、六、七、八月，結婚不宜，勉強而為，將有死失，或誤翁、誤某、誤父、誤母，等等不幸。

同類句有：「五月某會相誤，六月半年某」；「九月狗頭重，無死某也死翁。」也有將某月做一句的：「七月，娶鬼某」；「八月，娶土治婆。」

顯然，這句老諺是從諧音聯想和歲時祭祀來敷衍的。諧音聯想方面，「四」和「五」關聯「死」和「誤」，都是禁忌，台灣民間深根蒂固地認為大凶。致於，歲時祭祀方面，六、七、八月有所謂的半年節，有鬼月普渡，有土治公神誕日，這在台灣民俗中都是忌諱的日子。

上述，五月除了「誤差」的諧音外，民間還流傳著五月「孤鸞煞」的迷信。那是古歌所唸誦的：「木火蛇無婿，金豬豈有郎，赤黃馬獨臥，黑鼠守空房，土猴無伴侶，木虎定居霜。」❷只要看了這些「火蛇、金豬、赤黃馬、黑鼠、土猴、木虎」，一類的幽暗怪物，心裏頓覺不快，喜氣就被沖散淨盡了。

迷信作用於迷者，而止於智者。我國的「慈悲月推展委員會」強調「日日是好日，月月是好月」。是的！就算是七月「鬼月」，乃是「普渡眾生」的功德月，處處有救苦大愛的祭祀，有何凶煞？再說，目蓮救母出餓鬼道的中元慶贊，原意是孝親，有啥禁忌？

基督教徒是無禁無忌的！因為基督的大愛，什麼都不能使人跟上帝的愛隔絕：不管是死，是活；是天使，是天地間的妖魔鬼怪。(→《聖經・羅馬書》8:37-39)。時空充滿上帝的大愛深恩，所以在基督教文化中，每月有人結婚，每月份的新娘都甚漂亮又有個性，絕對沒有什麼「鬼仔某」或「土治婆」的。歐美雖然也有月份影

響新娘之說，但大多是正面的、可喜的。對照來看：

四月份：歐美新娘，雖愚蠢，卻美麗出眾；台灣新娘，「死失」！

五月份：歐美新娘，美麗又快樂；台灣新娘，「誤差」！

六月份：歐美新娘，性情急躁，但待人寬厚；台灣新娘，「半截」！

七月份：歐美新娘，天生漂亮，但急性子；台灣，「鬼新娘」！

八月份：歐美新娘，和藹可親；台灣新娘，「土治婆」！

九月份：歐美新娘，善交際，聰明又美麗；台灣新娘，「狗頭重」。

其他各個月份的歐美新娘，也都是美而賢的：

一月新娘，善於處理家務。

二月新娘，是賢妻良母。

三月新娘，心直口快。

十月新娘，善妒，但非常聰明。

十一月新娘，和善寬厚。

十二月新娘，喜神奇，愛娛樂。

其實，台灣新娘99%賢慧又美麗，哪會輸給歐美新娘。若會輸，就是輸在台灣人的迷信，君不見，七、八月的美新娘被醜化做什麼「鬼仔某」、「土治婆」。

【13】

十九無嫁，二五無娶。

Cha̍p-kaú bô kè, jī-gō͘ bô chhoā.

Cha̍p-kaú bō kè, jī-gō͘ bō chhoā.

嫁娶年歲有禁忌。

　　舊時，命相家之說，斷言女人十九歲，男人二十五歲，結婚不宜。

　　　（本句又見，524.19）

【14】

睏空鋪，唔死翁，嘛死某。

Khùn khang-pho͘, m̄-sí ang, mā-sí bó͘.

Khún khāng-pho͘, m̄-si ang, mā-si bó͘.

鴛鴦成雙沐愛河。

　　用指結婚的新床忌獨睡或騰空。婚禮前幾天，安了新床之後，不許準新郎獨睡，必要由一個男孩做伴；就是新婚一個月內，新床也不可空。

　　題外話，但願這種迷信已經沒有人相信。若真的要篤行「男孩做伴」睡覺，未知有沒有給這個小男孩什麼「安全措施」？當知，有多少小孩「失身」於親人、熟人身上！

【15】

喜沖喜。

Hí chhiong hí.

Hí chhiōng hí.

無雙喜。

　　斷言，兩隊迎新娘的嫁娶行列相遇時，喜氣可能被對方奪走，而轉吉為凶，眞是大大不祥。

　　相關句有：「喜不見喜，王不見王」；「凶沖喜」。後一句「凶沖喜」，指迎新娘遇到喪葬「出山」。這當然是大忌諱，但有安全措施：新娘嫁出門時披上的「蓋頭」──舊時有「黑頭巾」，或科第之家的「紅頭巾」──有百邪不侵之功力，可保護新娘十分平安。

　　背景：為什麼有「喜沖喜」的觀念？可能是來自「福不雙至」的福氣觀，再加上強欺弱，好命人騎在歹命人頭上的實際經驗形成的吧。

　　舊時農村的「喜沖喜」發生的機率頗高，因為結婚大多在農閒期，而在此期間中的「好日」又是根據同一本《曆書》來決定的。再說，迎娶新娘的路線也沒有彼此商量來事先劃定，所以嫁娶行列相遇並不稀奇。然而，一切「禁忌」都有化解的辦法：但見媒婆趕快進行「換花」，二位新娘交換彼此頭上插的簪花。如此一來，也就喜上加喜了。

【16】

順孝娶。

Sūn-haù chhoā.

Sūn-haú chhoā.

喪中婚。

　　用指結婚的一種時機，就是在訂婚後，若男方有祖父母，或父母不幸逝世，準新娘就要來送「出山」；同時，男方在百日內要來娶她入門。

　　順孝娶：帶孝期間來娶某。

【17】

抽豬母稅。

Thiu ti-bú soè.

Thiū tī-bu soè.

香火協議。

　　用來叙述婦人和她所贅的丈夫，分配子女姓氏歸屬的原則。這樣，使入贅者仍然可以保有自己的姓氏，使香火有所繼承。

　　按照咱台灣慣俗，「抽豬母稅」是這樣的：長子從母姓，老二從父姓，如此順推。但可自行約定，全部從母姓，或採取複姓都是可以好好商量的也。

　　　（參看，「有一碗通食，啥敢互人贅。」524.34）

【18】

若會絕三代，也毋賣大燈。

Nā-oē choa̍t saⁿ-taī, iā-m̄ bē toā-teng.

Nā-ē chē sāⁿ-taī, iā-m̄ bē toā-teng.

出贅？免談！

　　斷言，絕不出贅，就是會三代死絕，也沒有考慮的餘地。

　　背景：台北市作家古山先生注本句俚諺說，從前結婚時，男方在大門上要高掛一對大燈，上寫祖籍堂號和一個大大的姓氏，此謂之「吊大燈」。如有家貧子弟無力娶妻而被人招贅，因得改爲女方姓氏，就不能吊大燈，這就是「賣大燈」。在重宗族的年代，這是很不體面的事。*（→「台灣精諺」，《自由時報》）*

　　　（關於「贅婿」諺語，請參看524.31－37）

【19】

也無死，也無大，也無廢親，也無來娶。

Iā-bô sí, iā-bô toā, iā-bô hoè-chhin, iā-bô laî-chhoā.

Iā-bō sí, iā-bō toā, iā-bō hoé-chhin, iā-bō laī-chhoā.

小新婦仔大怨嘆。

　　舊時，小養女用來怨嘆。因為她的養父母沒有按照慣俗，在她成年後把她嫁人，只把她當做婢女，使她虛度青春。

　　背景：台北市作家義莘先生注本句俚諺說，從前台灣養女之風頗盛，俗稱「飼新婦仔」。養女被當做婢女看待，長年勞役，逆來順受；成年後，養父母對其終身大事有所忽略，女孩眼見歲月蹉跎，青春將逝，不免心焦。

　　傳說有個新婦仔在廚下自嘆命薄，口裏大唸這句哀諺。不巧被養母聽到，責問她怨嘆什麼？但聽她回答說：「我是在唸灶火細，煮飯也無滾，也無爛，也無柴火菅榛，若無著上山扱柴。」

（→「台灣精諺」，《自由時報》）

【20】

指腹為婚。

Chí-pak uî hun.

Chi-pak uī hun.

生前定婚。

　　用指台灣人的一種很特別的婚姻方式：二個好朋友，眼見彼此的賢內助身懷七、八甲，於是口頭約定，若是彼此生得一男一女，就讓他們成親；若是同性，則結為兄弟、姊妹。

　　衆所周知的，這種訂婚頗有麻煩，因為日後家長感情、生活等等都可能發生大變化，異議可能隨之發生。男女當事人成人後

也可能另有愛戀，若是不幸一方早逝，按俗舉行冥婚，也是相當無聊的代誌。噫，舊頭腦的老父可能會耍耍權威，舊時有「指腹為婚」，現代有「代父娶某」。

【21】

姑換嫂。

Ko˙ oāⁿ só.

Kō˙ oāⁿ só.

親上親？

　　我們台灣婚姻方式之一：女兒嫁給媳婦的兄弟，或自己的孩子娶女婿的姊妹。

　　這乃是兩個親家的子女交換婚姻。但俗信如此將有一方不利，所以有「姑換嫂，一頭好，一頭倒」之說。(→523.38)

【22】

姑表相趁，歸大陣。

Ko˙-piáu sio-thīn, kui toā-tīn.

Kō˙-piáu siō-thīn, kuī toā-tīn.

親上加親處處有。

　　舊說，用來支持「姑表」兄弟姊妹之間的結婚。說的是，姑表婚的人多得很啊！

　　　　（本句詳解，參看523.37）

【23】

母囝對父囝。

Bú-kiáⁿ tuì pē-kiáⁿ.

Bu-kiáⁿ tuí pē-kiáⁿ.

兩家大配對。

　　婦人再嫁，同時她和前任丈夫所生的女兒，也嫁給她的現任丈夫的孩子。

　　同義句：「母仔，嫁父仔」；「父仔接母仔。」(→524.30)

　　母仔：繼母；用「仔」來分別她是繼後的。　父仔：繼父也。

【24】

娶神主牌仔。

Chhoā sîn-chí-paî-á.

Chhoā sīn-chi-paī-á.

未婚孤娘，請！

　　用指迎娶神主牌當做正堂來祭祀的「婚姻」。說的是適婚年齡的女兒，在未訂婚前逝世，家人必要為她主持冥婚，將「她」嫁人。

　　相關俚諺：「嫁神主」，未婚妻死亡，將她的神主嫁到未婚夫家，當做他的妻子來接受祭祀，兩家因此得以繼續姻親關係。

　　孤娘：在未訂婚前逝世的適婚年齡的小姐。

　　這種「娶神主牌仔」的婚姻方式，是通過媒人介紹的。一般情形是，男方貧窮無力娶妻，於是利用女方贈送的祭祀金來做結婚費用。結婚時，神主牌乘「黑轎」先到，將其神主安置在神桌後，新娘的「紅轎」才可娶進門。日後，再擇吉日將神主牌合祀於男家的歷代祖宗牌位，以享受萬代香火。❸

【25】

來食新娘一杯茶，互妳二年生三個；

　一個手裏抱，二個土腳爬。

Laî-chia̍h sin-niû chi̍t-poe tê, hō͘ lí nn̄g-nîⁿ siⁿ saⁿ-ê;
　　chi̍t-ê chhiú-nih phō, nn̄g-ê thô͘-kha pê.
Laī-chiā sīn-niû chi̍t-poē tê, hō͘ lí nn̄g-nîⁿ sīⁿ sāⁿ-ê;
　　chi̍t-ê chhiú-nih phō, nn̄g-ê thô͘-kha pê.

增產報國新娘茶。

　　食新娘茶的場合，用在新娘敬茶時說的喜句。

　　喜句的形式不一，但都得對好腳韻，並針對新娘來喧鬧、取笑、祝賀，迫使新娘「既歡喜又見笑」，以渲染歡喜輕鬆的氣氛。

　　食新娘茶是比較親近的親人朋友在喜宴後留下來食茶的。新娘一一奉甜茶，又用蜜餞、多瓜敬客。貴賓手接甜茶時要講「好話」，或要新娘猜謎、表演。飲畢，新郎和新娘收杯，此時賀客可再唸喜句。

　　民間流傳著許多喜句。下列就抄幾句來看：
　　請新娘出房時：

　　　　新娘猶在房間內，唔知是值做啥代；
　　　　人講新娘生真婿，妳嘛出來阮看覓。

　　接受新娘茶時：

　　　　新娘正粧，學問相當；
　　　　國語會通，腹內會通。
　　　　眠床四角，蚊罩空殼；
　　　　新娘睏坦笑，新郎睏坦覆。
　　　　四門六親看新娘，鼻仔平平毛又黃；

今年來食新娘茶，明年來食麻油雞。

收茶甌時：

　　茶盤淺淺，茶甌顯顯；
　　皮包仔空空，只有剩二仙。

結束食茶：
　　新娘眞古意，鬧久新郎會受氣；
　　大家量早返，互恁通去變把戲。❹

　　顯然的，喜句大多集中在「性趣」上面，可能是舊時代保守得太過分，只得藉機發揮解放吧。還有，喜句也不離「生囝」，反映著傳宗接代爲結婚的重大使命。時代不同了，未知台灣鄉親發明了什麼新喜句？

【26】

暗暗扸，生卵脬。

Àm-àm sa, siⁿ lān-pha.

Ám-ám sa, sīⁿ lān-pha.

做客娘家遲遲轉。

　　斷言，新婚做客，當天回男家必須等到日落西山時方回，如此新娘就可一索得男。

　　暗暗扸：摸黑而行。　生卵脬：生男，不是育女；卵脬，鳥鳥。

　　背景：結婚後第三日，或十二日，或一個月，新婚夫妻回女家「做客」，也就是「歸寧」。做客必要帶攜手禮品，新郎贈紅包給

泰山太水；岳家設宴招待，也請親朋作陪。如此會親，老丈人要
回贈新郎紅包，禮金是新郎所贈的加倍。夫妻要到夜晚，才由新
郎的弟妹接回。回來時不能空手，要帶回「烏路鷄」一對，甘蔗欉
二株，還有第一次做客的「米糕」——第二次有「紅桃粿」，但後來
每年回一次家的「一年一歸寧」，娘家就不再送這類禮物了，所以
俚諺有言：「頭擺糕，二擺桃，三擺食無。」眞可憐，第三擺以後
就「食毛」了。

【27】

閃冬，則會輕鬆。

Siám tang, chiah-oē khin-sang.

Siam tang, chiah-ē khīn-sang.

新娘學生放暑假。

宜蘭特有婚俗。說的是出嫁滿四個月的女兒，可以在六月初
六、十六或二六等日子，回娘家度假。

舊時，嫁出的查某囝連續三年沒有回娘家的話，以後就不准
回來，除非請得當家的同意，但還得等待家有喜事的時候從後門
趕進來。❺

相關句有：「五月尾轉去歇熱，六月初轉來快活。」這也是宜
蘭鄉親疼愛查某囝的慣俗。

閃冬：閃，逃避；冬，年冬，收成期。說的是閃開收穫季節，回
娘家度假，因「六月」閃冬，所以是「歇熱」，暑假也。

注釋

1. 所謂「鉛錢」，就是鉛鑄的假錢；「鉛粉」是包在紅紙裏的鉛塊磨成的粉末。

2. 這首歌是相士的歌訣，指出所謂「凶煞」的日子：木火蛇爲乙巳、丁巳日，金豬爲辛亥日，赤黃馬爲丙午、戊午日，黑鼠爲壬子日，土猴爲戊申日，木虎爲甲寅日。這些日子是所謂的「孤鸞日」，民間極爲忌諱，不宜結婚。

3. 參看，吳瀛濤，《台灣民俗》，頁143-144。

4. 參看，同上引，頁135-139。

5. 參看，趙莒玲，《台灣開發故事》，頁358。

第三節　喪葬禮俗

本節段落：

喪葬準備01-09　父母之喪10-17　夫婦之喪18-20　子媳之喪21-22

喪禮慣習23-36　有關感想37-47

【01】

男正，女倒。

Lâm chiàⁿ, lú tò.

Lâm chiàⁿ, lú tò.

壽終正寢。

　　指出臨終時「徙舖」的喪俗，即是將臨終者移到正廳，使他躺在臨時舖設的舖子上。男人設舖在廳的正旁，右側；女人在倒旁，左側。

　　俗信人不可死在眠床上，認爲死者的魂神將懸留在床中，不得超生，所以臨終前必須徙舖。咸信，死者過世於正廳最好，那是最安定的逝世之處，也即是所謂「壽終正寢」。同時，徙舖「提醒」臨終者自己就要逝世，該向家人留下交代、遺言。

【02】

死查埔扛去埋，死查某等候外家來。

Sí cha-poꞏ kng-khì taî, sí cha-bóꞏ théng-haū goā-ke laî.

Si chā-poꞏ kňg-khí taî, si chā-bóꞏ theng-haū goā-ke laî.

報喪外家請驗屍。

　　舊時，沒有法定死亡證明制度，死了男主人，喪家可以自行

辦理喪葬；但死了女主人或媳婦，就得等候外家來「驗屍」。看是否死得自然，是否被子女忤逆而死，是否被夫家苦毒致死。萬一有所「嫌疑」，則訴之官府做進一步查驗。

相關句：「死某扛去埋，死翁等候後頭來。」第二分句的意思是，死了丈夫的年輕寡婦若要再婚，就得由娘家出面來設法婚事。

【03】

有祖接祖，無祖接石鼓。

Ū-chó͘ chiap chó͘, bô-chó͘ chiap chiȯh-kó͘.

Ū-chó͘ chiap chó͘, bō-chó͘ chiap chiō-kó͘.

請石大舅做見證。

舊時，主母或媳婦之喪，都要向她的外家報喪，恭請舅父大人來「檢驗」。如果外家沒有母舅，或者阿舅無法前來，則喪家要到郊外搬回一塊石頭來代替他。❶

【04】

放手尾錢，富貴萬年。

Pàng chhiú-boé-chîⁿ, hù-kuì bān-nî.

Páng chhiu-boe chîⁿ, hú-kuì bān-nî.

遺產豐富吉祥多。

入殮前，象徵地分得死者給錢的儀式。這是將預先置於死者袖裏的制錢二十文取出，分給子孫，並用紅棉線穿過方孔，繫於手上。

本句，有單獨用第一分句「分手尾錢」者。相關俚語有「分手尾物」，臨終時分得死者的遺物，如金飾、珠寶，或比較高級的衣物。

　　顯然的，「分手尾錢」僅是一種儀式。死者若有財產者，大多在他生前會妥當處理，或分戶時已經登記給各個子女。衆所周知，今之富人、名人、有力者，或一般有識之士，則通過律師來立「遺囑」，交代遺志，處理遺產遺物。

【05】

查某囝哭腳尾。

Cha-bóʼ-kiáⁿ khaù kha-boé.

Chā-boʼ-kiáⁿ khaú khā-boé.

生死兩界心苦哀。

　　用指父母之喪，查某囝須在遺體的腳尾啼哭示哀，以表現感恩孝心。

　　壽終正寢後，就在遺體蓋上一片白布，中央縫著一塊紅綢「水被」，以銀紙爲枕頭，並在死者腳尾供「腳尾飯」，燒銀紙，點香燭，進行哭腳尾的禮數。嫁出的查某囝接到訃音後，隨即沿途哭泣「哭路頭」而回。既已入門，就得大哭大哀，啼哭得有調有詞：「我父啊……也無通加食十年八年，通來成囝成兒啊……我父啊……」顯然，這是一種型式的，儀禮的啼哭；今之查某囝大都不會「哭」，常有職業哭手代勞。

【06】

白布衫，白布裙。

Peʼh-pòʼ saⁿ, peʼh-pòʼ kûn.

Pē-póʼ saⁿ, pē-póʼ kûn.

潔白壽衣示貞節。

　　特指女人在彌留狀態時，或斷氣後，穿的壽衣之一。這套壽衣原是她出嫁時所穿的貼身的白布衫裙。致於男人的壽衣，則是

生前誕辰時查某囝所贈送的「張老衫仔褲」。

　　相關俚諺：「若無三領衫，唔敢出山。」壽衣必要三層以上，不准偶數和九數。

【07】

腳尾飯，腳尾紙。

Kha-boé pīng, kha-boé choá.

Khā-boe pīng, khā-boe choá.

錢糧具備遊地府。

　　用指在死者腳下供獻祭飯和燒銀紙，讓死者的靈魂進入陰間之後，一路有食的，有花的，有向陰司貪官行賄的，以期減免抽腸剝肚酷刑，甚至可能「保外就醫」。

　　腳尾飯：在死者腳下供祭的一碗米飯，其中置有煤熟的鴨蛋一粒，直插的竹筷二枝。　　*腳尾紙：在死者腳下燃燒銀紙。*

【08】

買大厝，大富貴。

Bé toā-chhù, toā hù-kuì.

Be toā-chhù, toā hú-kuì.

陰府世界有巨宅。

　　購買棺木時的委婉語，稱「棺柴」為「大厝」也含有化凶為吉的意思。

　　同義句：「買壽板，買大厝。」相關句：「大厝大觺觺，百年乃一喪，兄不見弟死，父不見子亡。」[Toā-chhù toā-khōng-khōng, pah-nî naí it-song, heng put-kèn tē sú, hū put-kèn chú bông.]這是接棺的儀文，當「大厝」運達喪家門口時，接棺者口說此語；意指喪事一世紀僅一次，也沒有白髮送黑髮的事。

　　民間對棺柴有些禁忌，例如，所謂的「空棺煞」。據四代經營壽器店的老闆，中和市的林錦堂先生說，空棺煞是空棺抬送喪家途中，有些看見的人會被空棺「煞著」，所引起的心身不安。此時，患者就得到棺木店，拿未售出的棺柴所刨下的棺木皮，帶回家燒成灰服下，就可祛除。

　　林先生又說，有人認為「棺材」是吉利的東西，因為「棺」諧音「官」，意涵「升官」，而「材」關聯「財」。所以有佩帶小棺材為飾物，好用來趨吉避凶。（→《自由時報》1998(3.12)15）從語音來看，棺材理解做「升官發財」，可能是北京語諧音的結果。

【09】
死人，拎桃枝。

Sí-lâng gīm thô-ki.

Si-lâng gīm thō-ki.

陰府惡犬桃枝打。

　　用法有：一、入殮時的習俗，讓死者手中握住一根桃枝，好當做跋涉陰間崎嶇路途的枴杖；遇到陰犬追襲，也可用來驅逐。❷二、喻指固執不通，冥頑不靈的人。

　　（本句有解，參看231.22）

【10】
死父扛去埋，死母等候後頭來。

Sí-pē kng-khì taî, sí-bú théng-haū aū-thaû laî.

Si-pē kng-khí taî, si-bú theng-haū aū-thaû laî.

母喪有待母舅驗。

　　用指父喪，子女可以做主按照應有的儀禮來埋葬父親；但是，母喪就得向母舅報喪，待他看過遺體，查無虐待不孝，而是

歲壽該終，而後才可入斂。

後頭：娘家的人，特指母舅大人。

　　傳統喪俗的「等候後頭來」不僅是禮節，兼有母舅扮演「法醫」和「檢察官」的用意，看看自己的姊妹是否自然的死亡。其實，只要不是死得離奇，就是明知子女不孝，外頭也鮮有挑難者。今日台灣民間仍然維持這種「報外頭」的風俗，但埋葬許可有法律控制，由醫師開具死亡證明書，而後才可進行埋葬。

【11】

死父死母眾人扛，死翁死某割心腸。

Sí-pē sí-bú chèng-lâng kng, sí-ang sí-bóʼ koah sim-tn̂g.

Si-pē si-bú chéng-lāng kng, si-ang si-bóʼ koá sīm-tn̂g.

傷親失偶痛不同。

　　用來形容父母親和夫妻的逝世各有不同感受。父母逝世雖然哀戚，但究竟是一家之喪事，又有兄弟姊妹互相安慰，分擔安葬父母的責任；致於翁某的別世，則是翁或某一方的大事，苦哀和喪葬都得自己承擔。

　　本句修辭是對偶異對格，「死父死母」和「死翁死某」成偶相對，而感受卻是相當不同，乃是「眾人扛」和「割心腸」的分別。

　　同類句有：「死父死母眾人扛，死著親翁割心腸」；「母死眾人喪，某死割心腸」；「母死眾人喪，某死割心腸；因何有此事，仔細好思量。」

【12】

麻衫無吊上壁，無算囝。

Moâ-saⁿ bô tiàu-chiūⁿ piah, bô-sǹg kiáⁿ.

Moā-saⁿ bō tiáu-chiūⁿ piah, bō-sńg kiáⁿ.

下山才算人之子。

斷言，為人子者，必要完成埋葬父母的重大責任，如此才算是他的兒子。

麻衫無吊上壁：喻指孝男一切完成了父母的喪禮；麻衫，孝男的喪服。

【13】

有男歸男，無男歸女。

Ū-lâm kui lâm, bô-lâm kui lú.

Ū-lâm kuī lâm, bō-lâm kuī lú.

兒女的最後責任。

斷言，辦理父母的喪事是兒女的責任。死者有後生的，則由後生負責治喪；只由查某団的，則由查某団負責。

顯然的，這是舊時代多子女，少遷徙的家庭和社會為背景所產生的習俗。現代人，獨身的獨身，不生育的不生育，親子分離的分離，關係惡劣的惡劣，使「有男歸男，無男歸女」成為難度極高的代誌。君不聞，咱台灣也已經有「屍臭報喪」的慘事。噫！

【14】

死母路頭遠，死父路頭斷。

Sí-bú lō·-thaû hng, sí-pē lō·-thaû tng.

Si-bú lō·-thaû hng, si-pē lō·-thaû tng.

死母死父兩樣情。

用來描述查某団對於母喪和父喪的兩種不同心情。

背景：所以有「死母路頭遠，死父路頭斷」，主要是母女與父女的親密關係和利害衝突所造成的。母女可以談心，交流著深刻又細膩的關懷，暢談女人間的「公開秘密」。若是阿母不幸歸天，

慈聲關懷已杳，查某囝一想到娘家，眼睛就下雨，娘家之路遙遠
難行矣。

有錢爸過往的話，常見的問題是遺產分得不公平，不清楚，
兄弟姊妹爭的爭，不爭的心理怨恨。若阿哥小弟無親，又是驚某
的大丈夫，再加上阿嫂妗仔驕矜，毫無親人意識，查某囝一想到
娘家這些壞蛋，頭就衝血，腳也酸軟，娘家的路頭能不斷絕？

【15】
後生哭家伙，新婦哭面皮，查某囝哭骨髓。

Haū-siⁿ khaù ke-hoé, sin-pū khaù bīn-phoê,
　　cha-bó͘-kiáⁿ khaù kut-chhoé.

Haū-siⁿ khaú kē-hoé, sīn-pū khaú bīn-phoê,
　　chā-bo͘-kiáⁿ khaú kut-chhoé.

情感有異哭不同。

用來描述父母、舅姑死亡時，哭的不同理由：分別是為了遺
產，為了禮儀，為了親情而哭。

相關句：「新婦哭禮數，查某囝哭腸肚。」說，新婦哭舅姑，
哭大家大官，要哭得有型有式；哭的真情假意任人評論，但禮數
一定要到。致於查某囝哭父母，就必要哭得驚天動地，愁雲慘
霧，因為那是哭腸肚的也!?

噫，做為一個台灣人真困難，哭是按照不同角色和情景來實
踐的，哭的感情度和藝術性還得經得起村長老的評鑑，自己良心
的審判。曾幾何時，誕生做嬰孩要為呼吸而啼，為生命而哭；長
大成人的哭，有時變得是是非非，真真假假，複雜得不得了。因
此，「淚」也演化出高度的凝固性和揮發性。

姑不論儒教傳統的「哀父叫母」是否虛偽，但知哭的要求太

高，技術太難，結果製造出「哭女」來應市表演「哭父哭母」。噫，逝者有知，會有什麼感想？

　　（參看，「卡慘孟姜女，哭倒萬里長城。」214. 14）

【16】

查某囝七。

Cha-bó͘-kiáⁿ chhit.

Chā-bo͘-kiaⁿ chhit.

三旬祭拜。

　　父母之喪，嫁出的女兒在出葬後「三旬」時，回家奠祭。經濟條件比較好的，則查某囝和女婿要為岳父母做功德。

　　三旬：民間稱為「查某囝旬」，出葬後的第三個七日為「三旬」；但旬祭的「旬」並不都是七天為期，民間有減日的做法。　做功德：由僧道誦經，女婿獻上豐富祭品，恭讀祭文，儀式隆重。是夜，喪家設宴回謝。

【17】

有孝後生來弄鐃，有孝查某囝來弄猴。

Iú-haù haū-siⁿ laî lāng-laû,

　iú-haù cha-bó͘-kiáⁿ laî lāng-kaû.

Iu-haù haū-siⁿ laī lāng-laû,

　iu-haù chā-bo͘-kiáⁿ laī lāng-kaû.

大孝娛親師公戲。

　　斷言，有孝的兒女為要讓逝世的父母高興，於是延請道士來「弄鐃」，又「弄猴」。

　　弄鐃：做功德之後，師公要弄鐃鈸、雜耍，等等特技來歡娛逝世的父母之靈。　弄猴：表演師公戲，如《目蓮救母》等戲齣，因為穿插

些鄙野詼諧，頗不堪視聽，故鄙夷做弄猴。

　　舊時民間認為如此不惜花費，來給過往的序大人做功德，弄鐃弄猴，就是師公所宣揚的「三年乳哺兒報本，十月懷胎女謝恩」，也是村長老所稱許的真孝子，正孝女。我們相信，為人子女者，應該都知道如此弄鐃、弄猴並非「報本謝恩」之正道，只是太遷就傳統，積習難改。

【18】

死某換新衫，死翁換飯坩。

Sí-bó͘ oāⁿ sin-saⁿ, sí-ang oāⁿ pn̄g-khaⁿ.

Si-bó͘ oāⁿ sīn-saⁿ, si-ang oāⁿ pn̄g-khaⁿ.

衣服飯桶夫妻緣。

　　用來開化夫妻情關，也用來諷刺缺乏情愛的翁某，說死翁死某沒什麼了不起，不過如人破衫換新，長期飯票愈期補發而已矣。

　　同類句有：「死某換新衫，死翁折扁擔」；「死某假若割韭菜，死翁假若換破蓆」。前句說，死了丈夫，如挑夫折斷扁擔；喻指寡婦難以挑起家庭重擔，真辛苦也。後句，明言妻死，如農夫收割韭菜，很快再生，很快再娶；丈夫之死，也只不過像破草蓆換新而已。

【19】

死太太踏破磚，死老爺無人扛。

Sí-thaì-thaì tảh phoà chng, sí laū-iâ bô-lāng kng.

Si-thaí-thaì tā phoá chng, si laū-iâ bō-lāng kng.

情面盡看大老爺。

　　斷言，弔客盈門與其說是祭死人，不如說是弔慰活人。說，

老夫人逝世，衆人看在老爺份上，弔唁紛紛，廳堂磚板爲之穿。
萬一，老爺先走一步，老夫人份量不足，連老爺的棺木也沒有人
抬。

　　同類句有「死某踏破磚，死父無人問」和「死太太踏破廳，死
老爺人人驚」。這兩句的第二分句，指出老爺一死，也就沒有人
理睬太太，從「無人問」，沒有人理睬，等而下之，落到「人人
驚」，逃而閃之。噫，正是：「人在人情在，人亡人情亡！」(→
636.27)

【20】

女死男門斷，男死女轉厝。

Lú-sí lâm-mng tng, lâm-sí lú tng-chhù.

Lú-sí lām-mng tng, lâm-sí lú tng-chhù.

裙帶關係薄似紙。

　　斷言，維繫岳家的關係盡在嫁來的這個女人，若是她不幸逝
世，男方和女方的關係會日漸疏遠，終而斷絕往來。致於年輕，
尚未生育的媳婦喪夫，則大多回娘家而後再嫁。

　　門斷：兩家斷絕往來。　　轉厝：回家，回娘家。

【21】

死新婦好風水，死後生斷腳腿。

Sí sin-pū hó hong-suí, sí haū-siⁿ tng kha-thuí.

Si sīn-pū ho hōng-suí, si haū-siⁿ tng khā-thuí.

新婦後生痛有異。

　　用來諷刺對新婦懷有大偏見的惡婆婆。這種大家視媳婦如糞
土，若她不幸逝世，大家不但不難過，還說啥給新婦看了一門好
風水。若是自己的兒子死了，她呼天搶地，要死不活，如被斬斷

雙腿。

【22】

死查埔死一房，死查某死一人。

Sí cha-po˙ sí chi̍t-pâng, sí cha-bó˙ sí chi̍t-lâng.

Si chā-po˙ si chi̍t-pâng, si chā-bó˙ si chi̍t-lâng.

全郎vs.周飼。

　　用來形容家庭中男人的重要性和女兒的不重要，說什麼男人之死是一「房」的消失，但死了女兒只不過是死了她一個人。

　　本句的修辭式是對比同對格，說同樣是個「死」，但比對男兒和女兒之死，卻有「死一房」和「死一人」的輕重之別。

　　房：家族的一支，延續家族，繼承家業的最小單位；通常說的是家庭中長大成人，而已經分業的兄弟，有大房、二房、三房、尾房之稱謂。

　　噫，宗法社會造成重男輕女心態，查某囝在家庭中的「無地位」，在這句俗諺表露無遺。但是，若要說舊社會中女孩「無路用」並不完全正確，君不聞，查某囝還有什麼「哭腳尾」的功能。如此愚昧思想，人人重生男，不重生女，結果就如同現代大多數中國人選擇男嬰的「一胎化」現象，其惡果將在近年中製造出30,000,000羅漢腳。眞慘！冥頑落後的思想，乃是毀滅生命的病毒。

　　（參看，「要生查某囝，則有人哭腳尾。」532.21）

【23】

死囡仔，放水流。

Sí gín-á, pàng-chuí laû.

Si gín-á, páng-chuí laû.

迷信害人如死犬。

舊時的迷信邪說。老先人妄信死嬰必要將之丟進溪流大圳來餵魚，以免其邪祟而妨礙母親日後的生育。

自從日據時代以來，台灣已經沒有人相信此說，若有死嬰，莫不慎重埋葬，免得野狗侵犯。顯然的，這是唐山惡質文化的毒素，曾經宰制著老台灣人的心靈。

看了這句老諺，聯想到現代中國有關對「孤兒」的暴行事件：1995年六月間英國電視播出，廣州國營孤兒院蓄意餓死數千名女嬰兒與幼兒，但見許多女嬰與幼兒被綁在竹椅上，長時間沒有人照顧；廣西也有類似驚人內幕。(→《中央日報》1995(7.25):4)可憐的孤兒，真是死嬰不如！弱小生命毫無價值，難道是中國的文化傳統嗎？哀哉！

【24】

男倒，女正。

Lâm tò, lú chiàⁿ.

Lâm tò, lú chiàⁿ.

左父右母孝有別。

用來說明帶孝的方式。父母逝世，居喪期間必要帶孝：父喪，帶孝於左臂；母喪，右臂。

帶孝[toà-hà]：按輕重而別，男有白藍青黃四色，用絨線摺縫小球佩之。男佩左腕，女結於頭髮。待至除靈後依上述顏色遞換。❸

【25】

查某囝五花孝，乾仔乾孫紅爆爆。

Cha-bó͘-kiáⁿ gō͘-hoe hà, kan-á kan-sun âng-phà-phà.

Chā-bo͘-kiáⁿ gō͘-hoē hà, kān-a kān-sun āng-phá-phà.

兒孫喪服示哀榮。

　　形容父母之喪查某囝的帶孝非常複雜，眞是「五花」得厲害；但見「乾仔乾孫」穿戴紅色孝服，哀傷裏突現喜氣，象徵著五代繁昌，家族的生命力強盛得不得了。

　　查某囝五花孝：女兒未出嫁的和男兒同樣帶粗「麻」，但出嫁的查某囝就得帶「苧仔」[*tē-á*]，細麻。還有，換孝的時間查某囝也按是否出嫁而有所不同，未嫁者，七旬換孝；已嫁者，三旬。眞是複雜得令人眼花撩亂。　乾仔乾孫：乾仔孫，曾孫也。

【26】

衆人喪，無人扛。

Chèng-lâng song, bô-lâng kng.

Chéng-lāng song, bō-lāng kng.

凶日治喪人人驚。

　　用法：一、斷言某些特定的日子，忌諱出山埋葬，俗信在這日衆人可能被煞，連那些專門抬棺的土公先生也不敢造次。二、諷刺地，喻指會連累衆人，沒有人願意做的私事或公事。

　　衆人喪：在某些凶日，辦入木、出山、除靈、合爐等喪事，將會有人被煞死，這已經不是一人喪，而是衆人的喪事了。這些大忌諱的日子，曆書都有記載，如元月甲日，二月乙日等等，每月都有。據說，若一定要在這些凶日治喪，則要事先請道士來制煞。❹

【27】

孝男擒棺。

Haù-lâm khîⁿ koan.

Haú-lâm khīⁿ koaⁿ.

陽不捨陰。

用法：一、民間喪葬儀禮之一，孝男依偎在抬棺旁哭泣，狀甚不捨自此天人永別。二、用來責備人處事總是死纏不清。這是傷人重罵，不用爲宜。

【28】

師公頭，和尙尾。

Sai-kong thaû, hoê-siūⁿ boé.

Saī-kōng thaû, hoē-siūⁿ boé.

民間儀禮道佛濫。

用來敍述民間比較隆重的出山，前有道士焄路，後有菜姑或和尙唸經懺。

本句俗語顯示出台灣民間宗教信仰一項重要特色：「道佛濫」。君不見，不論是出山，做功德，做法會，常有師公、和尙、菜姑，並行儀禮。然而，此一現象並非「道佛合一」，比較是一般台灣人要的「鬧熱」，要的功利的表現。

應該一提的，雖然各不同宗教應該互相尊重，但求同存異的態度是必要的。若爲了撐場面來混淆宗教儀禮於一堂，無疑是踐踏宗教儀禮的特殊性和信仰的尊嚴。看來，「師公頭，和尙尾」這種心態，正是分辨「異同」的麻痺症。當今台灣流行著「保持模糊」，不論政治、經濟、社會，等等問題，甚至做學問，都奉之爲金科玉律。噫，這會不會是「師公頭，和尙尾」的後遺症？

【29】

看戲著戲本，看師公吃著穩。

Khoàⁿ-hì tiȯh hì-pún, khoàⁿ sai-kong chiȧh tiȯh-ún.

Khoáⁿ-hì tiō hí-pún, khoáⁿ saī-kong chiā tiō-ún.

目飽嘴飽師公戲。

用來形容舊時在鄉下看人做師公戲的好處。不但看「戲」免費，還有喪家招待鹹糜，難怪看師公戲的熱烈並不多讓給看野台戲。

戲本：看戲買票的本錢。　*看師公：看師公戲也。道士做功德時，演唱些「勸孝」的故事，還有不少特技，如「走赦馬」也是很好看的。*

做功德旨在祭慰亡靈，以求逝者庇蔭，使生者安寧。當然，師公戲主要是歡娛死者，一旦淪爲「鬧熱」，也就兼有敦睦鄰里的社交作用了。不過，總覺得喪事氣氛中道士演戲的鬧熱怪怪的──筆者小時候也很愛看「師公戲」，可惜沒吃過鹹糜。

過份講究做功德的鬧熱，結果可能抹煞「死」的意義的感悟，可惜！

【30】

食三角肉。

Chia̍h saⁿ-kak-bah.

Chiā sāⁿ-kak-bah.

食喪宴。

用來稱呼送出山以後，弔客參加喪家招待的宴席。

三角肉：喪宴有一道「封肉」叫做三角肉，故以之稱呼喪宴。 ❺

【31】

叫起，叫睏。

Kiò khí, kiò khùn.

Kió khí, kió khùn.

待之如細囝。

自死者入斂以後至除靈爲止，喪家婦女，妻子、媳婦、查某

囝，每日早晚在靈前祭以飯食，並哭泣，以提醒逝者靈魂起床和睡覺。

【32】

除靈拆桌。

Tî-lêng thiah toh.

Tî-lêng thiá toh.

功德圓滿。

　　用法：一、說，入殮後設靈桌服喪制，已經「七旬」，也就是四十九天，或更短，祭期滿足；在這天，祭奠誦經，之後撤除孝帳和靈位，恢復大廳的原貌。二、諷刺人家庭失和，夫妻或兄弟口角，以致於動粗，毀壞椅桌、傢俱等等。

【33】

死人，無閏月。

Sí-lâng, bô lūn-goe̍h.

Si-lâng, bō lūn-goē.

死人算實月。

　　明言死人的祭祀月份，以實月為準，不考慮閏月；例如，對年閏十月，就是在第一個十月做對年；第二個十月，就是閏之十月，不再舉行祭祀。

【34】

死人快過日。

Sí-lâng khoài koè-ji̍t.

Si-lâng khoái koé-ji̍t.

死人陰影快消散。

說，給死者做旬祭的時間，漸漸減短；例如，做頭旬，也就是「頭七」，在死後第七日；此後，旬減成六日或更少爲一「旬」，於是做「七旬」祭，就是在第四十三日，而不是四十九日。

爲什麼要如此「剝削」死人的日子？合理的猜想是，對於傳統儒教影響下的繁文縟節，對於鄰里九姑婆喪事祭拜、禁忌的「指導」和「監督」的反動吧。要擺脫這種壓力，最好的辦法是盡早結束祭拜，如此才能恢復正常的生活和工作。要如何提早結束？最厲害的辦法是縮短時間：死人的「旬」減短了，死人的「閏月」沒有了。

死者已經入土爲安，生者頻頻「哀父叫母」，法會祭事源源，會不會哭衰家庭，會不會哀衰鄰里？凡此，都是現代台灣人應該考慮的。再者，排除虛浮的儀禮，去除迷信陋俗，操練心靈健康，更是台灣人必要大大努力的課題。

（參看，「死人快過七，活人快過日。」.47）

【35】

對年對哀哀，三年無人知。

Tuì-nî tuì ai-ai, saⁿ-nî bô-lâng chai.

Tuí-nî tuí aī-ai, sāⁿ-nî bō-lāng chai.

功德圓滿父母喪。

用來形容「做對年」和「做三年」祭的不同情景。做對年，全家大大小小哀號，哭聲不絕，鄰人皆知。但舊時漳人「做三年」祭來舉行「合爐」，乃是父母三年之喪圓滿，不再啼哭，所以鄰里「無人知」。

做對年：死後一週年的祭禮，嫁出的查某团饌牲醴〔chhoân seng-lé〕回來祭拜，然後褪孝。泉人風俗，後生在此日也褪孝，並撤

去靈桌來除靈。 *做三年：舊時漳人守父母三年之喪制，在此日除*
靈。 *合爐：將死者靈桌上香爐的香灰放一些到祖先的香爐的儀禮。*
合爐是泉俗做對年，漳俗做三年時舉行的，這時除靈，焚化魂帛，將
死者名字寫進公媽牌，並合爐。

【36】

厝內無祀姑婆。

Chhù-laī bô-saī koˑ-pô.

Chhú-laī bō-chhaī kōˑ-pô.

生爲外人查某囝！

斷言查某囝總是外人，夫家才是她的真正的家庭。如此，台
灣民間不將未婚逝世的女人祀奉爲祖先，不列入家裏的神主牌。

同義句：「紅格桌頂，無祀老姑婆。」

姑婆、老姑婆：未婚逝世的女人。 *紅格桌：一般民家正廳的神*
桌，上面祀有公媽牌位，有的祀奉觀音媽等等神枑，因舊時這種桌子
大多漆以深紅色，故名。

民間俗信，人之亡靈必要有所皈依，享受香火才會平安，才
不作祟人間。然而，「厝內無祀姑婆」，要叫這些姑婆的亡靈如何
是好啊？安啦！台灣民間信仰設想週到，辦法是：未婚亡故的小
女子，用一小紅布袋，上寫其名字，當做「靈位」，單獨祀奉在側
廳一角，等到適婚年齡，再進行「冥婚」，把她嫁人，讓她在「夫
家」永享馨香之祭。據說，如此死者生者，才能夠相安無事。

【37】

要借人死，唔借人生。

Beh chioh-lâng sí, m̄-chioh lâng siⁿ.

Bé chió-lāng sí, m̄-chió lāng siⁿ.

報我以萬代富貴。

斷言，收容一個臨終的出外人，讓他安然過世，是吉祥的事，是滿有功德的。俗信，死者會感恩圖報，賜福給客死之家。但民間咸信，借人生產的話，家裏所有的福氣會被這個嬰孩奪走，所以借人生，期期以爲不可。

　　（本句有解，參看531.35）

【38】

魂升上天，魄降落地。

Hûn seng-chiūⁿ thiⁿ, phek kàng-lȯh tē.

Hûn sēng-chiūⁿ thiⁿ, phek káng-lō tē.

失魂落魄人死也。

斷言，人一旦逝世，靈魂脫離身體，靈和魂要分離，魂飛上天，魄進入地。

民間相信，人有三魂七魄，也有認爲人有十二條靈魂的，所以有「三魂七魄」和「十二條靈魂挣一間」(→111.08-09)的俚諺傳世。

【39】

生在蘇杭二州，死在福建泉州。

Seng chaī Soˊ Hâng jī-chiu, sí chaī Hok-kiàn Choân-chiu.

Seng chaī Sōˊ Hâng jī-chiu, sí chaī Hok-kèn Choân-chiu.

要生要死在唐山？

舊說，來台灣謀生的唐山人，雖然賺的是台灣人的錢，吃的是台灣的蓬萊好米，飲的是台灣的甘泉，但不改其過客心態，夢想著生死於唐山原鄉。

看了這句老諺，令我們清楚看到當今台灣有不認同台灣的問

題，這乃是相當古老的唐山人、中國人的心態。此種奇怪心理，使大部分唐山移民，只想幹「臭蟲」之類的勾當，吸取台灣人的膏血，食飽就落跑；後來，從中國逃難來台灣的，更是可惡地祭出統治者的武力來宰制，剝削本地人。

心裏日夜懷念蘇杭風水和福建泉州的厚葬者，哪會圖謀台灣的利益？顯然的，「生在蘇杭二州，死在福建泉州」的心理，應是台灣完全獨立意識的一種阻礙。

【40】

腳唔踏你的地，頭唔戴你的天。

Kha m̄-tȧh lí-ê tē, thaû m̄-tì lí-ê thiⁿ.

Kha m̄-tā lí-ē tē, thaû m̄-tí lí-ē thiⁿ.

此所謂反清復明。

用指滿清據台時期，孝男給死者進行「張穿」時的行動的象徵意義。但見他足穿木屐站在矮凳子上面，表示不踏滿清的地；他頭戴竹笠，上插兩支點燃的紅蠟，表示不戴滿清的天。

相似句：「生唔看滿清天，死唔踏滿清地。」

張穿[tiuⁿ-chhēng]：給死者穿上壽衣。壽衣之多少重，係按死者的地位、年齡而異，有三、五、七、十一重之別。張穿有特別的方法，因為死者的肢體僵硬，只好由「足穿木屐站在矮凳子上面」的孝男當做模特兒，先將多重壽衣反套在這孝男身上，而後一起拉出，以便一次穿上死者。❻

【41】

生降死不降，男降女不降。

Seng-hâng sú put-hâng, lâm-hâng lú put-hâng.

Seng-hâng sú put-hâng, lâm-hâng lú put-hâng.

壽衣禮服也反清。

　　用來說明清國據台時期，有關「婚喪禮服」的現象：一、明國人變成所謂的「清國奴」時，一生穿著清國服式來生活，來結婚，來當大官；但死時張穿的壽衣，則一概是已經滅亡的明國式衫褲。此謂之「生降死不降」。二、清國奴結婚時，新郎頭戴碗帽，身穿長衫馬褂，一身都是清國的禮服；但新娘則頭戴鳳冠，新穿蟒襖、紅裙，等等，一身都是明國服式。此謂之「男降女不降」。

　　相關句：「生歸清，死歸明。」

　　據說，這種「生降死不降，男降女不降」，是引清兵入關的吳三桂跟滿清的約定。唉，果真如此的話，乃是頭殼歹去，喪心病狂；看他，賣國求榮已經太過，又留給後代精神分裂的「生歸清，死歸明」的毒素，不三不四的「服式」，真是大混蛋。

　　真可憐，老先人糊糊塗塗隨著魔笛跳童起舞。但最不敢領教的是，當今台灣所謂「復古婚禮」，也穿起這類「男降女不降」的反清復明制服。復興台灣文化是這樣亂搞的嗎？

【42】

落教，死無人哭。

Lȯh-kaù, sí bô-lâng khaù.

Lō-kaù, sí bō-lāng khaù.

哭爸哭母她不會。

　　舊時民間用來譏刺基督教家庭的喪事，但看喪家大小，眼睛含淚，就是沒有，也不會，「哭爸哭母」。因此，民間有些老頑固，就冷牙利齒地如此開罵。

　　落教：基督教徒也；字面義，參加宗教團體的人。　死無人哭：惡語，絕種啦！民間認為沒有後嗣，就是「無人哭」的人。

其實，人同此心，親人過往，憂悶傷心，哪分什麼落教不落教，教徒仍然淚流滿面，只是慟哭而沒有「哭詞」而已。事實上，現代民間信仰者的喪事，所謂的「哭爸哭母」也幾乎絕跡。例如，未亡人會哭「我夫啊，我夫啊，你做你死路去啊，放我……」的，可能太少了。

咱台灣總有些怪事，一般台灣人看來是很不會「儀禮哭」的了，但卻興起職業「哭手」來代替查某囝。她們手執麥克風來表演哭技，哀得愁雲慘霧，鄰里難安，雞也跳狗也吠。您想，逝者在天之靈，會高興如此虛偽的哀爸叫母嗎？

說要淨化台灣人的精神文化，從廢除喪事的「哭爸哭母」開始，可乎？

【43】

在生若不孝，死了著免哭。

Chaī-siⁿ nā put-haù, sí-liáu tiȯh bián-khaù.

Chaī-siⁿ nā put-haù, si-liáu tiō bén-khaù.

應景啼哭太虛假。

舊時父母用來給自己的孩子的隨機教育，說孝順應該把握父母在世之日，父母死喪的啼啼哭哭，隨俗應景的喪事鬧熱，大可不必。

相關句有：「在生無人認，死了歸大陣」；「在生無祭嚨喉，死了拜棺柴頭」；「在生一粒豆，卡贏死了拜豬頭」。前句，強調父母在時要孝順，喪事之隆重可免。後二句，父母活著的時候應該奉養，死後之祭祀沒啥意思，祭之豐不如養之薄也。

著免哭：也就不必哭了。　　無人認：子女沒有盡本份照顧父母。　　歸大陣[kui-toā-tīn]：成群結隊來鬧熱。　　無祭嚨喉：喻指沒

有孝養父母；字面義，沒有給吃的。　　*拜棺柴頭：拜棺，泛指喪葬祭*
祀。

可能的背景：庄尾劉歹命老先生過世，劉家在辦喪事。平時
人人知道劉家幾個後生不務正業，自小忤逆父母，長大混成惡名
昭彰的甲級流氓。但見，他老爸過往，喪葬辦得鬧熱滾滾，弔慰
者上自中央各院院長，國會議員，各級檢警單位主管，和無數小
弟小妹，都來祭奠劉歹命老先生之靈，真是極盡「哀榮」，喪葬陣
勢比蔣介石的出山鬧熱百倍。

此時，劉歹命老先生的孝男隨俗啼啼哭哭，又有電子花車哭
隊，五子五女哭墓歌團來陪哭，把這個鄉村鬧得天翻地覆。就在
這種場景吧，阿母看在眼裏，極不以為然，於是叫來自己的兒
女，用這句俚諺來開化孝道。

【44】

做鬼師公，白賊戲。

Choè kuí-sai-kong, pèh-chhàt hì.

Chó kui-saī-kong, pē-chhàt hì.

都是鬧熱別當真。

用法有二：一、用來諷刺道士的超度亡魂和演大戲的，說，
這些都是不經不實的事。二、用來譏刺虛偽騙人的行為。

做鬼師公：道士收魂，做功德等等法事。　　*白賊：虛假，騙人。*

所謂「白賊戲」可以不論，看戲求娛樂嘛！但「做鬼師公」就頗
有深思的空間，因為它應是一種莊嚴的「獻祭」啊！那麼，為什麼
民間有此酷評？也許，傳統的「怪力亂神」的影響外，道士本身應
該是最大的問題。就此，許劉瑞玲老師的現身說法可做很好的說
明，她說：「三年前，婆婆過世，辦完喪事，葬儀社送賬單過

來,一天的法事即高達十多萬元。……做法事的三位道士,在唸經的空隙,嚼口香糖、吃零食、隨身攜帶大哥大。兩堂經的休息片段,肆無忌憚開起玩笑,看在喪家眼裏,深感悲憤、荒謬。」(《自由時報》2001(6.16):15)

是的,如此這般,看在喪家眼裏,一定深感悲憤,覺得萬分荒謬。結論呢?「做鬼師公」啦!

【45】

瞞活人目,答死人恩。

Moâ oa̍h-lâng ba̍k, tap sí-lâng un.

Moā oā-lāng ba̍k, tap si-lāng un.

此孝男非彼孝男。

有識之士用來諷刺那些孝男孝女,對於他們為了父母之喪,大事宴請僧道禮懺以求冥福,師公弄鐃弄猴,大做功德,等等作為做了批評。說,孝男孝女為喪事的大花費,大法會,令人稱讚「有孝」;但如此,並不見得報答死人的恩情。

背景:這句俚諺所反映的背景是「有孝後生來弄鐃,有孝查某囝來弄猴」之類的大辦喪事,大「功德」法會。

【46】

父母扛上山,家伙出在人搬。

Pē-bú kng chiūⁿ-soaⁿ, ke-hoé chhut-chaī lâng poaⁿ.

Pē-bú kng chiūⁿ-soaⁿ, kē-hoé chhut-chaī lāng poaⁿ.

人亡財散真可憐。

孝男孝女用來怨嘆,說父母在世的時候財產管理不善,也沒有辦理產業分贈,以致於無常來到,家伙散失,無處追討。

扛上山:出山,出殯也。 出在人搬:任人奪取。

【47】

死人快過七，活人快過日。

Sí-lâng khoài koè-chhit, oa̍h-lâng khoài koè-ji̍t.

Si-lâng khoái koé-chhit, oā-lâng khoái koé-ji̍t.

喪事明白人快活。

　　斷言，給死者「做旬」祭不按照七日一旬來做，而是將七日減少成六、五、三日為一旬。如此，喪家就可大大縮短做旬的時間了；如此，盡快做完「旬」祭，活人才會輕鬆快活的過日。

　　據悉，現在有人在出殯以前，就把「七旬」做完，以免長期浸淫在死喪的憂悶和法事煩擾中。當然，這樣做是可能的，因為「旬」日被減短了。總之，現代人對於不合理的，沒完沒了的喪事祭拜，已經大大不耐煩，而加以合理化調整了。❼

　　（參看，「死人快過日。」.34）

注釋

1. 參看，徐福全，《福全台諺語典》，頁324。
2. 另一種傳說是，使冤魂向冤家報仇。這是根據桃花女大戰周公的故事。桃花女被周公害死，臨死吩附人給她手拿桃枝；於是她的冤魂就回來和周公決鬥。參看，周榮杰，《台灣諺語詮編》，頁77。
3. 詳見，吳瀛濤，《台灣民俗》，頁150。
4. 詳見，洪惟仁，《台灣禮俗語典》，頁271。
5. 陳修，《台灣話大詞典》，頁1496。筆者所知，中南部叫喪宴做「食三角

肉」。再者，徐福全教授的諺典做「食相合肉」，說「昔日喪家辦桌請弔客，係由兄弟互相『相合』出錢辦理者」。(徐福全，《福全台諺語典》，頁611)筆者沒聽過此句，記之以供參考。

6. 洪惟仁教授對於「張穿」有詳細的描述。參看，洪惟仁，《台灣禮俗語典》，頁257-259。

7. 詳見，洪惟仁，上引書，頁310。

第四節　慶弔禮物

本節段落：

生命禮儀01-10　弔慰喪事11　禮物忌諱12-14　送禮感想15-18

【01】

生後生，月內禮排在眠床頭。

Siⁿ haū-siⁿ, goe̍h-laī lé paî-tī bîn-chhńg-thaû.

Sīⁿ haū-siⁿ, goē-laī lé paī-tī bīn-chhńg-thaû.

滿床禮物賀添丁。

用來形容舊時老大家大官和老父老母，眼見自己的新婦，自己的乖查某团好不容易弄了璋，萬分歡喜。但見，親人朋友紛紛來賀，贈送的「做月內」禮物，疊滿了床頭。

生男如此。對比看來，生女又是另一番情景！金葉仔這五年來給古家生了六個女嬰，今年春天又給他家生了一個仙女。金葉仔為了肚皮不爭氣而自哀自怨，哪敢躺在床上做月內，產後第二日，天未光狗未吠就起來「飼豬飼狗，絪柴捌草」(→526.25)。雖然她如此認份，但厲害大家，頑固大官，日夜誓誓唸；古先生限她在年底以前生一對金郎來，否則「後果嚴重」——如此，食無雞酒，豈敢妄想什麼月內禮。

噫，重男輕女，嚴重罪惡也。看那亂搞「男嬰一胎化」的國家，濫用醫術來謀殺女嬰。但見全國處處男人，不見女子。如此墮落，要不「絕種」也難。

【02】

腳長，有食福。

Kha-tńg, ū chiah-hok.

Kha-tńg, ū chiā-hok.

全雞牲醴腳翹翹。

用法：一、指婦人生產後第三天祭拜的供品中，那一隻雞牲的雙腳放直的意思：象徵孩子將來食祿豐富。二、用來調侃串門子的朋友，說人家在享受好料的時候，他總能千里聞香，下馬來鬥食。

第一用法的背景：嬰仔生下來第三天，給他洗身，換新衣服；舊時，紅嬰仔生下來是不洗身的，僅用麻油擦擦。祖母或母親抱嬰孩拜祖先拜神明，祭以麻油雞酒和牲醴等等供品。但見，全雞牲醴的雙腳解放，此謂之「腳長，有食福」，跟平時一般拜拜的雞腳插腹，大大不同。

真有趣！為什麼生命儀禮第一章，如此強調「食福」？這是不是老先人在唐山原鄉，時時飢餓的集體記憶的具象化？唉，真是用心良苦，先人用解放的雞腳示警，提醒子子孫孫，要感謝在台灣獲得新生命，要愛惜延續種族的台灣。

【03】

有的雞桃，無的伯勞。

Ū--ê ke-thô, bô-ê pit-lô.

Ū--ê kē-thô, bō-ê pit-lô.

雞桃伯勞見貧富。

用來形容外家給嫁出的查某囝「做月內」贈送禮物的情形。經濟條件好的，可能送來「雞桃」十二隻，或二十四隻；娘家貧窮

的，只好煩請「伯勞」表示賀意了。

有的…無的：「有錢的人……無錢的人」的簡形。　鷄桃：長大成禽，就要生蛋的母鷄。　伯勞：百舌鳥。(→「飼鷄，變伯勞。」**132.15**)

【04】

做月內。

Choè goeh-laī.

Chó goē-laī.

大調養！

用指：一、婦人生囝以後一個月內的休息和調養。二、娘家和親人朋友，在她產後第十二日的祝賀。外家送來鷄健、麻油、米酒等做禮物；親朋戚友也送鷄、豬肝等補品爲賀。

老台灣人做月內，不離「休養和食補」。就休養而言，產婦宛然罹患急性大症的病人，但見她整個月絕對的守靜，不洗身，不洗髮，不活動，日日自囚在產房裏，時時注意逃避風邪，防範沖煞，掙扎著恢復生囝「傷害」的身體。

在食補方面，產婦的主食幾乎天天是麻油鷄酒和油飯；副食不離赤色的蔬菜、豬肝、腰子和麻油、酒、薑煎煮的食物；不准用鹽，以免月內風。中藥補的名堂更多，弄璋的話，老大家自有她的萬代秘傳的奇方妙補；這些月內補藥，不離增強乖媳婦的生殖力，給她的年年添丁加油。

現代人做月內，禁忌雖是大大解放了，但「麻油鷄酒」仍然是必食珍品。好友正義、玫玲教授留德十二年之中，弄了二瓦一璋：牧涵、牧懷、牧臨。夫妻前後從祖國台灣進口數百餘瓶米酒，又數百罐大磨烏麻油──可惜，沒有「走私」台灣土鷄。他們用麻油鷄酒和油飯，把德國厝邊招待得口水氾濫；如此，爲我們

台灣人拚了三大場香貢貢的國民外交。

【05】

做滿月。

Choè moá-goéh.

Chó moa-goē.

送頭尾。

　　孩子誕生滿一個月的祝賀、祭拜。這日，外家送給外孫的禮物是所謂的「送頭尾」，乃是嬰兒全副裝備。標準配備是：頭有帽，身有衣、襉，足有鞋、襪、腳環；胸有金牌，小領頸和小手有金鍊、金指；給產婦的有背巾等等。還有，件件衣服用紅線繡上「卍」[bān]字，以示吉祥——基督教徒則繡著「十」字，以表基督保佑——又有，紅圓、紅龜、紅桃、紅燭、紅包，還有神秘的禮物：「芎蕉」！

　　小嬰孩穿戴這些新衣服之前，要修飾一番，剃頭也。剃頭時，洗頭盆中置小石頭和銅錢，剃後用染紅雞卵輕擦頭顱，以象徵嬰孩「頭殼定」，將來成個「紅頂商人」——但願不是無祖無國之類的。

　　今天，「親成五十，朋友七十」(→514.45)，紛紛來賀，贈以雞，贈以嬰兒服，等等禮物。

　　親姆送的芎蕉、紅龜，收下30%；其餘的，米糕、油飯一併回禮娘家。禮尚往來，回贈親友，分享好厝邊的，有麻油飯、雞酒、紅桃。

　　滿月，這大喜的日子，一定要拜神祭先。近中午之時，在正廳拜拜，祭物不離麻油雞酒、油飯、紅龜、米酒；酬神以壽金、割金；祀先用割金、銀紙。

今天，紅嬰仔整齊儀容，阿爸阿叔抱出埕來喊鵰鴒。管他台灣生態壞了了，鵰鴒無影無踪；但見，他用雞筊打地，唸唸有詞：

> 鵰鴒鵰鴒飛上山，
> 囡仔快做官！
> 鵰鴒飛高高，
> 囡仔中狀元！
> 鵰鴒鵰鴒飛低低，
> 囡仔快做老爸！

這天，雞酒香飄散左鄰右舍，親友大嚥油飯；腸胃暢快了，人口爆炸誰記得？這天，家人認真拜神求祖，保庇這嬰仔快大漢，快當大官，快發大財，就算是個A錢的省長！

【06】

做四月日。

Choè sì-goėh-jit.

Chó sí-goē-jit.

公演收涎。

用指孩子誕生滿四個月的祝賀和祭拜。外家送外孫的禮物和賀滿月的「送頭尾」略同；酬神祀祖的祭物也相似。但今天的重頭戲是給嬰孩「收涎」［siu-noā］。

什麼是收涎？就是使嬰孩的口水不氾濫，不往口角外垂滴。如何收涎？看來滑稽好笑，像變魔術一般地用紅線貫穿十二或二十四塊酥餅，掛在這小嬰兒頸胸前。然後，請長輩或親朋，取出

其中一塊，折半在嬰兒嘴唇前比劃比劃，如在抹乾垂涎；唸唸有詞：

> 收涎收焦焦，
> 互恁老母後胎生卵脬；
> 收涎收離離，
> 互你明年招小弟。

　　如此，急急如律令！嬰兒也就涎乾不滴，好育飼，勢大漢，認真進行著「招弟」的任務。效果如何？有待觀察。

【07】

做度晬。

Choè tō͘-chè.

Chó tō͘-chè.

祝周歲。

　　新生嬰孩已經周歲了，序大人要給他慶祝第一次生日。當然，少不了謝神明，拜祖先，有錢人大開筵席招待親戚朋友和有力人士。

　　應邀來食度晬酒的賀客，不能空手而來，所謂「度晬酒，無空手」。舊時，外媽得贈送碗帽、長衫、馬褂、金錶等等，現代外媽則賀以嬰兒服和金戒子等等。其他親友，各按關係和財力來送紅包、禮物。

　　有趣的是，舊時比較守舊的家庭還有「抓周」試兒的活動，咸信可以預卜嬰兒的命運。但見，周歲大的嬰兒坐在米篩中央，篩裏置有十二種物件，任他抓取：

書，傾向於文事，將來可能是個大學者；

筆墨，賦有書寫和圖畫的才能，可能是個大書法家、大畫家；

印，表示權力慾強，企圖心盛，是當官的材料；

算盤，傾向從商，可能是個紅頂商人；

錢幣，喜愛金錢，可能爲守錢的富豪；

田土，三七五減租前的大地主；

稻草，四民之首的窮苦農夫；

鷄腿，一生有食福；

尺，手工好，當師傅；

斧頭，砍柴工人，造林員工；

芹菜，生性認眞，工作勤奮；

蒜，算盤高手，電腦的學徒。

這些要抓的東西，原是賀客贈送的，所以不是固定的物件。無疑的，抓周可能增加做度晬的喜氣，也可由之窺見台灣老文化一斑。

應該一提，請別將抓周當做什麼「性向測驗」，或「命卜」。萬一孩子抓到所謂「不高貴」、「不理想」的東西，難免怨嘆，甚至影響父母的態度。記得否？《紅樓夢》的賈寶玉，抓周時偏偏抓胭脂，不抓大印，不抓金銀。結果，賈老爸從此輕賤寶玉，鄙之爲淫棍。唉，歡喜的抓周，竟然抓出了一個好孩子的不幸！

【08】

做十六歲。

Choè chảp-lảk hoè.

Chó chảp-lảk hoè.

脫胎換骨。

用來宣告一個孩子的長大成人。此後,他在社會中有一定的地位,有結婚的資格。這日,小孩要拜謝授子之神「註生娘娘」,以及守護孩子長大的「十二婆姊」。今天謝神,表示他獨立了,他會照顧自己,不必繼續勞動娘娘和婆姊。

此外,若孩子曾拜某神為「義父」、「義母」,那麼做十六歲時,得前往拜謝祂們。例如,媽祖婆的契囝,就得去拜媽祖。

然而,府城台南市的「做十六歲」則是在七月七日,七娘媽神誕日這天。今日,全家陪同十六歲青年人來開隆宮拜謝七娘媽。當然,剝皮媽大顯愛心,但見她給七娘媽準備了豐富的祭品:有華麗的服飾、金鍊,有好食的五牲、麻油雞、麵線、粿粽、四果,有象徵多子多孫的圓仔花,有床母衣、壽金等等供品。她又買了一座美麗大樓,手藝精巧,價值千元的神居:「七娘媽亭」。

關鍵性的儀式就是主角「穿七娘媽亭」:家人在神桌前高舉七娘媽亭,讓他俯首穿亭,爬過神桌,男轉左,女轉右,連續又爬又穿了三次。如此,孩子走出了「娘媽宮」,正式成人。

顯然的,做十六歲所費不少,並不是每一個民間宗教信徒都做的。近年來,各縣市政府的公辦成人禮,也許有普遍化這儀禮的傾向。

做十六歲,既是民俗,宗教敬虔,更深涵著現代意義:公民意識的自覺!我是個獨立的「大人」,我要實踐公民應有的責任和義務。

【09】

做一男一女。

Choè chit-lâm chit-lú.

Chó chit-lâm chit-lú.

剝皮外媽有標準。

　　用來說明娘家慶賀的一個原則。嫁出去的查某囝，生男育女，不論生產一打或半打，起碼要給一個外查埔孫，一個外查某孫，「做」一連串的生育儀禮，例如，「做月內」、「做滿月」、「做四月日」、「做度晬」、「做十六歲」等等。這「做一男一女」是起碼的要求；有錢又慷慨，彼此關係親密的，百孫千孫全做面無吝色；親家親姆當然是大大歡迎的也。

　　台灣的好外媽難當，她必要時時「費心」，必能多多「花錢」，才能做到名實相符的「剝皮媽」。幸虧，村老長滿有同情心，喊出「做一男一女」！如此，化解了窮外媽的窘境。

【10】

大人生日食肉，囝仔生日食拍。

Toā-lâng siⁿ-jit chiah bah, gin-á siⁿ-jit chiah phah.

Toā-lâng sīⁿ-jit chiā bah, gin-a sīⁿ-jit chiā phah.

一樣生日二樣情。

　　詼諧地，向吵著要做生日的小孩說，該做的是打屁股，做啥生日，小孩童落地時正是阿母「受難」日。但公媽、父母做生日是應該的，因為他們勞苦功高，該祝他們萬壽無疆。

　　本句修辭用的是對比同對格，「大人生日」對「囝仔生日」，焦點都是慶生；但結果極大大不同，大人有肉可吃，小孩有屁股待打。

其實，這句俗語非常可愛，可能是現代的台灣賢父母，給自己小孩「做生日」的幽默。一面讓孩子邀請他的朋友來家裏舉行「慶生大會」，一面隨機教示他「哀哀父母，生我劬勞」(《詩經‧小雅‧蓼莪》)的大道理。但聞，阿母嘴巴唸「食拍」，實際上是無限柔情的擁抱和愛撫。

【11】

見靈不哀，不如無來。

Kiàn lêng put-ai, put-jû bô-laî.

Kén lêng put-ai, put-jū bō-laî.

前來一哭弔故人。

斷言，參加喪葬儀禮，對於故人要有哀悼的心，對於喪家要表達慰唁之情。──豈是要看鬧熱，吃三角肉，看師公戲來的？

見靈：弔喪，參加追悼會；靈，死人也。

【12】

送巾，斷根。

Sàng kin, tng kin.

Sáng kin, tng kin.

從此永別。

用做警語。提醒人不可用「巾」贈人，它令人聯想到死別，而引起不愉快的感覺，因為「送巾」，特別是「面巾」，是送殯後常有的答禮。

然而，贈送美麗的「絲仔巾」為禮物，卻是台灣人觀光回國的好「等路」，頗受太太、母姊、女朋友的歡迎。

【13】

迭扇，無相見。

Sàng sìⁿ, bô sio-kìⁿ.

Sáng sìⁿ, bō siō-kìⁿ.

天涼不用扇。

　　用做警語。斷言不可用「扇」送人，除了脆弱之外，常常是「粗品」，兼有長久的冷淡、哀怨、遺棄，等等消極的涵意。

　　時過境遷，咱台灣還是有用「扇」爲贈品的；但它必是質料高貴，手工精美，扇中有名畫，有意境灑脫的詩詞之類的。送打胡蠅、拍惡蚊、煽烘爐的「葵扇」，可能涉嫌「無相見」。

【14】

貓親成，狗斷路。

Niau chhin-chiâⁿ, kaú tng-lō͘.

Niāu chhīn-chiâⁿ, kaú tng-lō͘.

忘恩惡犬咬舊主。

　　用指狗是不宜贈送的動物，因爲牠獲得新主人的餵養之後，就會聽命於他，不但不認舊主，頗可能已經變成「走狗」來反咬，來狂吠。但，貓是認同土地的，在一定範圍裏，盡忠職守，認眞消滅「咬布袋的惡鼠」。

　　噫，咱台灣話有「走狗」，各界飼養不少北京「走狗」。可惜，未聞「走貓」，也許如此，現在台灣的「咬袋鼠」肆無忌憚。

【15】

花揷頭前，呣通揷後壁。

Hoe chhah thaû-chêng, m̄-thang chhah aū-piah.

Hoe chhá thaū-chêng, m̄-thāng chhá aū-piah.
恭獻鮮花好人情。

用來敎示送禮的基本原則，禮要送得適當，送得適所，送得適時　送在請敎或求助之前，不可在後。

爲什麼？說不定主人看到了「花」，感動得「心花怒放」，固執、偏見、吝嗇、硬心腸，都化成同情的了解。如此，交涉事務的成功率必然大大提升。

（詳解請看，「花著插前，呣通插後。」631.32）

【16】

母舅送紅包，了紙無了錢。

Bú-kū sàng âng-pau, liáu-choá bô liáu-chîⁿ.
Bu-kū sáng āng-pau, liau-choá bō liau-chîⁿ.
尊重好意空包彈。

斷言，外甥不敢收受阿舅的禮金，例如，結婚大禮，僅收紅包紙，退回孫中山。同時，還得將舅家祝賀的紅綢，掛在正中央，弔在顯著的位置。如此尊重，來突現「天頂天公，地下母舅公」(→514.17)的地位，好不偉大啊！

就是喪事，阿舅的「白包」，同樣是這句「了紙無了錢」！

走鍵至此，想到台北孟申先生注解本句的一段話。他說：

> 年來，我們兄弟成家在外，負擔日重。今年除夕，我們照例向母親送紅包，她體貼地收下空包，退回紙幣，笑道：「恁就準做『母舅送紅包，了紙無了錢』好了。」
> 屘弟道：「阮呣敢做阿舅，只算是大陸放空包彈，互阿母暗暗歡喜。」一家人爲之大笑，空氣中洋溢著溫馨。（「台灣

精諺」《自由時報》)

　啊，疼阿母的空包彈，感我良深，孟老夫人一定心領神會。
不過，中國打台灣的空包彈，是惡霸威脅，令人深惡痛絕，哪能
暗暗歡喜？

【17】

人情無厚薄，只要嬡加漏。

Jîn-chêng bô kaū-poh, chí-iàu maì ka-laū.

Jīn-chêng bō kaū-pō, chi-iáu maí kā-laū.

通通有禮好人情。

　斷言，送禮的法度就是交情者，都要禮數伺候，要禮敬如
儀，不可遺漏。如此有禮有數，但要小心在意，才不致於落到
「人情世事陪隨到，無鼎閣無灶」。(→631.43)

　相關語：「薄禮，卡贏失禮」；「有禮，卡贏無禮。」(→631.31)

　　加漏：漏掉、忘掉（應該做的事、重要的東西，等等）。

【18】

空手，唔敢做人客。

Khang chhiú, m̄-káⁿ choè lâng-kheh.

Khāng chhiú, m̄-kaⁿ chó lāng-kheh.

縛褲腳做人乎？

　爲客須知。出門做客，帶一點禮物吧！這是台灣人的禮數，
也是開化和未開化社會都有的禮儀。雖然主人不在乎「空手貴
賓」，但是自己應該在乎「情意表示」和身份的自重。

　假如眞的落魄到「雙手，兩片薑」，或者「雙腳，挾一個卵脬」
(131.26-27)，而還有肯接見的主人，相信他不會在意禮物的。

　　送禮給所尊敬的人，是人類精緻文化的動力，爲了讓那份敬意、思慕或感謝的心意要盡善地表達。送禮給親友，是很歡喜的代誌，因爲每一份用心準備的禮物都可看到「心」美化著「物」的活動，都可看到「爾與吾」(I and Thou)的生命的融洽。送禮給知己的朋友，感覺旣複雜又快活，那一綰芋仔蕃藷，一束菅芒花，一葩酸葡萄，或一首歪詩，要表達的是什麼？

　　應該知道，贈送逾份的「禮物」，必有陰謀。但，卻有某電視女主播「不知道」這層事，她就是不知道初見面的二百萬禮物是「上床禮品」。難怪，落得「削剾子」臊名。

第五節　慣習雜俗

本節段落：

所謂風俗01-02　財債繼承03-05　掠猴私刑06-07　慣習雜俗08-15

感想態度16-19

【01】

一鄉，一俗。

It hiong, it siók.

It hiong, it siók.

出日落雨。

斷言，各地都有不同的風俗習慣。

相關句：「千里不同風，百里不同俗。」王充有言：「千里不同風，百里不共雷。」(《論衡・雷虛》)千里外吹的風不同，百里外的雷公也不相同。

舊時，閉鎖的社會要理解這句俚諺比較容易，譬如，李厝庄和吳家村之間僅隔著一條濁水溪，就彼此孤立得老死不相往來。若偶有接觸，不難發覺講話的腔調不同，嫁查某囝、娶新婦的禮數也不盡相同。有趣，風俗的不同，正像咱台灣的西北雨，一條小田岸之隔，這邊出大日，那邊落大雨。

【02】

入鄉問俗，入國問禁。

Jı̍p-hiong būn siók, jı̍p-kok būn kìm.

Jı̍p-hiong būn siók, jı̍p-kok būn kìm.

入鄉隨俗好人客。

斷言，要做爲一個好客人、好觀光客，必要理解、適應、尊重該地的習俗，以及遵守該國的法律。

同類句：「入風隨俗」；「入港隨彎，入鄉隨俗」。首句的「入風」，可能是「入鄉」的諧音。

問：理解、認識的活動，遵守法律的行爲。　禁：法律、律例。

這是一句老諺，正如古人所言：「入境而問禁，入國而問俗，入門而問諱。」(《禮記·曲禮》)誠然，進入他鄉別國，必要尊重他們的風俗，遵守他們的國法，不觸犯本地人的禁忌，這就是爲客之道——當然，這假設了當地的「禁、俗、諱」，乃是主人的行爲準則，甚至是道德標準。

然而，「入境隨俗」的「隨俗」，不是通行四海的，要看什麼樣的「俗」哦！例如，「請檳榔」、「吃檳榔」的風俗——據說，現在已經變成「台灣文化」，公路旁檳榔西施處處；紅唇族三百萬人，含司機、軍人、警察和學生。因生產檳榔，台灣每年流失二十座石門水庫的蓄水量，破壞水土環境，88%食者患了口腔癌。(→《中央日報》1997(4.13):1)——可以「隨」俗，大家一起來食檳榔嗎？

個人要拒絕大惡可能比較簡單，要拒絕隱性的惡俗或迷信，可能比較不容易，因惡俗、迷信污人於無形。要避免沉淪於惡俗，不入「惡邦」爲最根本；若是身在其中，就須要明辨是非善惡的眞知識和堅持不隨俗的大勇氣了。

撫鍵至此，憶及近年來有中國「貴賓」來我國訪問。報載，他們總要當局拆下或遮蓋「中華民國國旗」，否則拒不入廳，拒不參賽。怪了！見人家地主國目前的國旗，如見鬼？是流氓不如的惡霸，還是膽小如鼠的弱者？還是中國人不懂「尊重主人」的禮俗？

【03】

父債囝還，父業囝得。

Pē-chè kiáⁿ hêng, pē-gia̍p kiáⁿ tit.

Pē-chè kiáⁿ hêng, pē-gia̍p kiáⁿ tit.

利害輸送父子通。

　　指出民間承續債務和遺產的一種習慣。父業囝得，是舊時台灣人的普遍認知和做法；當然，這是對於有產階級而言的。父債囝還，不但是民間慣俗，民法也有所依據。

　　人生在世，不「欠債」最幸福，無債一身輕也。不論是欠錢債，欠感情債，或欠罪債。不還、無力還，對於良心未昧的人無異是大煎熬，大監禁。

　　然而，不論什麼債，個人的大小債務，甚至於叛國大罪，國際的大債，都有豁免的範圍和期限。無疑的，這是「好生之德」，功同造化，使欠債之人有翻身的機會。

　　要當個好債主，太難囉！要有雄厚的「資本」，更要有「超越討債」的修養，否則放債惡化做煩惱、做戰爭。那不是自討沒趣，自求傷害嗎？

　　　(參看，「冤有頭，債有主。」36.02；655.18)

【04】

後生得田骨，查某囝得田皮。

Haū-siⁿ tit chhân-kut, cha-bó͘-kiáⁿ tit chhân-phoê.

Haū-siⁿ tit chhān-kut, chā-bo͘-kiáⁿ tit chhān-phoê.

剝皮公媽不算啥？

　　斷言，古今那些有產業的，同時又是老古板的台灣父母，對於處理產業的想法和做法。說，男孩得到老爸所有的田園厝宅，

女孩只得些嫁妝，頂多再加上給查某囝「做月內」(→24.04)，給外孫「做滿月」(→24.05)，「做度晬」(→24.07)和「做十六歲」(→24.08)的一些小意思而已。

同義句有「查埔分家伙，查某分手尾」：後生分得老爸的產業，查某囝只得些「破棉裘」之類的，所謂極有紀念性的小遺物。

田骨：喻指田園本身；骨，根本，主要。　田皮：譬喻附屬於田產的物件；皮，淺薄，少數。

（參看，「做一男一女。」24.09；「剝皮媽。」24.09*）

【05】

嫡全，庶半，螟蛉又半。

Tek choân, sù poàn, bêng-lêng iū poàn.

Tek choân, sù poàn, bēng-lêng iū poàn.

分濟分少看款囝。

指出老台灣人分財產給子嗣的慣俗。一般有不動產者，分產業給不同關係的孩子的方式是：嫡子一份，庶子半份，螟蛉四分之一份。這種比例不是鐵則，大富豪，大老爺有權獨斷，按自己的意思處分財產。現在，這種分法難得一聞，社會實況不同也。

同義句：「嫡全，庶半，螟蛉半中半。」

嫡：指嫡子，正妻所生的兒子。　庶：指庶子，妾生的兒子。螟蛉：青蟲，是蛾的幼蟲，色淡綠，食植物。此處指螟蛉子，養子也。所以用「螟蛉」喻指養子，是古人誤解蜾蠃捉螟蛉入巢的目的是要收養牠，其實是要餵自己的幼蟲。

據悉，養螟蛉子是台灣和南洋華僑社會的習俗，而中國無之。因為中國士大夫偏重血統關係，所以探娶妾生子，由「庶子」來延續血統，不然就是由堂兄弟的兒子過房。只有那些比較窮

的，或是比較「開明的」人，才有收養異姓小孩爲子嗣。❶

　　台灣養子的實際情形是異宗異姓間的收養。舊時，抱養子是一種買賣；孩子大多在十歲以下，年齡愈小，買入的身價愈高——因認爲小嬰孩不知道親生父母的話，長大後對於養父母會比較「孝順」。賣過門的孩子，一般都禁止和親生父母繼續往來，這是爲了要避免日後財產糾紛，等等問題。❷

　　撫鍵至此，憶及古以色列人血統延續方式是相當士大夫的。《聖經・申命記》有言：

　　　如果有兄弟兩人住在一起，其中一個先死了，沒有留下子嗣，他的寡婦不得再跟族外人結婚。死者的兄弟要盡兄弟的義務娶她；他的長子要做已死的兄弟的兒子，替他在以色列中立嗣。……如果，那兄弟堅持不娶她，她要在長老們面前走上去，脫下那兄弟的一隻鞋子，吐口水在他臉上，宣佈説：「不肯替兄弟立嗣的人應該受這種侮辱。」在以色列人中，他的家已叫做「被脫鞋之家」。(25:5-10)

　　其實，老先人也有類似的接嗣形式，那是「叔仔接嫂仔」。但這不是流行的風俗，有的是發生在比較貧窮的家庭，同時兄嫂的性格和能力一定是甲上的。對照以色列的叔接嫂，咱台灣人的「接法」比較溫和，擇個好日，擺一桌酒菜，就可送做堆了。哪有像古以色列人把這事件辦得如此正式，執行得如此火爆。

【06】

吊猴，穿紙衫。

Tiàu kaû, chhēng choá-saⁿ.

Tián kaû, chhēng choa-saⁿ.

報紙遮羞白嫖客。

舊時的私刑。用來譏刺沒有錢又敢哈春的男人。說，妓女戶保鑣剝下白嫖客的衣服，把他懸吊刑罰。但見，他脫困後，赤身裸體，只好用報紙遮羞而遁。

吊猴：被懸吊的人猴；猴，嫖客的俗稱。　穿紙衫：譏刺地，用紙遮掩裸體；這裏不指真紙衫。

同類句：「吊猴，食咖哩飯。」這隻野猴比較有「食福」，強吞了不少印度咖哩煮的滾燙米飯。

【07】

掠猴割頭鬃。

Lia̍h-kaû koah thaû-chang.

Liā-kaû koá thaū-chang.

掠奸在床割猴鬃。

舊時，討客兄的本夫抓住野猴，恐怕告官時猴不認賬，只好割下他的頭鬃來做證據；也好當作示眾的羞辱記號。

掠猴：舊稱本夫抓奸。

同類句：「掠猴斬後腳筋。」舊時，對於奸夫的私刑。

【08】

細姨生囝，大某的。

Sè-î siⁿ-kiáⁿ, toā-bó͘--ê.

Sé-î sīⁿ-kiáⁿ, toā-bó͘--ê.

妾身豈是附屬品？

指出細姨在丈夫家裏沒有地位，她所生的子女竟然不是她的，而是大某的。

細姨：小阿姨，妾也。　　大某：正妻。

可憐的細姨，舊時厝邊頭尾的九妗婆一幫人，總喜歡背後說她長短，連她所生的一群男女狀元兒也都被標籤做「細姨仔囝」，而受到特別對待。不過，據說當細姨的人大多不是弱者，對於搞陰謀，打內戰，從中取利都很行。眞慘，這是舊社會大男人主義的惡行。

這句俗語，在台灣已經走入歷史。但令人憂心的是，台商在中國將這句俚諺光復了：包二奶、三奶、多奶。因中國法律不承認台灣婚姻，所以台商二奶在中國算是合法正妻，她有權來台灣分財產，「剝奪」台灣妻、子的權益。這種案件常常上報，迫得我國趕緊修法，要來杜絕台商的齊人之禍，二奶之害。

台商的另類「細姨」爲害家庭、國家不淺，但遠不及近年來「台、中異常聯姻」的詭譎和弊害。這是台灣「公害」，值得全體台灣人關心：

一、台灣現有台、中配偶十七萬對，每年以三萬對速度增加。這種婚姻到了2016年將高達41萬對，中國新娘不久都是「台灣公民」。此後，男女雙方家屬可以「合法」移親來台灣，其人數相當驚人，何止百萬人！這類「新新台灣人」氾濫，何須中國的一兵一卒？

二、今年(2002)十二月中，未具台灣身份的「中國新娘」，走上台灣首都街頭來進行示威遊行，大罵陸委會主委蔡英文博士，大喊「蔡英文下台」。大膽！這批中國新娘尚非台灣公民，已經如此囂張，萬分不守法，將來她們人多，台灣人還有啥生存空間？

三、台、中通婚怪事多！中國離婚女人嫁給台灣老翁；翁死，繼承得遺產之後，再嫁給中國前夫。中國前夫因此取得台灣

公民權，登堂入室，安居台灣。哀哉，這是哪類婚姻？台灣老翁就是這樣被凌遲！

四、中國少年郎娶台灣老阿媽爲妻，但見老阿媽長他50歲以上。這是「騙婚」，或是「猴戲」？據悉，是「假結婚，眞打工」。這些中國青年丈夫在台灣能打什麼工？能找到什麼工作？台灣人自己都一職難求。

五、還有，中國二十出頭的女人，勇敢地嫁給七十多歲的老榮民。我們一面恭喜老榮民終於從蔣介石的「禁婚」解放，一面懷疑這些年輕女人的婚姻動機。安什麼心，嫁給相差五十多歲的「祖父」爲夫？隨時可見的結果是：嚴重影響國家資源的整體分配，今年退輔會對老榮民就養要調高七億！那麼，台灣本地老人有何就養？有何照顧？

六、可憐又可嘆的大陸妹，她們「踴躍」偷渡來台灣實行「假結婚，眞賣淫」。她們犯案，天天見報，慘烈地進行著中國女人和台灣男人的污名化大工程。台灣政府拚經濟之外，應該救救大陸妹，應該多多管教台灣的「開仙」才好。

噫，台灣細姨問題，算啥！台、中婚姻的代誌才是大條。（→《自由時報》2002 (12.4; 12.5):4; 6) 中、台雙方洞開「通婚」大門，快速進行著「祖國統一大業」。好厲害也，中國女人姻親，暫時變成「新新台灣人」；然後，再變回「都是中國人」。怎麼樣，台灣人有何覺悟？

【09】

死張活廖。

Sí Tiuⁿ, oa̍h Liāu.

Si Tiuⁿ, oā Liāu.

認同明瞭生死定。

　　用來傳述改姓氏的感人事跡。說，活著的時候姓張，死後恢復姓廖。

　　背景：我國南投、名間一帶廖姓鄉親的遠祖張老先生，古早古早從軍到漳州。該地富紳廖老爺單生一女，苦無男丁繼承。正好，廖老爺慧眼識英雄，用盡辦法贅張英雄爲囝婿。按慣俗，張英雄本人和後裔從此姓廖。但廖老爺不忍張姓因此湮滅，於是許他：在世時，給我乖乖姓廖，但張英雄和後裔百歲年後，爽爽快快地恢復他姓張。❸

　　妙哉，生死定姓別，道理簡單，認同明瞭，沒有「一國兩制」的混水摸魚；更無魚蝦通吃的霸氣、陰險、貪婪。

【10】

八月半，田頭看。

Peh-goe̍h poàⁿ, chhân-thaû khoàⁿ.

Pé-goē poàⁿ, chhān-thaū khoàⁿ.

抬頭仰望地主臉。

　　舊時，我國台灣的佃農在八月十五，抬頭凝視的不是明月而是「田頭」。因爲過了這佳節，田頭家就會通知是否允予續租，中秋不看田頭的面子是不行的也。——這時，但見貧困佃農，拚命湊足田租，到處張羅肥鵝、番鴨、文旦、棉芋、金瓜、蕃藷，等等土產來孝敬田頭家。

　　田頭：這裏指的是田頭家，而不是田頭田尾的水田。

【11】

好話一句，紅包大注。

Hó-oē chi̍t-kù, âng-pau toā-tù.

Ho-oē chi̍t-kù, āng-pau toā-tù.

牽陰抱陽有錢賺。

　　用來調侃媒人婆或媒人公，特別是職業媒人。說，他們簡簡單單的說了幾句好話，替雙方吹了幾個大牛皮，成全鴛鴦水鴨的好事。如此，給自己賺得了一個大紅包。

　　大注：大筆錢，多金也；例如，「要起厝著起大厝，要博繳著博大注」。

【12】

死豬拖去刣，死狗放水流。

Sí-ti thoa-khì thaî, sí-kaú pàng-chuí laû.

Si-ti thoā-khí thaî, si-kaú páng-chuí laû.

下場不同豬和犬。

　　舊時，用來傳述處理死豬死狗的方法。前者，分解而食之，或賣給肉品加工廠；後者，進行「水葬」，以免狗精作祟。

　　這句俚諺清楚反映著舊台灣的一件很壞的民俗：極不衛生，又妨礙心靈平安。爲什麼死豬死狗要如此處置？「死豬拖去刣」，乃是缺乏衛生觀念，貧窮惜物的結果。諺云：「死豬全家福，死牛全家碌」；可憐啊，私宰死豬而食之，自嘲做一家人滿有食福。食死豬肉，何福之有？

　　那麼，爲什麼「死狗放水流」？可能是老先人認爲，犬有敏銳的嗅覺，但入水就起不了作用，水洗刷掉、流去可尋覓的印記、味道。如此，狗魂就無法回來找主人的麻煩。

　　（參看，「訂死豬仔價。」612.14）

【13】

死貓吊樹頭，死狗放水流。

Sí-niau tiàu chhiū-thaû, sí-kaú pàng-chuí laû.

Si-niau tiáu chhiū-thaû, si-kaú páng-chuí laû.

惡劣習俗吊死貓。

　　非常遺憾，這項惡俗自古流傳至今猶未斷絕。報載，1997年三月環保署調查：有近一成民衆仍然用這種惡法來「處理」死貓死狗。短短的三個月中，發現1678件；前二名是彰化縣的214件和雲林縣的171件。有六成民衆看過這種情形；有二成民衆對此惡俗視而不見；有六成半通報衛生、環保單位處理。就此惡俗，環保署祭出「死貓吊樹頭，死狗放水流，後代囝孫目屎流」的標語來宣導。(→《自由時報》1997(3.26):7)

　　爲什麼死貓要「吊樹頭」？有如此傳說：古早古早，貓要學猛虎發威，來求敎於老虎。老虎不肯。但獲得狗的大力保證，說貓學成之後絕對不會侵占虎的地盤；於是老虎放心傳授虎威。貓學成之後，即時跳上樹來宣告廢約。老虎大怒，但爬不上樹來殺貓；於是發毒誓，不論生死都要消滅貓狗。後來，貓狗拜託主人，在牠們死後給牠吊樹，給牠投水，以免虎害——妄講的「誠古」啦。

　　死貓吊樹頭，乃是「迷信」貓爲陰獸，專門生活在幽暗世界。死後吊之樹頭，經四十九天之後，貓的魂魄散盡，可不致於作祟主人。

　　遊鍵至此，想到古以色列人吊死罪犯的律法：屍體不准吊在柱上留到第二天；違者，上帝咒詛土地！(→《聖經·申命記》21: 22) 那麼，人用死貓、死狗，水泥汞、硫酸銀，百般毒物來污染環境，毒化土地、水源、空氣，會不會招來上帝的「咒詛」？大家心裏有數！

【14】

麻燈債。

Moâ-teng chè.

Moā-tēng chè.

了尾囝。

舊時，浪子舉債的方法之一，也是還債的訊號。

麻燈：喪燈也。民間有父母喪時，燈籠寫有姓氏的大燈。

背景：有個富家後生，揮霍無度，但經濟大權仍然掌握在他老父手中。於是，只好向地下錢莊用高利貸借錢。非常遺憾的是，還債日期定在他老爸息勞歸天、全家大小哀傷之日。

此日也，浪子家門懸掛著麻燈，向鄰里鄉親報喪。浪子卻是藉著麻燈向地下錢莊通風報訊：「手尾錢」入港了。據說，從這天起，浪子隨心散財。❹

【15】

路頭帖仔。

Lō͘-thaû thiap-á.

Lō͘-thaū thiap-á.

黑函原型。

舊時，張貼在大街路旁看板上的「告示」，主要是扒糞，揭發陰私來洩恨。

路頭帖仔：原來是貼在路頭路尾，上寫遺失者姓名，失物名，遺失的時間、地點，等等。宛如，現代的「尋」人物，一類的啟事。❺

【16】

世風日下，人心不古。

Sè-hong ji̍t hā, jîn-sim put kó͘.

Sé-hong ji̍t hā, jīn-sim put kó͘.

古早什麼都眞讚。

舊時，衛道的村長老常用來批評時下敗壞的風氣，和邪惡的人心。言下之意：古風才會芬芳，古人才是善良。

尊古賤今，乃是老人的普遍性格，因爲他們將虛擬的價值都限定在「古早」。請教咧，何時的「古早」？什麼樣的「古早」？答案是「永遠的」古早。誰也搞不清楚什麼樣的古早。所以嘛，這句話要用批判的耳朵來恭受敎訓才好。

要求世風人心遵古法製，自不可能，活人總得克服許多現代問題。

【17】

舊例無滅，新例無設。

Kū-lē bô bia̍t, sin-lē bô siat.

Kū-lē bō be̍t, sīn-lē bō set.

保持現狀待自滅。

用來形容古長老的心態。說的是，不理過去留下來的壞的慣例，不想辦法做些典範的好事。言下之意，古老爺但知死抱所謂「務實」，毫無前瞻，更無理想，但迷信舊勢力還有維持的作用，不敢也無能革新。

同義句：「新例無設，舊例無滅。」

例：民間社會生活中某種行爲的範式，用來做爲同類行動的標準。　無滅，…無設：什麼都不做，旣不革除積弊，也不建設新事。

閉鎖社會的舊慣，甚至惡俗，可能是支持社會秩序的力量。革新、改變，都可能觸犯禁忌，而被反對、迫害。但台灣這個已

經相當現代化的國家，社會中仍然有許多舊例或惡俗。且不論，
「死貓吊樹頭，死狗放水流」；現在台灣還有什麼「鐵票部隊」和
「族群選票」。可憐，這群人被工具化，被奴隸化而不自知。如此
「舊例」，應該徹底廢棄。

不合時宜的做法是應該勇敢廢除的，古時王安石要除舊弊行
新法，倡言：「天變不足畏，祖宗不足法，人言不足恤。」(《宋
史‧王安石傳》)但敵不過朝廷戀腐情結的大人。可惜，連他這句至
理名言，也變成被攻擊的把柄。

不論是祖宗老爺留下來的，或是祖媽婆婆懷抱過的，只要是
陋習、惡俗，都應該勇敢革除，來建立合理的，合乎人性的，利
益衆人的新事。所謂「舊例無滅，新例無設」，何止是自欺的藉
口，可能是自滅的潛因。

【18】

好例著設，歹例著滅。

Hó-lē tioh siat, phaiⁿ-lē tioh biat.
Ho-lē tiō set, phaiⁿ-lē tiō bet.

棄惡從善造好俗。

斷言，風俗由人創造，由社會傳承，所以好的做法應勇於開
設，使之成爲慣例；歹的，應加禁絕。

爲什麼「例」有好例，有歹例？既然所以成「例」，它在某個過
去的時空中應爲「妥當的」行爲規範。但設例的時代、社會變遷，
設例的目的、對象不同，時代精神更是急速變遷。結果某些慣
例，可能落伍，可能有害，甚至可能剝削人權。例如，社會上的
重要職位，女人跟男人仍然不成比例，這豈不是輕女「歹例」未滅
的證據？

不過，有可喜的兆頭，顯示「好例著設」的革新精神。報載，2001年新竹市祭孔佾舞，數十年來均按古例由男學童出任舞生，但負責佾舞的東門國小宣佈，將有女學童加入。(→《自由時報》2000(10:9):7)真好！這是順應潮流，給古板孔門新的氣象。看！古錐的女舞生，一舉手，一移步，愛嬌得勝過笨手笨腳的男童生何止千百倍。後來，相傳孔老夫子在天之靈，看得心花怒放，大讚「惟女子為最該養也，大大該養的也」！

再者，新竹市政府舉辦的敬天祈福典禮中，三位女性一級主管陪祭官之中，竟有人因為「生理因素」而未參與。顯見，對於古早的許多「禁忌」，仍然有待破除──基督教浸信會不敢有女牧師，據說，也是因為女牧師「那個」來時，不好入池給教友施浸。唉，生理衛生考鴨蛋。

台灣還有許多「歹例」，其一是：台灣媽祖去湄州割火充電。君不知，台灣媽祖婆才是正宗，因為共產中國是無神論者，媽祖在中國文化革命時期已經被消滅了！此外，台灣媽祖信徒這種做法，有沒有「滅台灣媽祖尊嚴，助無神媽祖威風」的嫌疑？姑不論，這是否中國設下的宗教統戰大陷阱。

真好，不少人自認為勇敢的台灣人──也確實如此：中國飛彈射來，煞士肺炎傳來，老神在在，勇敢對抗；戇膽的，繼續西進中國。如此看來，台灣人破「歹例」，立「好例」的勇氣應該沒有問題吧？──無問題啦！

【19】

歐風美雨。

Au hong Bí ú.

Aū hong Bi ú.

歐美俗陋。

　　老古板先生用來批評歐美的風俗，說它極爲不善，非常有害古人之心；說它有如大颱風，有如土石流，侵犯台灣，打亂了本地原有的善良風俗。

　　可能的情況：古先生嘴巴雖是如此批評，但自己卻是身懷美國、加拿大、英國、法國、德國，等等歐美先進國家的護照，厚著臉皮領他們的救濟金。此外，古老先生開口閉口不忘稱讚後生、查某囝在「歐風美雨」侵襲下，活得如何的快樂，身體是如何的健康，社會是如何安定，浸淫出來的風雨博士，學問是如何的驚人。

　　唉，無法度啦！台灣沒有幾人能避免歐風美雨的打擊，正像台灣不能沒有風颱吹襲。君理解，吹來的風雨，調整著咱的氣候，充滿咱的水庫，用來飲食、灌漑、發電，雖然也可能造成水淹首都，土石流遍野。

　　歐風美雨不成問題，問題是台灣土地的韌性，問題是台灣人的心智是否成熟。

注釋

1. 參看，林衡道述，徐明珠記，《林衡道談俚諺》，頁96-103。

2. 參看，吳瀛濤，《台灣民俗》，頁105。

3. 林美容，《人類學與台灣》，頁190-191。

4. 參看，朱峰，《台灣方言之語法與語源》，頁11。

5. 參看，同上引，頁13。

第三章

神祕信仰安身命

第一節　天道天命

本節段落：

主宰攝理01-06　感應監察07-15　愛養眾生16-21　公道無私22-24
賞善罰惡25-30　順天謝天31-38　疑天怨天39-42　天人合作43-49

【01】

天大，地大。

Thiⁿ toā, tē toā.

Thiⁿ toā, tē toā.

敬天愛地。

　　一、斷言，「天」是最偉大的實在，它被神格化做「天公」，主宰著人的命運；「地」也偉大，她扶載、餵養人和萬物。也許，地被天遮蓋，所以認為她的偉大次於天。被神化的地有地祇，土治公一類的小神。二、一般成語用指「代誌大條」，事態非常緊急而嚴重也。

　　這句老諺出自《老子》：「…道[大]，天大，地大，王亦大。域中有四大，而人居其一焉。人法地，地法天，天法道，道法自然。」(25章)如此推比，結果是「自然」最大。

　　顯而易見的，台灣思想的「天大，地大」殊異於老子；她不教示人效法道、天、地、或大王，而是強調「敬天愛地」。我國的環境生態遭受嚴重糟蹋、污染、破壞，我們應該積極實踐敬愛天地自然。如此，乃是人類自愛之道，人究竟是自然的赤子，絕對不是自然的主人，更不可以成為自然的兇手。

【02】

天頂天公，地下母舅公。

Thiⁿ-téng thiⁿ-kong, tē-ē bú-kū-kong.

Thīⁿ-téng thīⁿ-kong, tē-ē bu-kū-kong.

天公萬歲！

　　斷言，天公最偉大，如同舅父大人在傳統家族中的「偉大」。

　　（本句詳解，參看514.17）

【03】

一人一個命，好歹天註定。

Chit-lâng chit-ê miā, hó-phaiⁿ thiⁿ chù-tiāⁿ.

Chit-lâng chit-ē miā, ho-phaiⁿ thiⁿ chú-tiāⁿ.

認命就是。

　　用來疏解痛苦中，怨身感命的人。勸他不要跟那些功成名就，大發財利的人比較。安份認命才是快樂之道，因為命命不同，原是上天註定的。奈何？

【04】

千算萬算，呣值著天一劃。

Chheng-sǹg bān-sǹg, m̄-tat--tioh thiⁿ chit-oē.

Chhēng-sńg bān-sǹg, m̄-tat--tiō thiⁿ chit-oē.

人算vs.天算。

　　一、用來嘲諷用盡心機、權勢，圖謀私利的人。看他滿腹野心，認為大事必成，大位必得，但突發「意外」——例如，A錢事發——終於落敗。二、用來自嘲，自認知識高超，經驗豐富，立下萬全計劃來圖謀大業，哪知天公不作美。

同義句：「人有千算，不如天一算。」

　算：計劃、謀略、計較。　　一劃：書法的一筆、畫押，喻指許可、同意。

【05】

生死有命，富貴在天。

Seng-sú iú bēng, hù-kuì chaī thian.

Sēng-sú iu bēng, hú-kuì chaī then.

大事天定。

　　用來勸化遭遇逆境的人，請他順天安命，因爲生死禍福，上天早有安排。

　　這是一句老名諺，常見於章回小說，例如，《紅樓夢》45回：「黛玉嘆道：『生死有命，富貴在天，也不是人力可以強求的。』」同類句有：「由天，推排」；「好歹，出在天。」

　推排：安排，分配，決定。　　好歹：喜事壞事，如生死、禍福，等等。

　　撫鍵至此，對這句根深蒂固的老諺不得不點出她的負面思想：許多情形下，生死關鍵在人，而不在天。我們應該強調的是人的「責任意識」，例如，台灣車禍爲世界之冠，據警察大學統計，台灣本島每年車禍死者7,400人，傷者300,000人，平均每天有20人死於車禍。這些人是天殺的嗎？據調查，肇事原因人爲因素佔90％以上，此中尤以酒醉駕車肇禍爲首，其次是超速。(→《自由時報》1998 (4.7):3)

　　可憐，輪下冤魂乃是人慾放縱酒醉，缺乏守法習慣，交通管理脫散造成的也。元凶是人，豈可說成「好歹，出在天」，或說「生死有命」？人事未盡，談天命有啥意義？看來，台灣人的平

安，須先從宿命的迷妄中覺醒。

（參看，「人生富貴休歡喜，莫把心頭做火燒。」131.76）

【06】

謀事在人，成事在天。

Bô͘-sū chaī jîn, sêng-sū chaī thian.

Bō͘-sū chaī jîn, sēng-sū chaī then.

認眞圖謀待天成。

用來勉勵人認眞做事，盡力奮鬥，那是人的本份。致於能否成事，就要看天意如何，那不是人所能強求的。

老名諺也，語見《格言諺語》，常見於章回小說，如《紅樓夢》6回。

這句老名諺正可說明傳統的人生觀，它根深蒂固地結構在台灣人的思維系統裏。雖然世上沒有萬全計策，也沒有必勝做法，但是許多敗事和壞事，明明是人謀不臧。人事敗壞，豈可奢談「成事在天」？

【07】

天，有目！

Thiⁿ, ū ba̍k !

Thiⁿ, ū ba̍k !

報應到！

一、斷言上天欺不得，他監察世人的心思行爲，他執行公義的報應。二、無辜受屈的人用來表達強烈的情緒。看那奸惡之徒，終於身患絕症，或遭受橫禍而死。這時，歡聲雷動，大喊「天，有目！」

反義句：「天，無目！」(→.39)

【08】

人得做，天得看。

Lâng--teh choè, thiⁿ--teh khoàⁿ.

Lâng--té chò, thiⁿ--té khoàⁿ.

天不容歹人。

　斷言，人雖有自由意志，可隨意而行，但上天明察人心，審判人的所作所為。

　同義句：「人得做，天得撨。」

　看：監察(心思、行為)，進而加以報應。　撨[chhiâu]：消極地，控制作惡；積極地，改正錯誤。

【09】

天，會知人的筋仔骨仔。

Thiⁿ, oē-chai lâng--ê kin-á kut-á.

Thiⁿ, ē-chaī lâng--ē kīn-a kut-á.

瞞不得上天。

　形容上天看透心機和陰謀，事不論巨細，就是深藏的秘密也瞞不過他。

　同義句：「瞞會過人，瞞袂過天。」

　筋仔骨仔：喻指隱藏的秘密；字面義是細筋小骨。

【10】

人眼不見天眼見，人不知道天知道。

Jîn-gán put kiàn thian-gán kiàn, jîn put ti-tō thian ti-tō.

Jīn-gán put kèn thēn-gán kèn, jîn put tī-tō then tī-tō.

天眼難遮瞞。

　用指修養德性。斷言世上沒有完全的秘密，就是人不知鬼不

覺，也還有天見天知。所以，爲人處事，光明正直才是正道。

相關語：「天知地知，你知我知。」這是所謂的「四知」，相傳古時王震爲官清廉，有王密來行賄，說：「人不知，鬼不覺，請大人安心歪膏可也。」但王清官用「四知」來敎訓他。語見《後漢書・王震傳》。

【11】

講話，毋驚天公聽見？

Kóng-oē, m̄-kiaⁿ thiⁿ-kong thiaⁿ-kìⁿ？

Kong-oē, m̄-kiāⁿ thīⁿ-kong thiaⁿ-kìⁿ？

正直善言怕誰聽？

用來勸修口德。勸人不可惡毒咒罵，不可虛假重誓，不可暴虐惡言。這些惡口，上天聽得一淸二楚，一旦激發天怒，脆雷一響，誰能不驚？

戒惡口是處世爲人永遠的修養。要修到不說髒話毒語，已屬難得，但離開理想境界還有一段距離，因爲一個平安的，生活品質良好的社會，乃是由衆多「敢說正直善言」的人所組成的。

正直好話天公最愛聽，因爲這種話含有「創造的能力」，眞是符合上天好生之德。不過，這種善言不容易說，須要大智、大愛、大勇。臭彈惡言惡語的人乃是「含血噴天」，不但先污其口，而且自暴其五癆七傷的人格。能不警惕？

近年來，台灣政壇、媒體，充滿粗暴的、陰毒的、煽動的惡言惡語。眞是一派「講話，毋驚天公聽見」的粗野。

【12】

人間私語，天聞若雷；暗室虧心，神目似電。

Jîn-kan su-gú, thian-bûn jiȯk luî;
　àm-sek khui-sim, sîn-bȯk sū-tiān.
Jîn-kan sū-gú, then-bûn jiȯk luî;
　ám-sek khuī-sim, sīn-bȯk sū-tēn.

天聾地啞？

用做警言。勸人不要密室圖謀惡事，就是情報局也沒有永遠的秘密，何況上天明察一切，適時罰惡。

語見《增廣昔時賢文》，也是章回小說常見的諺語。相關句有：「天聾地啞」，意思是，上天故意裝聾作啞，看惡人能橫行幾時！

私語：只能你知我知，告不得人的話。　天聞若雷：嗡嗡蚊語，上天聽得大聲如陳雷。　暗室：密室，或背後。　虧心：虧心事。神目似電：神看得非常清楚，如閃電，如斷層掃瞄，看透筋骨心腸。

【13】

一念，感動天。

It liām, kám-tōng thiⁿ.
It liām, kam-tōng thiⁿ.

一心通天。

用來修養好心行。斷言上天感應人的心念，好念頭，上天會感動，會賜福。

一念：念頭發動的第一時間也。一念，是佛家語，指極短的時間，只有1／90剎那，1剎那有900次生滅。（→《往生經》）

這句俗語極有禪味。積極而言，反映著「一念相應」的修行法：把握一閃念頭來契合清淨自性、智慧和覺悟。消極地，修養「一念不生」，就是凝心靜慮，不生妄念於瞬息之間。

　　台灣先賢將高度抽象的「一念」，普化而置於「宗教道德」層次來理解，來教示後輩。這也是舊小說家服膺的道理，所謂：「一念不違天理人情，天地鬼神會暗中呵護；一念違背了天理人情，天地鬼神會立刻不容。」（《兒女英雄傳》36回）

【14】

人欲可斷，天理可循。

Jîn-io̍k khó toàn, thian-lí khó sûn.

Jīn-io̍k kho toàn, thēn-lí kho sûn.

斷私欲以行天道。

　　舊時修養家用來勸善，勸人了斷私慾，順應天理，以力行天道。人之所以能夠如此修養，根本假設是：天理可知，天道可行。

　　為什麼要此修養？傳統理學的見解是：人欲漫無節制，令人逸脫本心，而終於掩滅天理，所以人得棄私慾的遮蔽來順應天道。語見《名賢集》。

　　人欲：私慾，相對詞是天理。　天理：天然之理，道德法則也。朱熹認為「天理只是仁義禮智之總名」。　可：應當。　斷：戒除，隔絕。　循：遵守、按法則而行。

【15】

寸心不昧，萬法分明。

Chhùn-sim put maī, bān-hoat hun-bêng.

Chhún-sim put maī, bān-hoat hūn-bêng.

清掃心地感應天理。

　　用來勸善。提醒人保持清潔的心地，只要良心不被人欲遮蔽，萬法自然明白可知。

　　不但天有感應，就是人心也有感應的能力，只要良心不昧，那麼事理、天道都是可能認識的。所以人可能踐行天道，人可受教化。語見《名賢集》。

　　寸心：心也，即是認識、感應的機能。　不昧：明淨無垢，沒有私欲遮蔽，沒有懵懂曖昧。　萬法：一切事物的道理。

【16】

天，燴害人。

Thiⁿ, boē haī-lâng.

Thiⁿ, boē haī-lâng.

上天慈愛。

　　用來勸慰遭逢天災地變，或是不幸遭殃的人。要他們相信主宰人類運命之天神；他自有安排，不會讓人陷入絕境。

　　所謂「天，燴害人」，雖是用消極的形式來表達，但對於天的信仰是積極的，是交託的。這樣的「天」，當然不是物質天，不是自然天，也不是義理天，乃是人格天，是神化的天——台灣民間威嚴顯赫的「天公伯」是也。

【17】

天公，疼戇人。

Thiⁿ-kong, thiàⁿ gōng-lâng.

Thīⁿ-kong, thiáⁿ gōng-lâng.

天公的乖囝。

　　用來勸世。說的是處世為人，不要太精明，不要太計較，不要貪圖橫財。如此，自然有福，因為天公會愛惜這種古意人。

　　戇人：不指智能不足，腦力遲鈍，說的是做人老實、做官清廉。例如，當秘書長不會A錢入中山袋。

　　台灣民間相信「天公，疼戇人！」堅信「戇人有戇福」，例如：胃口好，會吃、會吸收，又會消化；不會失眠，不做惡夢，因為心裏沒有鬼；無煩無惱，因為私慾少得可憐；長歲壽，活得999！

　　台灣的「戇人」還有一項大「戇」，就是很會同情人，願意出錢、出力、出時間來服務患難的人。政要認真做秀，媒體大搞烏龍八卦，但戇人們卻默默進入社會各個角落來做義工，給冷酷的社會帶來溫暖和希望。如此戇人，天公不疼的話，真是豈有此理！

【18】

天，無餓死人。

Thiⁿ, bô gō-sí lâng.

Thiⁿ, bō gō-si lâng.

天糧無缺。

　　用來安慰遭逢嚴重天災的人，特別是農民。斷言，天無絕人之路，上天自有餵養人的方法。

　　如此天真的靠天信仰，台灣俗諺頗多，如：「天地，無餓死人」；「靠天食飯」；「天做天擔當，嗯免老婆擔水來沃園」。後二句顯然說的是「看天田」和「討海人」的看天食飯，靠天生活。

　　擔水[taⁿ-chui]：挑水也。　　**沃園**[ak-hn̂g]：用漩桶或水杓等等器具，來灑水給園地上的作物。

　　於此，應該淋一下冷水：當今世界，因營養不良，因缺糧，因缺水而死者，無數。諷刺的是，同一個世界，因營養過多，因腸肚塞得太飽，因灌下太多的飲料、因喝下太多的烈酒而死者，也無數。

【19】

巧的食戇的，戇的食天公。

Khiáu--ê chiảh gōng--ê, gōng--ê chiảh thiⁿ-kong.

Khiáu--ê chiā gōng--ê, gōng--ê chiā thīⁿ-kong.

小蝦米吃海翁！

用來安慰吃大虧的弱者。向他宣傳一種「認分」的人生觀，推廣著「認戇」的處世態度。

句裏的「巧的食戇的」，反映著現實世界的黑森林法則；弱肉強食，仍然宰制著所謂的文明社會。老先人看穿如此社會，於是回歸他相信的天道信仰：「戇的食天公」。嘻，可憐的天公，生物鏈的最後一環！

不過，上天自有妙計！他讓「巧的」來服務「戇的」！使戇人安享著巧人無法消受的福氣。

【20】

人無酬天之力，天有養人之志。

Jîn bû siû-thian chi lẻk, thian iú ióng-jîn chi chì.

Jîn bū siū-then chī lẻk, then iu iong-jîn chī chì.

不要謀殺天公。

用法有新舊：一，舊的，用來勸善。提醒人對上天要心存感謝，因為天賜萬物以養人，雖然人沒有回報的能力。二、新的，用來宣傳環保意識。勉勵人敬天愛地，不可破壞天然環境。

語見《名賢集》。同類句：「天生萬物互人，人無半項互天。」

酬天：報答天恩。　互：給與（物件或感情）。

撫鍵至「人無酬天之力」，不禁憶及中國歷史可惡的一幕：明末流寇張獻忠於1644年，入四川殺死500萬人，川軍一次被殺的

就有75萬。張匪在成都自封大西國王，建公園，立「七殺碑」。上面刻著：「天生萬物以養人，人無一德以報天，殺殺殺殺殺殺殺！」慘也，土匪要替上天報仇，眞是妖魔鬼怪。

我又想到，我國有多少黑官奸商勾結，以惡毒回報天地。他們濫伐森林，濫墾山地，濫放毒物，自然的美貌被毀容了，天地的豐富資源被剝削了，天公和土地公雙雙中毒，恐怕不久人世。如果，天地身亡，人類能不陪葬嗎？

雖言「人有逆天之時，天無絕人之路」（馮夢龍《醒世恆言》32卷），但人類一旦逆天成癖，以破壞天然爲勝天，眞是自掘墳墓。

【21】

人飼人剩一支骨，天飼人肥朒朒。

Lâng chhī-lâng chhun chi̍t-ki kut,
　　thiⁿ chhī-lâng puî-chut-chut.

Lâng chhī-lâng chhūn chi̍t-kī kut,
　　thiⁿ chhī-lâng puī-chut-chut.

人吃人vs.天養人。

舊時農家用來表達對天的信賴。斷言上天愛世人，天生天養，給人最健康的生命，那是人工餵養大大不如的也。

本句又做：「天飼人肥朒朒，人飼人剩一支骨。」

剩一支骨：瘦皮包骨，煞像癆傷久耗一類的病人。　肥朒朒：形容身心健康的人；舊時以肥胖爲福相，異於現代理解。

也許，現代人對這句諺語頗不以爲然，但這句話並不完全是宗教感情的說法，也有其實際經驗的根據。君不見，只有風調雨順，人畜才有平安可言，否則雨季無雨，加上森林無林，石門、翡翠、曾文、烏山，等等大水庫不能不獻醜示衆，再厲害的人造

雨也贖回不了人爲的罪過啊！這正是先人說的「人飼人剩一支骨！」諷刺也，人飼人？人吃人啦。

　　天飼人，乃是人類順乎自然的生養法則來存活。如此，包妳無肥也媠！

【22】

天公地道。

Thian-kong tē-tō.

Thēn-kong tē-tō.

無私的包容。

　　這是民間道德標準的最後假設，斷言天地至公無私，因爲天生人物、衆生，而地餵養負載他們。如此天地，毫無偏私，一律對待智愚強弱。

　　同類句有：「天道，無私」；「天地，無私」；「天無二樣心，一樣對待人。」

　　顯然，這是非常純樸的假設，除了要鼓勵人信賴上天之外，更是要勸人效法上天的公義。此一傳統民間道德，奠基在法天的基礎上，所謂「天無私覆，地無私載，日月無私照。」(《孔子家語‧論理》)——有權有勢的人，更須要「天公地道」的操守。

　　似此，耶穌也教示人效法天父的慈愛，說：「因爲上帝叫日頭照好人、也照歹人、降雨給義人、也給不義的人。你們若單愛那愛你們的人，上帝又何必獎賞你們呢？」(《聖經‧馬太福音書》5:45-46)噫，「效法天父」，好大的信任！

【23】

天害人則會死，人害人燴死。

Thiⁿ haī-lâng chiah oē-sí, lâng haī-lâng boē-sí.

Thiⁿ haī-lâng chiá ē-sí, lâng haī-lâng bē-sí.

看他橫行幾時？

　　用來寬慰無辜受害的人，請他忍耐一時的冤屈，因爲惡人報應迅速。只要不是上天「害我」，世上沒啥害得了我。

　　本句的修辭格是倒詞，反面地表達著民間的一種信念：只有上天擁有害人之能，但天不會害死人，安啦！雖然人會害人，但不是上天所願意的。同類語：「人要害人天唔肯，天要害人在目前。」

　　走鍵至此，深感老先人的「信仰」天眞得可以，好像青牛仔不識猛虎。世上最可怕的災害乃是邪魔之人的逆天害人。君不見，毛澤東惡心大作，發動其爪牙大搞文化革命，一革就害死了七、八千萬的中國人。「天害人」，小兒科也。政治人物的自我神化，加上愚民崇拜爲偶像的幫兇，作起惡來，才是眞正可怕！

【24】

人惡人怕天不怕，人善人欺天不欺。

Jîn-ok jîn-phàⁿ thian put-phàⁿ,

　　jîn-siān jîn-khi thian put-khi.

Jîn-ok jîn-phàⁿ then put-phàⁿ,

　　jîn-sēn jîn-khi then put-khi.

最後的公義。

　　用來安慰軟弱的好人，他被惡霸欺負了，冤枉無地講，只能忍氣吞聲。這時村長老看在眼裏，自認無能爲力，只好用這句話來安撫他。

　　語見《增廣昔時賢文》，她安慰人的基礎是：上天不但不欺善

怕惡，而且會除暴安良。這是古人所說的：「皇天無親，惟德是
輔。」(《左傳・僖公五年》)咱台灣的老諺說，「天地，保忠厚。」只要
是忠厚的人，上天就是他的公義，就是他的屏障，惡人很快就會
遭受到報應。

【25】

天公數簿，大本。

Thiⁿ-kong siàu-phō͘, toā-pún.

Thīⁿ-kōng siáu-phō͘, toā-pún.

功過必錄。

　　斷言上天監察世人，個人的行動舉止，他都看得一清二楚，
登記得明明白白，好做爲他賞善罰惡的根據。

　　數簿：賬簿也。這裏指的是上天記錄人類行爲的「公過簿」。　　*大
本：喻指巨細必錄的大賬簿。*

【26】

孝心感動天。

Haù-sim kám-tōng thian.

Haú-sim kam-tōng then.

無比的感應。

　　用來勸孝。力言最能感動上天，以獲得善報的，就是大孝。

　　這句諺語正是《二十四孝》的第一孝子虞舜乙節的標題。按
《史記・五帝本記》說，舜的父母都是惡霸粗魯之人，弟也頑劣。
未知什麼緣故，這一家人用盡計策要置舜於死地，但舜孝悌之心
行益發堅定。於是上天感動了，在舜苦耕之地，派大象給他耕
作，遣飛鳥給他撒種。堯帝知道了，將他二個金枝玉葉送給他做
大某細姨。最後讓位給舜，使他當了皇帝。有詩爲證：

隊隊耕春象，紛紛耘草禽；

嗣堯登帝位，孝感動天心。

　　當然，這是冇古，目的盡在宣傳「孝親」。自古以來，人間道德最薄弱的、最難得的就是「孝」，所以孝最動人，也最動天。

　　這種孝感天心，贏得福報的思想，古以色列人也有。聖經有言：「當照耶和華你的上帝所吩咐的、孝敬父母、使你得福、並使你的日子在耶和華你的上帝所賜你的地上、得以長久。」(《申命記》5:16)新約聖經更進一大步堅固這種信念，說：「要孝敬父母、使你得福、在世長壽。這是第一條帶應許的誡命。」(《以弗所書弗》6: 3)

　　孝，人間最純美的感情，真讚哦！

【27】
人有善願，天必從之。

Jîn-iú siān-goān, thian pit chiông--chi.

Jîn-iu sēn-goān, then pit chiông--chì.

天成善願好鼓勵。

　　用來勸善。勉勵人心裏要存著良善的心意，懷抱著利益眾人的願望而實踐之，那麼上天必然成全人的好心好願。

　　相傳，這句老諺是孔聖人的金言，《注解昔時賢文》的古注載：「殷時大旱，湯禱於桑林之野，忽然下雨，仲尼曰：『人有善願，天必從之。』」本句又見於《增廣昔時賢文》，也常見於章回小說。無疑的，修善願，愛眾人，惜眾生乃是民間感應信仰的重要功課。

　　從宗教學的立場而言，善願就是一種祝福，而祝福是宗教儀禮不可缺的節目。猶太基督教傳統有儀式化的善願，摩西五經❶記載著上帝要他的祭司給以色列人這樣的祝福：

> 願上主賜福給你，保護你；
>
> 願上主以慈愛待你，施恩給你；
>
> 願上主看顧你，賜平安給你。

　　（《舊約聖經・民數記》6: 22-26）

　　社會平安和睦的秘訣也盡在這「善願」上面。只要人人心存祝福人的心願，社會怎麼會有數不盡的大小刑案？所以「人有善願，天必從之」的勸善，仍然是現代社會值得多多鼓吹的道德。

【28】

天網恢恢，疏而不漏。

Thian-bóng hoe-hoe, soʼ jî put-laū.

Thēn-bóng hoē-hoē, soʼ jî put-laū.

逃哪裏去？

　　用來戒惡。斷言上天逮捕罪犯的法網的網眼看似寬廣疏鬆，容易逃避，其實是非常嚴密的。只要天公一收天網，絕對沒有逃得了的歹徒。

　　這是一句老名諺，出於《老子》，原典做「天網恢恢，疏而不失」。又見於《增廣昔時賢文》。同義句有：「頂天羅，下地網，互人燴走閃得」；「上天也著落地。」

　　古以色列的詩人，也有「天網」的說法。《詩篇》如此描述：

我往哪裏去才能躲開你呢？
我往哪裏去才能逃避你呢？
我若上了天，你一定在那裏；
我潛伏陰間，你也在那裏。
我縱使飛往日出的東方，
或住在西方的海極，
你一定在那裏帶引我；
你會在那裏幫助我。
我可以要求黑暗遮蔽我，
或要求周圍的亮光變成黑暗；
但對你來說，黑暗不算黑暗；
黑夜跟白晝一樣光亮，
黑暗和亮光都是一樣。
我的五臟六腑是你所造；
母腹中你把我湊合起來。
…………

上帝啊，
求你察驗我，知道我的意念；
求你考驗我，洞悉我的心思。
求你看看我有沒有狂妄的思想；
求你引導我走永生的道路。

《聖經・詩篇》139: 7–13; 23–24）

　　拚命落跑，或潛藏地下，也許可逃脫警網於一時，但恢恢天
網永遠伺候，逃不掉的也。看來，心懷敬畏，遠離罪惡，行走在

天道上，才有平安可言。

【29】

越奸越巧越貧窮，奸奸巧巧天不容。

Oa̍t-kan oa̍t-khiáu oa̍t pîn-kiông,

　　kan-kan-khiáu-khiáu thian put-iông.

Oa̍t-kan oa̍t-khiáu oa̍t pīn-kiông,

　　kān-kān-khiau-khiáu then put-iông.

奸人濁富天不容。

　　用來勸善。提醒人幹詐欺，搞奸商，絕對不是發財的方法，反而是貧窮的禍端，因爲上天不容許奸巧人致富。

　　本句見於《呂蒙正勸世文》和《名賢集》。按《名賢集》，全首詩是這樣的：「越奸越巧越貧窮，奸狡原來天不容；富貴若從奸狡得，世間呆漢吸西風。」好一句「呆漢吸西風」！

　　這句勸善老諺對於「無奸不成商」的文化中人，應有警醒作用。大商的許多條件中，「奸狡」沒有地位。例如，目前世界最賺錢的「微軟」(Microsoft)，其產品一定要精巧好用，但一定不可以耍奸弄詐。商界競爭劇烈，法律森嚴，容不得他奸狡。智慧和誠實才是長遠的大業的基礎，而奸奸詐詐一定是倒店的催命符。

　　近年來台灣社會，大小騙鼠橫行，小鼠騙財騙色，大鼠掏空銀行、移產中國。看來，台灣的媒體應該多多傳播這句俗諺了。

【30】

天理良心，到處通行。

Thian-lí liông-sim, tò-chhù thong-hēng.

Then-lí liōng-sim, tó-chhù thōng-hêng.

有效的護照。

用來勸善，教示人心存天理，行事爲人按照良心的指導。如此，進退有據，到處可以通行。

「天理良心」在傳統的修養上佔著非常重要的地位，它不但是高階的道德準則，據說它也是「光宗耀祖」的秘笈。《訓蒙敎兒經》有言：

> 光宗耀祖無難事，只在天理與良心；
> 天理就是良心發，良心就是天理生。
> 天理良心四個字，善人惡人此中分；
> 壞了良心沒天理，天理即沒少良心。
> 天理良心知講究，還須敬重讀書人；
> 讀書之人多明白，天理良心講得清。

這幾行敎兒經唸來非常八股。我們雖不懷疑「天理良心」在修養上的重要性，但靠這四個字要來「光宗耀祖」卻大有疑問。也許，原作者發覺它的限制太大，於是補上「讀書人」來幫忙圓夢。

噫，若將天理良心，解成當官的全國走透透，四處的A錢大匯通，哪還有啥天理？

【31】
舉頭看天。

Giah-thaû khoàⁿ-thiⁿ.

Giā-thaû khoáⁿ-thiⁿ.

盼望！

一、形容艱難困苦中的人，無語問蒼天的樣態，尤其是遭逢天災地變的災民。二、鼓勵孤苦無助，或心灰意冷的人，請他們

仰賴上天，懇求天助或尋覓靈智，以求轉機。

　　這是傳統所謂的「人窮則呼天！」乃是宗教性濃厚的依天靠天的感情。去年(2002年)我國嚴重缺水，地方行政首長紛紛「祈雨」。這是「舉頭看天」的儀式行為——藉機做「做秀」的大官，應該知道見笑！

【32】

聽天，由命。

Theng thian, iû bēng.

Thēng then, iū bēng.

順天命。

　　久經苦難煎熬的人用來怨嘆。他可能遭遇到大災難、大衝擊、大失敗，雖盡力奮鬥，猶未見轉機，真是回天乏術，只好「聽天，由命」。

　　這句老諺，乃是宿命論者的人生態度：聽任天命做主。假如個人的人生態度和生活方式如此，閒人勿庸置喙；若是國家元首，單位主管，一家之長，或是醫師、工程師、救火員、教師，尤其是立法、行政兩院的諸位大人，若服膺又實踐起這種信念，結果如何，不想可知。

【33】

天拍，天成。

Thiⁿ phah, thiⁿ chhiâⁿ.

Thīⁿ phah, thīⁿ chhiâⁿ.

成毀由天。

　　用來寬慰鼓勵自然災害中的災民。斷言，上天如此行災，上天也將恢復自然的生機。

　　這是一句重要的俗語，爲老先人所常引用。類似句：「天生，天化。」《陰符經》載：「天生天化，道之理也。」「天化」，也做「天殺」；說，萬物天生之，萬物天死之。這就是所謂的「天拍，天成」。

　　先人相信「天拍，天成」爲自然之道，是演化的法則。但現代科學製造的「人禍」只有毀滅而沒有生機。君不見，核能廢料的放射性半衰期，動不動就是數百萬年。人類許多自作孽的「偉大」發明是「人殺」禍端，有拍無成，有殺無生。能不恐懼戒慎？

【34】

天無絕人之路。

Thian bû choat-jîn chi lō͘.

Then bū choat-jîn chī lō͘.

必有活路。

　　用來安慰遭遇橫禍，或諸事不順，或潦倒落魄的人，說：「忍耐啦，艱苦有時過，一定有辦法解決！」

　　這句老名諺，見於《元曲選·貨郎擔》、《醒世恆言》，以及章回小說。雖是村長老的口頭禪，但確有鼓勵、安慰艱苦人的作用。

【35】

順天者存，逆天者亡。

Sūn-thian--chiá chûn, gek-thian--chiá bông.

Sūn-then--chià chûn, gek-then--chià bông.

生死在此。

　　用來勸善。宣傳處世爲人的道理：順天而行者，昌；逆天而衝者，亡。

這句名諺來頭不小，出自《孟子‧離婁上》：「天下有道，小德役大德，小賢役大賢。」說的是，小德小能的小王，應該順服大德大能的大王。這是孟子宣揚的「天」理，原是古代的一種政治遊戲法則。

顯然，民間的俗諺用法，不同於孟子的說法，強調的是順服天意。那麼，什麼是「順天」和「逆天」？具體而言，踐行仁義道德，就是順天，就是活路；爲非作歹，就是逆天，就是死路。如此理解，乃是神秘主義的「天道」的道德化。

人該當如何才是順天而存活，乃是古今內外智慧人探求的大問題。此，古以色列智者有所感悟。有詩吟道：

> 真正有福的人：
> 不聽從邪惡的人的計謀，
> 不跟隨罪人的腳步，
> 不與侮慢上帝之徒同夥。
> 他只愛慕上主的法律，
> 日夜誦唸思想。

詩人又用了美麗的譬喻來形容這些福人、義人、善人的生命：

> 他像溪水旁的一棵樹，
> 按季節結果子，
> 葉子也不凋零。
> 他所作的事樣樣順利。

義人，如長青的多果樹！多麼美麗的想像啊！那麼，惡人像什麼？

> 邪惡的人不是這樣：
> 他們像糠秕被風吹散。
> 邪惡的人要被上帝定罪；
> 罪人要從義人中被淘汰。

惡人，像吹散的粗糠！有夠可憐！因何如此？

> 因為上主看顧義人的路；
> 邪惡的人卻走向滅亡！（《聖經·詩篇》1: 1-6）

是啦，這不是咱台灣老先人教示的「順天者存，逆天者亡」嗎？

【36】

敬天地蔭囝孫，惜五穀年年春。

Kèng thian-tē ìm kián-sun, sioh ngó͘-kok nî-nî chhun.

Kéng thēn-tē ím kian-sun, sió ngo͘-kok nī-nī chhun.

順天的二大福氣。

虔誠的村長老用來開示「順天者存」的具體做法：「敬天地」和「惜五穀」。人能如此，結果將是「蔭囝孫」來興旺家庭，「年年春」來安定生活。

蔭：庇蔭。　春：盈也，有餘。

爲什麼「敬天地」、「惜五穀」有如此大的功效？台南葉素娟女士有解，她說：「舉頭三尺有神明，人在做天在看，敬畏天地，不做傷天害理的事，養兒育女多了祥和，少了戾氣，對下一代總有優質的啓示作用。五穀孕育一切生物，自有其不可替代性；人們懂得珍惜他，便家有餘糧，一年好似一年。」（→「台灣精諺」《自由時報》）

眞好，家庭祥和，自有優生妙用；家有餘糧，正是快樂的生活的保障。句裏含有道德敎化的奧義，值得注意。

【37】

萬事由天莫強求，何須苦苦用機謀。

Bān-sū iû-thian bo̍k kiông-kiû,

　　hô-su khó͘-khó͘ iōng ki-bô͘.

Bān-sū iū-then bo̍k kiōng-kiû,

　　hō-su kho͘-khó͘ iōng kī-bô͘.

順天安分。

用來勸人順服天意，切莫耍弄奸巧，濫用權謀，那是上天所不容許的。

這句俗語強調天意難逆，禁戒私心自用，苦設機謀，來滿足個人野心。如此，動機不善，得不到上天應許，算是天理昭彰。

那麼，動機的善良，做法正當，目標是人我共同的利益，可否強求？答案是「不可以」，因爲「萬事由天莫強求」。這是怎麼一回事啊？如此，上天雖罰惡，卻沒有賞善囉？不盡如此，緣因宿命論中沒有「強得」的可能性。

【38】

謝天謝地，謝三光。

Siā-thiⁿ siā-tē, siā sam-kong.

Siā-thiⁿ siā-tē, siā sām-kong.

平安過日心感謝。

　　虔誠的台灣民間信仰者，為了平安過日，在每日清晨用感謝的心，為自己，為眾人，燒清香拜神、拜三光的祈禱詞。

　　三光：三光者，日月星。(《三字經》)

　　舊時的台灣人，很會感謝，心存知足，雖然大部分人的生活艱苦，國民地位卑賤——荷鄭滿清，日本、國民黨政府統治下，都是次等國民。為什麼會感謝？是因為知足嗎？或是因為愚民政策的麻醉術奏效？或是保得一條老命的嘉哉？

　　現今，台灣人自己當家做主了，社會卻是一片「哀爸叫母」，多數媒體日夜哭衰。難道當今台灣人沒有可以感謝的事實和理由嗎？為什麼？是否統派媒體的擾亂？是否台灣人已經發覺沒有感謝的理由？

　　不論如何，平安的心，快樂的社會，不是唯心的，必要有「可感謝的」實際。就當前我國的情勢而言，要台灣人能夠歡喜感謝，起碼要有：沒有敵國吞噬的威脅；經濟產業安定；社會治安良好；環境清潔衛生；出入國際社會有尊嚴。其實，這些都是一個獨立自主的文明國家最基本的條件——小小的新加坡有之，為什麼台灣沒有？有志氣的台灣人，能不苦悶嗎？

　　(參看，「謝天，謝地。」213.06)

【39】

天，無目。

Thiⁿ, bô ba̍k.

Thiⁿ, bō ba̍k.

怨天。

　　善良的人用來感嘆。眼見奸邪興旺，忠良衰敗。問天，因何善惡無報？天不應，於是簡單下個結論：「天，無目！」

　　同義句：「天公，無目睭」；反義句：「天，有目。」(→.07)

　　無目…有目：擬人化地，形容上天是否監察世人，有無報應；無目，善惡無報應；有目，善惡有報。

【40】

天不從人願。

Thian put-chiông jîn-goān.

Then put-chiông jīn-goān.

最後的安全措施。

　　自認為善人，自知心懷善願，安份守己，認真打拚的人，用來怨嘆。說上天讓他心血白流，剝奪他光明正大的願望。

　　同義句：「天意如此，互人赡逆得。」

　　這二句是民間常用的俗語，反映著「人生在世，不如意者，十之八九」的現實。不過，古人對於上天成全人願的信仰是相當堅定的，君不聞，「天不奪人願」，「民之所欲，天必從之」(《書‧泰誓》)，又言「天雖高而聽卑，人苟有志，天必從人願」(《唐宋傳奇集‧流紅記》)。

　　嘉哉，天不會黑白聽從人願，不然……！

【41】

人勢，呣值著天做對頭。

Lâng-gaû, m̄-tȧt--tioh thin choè tuì-thaû.

Lâng-gaû, m̄-tȧt--tiō thin chó tuí-thaû.

不敵天意！

一個自認極有能力的人用來怨嘆。他智識好、能力強、經驗豐富，但養豬遇豬瘟，上山種香菇遇土石流，大膽西進中國經商而血本無歸。眞是天做對頭！

然而，古人相信「天」的傷害不可怕，人爲的災禍才可怕：「天作孽猶可違，自作孽不可活。」(《孟子・離婁上》)——自然災害可能避免，人爲災禍如影隨形。眞慘，人最後的「對頭」原來是「人」，不是「天」！

天做對頭？安啦！

【42】
做天也燴中衆人意。

Choè thiⁿ iā-boē tiòng chèng-lâng ì.

Chó thiⁿ iā-bē tióng chéng-lāng ì.

難得公平。

一、斷言上天難爲，無法公平地令世人個個如願，因爲每一個人的欲望不同，對天的期待各異。例如，賣涼水的，愛燒熱；賣雨傘的，愛落雨。二、用來自嘲，或主事者疏解怨嘆。說，只要立場公正，過程符合正義，決斷結果合理，雖然得不到衆人的認同，也是無法度的代誌，因爲「做天也燴中衆人意」！

確實如此，「天若有情，天亦老！」(歐陽修《減字木蘭花》)天公伯仔不論出日落雨，世人都有牢騷，有抗議。若是久旱，神像都要搬出來廟埕曝日示衆。如此無禮，天不衰老，可能嗎？所以，上天自有其不公平的公平，管不了人之中意或不中意！

【43】
三分人事，七分天。

Saⁿ-hun jîn-sū, chhit-hun thiⁿ.

Sāⁿ-hūn jīn-sū, chhit-hūn thiⁿ.

多多看天。

　　斷言，成事還得靠天意，靠運氣，雖然盡了最好的人事，也只不過是三分把握而已。

【44】

三分天註定，七分靠拍拚。

Saⁿ-hun thiⁿ chù-tiāⁿ, chhit-hun khò phah-piàⁿ.

Sāⁿ-hun thiⁿ chú-tiāⁿ, chhit-hun khó phá-piàⁿ.

打拚要緊。

　　斷言，成事主要靠著自己的認眞拍拚，天意、運氣的影響並不重要。

　　拍拚：打拚，努力奮鬥。

　　　（本句詳解，請看242.04）

【45】

人若肯拍拚，唔驚天註定。

Lâng nā-khéng phah-piàⁿ, m̄-kiaⁿ thiⁿ chù-tiāⁿ.

Lâng nā-kheng phá-piàⁿ, m̄-kiāⁿ thiⁿ chú-tiāⁿ.

力克天命。

　　用來鼓勵人，不要怕艱難，不要迷信命定，只要認眞打拚，不論天大的難事都能如意克服。

　　唔驚：不怕，不受（思想、權勢、艱難）威嚇。

　　「唔驚天註定」是樂觀進取，勇敢克服艱難，開創願景的態度。這是文明人的性格，建設城鄉，振興國家必要的精神力量。然而，台灣迷信的人很多，沈醉在宿命論的漩渦中受騙受害的，

時有所聞。個人如此,算是他的「宗教自由權」;若公衆人物如此,政要又如此,則社會亂矣,國家危險了!

【46】

皇天不負苦心人。

Hông-thian put hū khó·-sim-jîn.

Hōng-then put hū kho·-sīm-jîn.

放你一馬。

　　用來鼓勵人,不要畏艱難,而要恆常的努力奮鬥,終能感動上天,成全他的志業。

　　皇天:文語,偉大的天,神化的天;口語,天公。

　　最容易誤解的教材可能是「愚公移山」的寓言吧。愚老公公苦心強烈,頑強的意志驚人,但效率沒有。「幸虧」他的愚誠感動皇天,命夸娥氏二子分別把山背走(→《列子·湯問》)──不畏艱難的志氣可佩,愚昧的心態可議。

　　然而,「皇天不負苦心人」的成立並不盡是信仰的,也是自然法則的:人種奮鬥的「種子」,自然收成奮鬥的「果子」。所以,對於有神論或自然主義者,這句老諺都有意義。

【47】

大富由天, 小富由勤儉。

Toā-pù iû thiⁿ, sió-pù iû khîn-khiām.

Toā-pù iū thiⁿ, sio-pù iū khīn-khiām.

橫財天賜?

　　斷言,小康由人,大富由天。人只要認眞工作,就是收入有限,若知節制、運用,也可能成為小富翁。致於,暴發大富,則是皇天不可求的安排。

　　這是舊時老台灣人的普遍信念，由於勸善人到處勸說，鼓勵男女老少得認眞工作，工資雖少不嫌，工作雖苦不辭。但，當今台灣流行的是「大富由我，小富不想」的野心，以致於詐財、綁票、謀財，等等刑案層出不窮。連遁入佛門的尼師，也動起「大富」的貪癡，以致於盜挪本山數千萬元淨財去兌換彩金。（→《自由時報》2003（1.20): 15）

　　其實，平安的社會在於處處都有快樂的小富人家，而不在於聊聊幾個大富戶。小富既然是「勤儉」所能成就的，何樂而不爲？

【48】

盡人事，待天命。

Chīn jîn-sū, thaī thian-bēng.

Chīn jīn-sū, thaī thēn-bēng.

盡力就是了。

　　用來怨嘆，也用來撫慰那艱難、危急中，奮鬥掙扎的人。雖然理智預見人力不濟於事，但還是要先盡本分，必要先盡力奮鬥。

　　這是一句老名諺，又作如「盡人事，待聽命」，常被小說家引用，如《紅樓夢》48回，等等。

【49】

守分安命，順時聽天。

Siú-hūn an-bēng, sūn-sî theng-thian.

Siu-hūn ān-bēng, sūn-sî thēng-then.

人天大和解？

　　用來勸善。教示人修養順乎天命的人生，那是：守住個人的本分，接受天定的命運，來順應時機，服從天意。

　　這句名諺出自古典的勸善書：《朱子治家格言》。原典除了本句，還有重要的下聯：「爲人若此，庶乎近焉。」意思是說，做人能修養到這種地步，也就接近聖人了。

　　是的，朱用純老先生(1617-1688)所言不虛，許多中國聖賢修養「守分安命，順時聽天」。其「附產品」是無數乖乖牌老夫子和士大夫，他們大力宣揚天子聖敎，安了專制之邦，定了老朽之國；龍心大悅，恩賜隆重，敕封得非常膨脹。

　　厲害啊，簡單一句老諺，有如此作用。是的，所以專制獨裁莫不大力灌輸人民「認分」和「聽命」；認爲奴才一旦養成，萬歲永呼，王朝永固，一黨永遠專政。然而，專制暴君的算盤並不盡靈，人民有覺悟之時，有不怕死之士，有愛自主自由勝過名利之人。

　　不過，「守分…聽命」的毒性頑強，奴才的陰魂不容易消散，但見台灣許多政客走叩北京，交心聽命，甘爲爪牙。悲哀啊，爲什麼要出賣自由自主，來換取奴才的屈辱？

注釋

1. 所謂「摩西五經」，係指《希伯來文聖經》或基督敎慣稱的《舊約聖經》的前五卷書：創世記、出埃及記、利未記、民數記和申命記。相傳它們的作者是摩西，故名。五經乃是猶太敎思想的基礎，按現代聖經學研究，它是後人集成的，到了公元前550年左右，其原始歷史資料才以現在的形式出現。五經的編成是一門複雜學問，但相當有趣。精要的介紹有：D.

N. Freedman, "Pentateuch." in *The Interpreter's Dictionary of the Bible*. Vol. 3. (Nashville: Abingdon Press, 1962), pp. 711–717.

第二節　神鬼世界

本節段落：

天神地祇01-05　物神樹神06-08　道教神仙11-12　佛教神佛13-14

聖賢英烈15-16　鄉土神祇17-18　祖先家神19-20　厲神孤魂21-23

【01】

三十六天罡，七十二地煞。

Saⁿ-chȧp-lȧk Thian-kong, chhit-chȧp-jī Tē-soah.

Sāⁿ-chȧp-lȧk Thēn-kong, chhit-chȧp-jī Tē-soah.

另類掃黑軍團。

　　一、用來指謂城隍和王爺的軍隊：空軍「三十六天罡」，陸軍「七十二地煞」，主要的任務是維持地方清淨，邪魔不侵。二、用來形容一大群兇惡暴戾的人，他們人見人怕，無異於凶神惡煞。三、道教用指北斗星群中的三十六個天罡星，每星各有一神，為道士驅鬼的天罡神；地上也有令人犯沖的七十二凶神惡煞。

　　天罡：北極星的異名；道教將其神化，成為天罡神；罡，斗形的北極七星的斗柄。　地煞：地上的惡神。煞，惡煞，凶神，這裏不做「沖剋」解。

　　背景：這句俗諺可能衍生自《水滸傳》的故事。話說，梁山泊首領宋江延請道士舉辦羅天大醮，來感謝天恩，祈求朝廷早日安撫他們。醮祭完畢，天開了眼，滾下一個火塊，如流星射入地。掘出一看，是個大石碣，正面寫「替天行道，忠義雙全」，背面刻有梁山泊天罡星三十六員，地煞星七十二員的姓名。他們正是梁

山泊大小頭目108個拜把兄弟。(→《水滸傳》71回)

　　如此附會，三十六天罡神因他們的兇猛性格，而用來驅鬼壓邪。民間信仰將他們和支那歷代猛將結合，給他們扮當神明衛士，通常任職於大道公廟。例如，台南市民生路開山宮陪祀的三十六官將，威武剛猛得不得了。❶

　　因他們是神將，民間聘請他們來守衛宮廟，當做門神。君不見，台南市良皇宮門板的三十六官將，如「鄧元帥」騎牛，人面鳥嘴；「吞精大將」騎虎，生吞惡鬼。如此兇猛，大鬼小鬼，還敢冒死踢廟？

【02】

南斗注生，北斗注死。

Lâm-taú chù-si^n, Pak-taú chù-sí.

Lām-taú chú-si^n, Pak-taú chú-sí.

人生人死星君定。

　　星相家之言，反映著舊時民間一種掌理生死的信仰。認爲南斗六星決定生，而推動時間和人事的北斗七星決定死。

　　南斗：南天六星也，古人信其主司祿位。《星經》載：「南斗六星，主天子壽命，亦云主宰相爵祿位。」　北斗：屬大熊星座，在北天排列成斗形，乃是七顆閃亮的星星構成的。道教認爲北斗主司壽數，所謂「北斗司生司殺，養人濟物之都會也。凡諸有情之人…可壽可夭，皆出其北斗之致命也。」(《太上玄靈北斗本命長生妙經》)

　　民間信仰中的南斗北斗已經不是星球而是神，有其專屬宮廟受人祭拜。南斗星君，民間信爲壽神，又名南極仙翁。九月初一是他的生日。他的專祀宮廟少，有台南新市天一堂和高雄阿蓮南安宮。

　　致於北斗，不但神化做北斗星君，而且搖身一變成為鼎鼎大名的玄天上帝；民間叫他做上帝公、上帝爺。他的造像異於一般神祇，左足踏龜，右足踏蛇，手執劍。何以踏龜蛇？傳說，他原是水神，龜蛇合體；另說，他原是屠夫，因悔改殺生罪孽沈重，而自剖腸肚以贖罪，後來成神；但其腸肚變成龜精蛇精以害人，於是上帝公下凡收妖，將牠們踐踏於足下。

　　上帝公因有收妖之能，所以乩童信他，以助抓鬼。他曾經搞過屠夫，所以屠宰業者拜他為守護神。他是北極星神，又是水神，所以船夫水手祭拜他。他的生日是三月初三。我國上帝公廟有396座，大多集中在中南部。

　　有趣的是，明鄭時期台灣的上帝公香火鼎盛，諸神無出其右。後來叛將施琅滅鄭據台，卻大力宣傳媽祖顯靈協助，使他順利攻佔台灣，並行文水師衙門捐金建造不少媽祖廟。於是，媽祖婆取代了上帝公的地位。噫！亡國的上帝公，香火黯淡了！

　　請教，假如無神主義的共產中國吞併台灣，媽祖婆能有鼎盛的香火嗎？

　　（本句詳解，參看113.02）

【03】

太歲頭上動土。

Thài-soè thaû-siōng tōng thó͘.

Thaí-soè thaū-siōng tōng thó͘.

凶神在上誰敢犯？

　　民間用來反映神秘時空中的「凶神」信仰。說，誰都不敢與太歲所在的方向和時間對立，那是對敵「太歲」的行為，犯之，必有災禍。

動土：廣義，指開工建築、遷徙、婚嫁，等活動。狹義，指動工建陽宅；陽宅，活人的生活場所，起厝啦。破土，動工建造陰宅，墳墓也。

太歲是道教的神名，乃是天界的凶神，稱為歲值神；民間叫它做「太歲星君」。古人崇拜「歲星」(木星)，認為歲星十二年運行一週天，便將黃道分為十二等分，而以歲星所在的部分為歲名，所以歲星的年份也就是「太歲」當頭。其實，太歲沒啥神秘，只是舊曆記年的「干支」的別名。例如，逢甲子年，甲子就是「太歲」；逢乙丑年，乙丑也就是「太歲」，以此類推至癸亥年為止。習慣上，只算十二地支，而地支有方位，因此「太歲」也有方位。地支是歲時，所以可將十二地支關聯人的年齡：民間就是用十二生相「鼠、牛、虎…豬」來表達的。對照於下：

生年：子、丑、寅、卯、辰、巳、午、未、申、酉、戌、亥
生肖：鼠、牛、虎、兔、龍、蛇、馬、羊、猴、鷄、狗、豬

例如，今年是「癸未年」(2003年)，即是所謂的「羊年」。那麼，在六十甲子之中，所有「未」年：乙未、丁未、己未、辛未年，出生的都相「羊」。如此，今年太歲運行到「未」，各種「未年」出生，相「羊」的人，在今年都是「太歲當頭」。有人說他們是「正沖」太歲，而地支相隔六位的，說是「偏沖」。

「太歲」信仰相當古老，北魏帝國道武帝(386-409在位)，已專祀「神歲十二」，即是十二個太歲神。(→杜佑《典通》)到了大明帝國，《封神演義》將紂王之子殷郊封為「太歲之神」，即是道教「太歲大將軍」。於是，開展成民間俗信。❷

　　民間相信「太歲星君」是天界凶神，而凶神惡煞當頭，難免產生避免與之對沖的想法。因此，太歲所在的方向和時間，建築、遷居、婚嫁、移動大件物品，都不可爲，說是「太歲頭上動土」。舊時，已有「患太歲」之說，但都是簡簡單單在大廳神桌上，供奉用紅紙寫成的「太歲星君」，每月定時祭拜，如此而已。

　　近年來，某些宮廟刻意營造犯太歲的恐怖，術士鼓動，媒體渲染，大好新年處處有人宣傳，說什麼「太歲當頭坐，無喜恐有禍，有喜必破災，無喜百事來」。強調犯沖者，個人破財、官司、車禍、婚變；家庭不利，眷屬不安，雞飛狗跳。如此煽動，但見男女老幼成群結隊，好像人人犯沖，個個大禍臨頭，擁擠某些宮廟「安太歲」。

　　須要如此緊張嗎？想一想，每年有二種人犯「正沖」、「偏沖」，台灣就有六分之一人口，400萬人，犯沖受災。如此，台灣不成了地獄？安太歲的人究竟是少數吧。再想一想中國，每年也是六分之一人口沖太歲，就是一億多男女，若眞的會大災難降臨，那中國不早就完蛋了！安啦，怕啥太歲？台灣人應該害怕的，是中國鎖定台灣的四五百奪命飛彈呀！

　　至此，腦裏浮上舊聞：有人在太歲頭上動土。報載「台南安平…宮內的太歲神像，手中的兵器常遭拔取，成了空手將軍，很不搭調…更有遊民拿[太歲的兵器]伸入賽錢箱竊取香油錢…」《自由時報》1999(8.20):6)破壞的、盜竊的行爲應該處罰！但鼓動犯沖太歲圖利，渲染凶煞災禍製造恐怖，該當何罪？

　　古代，以色列民間迷信太陽和月亮的精靈爲害，在白天和黑夜傷人。但他們的聖賢不屈服太陽、月亮的精靈，不向它們祭祀、賄賂。他們教導以色列人崇拜創造太陽、月亮和星星的主

宰：耶和華上帝。詩人吟道：

> 我舉目觀望群山；
> 我的幫助從哪裏來呢？
> 我的幫助從上主來；
> 他是創造天地的主。
>
> 他不會讓你跌倒；
> 你的保護者不會打盹！
>
> 看哪，以色列的保護者，
> 他既不打盹，也不睡覺。
> 上主要保護你；
> 他在你身邊庇護你。
> 白天太陽不會傷你；
> 黑夜，月亮也不會害你。
>
> 上主要救你脫離各樣災害；
> 他要保守你的性命。
> 你進你出，他都保護你，
> 從現在直到永遠！

（《聖經・詩篇》121）

宗教信仰影響思想，思想塑造人格，而人格活出人生。能不在意提升自己的宗教思想的境界嗎？為什麼甘願相信「動沖土煞」

的凶神呢？爲什麼要讓自己的心靈接受驚嚇呢？迷信受驚受駭，
爲啥信它？

【04】

田頭田尾，土治公。

Chhân-thaû chhân-boé, Thó͘-tī kong.

Chhān-thaû chhān-boé, Tho͘-tī kong.

幫忙打雜鄰里長。

　　舊時農民用來形容土治公和他們密切的關係。說田園處處都
有他的踪跡，前前後後都有人祭拜他。

　　相似句，「有庄頭，就有土治」，形容農民普遍崇拜土治公。
相關句，「土治公把水尾」；「有錢滯瓦厝，無錢戴破缸」等。前
句，說土治公幫農民「淹田水」，保證農田灌漑順利。後句，說土
治公的大廟和寒祠：富裕的，廟貌堂皇，神像華麗——五結鄉四
結福德廟有6.4尺的金土治——貧窮的，破缸覆地爲祠，沒有神
像，撿個石頭當代表。

　　土治公是道教和台灣民間宗教的小神，又名土地公、福德
爺、伯公、福德正神。神職地位頗低，原是土地的神化，古時的
「社」神。《孝經緯》載：「社者，土地之神。地闊不可盡祭，故封
土爲社，以報功也。」說的是，爲感謝土地生長萬物以養人，而
封之爲神。顯然，土治公是地祇，大秦帝國之世尊爲「后土皇地
祇」。後來「社神」變成土地神而普遍流行於鄉村。

　　土地神被人格化以後，附會人物。那麼土治公是誰？眾說紛
紜，有的說，他姓張，周國上大夫的忠僕；有的說，他是大漢帝
國縣尉蔣子文；有的說，他是大明帝國吏部曹正邦的忠僕曹富，
因捨命救護公子，被王母娘娘封爲土治公。❸

　　土治公雖是小神，但弟子無數，承受祭拜也無數；生日是二月初二，或八月十五日。但農民初一、十五拜他，商人初二、十六請他飲燒酒、食腥臊。雖然他沒有燒王船或迎媽祖那樣熱鬧的祭典，但平時家常便飯和米酒頭仔，都是供養不缺也。

　　為什麼民間對土治公的感情這麼好？簡單一句，土治公照顧衆人，關心工作、生產、賺錢和平安。君不見，「五方土治」手中拿著什麼？東方土地公手持一束稻穀，要給人風調雨順，五穀豐登；南方的，雙手捧光明燈，要給人添丁、有考必中；中央的，手持葫蘆枴和香爐，說要賜人子孫興旺，福氣無限；西方的，手捧金元寶，要賜人發財；北方的，手持如意、錢幣，代表萬事如意，事業賺大錢。(→《*自由時報*》2003.2.10)啊！土治公不歡迎，難道要歡迎閻羅王？

　　近年來我國有些鸞堂，降乩宣告土治公輪替。有功於鄉里的人士，百歲年後都可能當選。如此，我想「嘉南平原水利之父：八田與一(1886-1942)」一定當選台灣的土治公頭吧。他學歷讚，東京帝大的土木工程師；他大功大德，自從1910年以後，三十餘年擔任烏山頭水庫和嘉南大圳總工程師，將嘉南一片看天田變成有水灌溉的好田園。

　　那麼，「土治婆」呢？非八田嫂「外代樹女士」莫屬。她一生隨夫奉獻於台灣，在1945年八月三十一日追隨愛夫，魂歸他們心愛的烏山頭水庫。(→《*自由時報*》2000(4.27):9)據說老土治婆，只知道吃飯、睡覺、博繳、話仙、喝醋，如此德性是應該下野了。

　　土治公人緣好，民間利用他的形像來消遣人，來製造幽默、美化台灣話。我們曾經提過的有：「土治公，流清汗」(→131.57)；「十五仙土治公，祀二旁——七土八土」(→312.11)；「火燒銀紙

店——劃互土治公」(→315.24)；「有錢，免擋土地公娶某」(→333. 07)；「得失土地公，飼無鷄」(→337.05; 655.19)；「當庄土治，當庄 聖」(→423.22)；「千草寮土治——酒鬼」(→426.17)；「二月二，土治 公搬老戲」(→526.40)；「土治公無目眉，無人請家己來」(→621.14 *)；「土治公無畫號，虎啅敢食人」(→624.07)。

噫，土治公眞古錐，眞得人疼！筆者有詩讚伊：

伊忠實做事　I tiong-si̍t chò-sū,
好歹代攏有　hó-phaíⁿ-taī lóng-ū,
在庄尾庄頭　tī chng-boé chng-thaû,
做大衆服務　chò taī-chiòng ho̍k-bū,

伊同苦共榮　I tâng-khó͘ kiōng-êng,
無嫌弟子窮　bô-hiâm tē-chhú kêng,
落魄踞破缸　lo̍k-phek ku phoà-kng,
好額住樂園　hó-gia̍h toà lo̍k-hn̂g.

伊金銀手托　I kim-gîn chhiú thok,
胸嵌掛五穀　heng-khám koà ngó͘-kok,
盡心管六畜　chīn-sim koán lio̍k-thiok,
圖謀人幸福　tô͘-bô͘ lâng hēng-hok.

伊把守鄉關　I pé-siú hiong-koan,
不互中國管　m̄-hō͘ Tiong-kok koán,
落地歸根源　lo̍h-tē kui kin-goân,

心肝疼台灣 sim-koaⁿ thiàⁿ Taî-oân.❹

【05】

會顧得東嶽，𣍐顧得城隍。

Ē kò͘-tit Tong-ga̍k, boē kò͘-tit Sêng-hông.

Ē kó͘-tit Tōng-ga̍k, bē kó͘-tit Sēng-hông.

擇大而祀宗教心。

　　一、用來傳述民間信士的「西瓜心態」。說弟子們重視東嶽大帝和他的廟事，而輕忽城隍爺的。二、用做譬喻，形容一個人不能同時兼顧二人二事，都是選擇有利於己的一方。

　　同類句有「會顧得城隍，𣍐顧得境主」。境主，即是境主公，廟境的小神。他管理廟區事務，不像老土治那樣親近人，當然也沒有他的大量香火和無限食福。

　　所謂「東嶽大帝」，原爲道教神，本體是五嶽之首的泰山。大漢帝國以前，泰山被看做是人天相通之地，登天之途，帝王登基要到泰山封禪告天。漢以後，泰山演變成人死後神魂的歸宿，專治冥鬼的地府，並主掌死生貴賤。❺於是，迷信的帝王競相敕封泰山：唐玄宗(712-753在位)將之封爲「齊天王」，到了淸國時期，泰山已經變成「天齊仁聖大帝」，但民間以「東嶽大帝」稱呼。

　　東嶽大帝在道教信仰上的重要性，並不由於皇帝的敕封，而是道教宣傳的，神秘的泰山思想。《雲笈七籤・五嶽眞形圖序》說：「東嶽泰山君領群神五千九百人，主治死生，百鬼之主帥也。血食廟祀所宗者也。」❻好厲害！泰山變成東嶽大帝，管生死，制惡鬼，享廟祭的大神。

　　比較之下，「城隍爺」遜了許多。他只是地方的守護神，本體是護城池、城牆邊的水溝。當然，它也被大宋王朝封神，而享有

國家祀典，府州立廟奉祀。但是政治的城隍，要到明國洪武年間 (1368-1398)才出現。這時，按照府、州、縣的規制，建設大小等級的城隍廟，宛然陰間王朝再現人世。明清以後，道教吸收城隍的宗教信仰混合佛教地獄思想，於是城隍不僅保護一地一方的城池，也兼理亡靈，審判冤案，獎善罰惡。結果，城隍廟增加警察編制，那是牛頭、馬面，黑白無常、十殿閻羅等等等。❼今日，我國比較大的城隍廟，大多維持這種形制。

　　爲什麼說「會顧得東嶽，𣍐顧得城隍」？難道保護市民安全，維持道德，監督民代候選人「斬雞頭」誓不歪膏的城隍，其重要性不如東嶽嗎？也許！爲什麼？筆者認爲關鍵在滿足弟子宗教欲求的強度不同。城隍的功能比較傾向於「道德層面」，他維持陰德和人心教化之功，對於大眾總不及東嶽密切關聯人生「實存」的利與害。君不見，驅邪、借壽、添福、增祿、消災、解厄、牽亡、改運、做功德、探元神、查煞鬼，等等造福自己的巫術功力都是東嶽大帝專利。正是這些「特異功夫」，使弟子們重東嶽而輕城隍。噫，選瓜心理，難道眞的無異於民間的拜神心理嗎？

　　然而，像台北「霞海城隍」的誕辰，迎城隍的場面非常盛大，人山人海，陣頭無數，正是「五月十三迎城隍——無旗不有！」儘管「東嶽大帝」三月二十六日的慶誕不比迎城隍熱鬧，但大小嶽帝廟平時總是「銘謝客滿」。君不見，廟裏開壇做法處處，香煙濃濃，角吹嗚嗚，鼓摧咚咚，道士揮汗打城，紅姨出神牽亡，弟子似在地獄，亡魂奔馳投生。

　　現實如此，老先人不能不慨嘆：「會顧得東嶽，𣍐顧得城隍！」

　　（參看，「水鬼，升城隍。」131.61；644.01；

「城隍爺的尻川，你也敢摸。」223.06；223.07；

「水鬼，裝城隍。」335.14）

【06】

上天奏好話，落地保平安。

Chiūⁿ-thiⁿ chaù hó-oē, lŏh-tē pó pêng-an.

Chiūⁿ-thiⁿ chaú ho-oē, lō-tē po pēng-an.

多多美言請關說。

　　用來形容民間十二月二十四清晨「送灶神」的請託。但聞老太太再三拜託，請灶君上天庭，報告天公，多說好話，保我平安；扒糞、抹黃、塗黑，千萬不要。

　　同類句有「好話傳上天，歹話放一邊」；「灶君公，三日上一擺天。」此二句俗語，顯示民間視「灶神」如窩底線民，監視全家言行，定期出賣情報。

　　灶神，民間叫他做灶君、灶王、司命灶君；但道教封他一個莫測高深的頭銜：「東廚司命九靈元王定福神君。」並且規定四月一日和八月三日是他的生日。噫，好不偉大啊！

　　古人早有祀灶，為什麼？《白虎通》答曰：「灶者，火之主，人所以自養也。」是的，灶管火。生火是人類最重要的發明，而灶控制火，利用火，沙西米變成烘魷魚，「生番」變成「熟番」，不亦樂乎？是的，人因灶，不但減少了寄生蟲口，而且活得金光強強滾。可見，祀灶「報先炊之德」，理由非常充分。

　　到了大宋帝國，灶變得更為重要。道士將灶神秘化，「科技化」；他們用灶煉黃金白銀，煉不死丹，煉威力剛！「灶」是丹鼎，灶成為不朽生命的鑰匙，絕對必要的神器。有了灶，道士有《灶王經》、《太上洞眞安灶經》和《太上年靈寶補灶王經》，等等著

作等身。眞是「偉大科學」名著，令劍橋牛津學究讀得老眼花花花，把灶經讚得這這這。嗚呼，灶君好不偉大！

然而，民間有無限幽默，說灶神「名隗，狀如美女。又姓張，名單…夫人字卿忌，有六女…。常以月晦日上天，白人罪狀…」(《酉陽雜俎》)此後，繼續給他僞造了許多學經歷，令君驚嘆不止。一般而言，灶神沒有神像，沒有神位，但有「灶君神褙」，❽將它一貼灶門，就算是「灶君在此」了。

誰是灶神？傳說，他姓張，原爲天公的得寵助理，爲人英俊風流，常常騷擾仙姑和良家婦女。因此，諸神衆仙公憤，要天公撤職查辦。天公不得不略施薄懲以敷衍，誰知應張助理要求，讓他下凡人間，入廚房當「灶神」！此後，張灶神心想事成：白天幫婦女生灶火，欣賞她們煮三餐、做點心的戀態，入夜卻粗粗陋陋的飽覽XX。❾可恨，灶神貪色又賣乖，初一十五也敢給天公打啥報告。

因此，每當送灶，屬害的女人，都會用圓仔、麥牙膏黏他嘴巴，糊他灶門，迫他切記「上天奏好話，落地保平安」。

　　(參看，「送神早，接神晏。」21.033)

【07】

床母公，床母婆，保庇阮囝勢大漢，勢迫迌。

Chhńg-bú kong, chhńg-bú pô,

　　pó-pì goán kiáⁿ gaû-toā-hàn, gaû thit-thô.

Chhńg-bu kong, chhńg-bu pô,

　　po-pí goan kiáⁿ gaū-toā-hàn, gaū thit-thô.

嬰嬰睏，一暝大一寸。

舊時母親拜床母的祈禱詞。語含滿滿慈愛，將細囝交託給賜

安眠無驚的床神，以求健康活潑。

> *保庇：保佑。　阮囝：我們(夫妻倆)的孩子。　勢大漢：快速長大，身體健康。　勢迌迌：很會玩耍，孩子活潑又聰明。*

「床母公，床母婆」是民間信仰裏頭，小孩子的守護神，其本體是眠床。舊時的台灣母親，或現時比較迷信的媽媽，在年節或小孩難以入睡的時候，可能祭拜床母。床母沒有神像或牌位，就在床前祭拜。祭品用油飯、麻油雞酒、或一支雞腿。

民間諸神大都附會歷史或傳說中的人物，床母也然。相傳，古時有個書生名叫郭華，上京考較，中了狀元。在京城春風得意，愛上一位賣胭脂的小姐，進而有了親密關係。焦柴熱火，郭狀元興奮過度，「落馬風」起，心臟衰竭而死。胭脂小姐只得將他埋在床下，在床前祭拜。隔壁九嬸婆看在眼裏，問她拜啥，答以「拜床母」；但九叔公看穿煙幕，刺她「拜客兄公」。

遊鍵至此，想像雞腿一支床前拜，不覺雞母皮陣陣來！噫，母愛誠可敬，迷信不高明！

【08】

草木神，興繪久。

Chhó-bo̍k sîn, heng boē-kú.

Chho-bo̍k sîn, hēng bē-kú.

神小香煙短。

斷言，小神無法獲得普遍的信奉，就算有什麼「顯聖」，也是小感小應，難得久享祭祀香火。

> *草木神：花神，榕樹公一類的卑微精靈。*

為什麼「草木神，興繪久」？因為草木神的神格太低，哪能像天公，玉皇上帝，或天上聖母，或大道公，一類的大神，獲得眾

多弟子的崇敬,安享他們的香火。

香火興盛除了神格必要偉大,還得看他的巫術性威力是否強烈。「有應公」雖是小神道,卻比「松樹王」來得通俗,普遍受到膜拜。因為有人相信他有某種特別感應,那是其他大神所不敢為的,例如,顯示明牌給愛博繳的善男信女。又如成神的「義賊廖添丁」有啥神格?香火也旺,據說是盜賊、兄弟人的守護神。

「草木神」靈微力弱,香火能不黯淡?

【09】

盤古開天。

Phoân-kó͘ khai-thian.

Phoān-kó͘ khaī-then.

開天闢地。

斷言,天地是盤古開闢的,反映著天地來源的想像和傳說。

盤古,民間稱為盤古公,也叫做盤古王、盤古星君、盤古聖帝等。他原是鼎鼎大名的神話人物。《述異記上》載:「盤古氏,天地萬物之祖也。其沒也,頭為五嶽,目為日月,脂膏為江海,毫髮為草木。…泣為江河,氣為風雷,喜為晴,怒為陰。」這樣講,盤古本身就是太陽、月亮、地球、天地、氣候。

另有神話,說盤古是「混沌巨蛋」孵育的巨人。徐整的《三五歷記》如此描述:「天地混沌如鷄子,盤古生其中。萬八千歲,天地開闢,陽清為天,陰濁為地,盤古在其中。一日九變,神於天,聖於地。天日高一丈,地日厚一丈,盤古日長一丈。」這樣的盤古是自然界的「神和聖」,是變化、創生、增長的勢力。

後來的道教吸收神話的盤古,將它和元始天尊同一化。道經《眞書》載:「二儀未分,溟涬洪濛,未有成形,日月未具,狀如

雞子，混沌玄黃，已有盤古眞人，天地之精，自號元始天王。」
然而早期道敎，元始天王和元始天尊有別：元始天王在神統階級
並非最高，老四而已。❿

　　雖然盤古是古支那神話和道敎的大角色，但在台灣民間沒有
市場，只有新店、新竹、玉井、新化等地，少少五間專祀宮廟，
香火不言可知。

【10】

女媧，煉石補天。

Lú-o, liān-chiȯh pó˙-thiⁿ.

Lú-o, lēn-chiō po˙-thiⁿ.

補破修缺老祖媽。

　　用來傳述女媧的神能，說她修補了天地的大缺陷。

　　女媧，民間稱呼她做女媧娘娘、女媧氏、女皇、地母。她是
創世神話中的始祖，和她哥哥伏羲結合而生人類。後來他們禁止
亂倫，制定婚姻。此外，又有女媧搏黃土製造高級人種的傳說。
⓫

　　女媧還有其他神功，《補史記》記載：「諸侯有共工氏，任智
刑，以強霸而不王…乃與祝融戰，不勝而怒，乃頭觸不周山，
崩，天柱折，地維缺。女媧乃煉五色石以補天，斷鼇足以立四
極…於是地平天成，不改舊物。」⓬慘哉，英雄大戰，敗者老羞
成怒用他大怪頭撞崩山嶽，折了撐天大柱，沉了支那大陸。幸虧
女媧補功強大，祭出特異功夫，給天補缺，給地整容，恢復她美
麗面目。

　　女媧娘娘，有此大修大補的能力，所以贏得製傘業、紡織業
者的專祀，拜她做守護神。又因她使「地平天成」，所以被尊奉做

地母。我國有少數幾座奉祀女媧娘娘和地母的宮廟，例如，宜蘭縣壯圍鄉的「補天宮」。娘娘的誕生日是正月初六和九月十五。香火可以不論。

【11】

註生娘娘，毋敢食人無囝油飯。

Chù-siⁿ niû-niû, m̄-káⁿ chiảh lâng bô-kiáⁿ iû-pn̄g.

Chú-siⁿ niū-niū, m̄-kaⁿ chiā lāng bō-kiáⁿ iū-pn̄g.

雞酒油飯來啦！

一、用來傳述註生娘娘的神能和她的自知之明。她賜婦女胎孕，協助她們順利生產；如果一舉弄璋，滿月時就可安享麻油雞酒和油飯了；否則，免想！二、民間用做警語。提醒人「無功，不敢受祿」！

註生娘娘也叫做註生娘媽、臨水夫人、碧霞元君。顧名思義，她專業註生護產，雖說娘娘也很會牽豬哥，給女人配郎君。娘娘是民間重要祀神，雖然專祀宮廟不多，但大廟都有附祀——冒無後大險？誰敢！

她的生日是三月二十。此日也，前來拜廟的男男女女非常踴躍，正是「三月二十，人看人」——青春男女利用娘娘生日「對看」的也！當然，有的來求孕，有的來答謝添丁，有的來吊她胃口。

相傳，娘娘姓陳名靖姑，或進姑。唐國，福建古田縣臨水人氏。《三教搜神大全》說，唐代宗大曆元年(766)，觀音菩薩見福州惡氣衝天，於是剪指甲花化做一道金光，投胎陳母葛氏，而懷靖姑。姑少時天資過人，拜許真人學習劍法和驅鬼術，功力高強得很，長大嫁為人婦。某年福建亢旱，地方人士請她作法祈雨，過分忙碌動了胎氣，難產而去了。臨終，決心為助難產的婦女之

神。

後來，靖姑顯靈救助產難，鄉人感念功德，爲她建廟，尊爲「臨水夫人」。傳說，大唐王后難產，娘娘施法催生太子，因此被救封做「都天鎮國顯應崇福順懿大奶夫人」。到了大宋帝國孝宗淳熙年間(1174-1189)，朝廷封爲「崇福昭惠慈濟夫人」，直到大清帝國，常有帝王封號。總之，娘娘傳說紛紜，頭銜多多有，可免深究。**⓭**

（本句另解，請看655.11）

【12】

刻骨還父，割肉還母。

Kek-kut hêng pē, koah-bah hêng bú.

Kek-kut hēng pē, koá-bah hēng bú.

捨身贖罪救父母。

用來傳述李哪吒的孝心和勇猛。說他鬧出命案，連累父母被押成人質，爲贖回罪過，解救雙親而自殺自刻。

李哪吒［Lí Lô-chhia］，或做李羅車，俗稱太子爺、哪吒三太子、大羅仙、中壇元帥。他是民間的重要神明，因武藝高強，法力無邊，手下擁有五營神兵的軍力，所以道士驅邪押煞，清淨四境，都少不了這位「中壇元帥」幫忙。他的生日是九月初九。

按《封神演義》，李哪吒的「刻骨還父，割肉還母」有此緣故，話說：公元前十一世紀紂王之時，將軍李靖夫人，夢見靈珠投胎，懷孕三年，生得一個「紅孩兒」，臂帶乾坤環，肚著混元綾。被太乙真人收爲徒弟，學得一身高強法術和武藝。學成後，下山探親。

某日，紅孩兒往東海弄潮，驚動了東海龍宮。龍王派三太子

牽魚蝦水卒大軍來戰，不敵，太子陣亡。紅孩兒不識好歹，抽出
太子龍筋當玩具來耍弄。龍王得知大怒，發動海洋聯合大軍來
戰，又是不敵。於是，老龍王誘捕哪吒父母。哪吒求救師父，真
人教他自殺謝罪。果然，哪吒自刻自割，換得父母的自由。

　　民間附會《封神演義》，發展出如火如荼的「太子爺」、「中壇
元帥」信仰。「刻骨…割肉」還父母，神怪詭譎，姑妄聽之，絕非
勸孝良言。

【13】

家家阿彌陀，處處觀世音。

Ka-ka A-mí-tô͘, chhù-chhù Koan-sè-im.

Kā-kā Ā-mí-tô͘, chhú-chhù Koān-sé-im.

宮城一時變佛國。

　　用來形容佛教信仰盛行，家家有人唸佛，到處有人祀奉觀
音。

　　語見《注解昔時賢文》。賢文舊注載：「唐憲宗遣使於鳳陽迎
佛骨於禁中，令民該奉佛，故時人曰：『家家阿彌陀，處處觀世
音。』」

　　*阿彌陀：佛名，梵文Amitabha的音譯。他是西方極樂世界的教
主，淨土宗主要的信仰對象。他的名號很多，最通俗的就是阿彌陀，
也稱為無量光佛、無量壽佛。該宗主張，虔誠唸「阿彌陀佛」，就可被
接引西天。他的誕辰在十一月十七。　觀世音：菩薩名，梵文
Avalokitesvara的意譯，或譯做觀自在，民間稱她觀音媽。咸信犯難
者，唸他的名號，菩薩聞聲即往解救。女相觀音只是到了第三世紀中
葉南北朝以後才出現的。觀音的神像造型多彩多姿，有三十三身現
相。我國有557座寺廟祀奉觀音菩薩。誕辰是二月十九。*

　　若從上面所舉賢文舊注看，本句的背景是：大唐皇帝憲宗
(806~820在位)元和十四年(819)，自陝西鳳翔府法門寺，迎釋迦牟
尼佛的指骨入宮供奉，令民奉佛，京城一片喧唱佛號。此次迎佛
指的詳情，史雖未詳，但可以從懿宗咸通十四年(873)迎佛骨的記
載，想像得到。據《杜陽雜編》記載：

> 　　四月八日佛骨入長安，自開遠門安福樓，夾道佛聲震
> 地，士女瞻禮，僧徒道從。上御安福寺，親自頂禮，泣下沾
> 臆。幡花幢蓋之屬，羅列二十餘里。間之歌舞管弦，雜以禁
> 軍兵仗。錙徒梵誦之聲，沸聒天地。民庶間有嬉笑歡騰者，
> 有悲愴涕泣者。…長安豪家竟飾車馬，駕肩彌路。四方攜老
> 扶幼來觀看…。時有軍卒斷手臂於佛前，以手執之一步一
> 扎，血流灑地。至於肘行膝步，齧指截髮，不可勝數。又有
> 僧以艾覆頂…火發痛作，即掉其首呼叫，坊市少年擒之，不
> 令動搖，而痛不可忍，乃號哭於道上，頭頂焦爛，舉止窮
> 迫，凡見者無不大哂焉……
>
> 　　初迎佛骨，有詔令京城及畿甸於路傍疊土為香剎…悉以
> 金翠飾之，京城之內約及萬數。妖妄之徒，互陳感應，或云
> 夜中震動，或云其上放光，並以求化資才，因而獲利者甚
> 眾。又坊市豪家相為無遮齋大會，通衢間結彩為樓閣台殿，
> 或水銀以為池，金玉以為樹，竟聚徒眾，廣設佛像，吹螺擊
> 鈸，燈燭相繼。又令小兒玉帶金額，白腳呵喝於其間，恣為
> 嬉戲……❶

　　吹螺擊鈸唸彌陀，恣為嬉戲觀世音，實在大大虧欠宗教虔

誠。近年，我國也有佛寺往中國迎佛指，信眾表現得非常莊嚴虔誠，但有少數政客參與得秀氣十足，實在難看。當然，在這時點往中國迎佛，難免淪爲中國統戰工具的疑問。

應該一提的是，支那宗教史上，儒佛道三教之間常有矛盾緊張；爲了助長己教，毀人山門，而爭相巴結利用帝王。同時，帝王「恩賜」世俗利益，以利用宗教來做控制人民，鞏固獨裁。結果，宗教喪失改革不義，促進人權的能力，而變質成被譏誚的人民鴉片。

我國宗教界託自由民主之福，教勢大興。迎佛指，迎媽祖，迎聖母，都非常盛況，一時全國籠罩著莊嚴的，惟心惟誠的氣氛，對於人人追錢的社會風氣應該有所感化吧。然而，我國某些宗教團體，竟然對於中國無數飛彈的威脅和踐踏人權，視若無睹，好像宗教盡在大型法會，道法靈性就是善款發財。

遊鍵至此，想到我國有些教團萬分強調「家家阿彌陀，處處媽祖婆，戶戶主耶穌」，不問國家安危，反而熱心奔走對敵，隱忍鎖定本國飛彈？眞不懂，如此宗教適合台灣人信奉嗎？

【14】
跳燴出如來佛掌心。
Thiàu boē-chhut Jû-laî-put chiáng-sim.
Thiáu bē-chhut Jū-laī-put chiang-sim.
大聖到此一遊！

一、用來形容如來佛法力無邊，任何妖怪都逃不過他的神威。二、一般用法，喻指邪不勝正，再大尾的鱸鰻，也逃不出疏而不漏的漁網。

這句俗語的典故出自《西遊記》第七回。本事如此：玉皇上帝

招安妖猴之後，將之封做無薪的「弼馬溫」，來管理桃園。妖猴不滿卑微職位，於是大鬧天宮，要推翻玉帝。帝大驚，派遣大隊天兵圍殺，但被妖猴打得落花流水。情況萬分危急，只好請如來相救。

如來佛帶了尊者雷將，將妖猴團團圍住。但聞如來開口激他，刺他老猴成精，無德無能，想當啥玉皇上帝！妖猴自信滿滿，吹道：有長生不死之能，有七十二變之功，又有翻一跟斗飛18000英里的金氏世界記錄。

如來佛要他少吹猴皮，有種就來打賭：跳得出手掌，玉帝由他當，否則乖乖受縛。一言為定，妖猴跳上如來掌中，以超音速幾下縱跳，剎那間飛到十三天地外。妖猴降落一看，極地有五根肉柱，就在柱上寫「齊天大聖，到此一遊」，又灑了一泡猴尿為記。

然後，妖猴回身反跳，站在如來掌上，自認得勝，大喊玉皇交出帝位。但如來說他並未跳出掌中。妖猴不信，張開火眼金睛細看久久，但見手指有自己寫的字，又嗅得陣陣猴臊。妖猴驚出一身臭汗，急忙縱身要蹓。如來翻掌一撲，五指成山，壓了下來，鎮住妖猴。

眾雷神、尊者看在眼裏，大呼妙哉，妙哉！前呼後擁，往靈台參加「安天大會」，大啖龍肝鳳髓，玉液仙桃去了。

【15】

山東一人作春秋，山西一人讀春秋。

Soaⁿ-tang chi̍t-lâng chok Chhun-chhiu,
　　Soaⁿ-sai chi̍t-lâng tha̍k Chhun-chhiu.
Soāⁿ-tang chi̍t-lâng chok Chhūn-chhiu,

Soāⁿ-sai chi̍t-lâng tha̍k Chhūn-chhiu.

是非分明，文武二聖。

　　用來稱讚儒教的教祖和他的聖徒。說，孔夫子春秋筆削，是非分明，該褒就褒，該貶就貶，從不模糊焦點。而關大將軍身體力行春秋，乃是大是大非分得清楚的信士，爲古今孔教第一人。

　　山東一人：指孔子（西元前551-479），他是魯國，山東人氏。作春秋：《春秋》是魯國史官編著的史書，不是孔子所作，他是修訂者。　山西一人：指關羽（？-219），他是山西人。　讀：理解並實踐其道理，不是唸册歌。

　　孔夫子和關老爺都是台灣民間很重要的神明，舊時分別被祀奉在文廟武廟。現在，孔子仍然如常安居文廟，但關老爺已經走出武廟了。

　　孔夫子，被尊爲「至聖先師」，列入國家祀典，享受春秋祭祀。我國有許多學生每當升學、考試，踴躍參拜孔子公，來求智慧，求金榜。夫子「至聖先師」的頭銜可能來自大清帝國世祖皇帝：順治二年（1645）敕封「大成至聖文宣先師孔子」。我們台灣人比較喜歡叫他「孔子公」，這種稱呼比較實在，也覺得比較親密。孔子公爲人非常謙遜，從不敢自居聖賢，也未搞過皇帝的「文宣」高幹。

　　雖然孔子不鼓勵聖人崇拜，但中國和台灣人都很喜歡造神，很愛拜偶像，很容易阿諛專制獨夫。《孟子》有一段故事：某日子貢要將「聖人」頭銜強加孔子，宣告天下，夫子就是聖人。孔子一聽，斷然拒絕馬屁，回他：「聖，則我不能。我學不厭，而教不倦也。」子貢還不死心，將「聖人」打了五折，說夫子的學不厭，教不倦就很夠「聖人」了。但，孔老師拒絕封聖。（→《公孫丑下》）

讀《春秋》不容易！歷代支那帝王大官，大多將《春秋》「讀於尻脊骿」(→411.13)。君不見，自從大漢帝國以來，無數儒家學者墮落成御用打手！現代中國更糟，共產黨徹底清算了孔子，有口無心苦唸《唯物論》、《毛語錄》，但實行「拜金主義」和「恐怖信條」：《春秋》是啥？國府據台的情形如何？長期專制統治，國庫通黨庫，官商勾結，大官A錢可以私了：有啥《春秋》？

難怪，民間感嘆不止：「孔子公掠落來，財神爺請起去」，「孔子公，卡輸孔方兄」(→225.23-24)。儒家孔子如此衰微，大大不如日據時代台北某些宮廟，隨地一擺的「過關孔子」⓯──敷衍日本大人：本廟遵從大日本帝國的尊孔政策也。

再說，那位「讀」春秋的關公，真是後生可畏；歷經千百年來的造神運動，通過帝王政治考績，給他戴了許多高帽。他晉升速度快速，大唐帝國之世不過是姜太公武廟裏的「從祀」，不久就晉升做名將、功臣、聖君、大神。其中封號比較重要的是：1614年，大明帝國神宗封的「三界伏魔大帝神威震遠天尊關聖帝君」。此後，「關聖帝君」出現在民間宗教舞臺。

關公「讀春秋」的「大丈夫」精神，像「千里尋兄，掛印封金，義釋曹操，秉燭達旦，水淹敵軍，單刀赴會」等德性，成為舊社會的常民道德，對於古時忠義廉恥的民風有一定的影響。然而，也有兄弟人用他當做招牌，鼓舞「不求同年同月同日生，但願同年同月同日死」(→512.25)，來表演「桃園三結義，張飛關公扶劉備」(→512.26)。結果，純樸民間充塞團團霸氣，多少「張飛關公扶劉備」的小圈圈，無異於狼群狗黨：霸佔地盤，控制議會，包娼包賭，包山包海，營造黑金，真是一攑攑的「林投竹刺」！(→512.26*)

　　不論如何，關公「讀」春秋的態度可感，贏得儒道佛三教信徒的敬仰。於是，山西關夫子成爲儒教五文昌之一的「文衡聖帝」，佛教的「護法伽藍」，道教的「協天大帝」，民間信仰的「關聖帝君」和「恩主公」。此外，1980年某鸞堂公告：天庭舉行「玉皇上帝直選」，關公100%票數當選——雖然此事道教總會不承認。此事，意義重大，清楚反映著台灣人崇尚民主，喜愛自由，唾棄獨裁及一黨專政。眞有意思啊！

　　民間人士力捧關公，結果「讀春秋」的教勢大大超出「作春秋」的。君不見，大商小商、你我兄弟、治安人員、三教九流，紛紛拜關公爲守護神。他的誕辰日南北不同，南部五月十三，北部六月二十四。是日也，但見善男信女紛紛摸摸關公的大刀，相信「摸刀頭起大樓，摸刀尾趁家伙」！

　　據說，摸大刀的人也都是「忠奸分明」，知道「見笑」的好公民。因此，「金牛黨，A錢賊，外鬼通」，不論參選總統，參選立委，參選土治公，都一定落選！眞的嗎？千眞萬確。不然，拜啥關公？

【16】

南部迎媽祖，北部大道公。

Lâm-pō͘ ngiâ Má-chó͘, pak-pō͘ Taī-tō-kong.

Lâm-pō͘ ngiā Ma-chó͘, pak-pō͘ Taī-tō-kong.

相映成趣媽祖眞人。

　　用來形容我國南北二大迎神賽會。一進入三月，南部天上聖母的弟子開始大迎媽祖，北部大道公的信士也開始大祭保生大帝。如此，濃濃神氣籠罩著蓬萊寶島久久不散。

南部…北部：大甲溪北，濁水溪南的台灣西部地區；此二溪之間

為中部。

前一分句「南部迎媽祖」，傳述媽祖婆信仰盛行於南台灣。每年進入三月，全國分香的媽祖廟紛紛回到母廟進香，整個南部為之震盪，為之發狂，如所謂的「三月，猶媽祖！」是啦，「猶」字略能形容迎媽祖盛況的萬一。南部所以能夠「猶媽祖」，是因為她擁有超過五百座媽祖廟：台南縣有64，高雄縣有60，其次是屏東、台中、雲林、彰化。❶媽祖婆大本營在此！

媽祖婆是誰？大姓林，芳名默娘。生於公元960年三月二十三，大宋帝國福建興化府湄州嶼人氏。媽祖婆自幼聰明過人，經書過目成誦，乃是很會考試一類的才女；她很會泅水，游的是台灣海峽，不是兒童樂園的小水池。少女時期，媽祖就顯出一派道骨，十六歲師事玄通道人，通曉經典、兵書、劍法，更會驅邪壓煞，消災解厄一類的法術。於是，以道姑專業來服務鄉里，而深得鄉人喜愛。可惜，二十八歲時(公元987)，登山踏青而不知所終。

據說，林道姑死後屢屢顯靈。海象危險時，提燈導航，保船隻平安入港；海難時，但見林道姑出現救援；病患，求道姑就得醫治。凡此種種，鄉人感佩林姑娘恩德，於是為她建祠，稱她做「通靈賢女」，享受一方香火。於是，鄉人大力宣揚靈異，莆田士宦提倡，本地軍人轉戰各地而廣傳她的香火。再經宋、元、明、清歷朝皇帝敕封，媽祖信仰就在福建一帶熱烈開展。❶

後來，媽祖婆「唐山過台灣」；明鄭和清國都利用媽祖：鄭成功攻台，宣稱媽祖庇佑使海潮高漲，順利由鹿耳門攻入台灣，得以驅逐荷人。因此，在鹿耳門建媽祖廟。後來，成功的叛將施琅，於康熙二十二年(1683)來攻明鄭，說媽祖助戰，湧甘泉飲清

兵，助清兵滅鄭。媽祖因此大功，得到清廷敕封爲「天上聖母」。
果眞如此，媽祖婆不成了「西瓜主義者」？果眞如此，難道媽祖婆
會援助中國共軍來攻台灣？小心呀，利用媽祖統戰台灣，陷媽祖
婆不仁不義。⓲

　　眾所週知的，媽祖婆的信徒眾多，香火鼎盛，俗語多有反
映：

　　一、形容迎媽祖的盛況：「三月，猶媽祖」；「台南迎媽祖，
百百奇」；「台南迎媽祖——無奇不有」；「台南迎媽祖——無旗不
有」；「安平迎媽祖，百百奇，有了了」；「安平迎媽祖，台南伏地
虎」；「北港媽祖出巡，什麼奇嘛有」；「大媽鎮殿，二媽食便，三
媽出戰」。⓳

　　二、傳述媽祖的香火和信仰情況：「北有關渡媽，南有北港
媽」；「新港老虎，北港媽祖」；「北港媽祖，興外方」（→655.27）；
「土庫媽祖，應外方」；「聖，聖到哪北港媽」；「北港聖，啞值著
土庫定，土庫媽祖應外方」；「北港媽祖，眾人插」；「北港媽祖，
眾人拜」；「媽祖婆飯，食膾饜」；「也敢偷提，媽祖婆香火」（→
343.03）。⓴

　　三、媽祖的甜蜜想像：如童謠所唸「大媽愛過溪，二媽興冤
家，三媽愛食燒酒鷄」，或俗語所說的「請媽祖，討大租」（→612.
54）。

　　那麼，「北部大道公」有何話說？

　　大道公，民間通稱「保生大帝」，另有吳眞人、吳眞君、眞人
先師、花轎公，等等尊稱。他的來歷，傳說不少，僅舉其二：

　　先是，大道公姓吳名猛，爲第四世紀晉國的道士。相傳，吳
猛曾任西安令，四十歲時得到高人丁義傳授醫藥知識和道術，此

後以道士身份活動於吳晉二國。(→《晉書‧藝術傳》)許遜(239-374)，道教史上無人不曉的道士，乃是他調教出來的高人。吳道士醫術高明，事親至孝，名留《二十四孝》金榜；不是別人，就是「戀猛飼蚊」的「猛仔」是也。

其次，按《同安縣志》，大道公姓吳名本，同安縣白礁村人。活動於第十世紀後半，大宋太平興國時期，爲精通醫藥和法術的道士。此說，流傳我國台灣，爲民間所理解的大道公也。

大道公的事蹟紛紛，但大都焦點在醫術、法術和善事。例如，絲線切脈，「點龍眼，醫虎喉」(→614.02)，化枯骨爲活人，行法術以驅瘟，施白米救漳州饑荒。又說，他變泥馬救康王脫離金兵追殺，因此宋高宗於紹興二十年(1150)爲他建「慈濟靈宮」於白礁，敕封「大道眞人」以酬大功——「大道公」由此而來！

致於他的「保生大帝」頭銜，來自另一個傳說。宋成祖皇后罹患嚴重乳疾，御醫罔效，太子榜求民間名醫。大道公應徵，化身爲道士，於屏風外用絲線診斷；因皇后見笑不敢露乳，於是大道公用懸絲飛灸，把她醫癒。太子感念功績，登基爲仁宗皇帝時，於洪熙元年(1425)封他爲「恩主昊天金闕御史慈濟醫靈妙道眞君萬壽無極保生大帝」——「保生大帝」在此！

大道公和媽祖一樣，跟移民來到台灣。在那醫藥不發達，衛生不好的世代，大道公信仰盛行，他的大小宮廟處處，香火鼎盛，特別是泉州人的聚落。大道公廟有一大特色，就是備有內外科、成人科、婦科、兒科、眼科等的「藥籤」，供病家求籤，合藥。❷❶據悉，現今政府已經禁止廟供藥籤；原因之一是，某些藥籤含有毒藥，爲害人體。

相傳，我國最早的保生大帝廟是學甲慈濟宮，鄭成功的將軍

在永曆十五年(1662)從唐山同安白礁祖廟迎來奉祀的。台南良皇宮和台北保安宮，都是早期的大道公廟；前者建於永曆年間，後者建於嘉慶元年(1796)。此三老廟至今仍然香火旺盛。大道公是我國十大民間信仰之一，專祀的寺廟約有162座，以台南縣的38座最多。

　　談到大道公，耳熟能詳的是他和媽祖婆的「無緣史」。君不聞，俗語說「大道公風，媽祖婆雨」；「三月十五風吹頭巾，三月二三雨沃花粉」；「大道公佮媽祖婆鬥法」和「真人風，媽祖婆雨」。這幾句話豈是「農諺」？神明的歌仔戲也。本事如下：

　　　　大道公和媽祖婆郎才女貌，男歡女愛，私訂了終身。某日，媽祖婆看到羊母生子，痛苦難當，心生畏懼。於是，約會時媽祖婆柔情萬丈，撒了嬌向大道公商量，說：

　　　　「阿本也，嫁你可以，但是給你生囝，阮……哦！」

　　　　「講啥貨？『不孝有三，無後為大！』(→518.19)妳不給我生一斤，也著生十六兩……」大道公不假辭色，事關香火大事也。

　　　　媽祖婆心灰意冷，原來大道公是正宗的支那大沙豬。於是，媽祖婆忍辱，決心與他「醜醜」(bye-bye)，終身當道姑，不搞醫生娘。

　　　　大道公失戀啦！無名肝火日夜焚燒。於是，每逢媽祖婆生日，就給她下大雨，要洗掉她的美容，露她的老臉皮。媽祖婆不堪欺負，每逢老情人生日，也祭起大風，要吹掉他的頭巾，翻他臭頭，出他醜相！

　　　　如此，互相漏氣了千百年。某年媽祖生日，大道公一時

怒腦血充，唸錯了咒語，降了一大陣「阿里山姑娘美容乳」，把媽祖灑了一身香貢貢，營養了她的面容，造了她二八青春的面膜。媽祖芳心大動，舊情氾濫……從此，停風停雨。

　　據說，此所以近年來我國眞人生日、媽祖華誕，總是風微日強，無露無雨，翡翠、石門、鯉魚潭、烏山頭，大水庫、小水池，紛紛屁股朝天，烏龜獻醜爲賀！

這是筆者試寫的，想的是大道媽祖和好相處，夢的是微風送春，時雨滿湖溪，祖國台灣山水永靑翠。

【17】

保儀尊王無過獅嶺。

Pó-gî chun-ông bô-koè Sai-niá.

Po-gī chūn-ông bō-koé Saī-niá.

尊王在此閒人免進。

　　舊時，七堵、暖暖一帶泉人，用來傳述保儀尊王神威顯赫，協助他們保衛鄉里，免得基隆方面的漳人入侵。

保儀尊王：枺公是也，又名保儀大夫，武安尊王。　獅嶺：獅球嶺，基隆南端小山嶺，離港口約一公里，嶺高155公尺，地勢險要，劉銘傳曾在此抗拒法軍。

　　這句俗語的背景如此：舊時，鷄籠是漳州移民的聚落，而七堵、暖暖住的是泉州人，以獅球嶺爲中界，互不侵犯。清國時期漳泉常有械鬥；相傳，漳人多次從鷄籠攻向七堵、暖暖，總是過不了獅球嶺。此嶺不高，爲什麼攻不過來？泉人說，保儀尊王神顯保佑：每當漳人攻來，則見紅光閃閃，滿嶺神兵巡迴守衛，外人不得過嶺。

因此，保儀尊王神威遠播，爲暖暖安德宮祀奉的主神。他的信徒遍及桃園、三峽一帶，泉人熱烈供養，香火鼎盛。㉒

(參看，「尫公聖，呣值著尫嫣定。」525.03)

【18】

老三王公請會到，免食藥。

Laū-saⁿ-ông-kong chhiáⁿ oē-kaù, bián chiȧh-iȯh.

Laū-sāⁿ-ōng-kong chhiaⁿ ē-kaù, bén chiā-iō.

王公到病魔走。

宜蘭二結鄉親用來宣揚他們的宗教經驗，見證「老三王公」醫治的能力。

相傳，宜蘭二結王公廟有大王公，二王公和三王公。此三王公各有專精：大王公擅醫術；二王公精風水；三王公善於驅鬼掠妖。有此能力深得鄉人倚重，尤其是「老三」王公，神威顯赫，神到病除，針藥可免。

十一月十五日，鄉民給三位王公做生日，而祝祭的最大特色就是「過火」。但見，信徒抬神轎，抱神像衝過二萬多公斤燃著的炭堆，而毫髮無傷。此時，四處親友前來參加盛典，享受腥臊，場面浩大，家家戶戶開支驚人，比過年還要多出許多。鄉民爲了籌備這筆費用，平時得儉腸塌肚，飲泔糜配荣脯，艱苦無人知。因此，本地有俗語，「驚王公生，呣驚過年」傳世。㉓

【19】

祖宗雖遠，祭祀不可不誠。

Chó·-chong sui oán, chè-sū put-khó put sêng.

Cho·-chong suī oán, ché-sū put-kho put sêng.

誠心追遠拜祖先。

　　用來主張祖先崇拜，教示人尊祖敬先。雖然列祖列宗離開子孫已經非常遙遠，有時連祖宗的名字都不知道，但因爲是祖宗，所以要虔誠祭祀。

　　這句是有名老諺，出自《朱子治家格言》。原文還有下聯：「子孫雖愚，經書不可不讀。」

　　祖宗：高祖、曾祖以上的先人。這是以喪制「五服」以內的關係而言者。　經書：古聖賢的不朽著作，一般指《四書》、《五經》。

　　這句俗語反映出「祖先崇拜」爲民間的重要教示。強調點不是官方鼓勵的「愼終追遠，民德歸厚」(《論語・學而》)，而是家家戶戶的「拜公媽」求保庇。具體而言，祖宗就是臨在大廳神桌上，享受香火的「神主」、「公媽」。民間宗教信徒在神誕日、年節、婚喪喜慶，家庭發生重大事件時，都有大小不一，合適的祭拜。

　　舊時，有祖產，多子孫者，常有「祖厝」，以便家族定期祭先。例如，清明節，出外的近親幾乎都會回來培墓、祭祖。近年來「宗親會」盛行，除了交誼，都有祭祖，那當然是所謂的「同姓祖」。現代社會的「宗親」是廣義的，宗親會是「同姓群體」，血統、籍貫可以不論。更有趣的，字姓同音，如「洪、翁、龔、方、江、黃」也可聯宗認祖。❷❹

　　遊鍵至此，心生愛笑，咱台灣人的感情豐富得不得了，就是姓的輔音相同，就可共祖。如此，有沒有「半路認老父」(→234.14)的嫌疑？不過，大家相親，好事一層，何況選舉時也有些作用。當然，國府虛擬的「黃帝老祖」是太離譜了！

　　(*參看，「兄弟分開，五服外。」512.12*)

【20】

丁蘭孝父母，刻木爲爹娘。

Teng-lân haù hū-bó, khek-bȯk uî tia-niû.

Tēng-lân haú hū-bó, khek-bȯk uī tiā-niû.

木頭爸媽愚孝子。

　　民間用來傳述「公媽牌」，或「神主牌」的淵源。發明人是大孝子丁蘭老仙，可能脫胎自他當作父母來祭拜的木偶。

　　語見《注解昔時賢文》和《人生必讀》。相關俗語有：「公媽是無擺姑婆」和「戇人拜公媽，那看那無來食」。前句，意指未出閣的女人不在公媽之列；後句，嘲諷祭物供奉公媽的虛妄。

　　公媽牌：神主牌也；公媽，逝世的近祖，遠者為祖先。　無擺姑婆：不祀姑婆；無擺，不安置，不擺設（神主牌）；姑婆，沒出嫁的姑媽。

　　台灣民間信仰中，丁蘭是行神，尊稱為「丁蘭先師」，是雕刻師、造像師的守護神，八月十五為其誕辰。

　　誰是丁蘭？相傳他是大漢帝國，河內人。少時父母亡故，一心想念，常因不及孝養雙親而哀痛。於是，刻了兩尊酷似父母的木偶，晨昏定省，按時供養。因此，轟動鄉里，大家封他孝子。（→《逸士傳・丁蘭傳》）如此，丁蘭大孝子也，神主牌的發明家。

　　然而，筆者小時候從先慈聽來的丁蘭故事，卻是大大不同。大意如此：丁蘭大不孝子也。家貧，每天入山打柴，要求老母給他送飯送水。阿母送早了，罵她；晚了，咆哮。後來變得愈凶，也敢打阿母，真是禽獸不如。但阿母慈愛有加，不嫌路遠，繼續給他送來保溫的，好吃的蕃藷箍飯。

　　某日，丁蘭等著要吃午飯，已經過了平常送飯的時間，脾氣正在爆炸。無意間，看到一隻小烏鴉咬蟲，嘴對嘴餵養飛不動的老鴉。丁蘭良心發現，大哭一場。決心要孝順老母：從明天起，

不敢勞煩阿母送飯。

　　丁蘭往山下一看，阿母提著飯籃，從小徑慢慢走來。丁蘭趕緊跑來要迎接阿母。母看不孝子衝來，心想難免逆子一頓打罵。養兒如此，眞是三生大不幸，不如一死。於是，丁老太太趕緊衝出小徑，往山溝猛跳。

　　丁蘭趕到，下水營救，不見踪影，如此找了數天。最後，找到一塊流水柴。丁蘭只好把它帶回家祭拜。這就是神主牌的由來。

　　也許，先慈講的丁蘭較能清楚解釋這句俗語，勸孝作用較強。若丁蘭賢後裔不以爲然，敢請包涵一二，筆者無意「毀謗」？要在勸善！聖人曰：「有過能改，善莫大焉！」改過善人，比拜木雕孝子，如何？

　　（有關「孝」的俗諺，參看518：06-34）

【21】

遊府食府，遊縣食縣。

Iû-hú chiảh-hú, iû-koān chiảh-koān.

Iū-hú chiā-hú, iū-koān chiā-koān.

血食四方王爺公。

　　一、民間用來形容王爺信仰的一個現象，就是王爺所到之處，都會給他祭拜，供以牲醴，使他滿足歡喜。二、貶義的，指逍遙自在，遊山玩水，不愁生活的人。三、用來嘲諷，刺人無所事事，到處遊蕩，寄食人間，如同無孔不入的瘟神。

　　本句亦做「遊縣食縣，遊府食府」。這句話的來源有多種傳說，僅舉其二：一、唐玄宗給不願在朝爲官的李白的恩寵，賜他四處覽勝吟詩，所到之處，府縣接待供給。二、大明帝國三十六

進士奉命巡察天下，遇海難殉職，後來顯聖。皇帝感念他們的辛苦，造王船供靈位，御書「遊府食府，遊縣食縣」，送入大海，令天下王船所到之處，祭拜勿誤。

「王爺」的信仰性質是什麼？學者議論紛紜，尚無定論。主要學說是：王爺為瘟神和王爺是鄭成功。前一學說，以我國民族學者劉枝萬教授為代表，認為瘟神的原始形態是死於瘟疫的厲鬼；舊時台灣常有疫病流行，用「送瘟」出海為祭來平息瘟疫，求得合境平安。後一學說，以連雅堂老先生為代表，認為鄭氏遺臣和台灣民間感念鄭成功父子開台功績，在清國高壓統制下，只得將鄭氏父子詭稱王爺和太子爺來祭祀。

此二說都有可能。從民間王爺祭的儀式看，送瘟神是其顯然的特徵；從鄭氏舊屬崇功報德的心理推測，鄭成功崇拜也有可能。㉕

應該一提的是，王爺和媽祖在我國民間信仰也頗相近，都有治病、驅鬼、出海護航的功能。王爺是工人和船夫的守護神，又是童乩驅鬼壓煞所依靠的靈力。

王爺是我國極普遍的信仰，他的宮廟有684座，幾乎佔了全國宮廟的九分之一。王爺廟大多在海邊的市鎮，最多的縣份是台南縣113所，其次是高雄、屏東、澎湖縣。㉖香火最盛的，當推南鯤鯓代天府，俗語有言：「北港媽祖，鯤鯓王爺。」是否如此，不妨一瞧。

（參看，「遊縣食縣，遊府食府。」133.09）

【22】

閻王好見，小鬼奧纏。

Giâm-ông hó-kìⁿ, sió-kuí oh-tîⁿ.

Giām-ông ho-kì", sio-kui-á ó-tî".

大王好見，小鬼難當。

　　一、反映民間的鬼神觀。俗信，人死後，魂神進入陰間，接受十殿閻羅審判。閻王有生死大權，司法公正，按證據定罪；但小鬼索賄無度，要金要銀，要食又要命，眞難應付。二、用指大官或大尾鱸鰻比較好應付，小市民直接面對的是難纏的小鱸鰻、小爪牙。

　　閻王：源自梵文Yamaraja，意思是陰間的魔王，有譯做「閻魔王」，也就是閻羅王。　小鬼：閻王的部下，地獄的獄卒。　奧纏：難纏，膏膏纏也。喩指，不講道理，敢亂來的人物。

　　閻王好見，乃是比較小鬼而說的。有誰願意「見閻君」？誰不知，見閻君之時，就是嗚呼之日。

　　台灣民間道教和善書《玉歷寶鈔》宣揚：人死後，魂神先往陰間第一殿閻羅「秦廣王」報到。驗明正身，查出善人惡人之後，善人接引西天，不善不惡之人交付第十殿「轉輪王」，送入六道輪迴，投胎爲卵生、胎生、濕生、化生等類的生物，如，人類、禽獸、動物、昆蟲等等。

　　惡人的罪魂被小鬼押到「孽鏡台」掃瞄一生罪行，然後按照觸犯的法條，批解到二至九殿的「小地獄」接受刑罰。例如，第八殿閻羅專門修理「親存不養，親歿不葬，使父母翁姑有驚懼悲悶煩惱」之類的不孝子女。本殿小鬼服務於「十六小地獄」，專業是凌遲罪魂；功夫有：車崩、悶鍋、碎破、捽空、剪舔、常圍、斷肢、煎臟、炙髓、爬腸、焚膲、開膛、剾胸、破頂、拔齒、剉刮、鋼叉，等等酷刑。受刑期滿之後，押送第十殿去輪迴投胎。

　　總之，這句俗語反映著台灣人精神界的恐怖面：時空中充滿

無數小鬼，他們欺善怕惡，隨時凌辱弱者，處處製造恐怖，擾亂人心，索賄毫無止境。最後勾人神魂，就是到了陰間也繼續凌遲作惡。

為什麼要交纏小鬼來受驚受嚇？沒有保我心靈自由的宗教信仰嗎？

【23】

孤魂野鬼。

Ko͘-hûn iá-kuí.

Kō͘-hûn ia-kuí.

無嗣無祭可憐鬼。

用來定義，無主死人，或枯骨。他們沒人收埋，沒人祭拜。咸信他們的孤魂遊蕩荒野，未得血食香火，都變成「厲鬼」來作祟人間。同時，各個村落的東南西北中，五方神兵神將守衛，孤魂野鬼不得偷渡入境，真是一飯難求。

孤魂：沒有子嗣來祭拜的亡魂。 野鬼：鬼者，歸也，人死為鬼，歸家享祭拜；對年後將姓名牒入神主牌成為「公媽」，永享香火。那些沒有機會成為「公媽」者，姑終無奈，淪為野鬼。

從我國民間宗教現象看，應該沒有「孤魂野鬼」才是，因為不論何處發掘到枯骨，都會集堆造塚造祠，或建廟來祭拜一番。如此，枯骨崇拜成為我國民間信仰的一大特色。君不見，有應公，百姓公，萬姓公，萬善公，水流公之類的「公公」廟祠處處。❷❼應該一提的是，有人主張保衛家鄉的無名烈士是為「義民爺」，不是路旁屍一類的「有應公」。

台灣祀「鬼」頗為熱烈，感情卻相當曖昧，也許「敬遠」一詞可能形容。鬼，交不得，又得罪不起，所以不得不保持一定的形式

關係：收容、安撫、祭拜，以免作怪鬧鬼。這種思想和做法，中元「普渡」明顯可見。就是大廟謝神醮祭，都得企燈篙來請「鬼」吃腥臊。

近年來每逢中元大普渡，不乏文化工作者大力宣傳「愛鬼」，設計「憐鬼」，「親鬼」的節目。噫，天真可愛！這種想法，豈是村長老所能理解？❷⓿

應該一提的是，民間某種人士為了特別須要而拜鬼。他們要利用某個特定的「鬼」，使之成為自己的工具，以便驅使，例如，用來占卜、賭博、發橫財、問明牌等等。咸信「正神」不做這種歪膏的代誌，暗路的，A錢的，只得與鬼狼狽為奸——可憐，孤魂野鬼喪失是非之心，善惡之肝，廉恥的神經細胞！

台灣人對「鬼」的想像頗為複雜，俗語多有反映：

一、鬼和神的關係，特別是某些陰祠、陰廟祭拜的對象：「少年若無一擺戇，路邊那有有應公」（→122.14）；「水鬼，升城隍」（→131.61；644.01）；「水鬼，裝城隍」（→335.14*）。指出「有應公」和「城隍」原是無嗣孤魂和水鬼。

二、鬼的生活情景艱苦可憐：「餓鬼，夯重枷」（→134.37）；「小鬼獪堪得大百金」（→133.35）；「小鬼仔，唔曾看著大幅金」（→233.14）；「小鬼仔，唔曾看著大豬頭」（→233.15）；「大普，餓死鬼」（244.11）；「做鬼，嘛搶無食」（322.17）；「金剛，踏小鬼」（→335.26）；「鬼，驚惡人」（→223.27）。說，鬼受餓、受苦、受刑、受欺負，真悽慘也。

三、鬼等同邪惡奸惡，他們會害人、吃人、死人，乃是凶煞的軸心，邪惡的動力：「使鬼，弄蛇」（→334.11）；「水鬼，騙城隍」（→335.14）；「內神，通外鬼」（→655.31）；「交官窮，交鬼死，交牛

販食了米」(→631.21)；「吊死鬼，掠交替」；「水鬼，叫交替」(→334.03*)；「官唔驚你散，鬼唔驚你瘦」。

　　總之，孤魂野鬼非常悽慘，萬分可憐，因為民間毫不同情，幾乎將一切可能想像到的惡，都由「鬼先生小姐」來背負。不過，自家的鬼，祭之拜之，對年哀之，就可晉升做「公媽」了。公媽幸甚，幸甚！

注釋

1. 參看，劉文三，《台灣宗教藝術》(台北：雄獅出版社，1976)，頁56-61。

2. 參看，任繼愈主編，「太歲」，《宗教辭典》(上海：辭書出版社，1992)，頁160；閔智亭等主編，「太歲」，《道教大辭典》(北京：華夏出版社，1994)，頁236。

3. 參看，「土地神」，《道教大辭典》，頁109；朱元壽，《神誕譜》(台北：中午出版社，1975)，頁64。

4. 林美容教授有「無所不在的土地公」詩作和解說，對土治公有詩的頌讚，對他的宗教功能有所闡釋。看，《人類學與台灣》(台北：稻香出版社，1989)，頁59-63。筆者的「土治公」小詩，有數處注解：

　　　好歹代攏有：代，代誌，事情也；指婚喪喜慶都有關土治公。

　　　伊金銀手托：他手托金元寶；為押韻而做的倒裝句。

　　　胸嵌掛五穀：胸嵌，胸懷也。喻指擔戴、關心弟子農作物的收成；他
　　　　　胸前掛的不是算盤，也不是勳章，而是鄉民努力耕耘的成果。

　　　盡心管六畜：用心照顧六畜，使之興旺。俗信土治公是雞鴨豬牛犬，

家養禽獸的守護神；俗語說，「得失土地公，飼無雞」(→337.05；655.19)是威嚇話，民間信他是慈祥老伯，產業的總管。

落魄踞破缸，好額住樂園：好額，多金也。土治公廟的兩極性：富裕的弟子給他蓋堂皇廟宇，造華麗神像，好像安居樂園。貧窮的，破缸覆地，就是土治公祠，老公公只好龜縮其下。

不互中國管，落地歸根源：不互，不讓、不給。台灣土治公「台一色」認同鄉土，台灣第一，都是落地歸跟的台灣人。反觀國民黨大人，生受台灣的榮華富貴，死不入台灣土地，說要回歸中國。這是什麼心態？也好，可免污染台灣。

5. 參看，「東嶽大帝」，《道教大辭典》，頁356。

6. 參看，「東嶽大帝」，《宗教詞典》，頁281。

7. 參看，「城隍神」，《道教大辭典》，頁699。

8. 那是一張紅紙上面印有面貌清秀的古男人，頭不戴冠，形象異於一般神祇。見，凌志四主編，《台灣民俗大觀》卷四，(台北：大威出版社，1985)，頁153。

9. 舊時，我國一般家庭沒有另設浴室，婦女幾乎都在廚房用澡盆洗身。如此，好色灶神有機可趁，正中下懷。

10. 參看，「盤古」，《道教大辭典》，頁879。

11. 參看，「女媧氏」，《宗教詞典》，頁99。

12. 參看，朱元壽，上引書，頁51, 161-162。

13. 此外，《神仙傳》和《封神傳》有不同傳說。參看，上引書，頁87-88。

14. 引自，湯用彤，《隋唐佛教史稿》(北京：中華書局出版社，1982)，頁32-33。

15. 參看，林衡道述，徐明珠記，《林衡道談俚諺》(台北：中央月刊社，1996)，頁86。

16. 參看，阮昌銳，《莊嚴的世界》(台北：文開出版社，1982)，頁5-124。

17. 媽祖早期信仰的發展，蔡相輝教授有精要闡發。參看，蔡相輝，《台灣的祠祀與宗教》(台北：台原出版社，1998)，頁112-124。

18. 正如林茂賢教授所理解的：「這些傳說都只是統治者利用媽祖信仰鼓舞士氣，籠絡民心，減少人民反抗的托辭。」見，林茂賢，《台灣民俗記

事》(台北：萬卷樓圖書公司，1999)，頁46。

19. 這幾句俗語用「奇」字，雙關「無奇不有」和「廟旗彩旗」應有盡有。致於「…，台南伏地虎」，意思是：安平迎媽祖的盛況比下了台南的「迎老爺」。後者遜了許多，宛如無聊伏地，愛睏的老虎。　「大媽鎮殿…出戰」：描述迎媽祖時，廟裏的幾尊媽祖的「分身」的不同職司：大媽鎮住殿裏，以避神變；二媽承受祭拜，食腥臊；三媽出巡，遊山玩水。

20. 「新港老虎」：本地祭拜虎爺的盛況，不遜於迎媽祖的鬧熱。　「聖」[siàn]：神威靈應顯赫。　「應外方」：或作「應外香」；意指神威感應外地信徒，吸引他們來割香，來迎媽祖祭拜。　「…嘛值著土庫定」：雖然外地媽祖香火盛，但土庫弟子對於本地媽祖的信仰永遠堅定不移也。　「媽祖婆飯，食繪屜」：漁民對於媽祖的信仰態度，說媽祖永遠保佑討海平安，漁獲不盡。

21. 參看，吉原昭治，《台灣寺廟藥籤研究》(台北：武陵出版公司，1999)，第三章「藥籤研究」有詳細的說明。

22. 參看，趙莒玲，《台灣開發故事》(台北：中央月刊社，1996)，頁366。

23. 參看，林茂賢，同上書，頁55。

24. 參看，阮昌銳，同上書，頁5-143。

25. 要詳細理解的話，須要做信仰現象的田野研究和文獻證據的考證。就此二說的主張，蔡相輝教授有精要的解說。參看：蔡相輝，同上書，頁62-91。

26. 參看，阮昌銳，同上書，頁5-175。

27. 參看，林美容，「鬼的民俗學」，《台灣文化與歷史的重構》，頁167-174。

28. 此現象可從，姑娘廟文化工作室編，《天地人神鬼》(台北：前衛出版社，1994)乙書清楚看到。

第三節　祀神祭禮

本節段落：

祭祀時間01-11　禮拜地點12-19　祭拜對象20-24　牲醴供物25-30

祭拜儀禮31-37　祈願拜請38-42　迎神賽會43-52　感想見解53-58

【01】

拜初一，十五。

Paì chhe-it, cha̍p-gō.

Paí chhē-it, cha̍p-gō.

定期拜拜不怠慢。

　　用法：一、指出農家在每月初一和十五，祭拜土治公。二、用來嘲諷。應該經常認真做的事，漫不經心，隨興而為。

　　同類句：「拜初二、十六」和「拜月頭，孝月尾」。前句，指商家拜土治公的日子；拜「好兄弟仔」也在此二日。後句，說的是拜神和拜公媽；孝，指拜公媽；普，指祭拜「好兄弟仔」。不情願的施捨，說成「孝孤」，如祭孤魂野鬼，哪有情願可言。

　　民間拜神有固定的時間，例如，中元慶讚，神誕日。有個別寺廟的慶典，如，慶成醮、祈安清醮。這種大祭，必須問神請日，博杯求得吉時為祭拜的時間。廟祭如此，但個人拜神的時間，則依個人虔誠而定，有人拜三六九，有人每日拜拜。當然，祭拜次數頻度愈高，供品自然愈簡，例如，三小杯烏龍茶，或三小杯「茶葉」就可拜神明了——祭神如神在，誠意要緊也。

【02】

中畫犒天兵，下昏犒將。

Tiong-taù khò thian-peng, ē-hng khò-chiòng.

Tiōng-taù khó thēn-peng, e-hng khó-chiòng.

放營軍人吃腥臊。

　　用指酬勞王爺、媽祖等等神明的軍隊。民間咸信在這些神明的生日，中午至黃昏之間，他們的軍隊放假，王爺的五營神兵神將，媽祖的從神兵馬，可出來享受本地弟子們的慰勞，因爲這些軍人保衛地方清靖，有功於民，應該大大犒賞一番。

　　本日，除了在廟埕有公衆的犒將之外，民家店家也都在門口擺上小桌，供上牲醴、水果，來慰勞他們；燒金紙給神，燒銀紙給「好兄弟仔」。

　　走鍵至此，「……將哦！犒……將哦！…犒…將將將……！」從祖國台灣陣陣飄洋而來。不是別的，正是五十多年前，故鄉廟公巡街呼喚廟境各戶按時「犒將」的聲音。老人用丹田壓出低沈的鄉言，隱隱約約躡進耳朵——書房的背景音樂，正演奏著韓德爾(G. F. Handel)的「榮耀聖主頌」。善哉，善哉！

【03】

初九天公生，初十食腥臊，十一請囝婿，
十二查某囝轉來拜，十三食泔糜配芥菜。

Chhe-kaú thiⁿ-kong siⁿ, chhe-chap chiah chhe-chhau,

　　chap-it chhiáⁿ kiáⁿ-saì, chap-jī cha-bó͘-kiáⁿ tńg-laî paì,

　　chap-saⁿ chiah ám-moê phoè koah-chhaì.

Chhē-kaú thīⁿ-kong siⁿ, chhē-chap chiā chhē-chhau,

chảp-it chhiaⁿ kiaⁿ-saì, chảp-jī chā-bo͘-kiáⁿ tńg-laī paì,

chảp-saⁿ chiā ám-moê phoé koá-chhaì.

腸胃小心，請慢用！

這是謠諺，唸出新年頭「拜天公」以後幾天的情形：大魚大肉的祭品，足足讓一家人，還有「放假」回來的查某囝和囝婿，吃個四五天，吃得人人胃腸罷工。

初九天公生：元月九日，天公華誕。民間信仰者要隆重拜拜一番。　十三食泔糜配芥菜：從初九起連續魚魚肉肉，消化困難，恢復食泔糜配芥菜，真是「食魚食肉，也著菜合。」(→422.69)　芥菜：我國一年四季生產，但盛產期在秋冬。有好多種，如雪裏紅，如做成酸菜的包心芥菜。

拜天公的祭品，多得有礙弟子們的消化系統嗎？頗有可能！君不見供品滿桌，有柑、橘、蘋果、芎蕉(削兩端)、甘蔗(削皮，三寸長，紮以紅紙條)，等等是謂之「五果」。有金針、木耳、香菇、菜心、土豆、荷蘭豆，乃是「六齋」；又有閹雞角、鴨(雞和鴨的尾椎都要留一簇毛)、魚、豬肉、豬肝(或豬肚)，等等的「五牲」。❶

上面這「五果、六齋、五牲」算是基本的供品，有錢人家乾脆「辦桌」，開出二十四或三十六碗全素、全葷兩席。素的，請天公享受；葷的，慰勞他的文武神僚。還有，燒酒、麵線、龜粿；金、香、燭，都是少不了的。❷

祭拜之後，但見弟子們認真享受著五果、六齋、五牲、膏粿、燒酒……。如此，五六天殷勤吸收，腸兄胃弟能不紛紛按鈴控告虐待嗎？

【04】

二月二，土治公搬老戲。

Jī-goeh-jī, thó͘-tī-kong poaⁿ laū-hì.

Jī-goē-jī, tho͘-tī-kong poāⁿ laū-hì.

祝他生日演他戲。

　　一、二月二日土治公生日這一天，演布袋戲來酬謝土地公。因爲戲目多少有關老土治的故事，所以叫做「土治公搬老戲」。二、用來嘲笑老夫妻吵架，將之譬喻做二月二日土治公生日，酬神大公演的戲齣。

　　（本句詳解，請看526.40）

【05】

三月二十，人看人。

Saⁿ-goeh jī-chap, lâng khoàⁿ-lâng.

Sāⁿ-goē jī-chap, lâng khoáⁿ-lâng.

拜娘娘瞧瞧姑娘。

　　舊時，台北大龍峒流行的俗語。形容該地慶祝保安宮附祀的註生娘娘華誕的盛況：廟內廟外，人山人海，有的虔誠拜求娘娘，多多添丁，有的趁機會經驗著「人看人」的歡喜。

　　同類句：「五月十三，人看人。」本句描寫台北大稻埕霞海城隍祭典的熱鬧，那是非常的「人看人」！

　　給娘娘祝生日的熱烈不難想像，但「人看人」是啥？人有什麼好看的？有！《台北市歲時記》有解：

　　　　往昔每值是日，遠近婦女麇集蟻聚，自晨至昏，村者、俏者、老者、幼者，馨香禮祝，絡繹不絕。粉白黛綠，釵光鬢影，極一時之艷。里之少年，亦多乘此出遊，恣其品花評柳之目的，以是紅紅綠綠，途爲之塞。故俗云：「三月二

十，人看人」。

是啦，原來是「里之少年」出來欣賞美麗的、花枝招展的女鄉親。好一句「人看人」，透露出古早人某種欲望的釋放、滿足和歡喜。

然而，今之台灣兄姊「不重生男，重生女」，加上人工受孕發達，添丁娘娘的重要性減少了，香火相對的黯淡了許多。同時，現代人從A片看到Z片，「釵光鬢影」有啥好看？

（本句又見，32.11*）

【06】

三月狷媽祖，四月迎王爺。

Saⁿ-goeh siáu Má-chó͘, sì-goeh ngiâ ông-iâ.

Saⁿ-goeh siau Ma-chó͘, sì-goeh ngiā ōng-iâ.

神氣充沛三四月。

鹿港鄉親用來形容該鎮三、四月間的宗教氣氛。信徒熱烈祭拜媽祖婆以後，繼續慶祝蘇王爺生日，如此連續二個月下來，弟子非常神氣，鹿港也非常神氣。

舊時，鹿港可謂台灣民間信仰的大本營。廟寺多到「三步一小廟，五步一大廟」的程度，現實如此，神氣不旺也難。君不見，每年三月二三媽祖生前後，天后宮就開始充塞割香人潮。如此繼續「狷媽祖」，狷到四月十二，本鎮奉天宮蘇府大王爺的華誕慶典為止。❸春風吹拂著裊裊香煙，把萬千弟子薰得神氣神氣，正是鹿港三四月天。

（參看，「南部迎媽祖，北部大道公。」32.16；
「三月狷媽祖，十月迎王船。」.11）

【07】

初一放水燈，初二普王宮，
初三米市家…三十龜粿店。

Chhe-it pàng chuí-teng, chhe-jī phó͘ Ông-keng,

　　chhe-sa Bí-chhī-ke, ...saⁿ-chảp ku-koé-tiàm.

Chhe-it páng chui-teng, chhe-jī pho͘ Ōng-keng,

　　chhē-sa Bi-chhī-ke, ...saⁿ-chảp kū-koe-tiàm.

大普有份照輪流。

　　這是舊時鹿港有名的「普渡謠」的前幾句和最後一句。全首說的是從七月初一到三十，每日都有不同的村落、角頭負責普渡。本月，「地獄」放封的好兄弟仔給招待得萬分飽足，天天酒醉，無力作祟人間。

　　雖然普渡謠的造句單調，每一分句都是「日份」加上「地頭或行事」。但鹿港出身的鄉親一聽，思鄉念情的感情爆炸，自非外地人所能體會的了。一般研究民俗的人重視它，認為他蘊藏知識和意外。全首是這樣的：

> 初一放水燈，初二普王宮，初三米市街，初四文武廟，
> 初五城隍宮，初六土城，初七七娘生，初八新宮邊，
> 初九興化媽祖宮口，初十港底，十一菜園，十二龍山寺，
> 十三金盛巷，十四妖鬼埕，十五舊宮，十六東石，
> 十七郭厝，十八營盤地，十九杉行街，二十後寮仔，
> 廿一後車路，廿二船仔頭，廿三街尾，廿四宮後，
> 廿五許厝埔，廿六牛頭，廿七安平鎮，廿八瓢仔寮，
> 廿九泉州街，三十龜粿店。❹

普渡謠描寫的宗教社會，可能包蓋清國乾隆四十九年(1784)，開放鹿港和福建蚶港的航線起，至1939年日本統制經濟，物資缺乏之時爲止。此一時期的鹿港，乃是咱台灣的重要港口，對中國貿易，對島內運銷貨物，萬商雲集於此，大眾就業於此，港民普遍富裕，過著當代高度文化水準的生活。以此條件爲基礎，加上信仰熱情，使鹿港維持著將近150年之久的初一普到三十的超級大拜拜。這必然是世界宗教史奇觀。

【08】

張頭許尾。

Tiuⁿ thaû Khó͘-boé.

Tiūⁿ thaû Kho͘-boé.

輪值普渡。

鷄籠鄉親用來傳述中元主祭「老大公」的順序。從張姓開始主普到許姓，如此周而復始來進行普渡。

從形式言，本句俗語是民間流行的祭祀輪值：「字姓普」。從本句的內容看，卻是舊時鷄籠的慘事：清國攻打明鄭，鷄籠死者無數，尤以張、許等十一姓死傷最多。後來，地方善士將這些義勇公的屍骨收拾合葬，建「老大公廟」來祀奉，並議定「張頭許尾」輪番負責主普。❺顯然，他們都是「國家忠烈祠」之類的英靈。

【09】

七月，師公和尚無一個閒。

Chhit-goe̍h, sai-kong hoê-siūⁿ bô chi̍t-ê êng.

Chhit-goē, saī-kong hoē-siūⁿ bō chi̍t-ē êng.

道士法師普渡忙。

形容舊時「鬼月」，道士和法師忙於主持普渡，忙得不亦樂乎。

同類句：「七月，無閒和尙。」

這句俗語的背景是國民黨政府統治台灣，實施「中元統一普渡」之前的情形。在那時期，鬼月的初一到月底，幾乎各地各處，每天都可能舉辦大小不一的普渡，有：寺廟舉辦的廟普、公普；有街庄主辦的街普；有菜市場主辦的市仔普；有各行各業弟子聯合舉辦的行業普；有私人普；有其他種種普，眞是難以盡述。

這麼多普渡，都得依靠道士、法師、尼師來住持儀禮，例如：「開鬼門，關鬼門」；還有大普的鬧壇、發關、請神、謝三界、請觀音、請孤魂、安灶君、拜懺、獻供、小施、揚幡順筵、謝壇，等等儀禮。(→《台北市歲時記》)都是道士法師的專業，弟子無能取代的也。

【10】

十九二十天，滿街安溪先。

Chåp-kaú jī-chåp thian, moá-ke An-khe-sian.

Chåp-kaú jī-chåp then, moa-ke Ān-khē-sen.

安溪移民拜祖師。

用來傳述艋舺清水祖師祭典的盛況：七月十九放水燈，二十普渡。因爲祖師爲安溪人所祀奉，但安溪人住在艋舺的不多。因此，散居淡水、三峽、新店，等地的安溪後裔，在這二天進來艋舺祝祭，滿街滿路，多的是安溪小姐和安溪先生。❻

【11】

三月猶媽祖，十月迎王船。

Saⁿ-goe̍h siáu Má-chó͘, cha̍p-goe̍h ngiâ ông-chûn.

Sāⁿ-goeh siau Ma-chó͘, cha̍p-goe ngiā ōng-chûn.

十月南台灣迎王。

形容我國南部到了十月前後，王爺大型祭典的迎王船激起下半年的宗教高潮，跟三月迎媽祖交相輝映。

同類句：「三月猶媽祖，四月迎王爺」；「三月猶媽祖，四月、九月迎王爺。」❼

從上面這二句俗語看來，迎王船的時間不一，有四、九、十月。所以如此，是因為王爺太多，他們的生日不一。例如，李王爺生日是二月十五；池王爺是六月十八日；十月十二是王爺全體的華誕。當知，王爺有360位，共132姓，而我國寺廟大多祀奉：朱、池、李、吳、陳、張、林、邢、劉、蘇、雷、高、沈、趙、潘、郭、謝、楊、邱、溫，等姓王爺；尤多祀朱、池、李諸王爺。

王爺的信仰現象有許多特色：一是、多位王爺合祀，因此有二王廟、三王廟、五王廟。若是從朱、池、李、吳、陳、蕭等六位王爺中選擇二位而祀者，就叫做「二府千歲」。二是、王爺的偶像是土頭、鐵身，或木頭竹骨構成的。❽三是、迎王船和燒王船。這跟王爺為瘟神的信仰有關，不論是舊時的水流王船，或後來的燒王船，都含有驅瘟神的意思。

（參看，「三月猶媽祖，四月迎王爺。」.06）

【12】

拜門口。

Paì mn̂g-khaú.

Paí mn̂g-khaú.

請便！

在住宅，或在店舖的大門前，擺上小桌子，椅條也行，上面放置簡單的祭品、燒香，燒金又燒銀來拜祭一番。

拜門口，有幾種場合：一、當地寺廟祭典，迎神賽會時，廟境各家店戶、民家也在門口「犒軍」：燒金紙酬神，供祭物慰勞神兵神將，犒賞他們看守地方，合境平靜邪穢不侵。❾二、祭拜「正神正道」：因住宅附近沒有他們的廟宇，所以就在門口祭拜；拜土治公，常是如此。三、祭拜「好兄弟仔」：七月初一，開鬼門，是日下午各家各戶要「拜門口」。祭物是魚、豬肉、鷄、鴨、茱，等五味碗和糕、粿；這些供物上面各插一枝香，又得燒經衣、銀紙。

民俗學者李秀娥小姐在「拜拜備忘錄」中第七問，有此一題：「拜門口時記得準備供好兄弟梳洗的毛巾、臉盆、牙刷、牙膏、漱口杯了嗎？」❿看了這條備忘，令我驚覺，咱台灣人的祭拜禮儀，隨時代進步得大有衛生了。小時常見的「拜門口」，擺的只是一盆清水和披在盆緣上的一條抹布般的老毛巾，哪有什麼「牙刷、牙膏、漱口杯」伺候？

有趣的是，「拜門口」大多祭拜的是放營小神將和「兄弟人」。所以如此，顯然含有「預防萬一」的用意，雖然民間信士對這班「貴賓」頗有悲憫，但同時非常敬遠。如果好意延請他們入廳安座，使之覺得「賓至如歸」，留戀不去，豈不慘哉！引鬼入宅，古今明禁，豈可不慎？

【13】

拜廳頭。

Paì thiaⁿ-thaû.

Paí thiāⁿ-thaû.

家神也。

　　出入大聽者，除了貴賓、親友，就是自家親人了！所以「拜廳頭」，拜的是「家內神」。

　　廳頭有大小份位之別：正廳右邊是祖先位，左邊是神明位。不過，按這種禮數來祭拜的不多。但見祭拜祖先、神明，都在大廳門前進行，並不意識到左右之別。

【14】

拜灶頭。

Paì chaù-thaû.

Paí chaú-thaû.

拜灶君。

　　民間在灶君的生日，八月初三，另說四月初一，和年底送灶神時，要祭祀「灶君公」，拜灶頭。

　　舊時，修養功過格的「道德家」，在農曆每月的最後一天也要拜灶；道書有所謂「月晦之夜，灶神亦上天白人罪狀。」《抱朴子‧微旨》所以認定這天，跟灶神多多親近有益無損；說不定灶神一時心喜，給天公報個「甲上甲」的功績，那就「地仙」有望了。

　　傳統習俗，「男不拜月，女不拜灶」。為什麼？因為咱台灣民間信仰中的灶神是「好色之徒」，雖然中國舊書的灶神是「老婦」。如此，「女不拜灶」乃是婦女應有的防衛措施，大有道理也。好女子親近「色神」，不是送肉飼虎是什麼？

　　　（參看：「上天奏好話，落地保平安。」32.06）

【15】

拜籬笆邊。

Paì lî-pa-piⁿ.

Paí lī-pā-piⁿ.

遊路將軍也。

　　這是所謂的「謝冊仔」。祭拜四方鬼神，例如「遊路將軍」一族的，他們是脫營的神兵小鬼；他們出來打游擊，作祟人間，驚嚇弱小，叫人動衝犯煞。此時，請來紅姨，作法收驚一番。

　　然後，就在將軍們時常遊走的籬笆邊，就地擺上頗不成敬意的「祭品」：清米飯一碗，鴨蛋一個，香一枝插在碗裏，燒酒一、二小杯。如此，簡單招待，供將軍們清採食食咧，趕緊走路。

【16】

拜墓頭。

Paì bōng-thaû.

Paí bōng-thaû.

墓祭也。

　　主要說的是「拜墓」，祭掃祖墳或親人之墓。當然，也不忘祭拜看守墳墓的「后土」，土治公。

　　民間拜墓頭是常有的事，埋葬後，清明節，卻骨前，都要拜墓。舊時大富人家有大墓埕可供子孫祭拜，現代墓地擁擠不堪，哪來墓埕？說拜墓頭，頗寫實，就在墓牌前那塊小小空間進行。

　　拜墓頭要有祭品，比較腥臊的獻「五牲」，一般的「三牲」。當然，少不了我國公賣局專利的「紅標米酒」三小杯；還有祭後燒金給后土，燒銀給祖先。

　　重視墳墓不是咱台灣人的專有，歐洲基督宗教的信徒有過而無不及。古基督教徒及至現代的天主教徒，對於聖人的墳墓崇敬萬分，有的甚至相信這些「聖墓」大有神跡能力，可能轉傳上主醫

治、護佑的恩寵和靈力。於是，巡禮的聖地幾乎都是聖墓所在：羅馬梵蒂岡是基督大弟子聖彼得的聖墓所在；西班牙康伯斯特拉(Santiago de Compostela)是基督的第二大弟子聖雅各的聖墓所在；而大名鼎鼎的耶路撒冷乃是我主耶穌基督的聖墓處。❶

　　遊鍵至此，螢幕浮現德國Mainz市的墓園，那「安息之鄉」一到春天百花競艷，綠茵獻嬌，樹木比健美，水泉賽清淨。眞是一嶺好風好水，墳墳豪傑，墓墓俊秀。看此情景，憶念故國父母親人的墳墓，嘆息深信風水保庇的民族，公塚是一片亂七八糟，私家墓園塞滿一大堆制式的石頭混水泥硬塊，社會賺死人錢的「山蟧蟻」橫行。唉，這是什麼風水文化的社會？

【17】

拜田頭田尾。

Paì chhân-thaû chhân-boé.

Paí chhān-thaû chhān-boé.

拜土治公也。

　　咱台灣人的神鬼處處有，但看守田園，替人看田水，顧收成的，不是別人，就是「土治公」。所以農家「拜田頭田尾」，來答謝土治公的辛苦，也在拜託他老土治繼續幫忙。這時，但聽得土水姆也唸唸有詞：

土治公來保庇	Tho͘-tī-kong lait pó-pì
收好粟賣好米	siu hó-chheh bē hó-bí
鶏仔鳥好育飼	ke-a chiáu-á hó io-chhī
豬母囝生獪離	ti-bú kiáⁿ sīⁿ-boē-lī
鴨母卵日日巡	ah-bú nn̄g ji̍t-ji̍t sûn

三頓飯食有剩　sāⁿ-tǹg-pn̄g chiảh ū-chhun

趁錢閣好利運　thàn-chîⁿ koh hó-lī-ūn

年年雙囝雙孫　nî-nî siang-kiáⁿ siang-sun

　　土水姆為人公道，雖然年過半百有餘，還想要跟年輕媳婦「生產競賽」，說什麼「年年雙囝雙孫」，那不是婆婆生老囝，媳婦生大孫嗎？難矣，老土治應該知道老媽媽生囝不宜，少年媳婦多產有害。

　　　　（參看，「田頭田尾，土治公。」32.03）

【18】

紅宮，黑祖厝。

Âng keng, o͘ chó͘-chhù.

Āng keng, ō͘ cho͘-chhù.

主人有別。

　　用來形容宮廟和祖祠樑柱的不同色彩，前者漆得深紅，後者塗得漆黑。

　　神和祖有他們的住宅，那麼「遊路將軍」或「無緣孤魂」有嗎？他們是另類無殼蝸牛嗎？不見得。君不見，各地「有應公廟」以外，每當地方做醮都要給他們安頓，那是竹枝架構糊上白紙的大廈，看來陰森，顯得詭譎。此二大厝標明「翰林窟」和「同歸所」。所謂「同歸所」，指的是孤魂野鬼，萬善同歸之所；而「翰林窟」，相傳中國帝王不准翰林學士故還鄉，只准死在深宮，以免給專制帝王塗烏抹黃。如此，學士們糊里糊塗的當了野鬼，所以咱台灣俗語說：「翰林窟，會得入，獪得出！」嘉哉，台灣父老慈心滿滿，大拜拜時總有「翰林窟」招待。

【19】

上帝廟坅墱，水仙宮簾前。

Siōng-tè-biō gîm-kîⁿ, Chuí-sian-keng nî-chîⁿ.

Siōng-té-biō gīm-kîⁿ, Chui-sēn-keng nī-chîⁿ.

眾廟皆平等？高矮不論。

這是府城的古諺，原有我高你低，比扁他人的意味。本句的原有背景是，上帝廟建於丘上，水仙宮建於丘下，地勢高低相差懸殊，上帝公廟的石階，就抵得上水仙尊王府的屋緣。如此比較，高低立見。

上帝廟：台南市名廟，主祀玄天上帝，廟在中區民權路，建於明鄭永曆二十五年(1670)。 水仙宮：台南市名廟，主祀水仙尊王，鹿耳門媽祖曾寄普於此，廟在西區神農街，建於康熙五十四年(1715)。 坅墱：出入大屋的磚石階級。 簾前：房屋頂蓋滴水的邊緣。

應該說明的，解諺者將這句說成高低相等。❷這恐怕不是原來的用法，因為此二廟高低相差數十尺。那麼，為什麼有「高低相等」之說？若非誤解，可能是地方勢力消長的結果吧。這是怎麼說的？上帝廟高高在上是地勢使然，但後來的水仙宮，建於西定坊海口，廟門面向著吞吐千艘大帆船的台江，乃是當時商業兼行政的「三郊」有力者所建設的宮廟。❸誰敢遜它？於是，經濟力拉平地勢，大家平等，不賬不矮。

　　(參看，「鹿耳門寄普。」132.43)

【20】

三步一小廟，五步一大廟。

Saⁿ-pō͘ chi̍t sió-biō, gō͘-pō͘ chi̍t toā-biō.

Sāⁿ-pō͘ chi̍t sio-biō, gō͘-pō͘ chi̍t toā-biō.

宮廟毗連香火盛。

　　鹿港鄉親用來形容他們的家鄉有不可勝數的大小宮廟。

　　歷史文化悠久的市鎮，多多有的是宮廟，台南、鹿港、艋舺都是如此。舊時鹿港「三步一小廟，五步一大廟」；現時「全國」已經是「三村里一小廟，五村里一大廟」。可能嗎？據1997年底內政部審計處統計：我國寺廟、神壇共有18,616所，平均每村里達2.48所；已登記(含補辦登記)的寺廟有9,201所，五年來增加4.78％；未登記(神壇)者計9,415所，五年來增加了3,384所，平均每年成長10％。**⑭**

　　怎樣？眼看無數寺廟神壇，心生許多疑問：台灣人須要如此多的神壇寺廟嗎？它們因何愈來愈多？它們對於台灣的道德和社會秩序有什麼貢獻？對於台灣的前途有何關懷？對於台灣意識，清潔的環境，和自然生態有何助益？對於精神文明境界有何提升？對於薰陶優質的台灣現代人有何可能性？台灣社會的「亂」，它們沒有牽連嗎？現代的台灣善男信女，能不理這些問題嗎？

【21】

崗山佛祖，鯤鯓王爺。

Kong-san Pu̍t-chó͘, Khun-sin Ông-iâ.

Kōng-san Pu̍t-chó͘, Khūn-sin Ōng-iâ.

觀音王爺映山海。

　　形容善男信女熱烈朝聖的台灣宗教二大聖地：佛教是高雄縣大崗山的佛祖廟群，民間道教是台南縣的南鯤鯓代天府王爺總廟。它們是此二教徒朝聖、巡禮、割香的聖跡；近半世紀以來，更成為國內外觀光景點。

　　崗山佛祖：係指大崗山超峰寺，雖然其他還有許多佛寺。本寺主要崇奉觀音菩薩和釋迦佛，屬於禪淨台灣佛教。建於乾隆二十八年（1763），爲當時鳳山八景之一。該寺歷史悠久，規模宏大，寺貌莊嚴，又有名僧住持，如，周義敏（1857-1947）和林永定（1877-1939）師徒。從清領以來屢傳靈驗，至今吸引大量信徒前來參拜。　　鯤鯓王爺：係指南鯤鯓代天府。該廟主祀李王、池王、吳王、朱王、范王等五府千歲，建於明永曆十六年（1662），後曾多次擴建。本廟在風景幽美的海濱，廟貌壯麗，廟境清幽，有花園、小丘、水池、亭閣等設施。四月二十六、七，爲李范兩位王爺生日，有盛大祭典。本廟香火鼎盛，每年朝聖香客可達三、四百萬人。

　　本句釋義至此應該收鍵，但從台灣宗教史看，該補上幾句話。崗山佛祖發展出台灣佛教的特質，近年來「新大崗山派」的佛教寺院遍滿南台灣，法師們的觀念較新潮，對時勢敏感，富批判性，且社會關懷強烈，因此敢於參與反公害的環保抗議運動，且弘法途徑多元，特重文教和出版，重點寺院表現傑出，不論佛教叢書的編輯、出版，或專業圖書館的設置等，皆達極高水準，堪稱教界典範之一。❶⑤致於鯤鯓王爺，其教勢非常發達，分靈廟宇遍及全國，有七千多座，被尊稱爲「王爺總廟」。當然，其影響台灣人的信仰勢力是值得研究的。

【22】

有菩薩，就有廟。

Ū phô͘-sat, chiū-ū biō.

Ū phô͘-sat, chiū-ū biō.

有鳥就有樹歌。

　　民間用來形容寺廟無數，市鎮瀰漫著濃濃神氣，因爲菩薩無

量，寺廟也就無數。是否如此，一看就知影了。

【23】

羅安救萬人，萬人無救羅安。

Lô-an kiù bān-lâng, bān-lâng bô-kiù Lô An.

Lō-an kiú bān-lâng, bān-lâng bō-kiú Lō An.

義士在此。

　　舊時，嘉義人用來紀念羅安的義舉，同時反省自己未盡相救的道義。

　　這句俗語的背景是：淸國咸豐三年(1853)，漳泉械鬥波及湖仔內。這時有本鄉人羅安挺身而出，救得全村的生命，後竟被誣陷而死。鄉人感念他的義行，流傳了這句俚諺，並在今嘉義市湖內里爲他建「羅安廟」，來紀念他，祭祀他。❶⑥

【24】

拜好兄弟仔。

Paì hó-hiaⁿ-tī--á.

Paí ho-hiāⁿ-ti--á.

另類兄弟人。

　　每月初二、十六的「拜門口」，對象是「好兄弟仔」。燒香祭拜，口唸祭詞時，尊稱「無主孤魂」做「老大公，好兄弟」。❶⑦當然，不能直叫「孤魂野鬼」，那是大大無禮的也。

【25】

三牲五牲。

Sam-seng ngó·-seng.

Sām-seng ngo·-seng.

神宴菜單。

　　用來祭拜神明的犧牲供品。五牲是祭獻神職尊貴的,「天字號」的大神,如天公、三官大帝等;這也是婚喪祭典和還願時的祭物。三牲,則是天神以下的中上級神明的供品,例如,祭拜媽祖、王爺、土治公等。

　　五牲:全豬,或意思表示的全豬,就是豬頭加上附有豬毛的豬尾;鷄、鴨、魚、蝦,可用豬肚、豬肝代替。　　*三牲:五牲中任選三項。*

　　宴神和宴客的道理有相通之處,天級大神只好請吃全豬、全牛、全羊,而且都是生冷的,正是所謂的「刣豬,倒羊」。中上級媽祖、王爺、土治公的牲醴要煮得半生不熟,並且不是全牲,就是鷄、鴨也可部分。致於拜祖先的腥臊,就要跟家人同樣的煮好,調好味道。祭小鬼的,就用小三牲:一小片豬肉,鷄卵、魚,還有加上一碗白飯,頂多再加一、二小杯米酒。所以如此,道理是用生而大的牲醴表示人神關係疏遠;切細加工,其神格較低;煮熟又調味的牲醴,表示親近;凊採祭品,表示捨施、不情願,而又得罪不起。❶⑧

【26】

七月半鴨仔——呣知死。

Chhit-goėh-poàⁿ ah-á, m̄-chai sí.

Chhit-goē-poáⁿ a-á, m̄-chaī sí.

大開殺戒做普渡。

　　一、用指中元普渡祭牲之中,鴨仔幾乎被趕盡殺絕,用來做牲醴祭餓鬼。舊時,鴨仔算是比較便宜的牲醴。二、本句的引申用法是:譏刺覺識愚鈍,大禍當前,還是那麼不知不覺,宛如就

死的普渡鴨。

　一百四十多年前，彰化舉人陳肇興老先生眼看中元普渡的嗜血，有感做了「到鹿津觀水陸清醮普渡」八首詩，讓我們想像大普的災情是如何的慘重。引第一、二、三和六首，以供讀友參考：

　　沸天鑼鼓徹宵喧，一片靈風閃彩幡；
　　十字街中人似織，不知何時著孤魂？
　　萬枝燈火綺宴開，金錢如山化作灰；
　　此夕鄷都永不夜，鬼門放過綠衣來。
　　狼籍杯盤等布金，給孤園裏肉成林；
　　不知一例談功德，可有慈烏反哺心？
　　新開殺戒禮金仙，人自茹蔬鬼逐羶；
　　一樣無辜皆就死，雞豕終古怨西天。
　　⓳

　　唉，好一句「一樣無辜皆就死，雞豕終古怨西天」。知否，好兄好弟？世上最可憐的，應是台灣的七月半鴨仔。

【27】
豬公掛金牌，笑哈哈，眞搖擺，死唔知。

Tī-kong koà kim-paî, chhiò ha-ha,
　　chin hia-pai, sí m̄-chai.

Tī-kong koá kīm-paî, chhió hah-hah,
　　chīn hiā-pai, si m̄-chai.

最後的體面。

　　這句台灣新諺說到宮廟大醮典常有的「神豬比賽」，點出那隻

金牌豬公的戀態。說牠有了這塊金牌，死得非常得意，連牠小得不成比例的豬嘴巴還在癡笑。

神豬在世萬分舒服，牠的主人也是牠的奴才，殷勤侍奉，萬分週到來孝敬牠，可能遠遠超過對待父母。君不見，神豬住有清潔又通風的套房，散熱有冷氣，防蚊有紗帳，養肥有私房菜，要牠忠誠犧牲有愛國歌曲，讓牠吃吃吃睏、睏吃吃吃，有女主人給牠洗身、給牠摩殺鷄，給牠甜言蜜語拍豬屁。如此低聲下氣，盡力奉待，奮鬥了兩年有餘，最後才給牠搖搖擺擺的架上屍架，使牠死不瞑目。

唉，死豬「笑哈哈」！驚死我也。多年前中部某地大醮，醮場廣大有數甲，犧牲、祭品也有數甲，鷄鴨無數，架上有神豬無數，逐臭的金頭蠅更加無數。但見神豬隻隻咬柑仔，啣大幅金，金紙插著一根粗大的香柱。場面令人破膽，世上有如此祭神的方法！

祭神兼比賽，神豬是主角。今年(2003)正月初六，三峽淸水祖師廟大祭，有九隻超級神豬，冠軍1,534台斤。去年平鎮市義民廟祭醮，金牌豬有1,600多斤。❷⓪主人有功，獲得獎狀、獎金、還有神豬的金牌，一時媒體競報。看來，笑哈哈，眞搖擺的是主人，哪會是神豬。

停鍵之前，忽然憶及咱台灣有這麼一句俗語：「飼大豬有人稱讚，飼大查某囝無人稱讚！」怎樣？「要大豬，不要大女兒」？這是什麼話嘛！難道台灣人的「家」是養神豬的工場？

【28】

拜神無酒，博無杯。

Paì-sîn bô chiú, poȧh bô poe.

Paí-sîn bô chiú, poa̍h bô poe.

通靈甘露。

　　斷言拜請神明，求他指示，一定要敬酒。神明三杯下肚，酒精起了作用，聖意大動，神諭也就源源而來。

　　爲什麼「拜神無酒，博無杯」？因爲三杯米酒表示禮數夠，誠意足。雖然，宗教學上還有一大堆道理，說什麼：酒是關係的圓滑劑；酒是通靈的媒體；酒本來就是諸神的飲料；酒是神人交歡的甘露；酒是……。

　　台灣的信士比較乾脆，一句「拜神無酒，博無杯」解決。原理是：你弟子要我的聖杯，我老神要你的燒酒，公平交易也。

　　致於那些求神求到「博無杯幹撟天地，允三杯歡天喜地」的不肖弟子，可以不論，是該打屁股的頑童。又有，冷言冷語的說什麼「紅格桌頂斟燒酒──意思意思」，也是該打的族群。不過，弟子怨嘆的「無錢給查某講無話，無酒給神明博無杯」(→225.25; 341.05)，神明已聽了三、四百多，麻痺了。

　　　（本句又見，632.27）

【29】

豆干，孝阿祖。

Taū-koaⁿ haù a-chó͘.

Taū-koaⁿ haú ā-chó͘.

不成禮數。

　　形容敷衍了事，不當一回事的祭禮。祭拜曾祖父母豈能用粗俗的豆干？

　　按台灣民間禮俗，祭祖最簡單也得供獻「三牲」，還得加上舊時台灣一般人吃不起的「清米飯」。

【30】

那拔，儧上桌得。

Ná-poa̍t, boē chiūⁿ-toh--tit.

Na-poa̍t, bē chiūⁿ-toh--tit.

不成供品。

斷言祭拜神明、祖先，不得用那拔。

同類句有：「那拔仔儧上得三界壇。」

桌：神桌，舊時擺在大廳的紅格桌。　三界壇：拜佛的祭壇，或佛教家庭大廳的佛桌。三界者，佛教用語，指衆生存在的三種境界，欲界、色界和無色界。

那拔者，芭樂，番石榴也。它不但擁有堂堂拉丁文芳名*Psidium guajava*和英名*Guava*。它的實力更是驚人，維他命C多於柑桔8倍，多於芎蕉、木瓜、西瓜、鳳梨數十倍；那拔籽更是貴氣，有的是鐵、鈣、磷等礦物質，大有利於人體。

然而，真冤枉，如此好的那拔卻見不得神佛。這是爲什麼啊？據說是爲了那生命力旺盛的鐵籽！又據說，舊時咱台灣的那拔都是「狗屎拔」一族的，所謂經由犬糞輪迴投生的拔仔。如此，也就被拒於神佛之外，含冤見不得神聖。那麼，當代的梨仔拔、泰國拔、夏威夷紅肉拔，都是渡過苦海而來的正種「番」拔。可否？

但，不只是狗屎拔不可上桌爲供果，就是蕃茄、李仔和釋迦果，都不可以？那又是爲什麼？是否有籽，怕神明消化不良？是否因爲蕃茄又名「臭柑仔」，見不得神明？而李仔和釋迦，更加無大無小，都是道祖、佛祖的大名。

【31】

敬人，先敬神。

Kèng lâng, seng kèng-sîn.

Kéng lâng, sēng kéng-sîn.

祭拜原義。

　　斷言，祀神祭典雖是親朋戚友藉迎神賽會來吃喝一番，但還得先拜過神明，而後才來進行社交大宴。如此，吃拜拜和一般大吃會，也就有些區隔。

【32】

拜神燒金，拜鬼燒銀。

Paì-sîn sio-kim, paì-kuí sio-gîn.

Paí-sîn siō-kim, paí-kuí siō-gîn.

新台幣vs.舊台幣。

　　用指祭拜後，燒給神明的是金紙，燒給鬼的是銀紙。

　　相關俗語：「拜神燒金，拜鬼燒銀，莫怪世間無情。」這句話，台南陳秀金女士如此解說：「…果真財可通神，有錢使鬼推磨，便不重人情義理。」(「台灣精諺」《自由時報》)

　　民間認為，鬼神的世界和活人的一樣，日常活動都得花錢，所以信士必要匯些錢供他們開銷。而神鬼的世界和本體價值不同，所以一族獻金，另一族供銀。

　　或問，金銀紙是誰發明的？傳說不一，通俗的說法是：唐太宗夢遊地府，還陽之後製作的。

　　*金紙：種類繁多，按神格的大小，而分別燒以頂極金、太極金、天金、壽金、割金、四方金等等。　銀紙：有大銀、小銀；燒給祖先和給兄弟人的也不同。*㉑

　　燒金銀紙燒掉了台灣大量林木綠竹，破壞山林環境，燒出煙塵，污染空氣，大大有害健康，是不爭的事實。嘉哉，宗教界有識之士已進行改革，台北行天宮在四十年前已全面停燒金紙，迄今香火益爲繁盛，民衆樂於配合。台北龍山寺，已於2001年十月全面停燒金紙；據民意調查，龍山寺信衆、遊客、附近居民、商家九成以上贊成。

　　眞好！惡習就算是「祖宗道統」，還得照樣改革，子孫才能生存，才能活得健康快樂。台灣的也好，外國的也好，有多少林木讓人做金銀紙來燒掉？地球又有多少空氣讓人來髒污？

【33】

前棚傀儡，後棚大戲。

Chêng-pîⁿ ka-lé, aū-pîⁿ toā-hì.

Chēng-pîⁿ kā-lé, aū-pîⁿ toā-hì.

電子花車鋼管舞。

　　舊時，豪門富人大婚，前夕演傀儡戲謝神；如果女方另有禮品和戲綵爲賀，則要加演大戲酬謝。

　　傀儡：傀儡戲，乃是用吊線操縱大型布尪的一種布袋戲。　大戲：亂彈、歌仔戲等，大型戲。

【34】

正腳跪紅紅，倒腳拜死人。

Chiàⁿ-kha kuī âng-âng, tò-kha paì sí-lâng.

Chiáⁿ-kha kuī āng-āng, tó-kha paí si-lâng.

跪拜有別喜喪吉凶。

　　點出台灣民間信仰者跪拜禮的不同方式。喜事和拜神明或拜祖先的場合，跪拜者應先移出左腳，右腳跪下，然後收腳雙膝下

跪。喪事時，應先出右腳，跪下左腳，靠齊雙膝然後跪下。這是一般信士的跪拜禮。

致於道士的跪拜就大大不同了。以全眞派道士來說，他們的叩拜是：雙足雙手著地，頭磕下去，頭要著手，或不著手。叩拜時，足站八字，雙膝與手同時按地，左手按右手，手心皆向下，成十字形，頭與脊背同時下伏，臀不可高於背部。㉒

拜佛祖用雙手合十禮，乃是原自印度民族的禮儀，爲台灣的佛教徒所遵行。台灣民間信士拜神，拜祖先不行合十禮，而行跪拜禮。現時，一般年輕人到道廟巡禮，大多行個合十禮，看來也頗虔誠，天眞又可愛。

【35】

揷香鬆，趁錢就輕鬆。

Chhah-hiuⁿ sang, thàn-chîⁿ chiū khīn-sang.

Chhá-hiuⁿ sang, thán-chîⁿ chiū khīn-sang.

乾淨衛生總合宜。

指出平時不可隨意移動的神桌上香爐，在十二月廿四送神後，就可以清潔一番。這時，香灰不准倒掉，得用湯匙掏出，篩去雜質，然後再放回，使香爐輕鬆。俗信，如此神氣旺盛，財利可期。(→《自由時報》1998 (1.26):15)

【36】

廟內起鼓，厝內著拜拜。

Biō-laī khí-kóˊ, chhù-laī chiū paì-paì.

Biō-laī khi-kóˊ, chhú-laī chiū paí-paì.

虔誠的呼喚。

用來描述民間祭拜的時間，大都以廟區裏主廟爲標準，到時

廟內打鼓，信衆聽到鼓聲，也就跟著上香禮拜。這正是集體的「舉香，隨拜」。(→「台灣精諺」《自由時報》1998 (1.26):15)

同類句：「擇香，隨師公。」說的是喪事祭禮複雜，遠非孝男孝女的常識所能知，只好乖乖聽任師公指使，喊拜就拜，跪就跪，哭就哭。有沒有「笑就笑」的命令？

【37】

未燒金，先放炮。

Boē sio-kim, seng pàng-phaù.

Boē siō-kim, sēng páng-phaù.

未買票，先坐車？

用來嘲諷祭拜神明顛倒了儀禮順序，原應燒金在先，而後放炮禮成。

宗教儀禮混亂了，不僅失敬，還可能有褻瀆的嫌疑。未知鞭炮四射，天神受驚了沒有？還敢承受弟子的大百金？顯然，這不是「未買票，先坐車」所能類比的也。

【38】

富燒香，貧相命。

Hù sio-hiuⁿ, pîn siòng-miā.

Hù siō-hiuⁿ, pîn sióng-miā.

供佛求神二樣情。

點出宗教儀禮行為的二樣情景。信士平安發財，燒香禮佛去也；弟子落魄難安，看命解運要緊。

燒香：香能流芳除穢，人佛聞之歡喜。佛教相信香為佛使，燒香可以遍請十方諸佛。經云：「若有供者，手執香鑪而唱時至，佛言：香為佛使，故須燒香遍請十方。」(《增一阿含經》)

　　爲什麼「富燒香」？難道貧者燒不起香嗎？實際如此：上等沈香非常昂貴，上供十方諸佛，豈是窮漢所能如願？但理論上，窮人也能「燒香」，不過燒的是「精神香」，例如：戒香、定香、慧香、解脫香，等等「心香」。難啦，窮人燒香！不過，相命也不便宜，更須小心神棍詐財。

【39】

跳童乩，扛撢轎。

Thiàu tâng-ki, kng lián-kiō.

Thiáu tāng-ki, kng lén-kiō.

弟子有事乩童跳。

　　形容某信士家庭有事，請神來叩問，指點迷津，或是醫病，或是驅鬼。總之，無事是不會跳童乩，扛撢轎的。

　　跳童乩：說是神附乩童必有的，不能自主的顫抖跳動。　　扛撢轎：乩童所附的神明的小神轎，通常由二個壯丁各扛一頭，隨著乩童跳動。

【40】

散人破病，求符扛神。

Sàn-lâng phoà-pīⁿ, kiû-hû kng-sîn.

Sán-lâng phoá-pīⁿ, kiû-hû kng-sîn.

神醫卡俗？

　　這句俗語顯然是窮而病的弟子的哀怨。在那沒有人人健保的世代，他沒錢看醫生，只好請法師來畫符唸咒，跳童乩來求藥方。

　　同類句：「破病燴好，求神上表」，最後的求醫也。舊時，台灣民間普遍的看病順序是：吃草藥、偏方；無效，看漢醫；再無

效，看西醫；西醫治不了，求神上表；當然，逆序求治的也有。

扛神：跳童乩，扛攆轎。　上表：進表上章關奏天曹，請求天神消災解厄。表：道士對於天曹諸神的奏表。

【41】

重慶寺，撈醋矸。

Tiōng-khèng-sī, lô chhò͘-kan.

Tiōng-khéng-sī, lō chhó͘-kan.

還我情愛翻醋甕？

相傳清國據台時期，凡婦女有丈夫別歡或恩愛冷凍者，來重慶寺拜佛兼撈醋甕，則可使郎君回抱，愛河重浴。

重慶寺：明鄭時期建於府城的一間主祀觀音的名寺，曾是享譽一時的府城「七寺」之一，爲乾隆年間，僧道雲集，遊人必至的伽藍勝地。原寺因遷徙而不再設醋甕，自此佛門冷落。　醋矸：該寺壁間曾嵌有一個陶甕，是爲大名鼎鼎的「醋矸」。凡焚香禮佛並攪動醋矸的婦女，姻緣可得永固。

重慶寺的醋矸雖然沒了，但該寺可能自古關懷人間姻緣大事。據悉，本寺供有「月下老人」，而且它是台南市四大著名月老之一。㉓是否如此？筆者未敢斷言，下次回來，看個究竟。

（參看，「三禮拜，六點鐘。」211.25）

【42】

佛教偷敕符，道教偷普渡。

Pu̍t-kàu thau thek hû, Tō-kàu thau phó͘-tō͘.

Pu̍t-kàu thaū thek hû, Tō-kàu thaū pho͘-tō͘.

佛道一家。

台灣明清傳下來的民間佛教，或民間道教，有清楚可見的佛

道混融。本句說的是佛道在科儀方術方面，互相學習，彼此合作，於是佛教也就有了符法，而道教也實行普渡。

偷：私下模倣，含有學得頗不像樣的嘲諷意味。 敕符：畫符驅鬼治病。

（參看，「和尚偷學道士的拜斗，道士偷提和尚的敕口。」325.08）

【43】

十二十三讓你歹，十九二十你就知。

Cha̍p-jī cha̍p-saⁿ niū-lí phaíⁿ,
　　cha̍p-kaú jī-cha̍p lí chiū-chai.

Cha̍p-jī cha̍p-saⁿ niū-li phaíⁿ,
　　cha̍p-kaú jī-cha̍p lí chiū-chai.

祭神聚衆大車拚。

舊時，艋舺安溪人用來自我加油，說的是識時務爲俊傑，提醒三邑人斷斷不可欺人太甚，到時就知道安溪人有多麼厲害。

背景：咸豐年間，艋舺泉州三邑和安溪的移民不睦，此二族群各以自己的寺廟爲大本營。三邑人的是龍山寺，於每年七月十二、十三舉行普渡；安溪人的是祖師廟，普渡於七月十九、二十日。可以想像的，三邑人做醮之日，人潮氾濫，難免衝突，或勢大欺人。此時，安溪人只得隱忍，祭出這句口號。㉔

【44】

北天燈，南蜂炮。

Pak thian-teng, lâm phang-phaù.

Pak then-teng, lâm phang-phaù.

謝神祈安，天燈蜂炮。

　　用來形容我國元宵時，南北二大鬧熱：台北縣平溪鄉的天燈和台南縣鹽水鎮的蜂炮大會。

　　天燈又名孔明燈，其飄浮升空原理與熱氣球相同，相傳爲古時傳遞軍情的訊號。現在成爲向上天許願祈福的道具，在上元節放天燈，表示上達天聽，向天官祈福。平溪所以傳下天燈，據說是清國道光年間(1821-1850)安溪移民到文山地區開墾，那時有盜匪騷擾聚落，平溪人避難山中。等待危機過後，才由留守村中的壯丁以天燈爲信號，通知鄉人返家。現在施放天燈，當做節慶，也是祈禱，燈燈寫有祈願句，如：「身體健康，愛情美滿」，「台灣共和國萬歲」等等。

　　蜂炮，就是將無數沖天炮之類的特製大鞭炮安置在，五公尺至二十餘公尺不等的木架中，再用鐵絲綁成蜂巢一般的炮城。一經燃爆，萬炮爭相發射，正像蜜蜂傾巢而出。又設計成火獅、火馬，等五光十色的炮燄，眞是驚險又好看。鹽水所以有此民俗，相傳距今一百八十餘年前，鹽水瘟疫，死者無數。當地人士在農曆正月十三日關帝君誕辰之日，繞境驅邪，神轎所到之處，爆竹齊放，一連三天，直到元宵夜。於是，瘟疫漸消，衆人平安。後來信士爲感謝關帝君，而將此一習俗不但沿襲了下來，更是大大改良，火力強大。

【45】

媽祖婆押後。

Má-chó͘-pô ah aū.

Ma-cho͘-pô á aū.

尊者在後。

　　形容中南部神誕日，進香，巡境，或迎神賽會等，神明出巡

的神轎次序,而媽祖總是殿後。其他參加遊行的眾神,大都用博杯、抽籤,或報到的先後來決定出巡的前後。

　　婆:對於慈愛可親的老婦人的尊稱;稱呼七八十歲的女士為「小姐」,不是台灣人的禮數,應該叫一聲「阿婆」。　　**押後:**不僅是殿後,更有壓軸的意味。

【46】

請鬼入宅。

Chhiáⁿ kuí ji̍p-thē.

Chhiaⁿ kuí ji̍p-thē.

小心祭拜。

　　提醒善男信女,中元普渡時,供桌不可擺在屋裏,必要在門口。讓好兄弟方便享受祭物,也讓他無所留戀,吃飽走路。

【47】

牛寮腳請媽祖,無查埔用查某。

Gû-tiâu-kha chhiáⁿ Má-chó͘, bô cha-po͘ iōng cha-bó͘.

Gû-tiāu-kha chhiaⁿ Ma-chó͘, bō chā-po͘ ēng chā-bó͘.

女人迎神真可取。

　　舊時,迎神一定由男人負責。昔日北港牛寮腳庄,男人少,不足以應付迎媽祖,於是該庄動員女人完成迎媽祖大事。(→郭鏡清「台灣精諺」《自由時報》)

　　牛寮腳庄雖然是迫不得已用了女人來迎媽祖,還算是相當勇敢。君不見,天主教雖然女教友大大超出男教友,同時男教友普遍不願當「神父」,以致於歐洲天主教會處處缺神父牧會,但梵諦岡還是不願開啟「神母」大門。為什麼女人不能?耶穌基督可沒有如此禁戒!比之佛教早有尼師,基督新教近世有女牧師,如何?

【48】

輸人呣輸陣，輸陣卵鳥面。

Su-lâng m̄-su tīn, su-tīn lān-chiáu-bīn.

Sū-lâng m̄-sū tīn, sū-tīn lān-chiau-bīn.

拚陣之勇如卵鳥。

　　舊時，迎神賽會常有的現象，乃是陣頭間不成章法的鬥勝，起初可能還有一點點「觀摩求進步」的意思，後來面子掛帥，不壓倒對方不罷休。於是，什麼「輸人呣輸陣，輸陣歹看面」、「輸人呣輸陣，輸陣生銹面」，種種歹面出籠，結果刀光劍影，血流半步，成爲不輸陣的「光榮」記錄。

　　日本殖民政府嚴禁台灣民間迎神拚陣，但近年來此風漸盛，深願「輸陣卵鳥面」惡氣消散。也許，當今台灣人已經養成運動家精神，要在參加，不計勝敗。君不見，去年(2002)麻豆元宵迎暗藝，有卅四個民俗陣頭，熱烈拚陣，從晚上八時拚到凌晨；雖然拚得精疲力盡，但陣陣喜氣洋洋，歡歡喜喜慶元宵。

【49】

一保肉，二保打，三保笑哈哈。

It-pó bah, jī-pó phah, saⁿ-pó chhiò-ha-ha.

It-pó bah, jī-pó phah, sāⁿ-pó chhió-hah-hah.

輪值祭拜也車拚。

　　傳述清末時期，台北大龍峒保安宮屬下三保輪值主普中元的情景。一保弟子大多務農，祭品有的是豬羊；二保的信士大多貧窮，難得豐富祭品，有的是武藝，祭期常發動爭鬥；三保弟子經商，有的豐盛祭品，美妙陣頭，製造一片哈哈笑。

一保：包括大龍峒、大直、北投、關渡、金山等地。 二保：新莊、二重埔、三重埔、觀音山等地。 三保：大稻埕、東園、板橋、松山等地。㉕

【50】

拜媽祖，懷故國。

Paì Má-chó͘, hoâi kò͘-kok.

Paí Ma-chó͘, hoāi kò͘-kok.

緬懷大宋帝國？

這句老諺，可能流行在日據初期，那時我們台灣人被日本人賤稱為「清國奴」。於是，拜媽祖時難免對唐山祖國有某種複雜的幻想。

如此俗語，清楚反映著當時大部分台灣人不知好歹，缺乏歷史知識，更無政治常識，胡亂的「懷」起媽祖婆的故國：「大宋帝國！」宋國跟台灣人毫無瓜葛。好，就算是「懷」滿清帝國吧，清國有啥值得台灣人「懷」的？他們戰敗，將台灣賠給日本，台灣人還認之為祖！

近年來，中華人民共和國安了四、五百枚飛彈對準我國台灣，又利用媽祖來統戰；「出巡台灣」，將台灣媽祖貶成她的分身，她的代表。可憐啊，台灣人的媽祖婆啊！為什麼媽祖的台灣信徒如此無情？如此戇大呆？

應該認清，台灣媽祖這400年來，跟台灣人苦渡黑水溝，逃過千百次內亂，走過一二次世界大戰，經驗過國民黨政府40,000元換一元的腐敗，體驗過兩蔣政權白色恐怖的艱苦。如此，台灣媽祖婆無功勞嘛有苦勞。為什麼要讓中國媽祖來耀武揚威？

真正敬媽祖的信徒，應該是一心愛台灣本國的弟子才是。對

不對？拜媽祖，愛台灣，才是正道。

【51】

憑神，福祿。

P`ng sîn, chok hok.

P`ng sīn, chok hok.

神明背書的也。

　　原意是，靠著神明的威勢而享受福樂。現實的，多用在迎神賽會的浪吃浪喝，每當地方做醮或神誕慶贊，大吃神明桌時，可能聽到這句俗語。話中有自我解嘲的意味，說全庄全體大吃，都是憑著神明的福氣也。

　　唉，真是利口。台灣弟子天賦腸肚價值取向者，為數極多。不是嗎？當然啦，拜拜浪吃，未免覺得過分，假仙一下，是可以理解的。

【52】

神得金，人得飲。

Sîn tit-kim, lâng tit-lim.

Sîn tit-kim, lâng tit-lim.

人神大合作。

　　說的是，金紙燒給神明，剩下來的神牛、神豬、神羊、神雞、神鴨和千萬打燒酒、麥仔酒，都由弟子全體來負責消化。

　　這句，真是天下無雙的台灣俗語。構句形式美妙，修辭用的是對偶正對格：神對人，燒金對飲酒；同時，金和飲的韻腳整齊又好聽，都是[-im]韻。

　　從內容看，這句俗諺蘊含著活潑的宗教社會和儀禮表象。君不見，神人雙雙有所「得」，一個得黑金，一個得酒飲。還有，大

金和大飲的結果，神人感情好像變得非常融洽，「煞士」(SARS)好像壓在中國過不了台灣海峽；連某些政棍也醉得馬西馬西，一鼻孔「大膽西進」，大推銷「直通煞士」。

【53】

拜忌辰拜到散，食忌辰食到胖。

Paì kī-sîn paì-kaù sàn, chiảh kī-sîn chiảh-kaù phàng.

Paí kī-sîn paí-kah sàn, chiā kī-sîn chiā-kah phàng.

拜忌功德窮而胖。

　　這是熱心祭拜祖先的鹿港鄉親的感嘆。說的是，舊時常見的沒落大戶人家，破舊的大廳供滿神主牌位。一年到頭，幾乎天天做忌，天天拜祖先。如此開銷，變窮了；如此食忌，發胖了。

　　這句俗語是多年前筆者讀吳三連、蔡培火著《台灣民族運動史》抄錄下來的。文中說，台灣文化改革先賢林獻堂先生，雖不是基督徒，但林家頂五房，經他提議，早已廢止「做忌」，僅一年春秋兩祭，不再個別拜忌。**㉖**

　　撫鍵至此，筆者煩惱我國台灣，在自由化以後，許多不良舊俗紛紛出籠，污染社會，百姓盲從者多，造成許多迷信亂象，純樸民性受到扭曲。提倡復興民俗者，應該揚棄低劣的，有毒的糞埽，給台灣人優質的文化活動。

【54】

嫂仔呣免哭，姑仔則擱來。

Só·-á m̄-bián khaù, ko·-á chiah-koh laî.

Só·-à m̄-ben khaù, kō·-à chiá-kó laî.

神明興姑哭窮。

　　用來表述神明興，弟子窮苦。

　　話說，台南學甲慈濟宮，例年三月十一至十七日拜醮。出嫁的女兒都會攜帶一大群兒女回娘家看鬧熱，吃拜拜。如此，親人一住就是七天。這豈是一般人家所能應付的？

　　這句俗語，台北文光先生道出它的典故：

> 　　相傳，有一家嫂子，爲了張羅如此大吃大喝，連首飾都當了。這天，看小姑一家大小快樂圍桌而吃，便含淚挖苦，說：
> 　　「姑仔，免細膩，簪仔、頭插，夾去配！」
> 　　小姑誤認爲阿嫂捨不得離別，在流淚，忙著安慰她說：
> 　　「嫂仔呣免哭，姑仔則攔來。」（→「台灣精諺」《自由時報》）

　　近年來，台灣人發財了，神明大宴隨時可見，還有人大喊愈吃愈發。當然啦，某些「拜拜發財業」是愈拜愈發的，但大部分善男信女，卻是愈拜愈苦。其實，這種怨嘆自古已有，許多俗語可以爲證明。君不聞：

　　「專驚五月十三，七月十八，呣驚三個大年節」——台南關廟鄉親的心聲。道出五月十三關聖帝君神誕，七月十八中元大普，花費太多，超過新年、清明、多節所費。所以，不得不驚大拜大普。

　　「儉腸塌肚，儉要過九月二十五」——台中龍井鄉親的嘆息。儉腸塌肚[khiām-tńg neh-tōˑ]，束緊褲帶，籌備經費在本日給林王爺大拜拜，做生日。

　　「驚王公生，呣驚過年」——宜蘭二結鄉親的驚心。十一月十五日是二王公神誕，本日的大祭拜，耗費不貲，甚於過年，

不得不驚。

「無啥路用佛仔，擱要討割香」——心直口快的信士，看穿了佛仔的能耐太有限，於是大大反感廟方假託神意要發動割香，製造神氣。

「割肉，唔是割香」——哀嘆割香不好玩，勞民傷財，痛似割肉。

大拜拜幾乎任何宗教都有，近日天主教教宗在西班牙做彌撒祭，有1,000,000人參加。聚會雖大，但不浪費，沒有「神得金，人得飲」一類的做法，但見祭禮莊嚴，一片吉祥，慈光普照百萬信徒。西班牙人能，台灣人怎麼不能？

【55】

有鬱歲，無鬱下。

Ūut-hoè, bô ut-hē.

Ūut-hoè, bô ut-hē.

黃牛何在？

斷言，有人拗鬱年歲，卻沒有人敢鬱願欺神。

鬱歲：即不足一歲，當做一歲計算。例如，年底誕生的孩子，就算一歲。鬱，原有拗彎變短的意思，但鬱歲實際上是「虛張」少數日月為年歲。 鬱下：下，下願；給神明下的還願，到時變少，甚至烏龍。例如，給天公「下」了一隻黃牛為牲醴，但還願的只有二、三片牛肉干。

【56】

大下小改，無戲搬傀儡。

Toā-hē sió-kaí, bû-hì poaⁿ ka-lé.

Toā-hē sió-kaí, bû-hì poaⁿ kā-lé.

打個對折，如何？

　　指出民間的一種信仰現象：向神明下了大願，之後向神明討折扣，將大願修改做小願。也許是神明的賜福太少吧，或者弟子烏龍成性。

　　本句說，許下演大戲酬謝，打折做演傀儡戲。當知，大戲像亂彈、歌仔戲是大型戲，所費比傀儡戲多出太多了。當然，傀儡戲，也是戲，低調的還願酬神，何必給神明展威風？㉗

　　諸位讀友，有何感想？神明極有人情味，不是嗎？是的！跟神明私下交關，好說好說。若是向地方宮廟乞龜下願，可不能任意改約，到時候廟方張貼大紅紙於廟壁，上面寫明「走龜者」的尊姓大名；這正是俗語所謂的「龜爬上壁」！厲害哦，神明也有這一招。

　　（參看，「前棚傀儡，後棚大戲。」．33）

【57】

土治公，土治婆，下你蟶，
　下你蠔，到時逐項無。

Thô͘-tī-kong, Thô͘-tī-pô,

　　hē lí than, hē lí ô, kaù-sî ta̍k-hāng bô.

Thô͘-tī-kong, Thô͘-tī-pô,

　　hē lí than, hē lí ô, kaú-sî ta̍k-hāng bô.

不聽弟子祈禱。

　　這是一句謠諺，唸出土治公賢夫妻不賣賬，對於弟子的下願酬謝，毫不考慮。我們不知道，是否土治公婆嫌棄蟶和蠔不成敬意。當然，二三粒小海鮮，離開土治公婆起碼的三牲、五牲身價，確是有一大段距離。

【58】

福祿壽，難得求。

Hok lỏk siū, lân-tit kiû.

Hok lỏk siū, lân-tit kiû.

平安就好。

　　用來疏解野心，提醒人不要向神明祈求大福，因為「福祿壽」古難全。常言，「平安就是福」！

　　或問：求平安，「格局」不會太卑微嗎？

　　問得好！那麼，何謂「大格局」？是「大膽西進」嗎？不見得也。君不見，中國暗藏的「煞士」，忽然一煞，西進的不是破膽心驚，紛紛竄回祖國台灣嗎？格局人盡可談，但失落了「平安」，就算給他混進了「中南海」，有啥路用？

　　啊，平安就是福！在中國煞士侵犯我國的瘟疫中，為我親人，為我鄉親，獻上虔誠的，求平安的祈禱！祝您Shalom！祝大家平安！

注釋

1. 參看，朱元壽，《神誕譜》，頁53。

2. 參看，李秀娥，《祀天祭地》，頁42-46。

3. 趙莒玲，《台灣開發故事》，頁193。

4. 鹿港普渡謠，流傳年代久遠，坊間版本大同小異。筆者引用我國民俗學

者故蔡懋棠先生得自「泉郊會館」的資料；地點注釋也出自蔡先生。初一放水燈：家家戶戶要祭。　米市街：近碼頭，全街米穀商。　文武廟：規模宏大，内有書院。　初七七娘生：家家戶戶要祭。　新宮邊：新的媽祖宮。　興化媽祖宮：福建興化縣來的人自己興建的。　港底：舊碼頭，龍山寺前。　菜園：豪族林家之蔬菜園。　龍山寺：寺前大池，可浮遊艇，祭日夜景極美。　金盛巷：全巷銀樓，今已衰微。　舊宮：舊媽祖宮。　郭厝：郭氏一小部分是回教徒，但也參加做醮。　杉行街：全街賣杉木。　後車路：通往港口大路後面的小巷。　船仔頭：靠福興村入口。　街尾：全街手工藝，至今未衰。　宮後：舊媽祖宮後面的住民。　許厝埔：許氏部落。　牛頭：牛墟遺跡。　安平鎮：以前通往彰化要衝。　泉州街：全街居民都是泉州人。　龜粿店：糕餅店。見「鹿港普渡謠」，《台灣風物》(1958年8卷4期)，頁3。

5. 趙呂玲，同上書，頁366。

6. 參看，徐福全，《福全台諺語典》，頁131；陳正之，《台灣歲時記》，頁140。

7. 劉還月，「送瘟祈福，王船祭」，《台灣的歲節祭祀》，頁173-183。有小琉球一地王船祭的田野調查。

8. 朱元壽，同上書，頁170-171。

9. 曹甲乙，「台灣俚諺新釋」(二)，《台灣風物》(32卷3號，1982.9):44。

10. 李秀娥，同上書，頁142。

11. 參看，B. Opitz-Chen、陳主顯著，《歐洲宗教剪影》(台北：三民書局，2002)，頁234-250。

12. 參看，廖漢臣，「台灣諺語的形式和内容」，《台灣文獻》(1955年6卷3期)，頁42；徐福全，同上書，頁36。

13. 朱鋒老先生有文描寫昔時水仙宮一帶的美麗和繁華。但後來台江淤塞，郊商敗落，又經二次大戰的戰火，華麗海神廟，現在只留下破碎的山門，供後世憑弔。參看，朱鋒，「台灣的水仙宮」，在高賢治編，《台灣宗教》，頁306。

14. 内政部審計處，編審陳榮昌，「臺灣地區寺廟與神壇概況」。At:www.moi.gov.tw/(4 May 2003)

15. 就此，江燦騰教授有精要論述。參看，「近代臺灣南部傳統佛教大崗山派的教團發展經驗及其戰後的轉型」。At:www.tw/modern.org.tw/garden/ten6-1（10 May 2003）

16. 阮昌銳，《莊嚴的世界》，頁5-159。

17. 曹甲乙，同上引。

18. 李秀娥小姐有全面的考察，李亦園教授有原理的論述。參看，李秀娥，同上書，頁25；李亦園，《信仰與文化》（巨流圖書公司，1978），頁128-129。

19. 轉引自陳正之，《台灣歲時記》，頁141。

20. At:www.tvbs.com.tw/news;　www.library.taiwanschoolnet.org/（6 Feb 2003）

21. 參看，李秀娥，同上書，頁30-33。

22. 閔智亭，「道教雜講隨筆」。At:www.geocities.com.（7 May 2003）

23. 另外三尊分別在天后宮、祀典武廟和大觀音亭。At:www.k-globe.tainan.com.tw/travel/（10 May 2003）

24. 陳華民，《台灣俗語話講古》，頁39-41。

25. 參看，同上引，頁88-90。

26. 吳三連、蔡培火著，《台灣民族運動史》（台北：自立晚報，1987），頁324-5。

27. 參看，李繼賢，「台灣戲曲諺語釋說」，《台灣風物》（1985年35卷4期）：92。

第四節　宗教態度

本節段落：

神佛遍在01-02　何謂神鬼03-05　虔誠信靠06-14　省少廟事15-21

冷淡離教22-24　敬遠保留25-29　先盡人事30-34　修心爲要35-36

人神相依37-38　慎用宗教39-40

【01】

舉頭三尺，有神明。

Giah-thaû saⁿ-chhioh, ū sîn-bêng.

Giā-thaû sāⁿ-chhioh, ū sīn-bêng.

神明遍在鑑人心。

　　用來勸善。勸人不可有欺心的言行，因爲神明就在頭上，明察秋毫，監察人的心思意念。

　　這句俗語頗有來頭，見於先人的通俗修養書《訓蒙教兒經》、《增廣昔時賢文》和《人生必讀》；有上聯，全句是：「萬事勸人休瞞昧，舉頭三尺有神明。」

　　同類句：「頭上三尺，騰雲駕霧」；「莫謂倉天無保庇，舉頭三尺有神明。」所謂「騰雲駕霧」，布袋戲用語，形容神仙來去自如，在雲霧上飛翔。

【02】

有山就有水，有神就有鬼。

Ū-soaⁿ chiū-ū chuí, ū-sîn chiū-ū kuí.

Ū-soaⁿ chiū-ū chuí, ū-sîn chiū-ū kuí.

二元對立有神鬼。

斷言鬼必定存在，因為「舉頭三尺有神明」；此說，如同有光必有暗，有山必有水，有好必有壞。

這是老先人天真的「論證」。神的存在，對於台灣人可以不論，因為有人就有神，君不見，多少神明是造神的結果。神有了，鬼也有了，老先人每天晚飯後在廟埕開講，也就有了一集又一集的「媽祖婆空手收炸彈」，「王爺公大戰中國肺炎」等等好聽的故事。

【03】

千神萬神，都是一神。

Chhian-sîn bān-sîn, to-sī it-sîn.

Chhēn-sîn bān-sîn, tō-sī it-sîn.

好神歹神都是神？

村長老用來傳授神道。說的「道理」是神的本體可以保留，只要是神也都是神。如此，廟裏無數新舊「不認識之神」就可以留了下來，讓人祭拜。

真的「萬神」都是「一神」嗎？下列的報導，如何理解？

新店山區有一座「無天寺」，寺門口有兩座銅像：廖添丁和李師科。據悉，「無天寺」是造來諷刺當時國民黨政府和李師科的「無法無天」。

李師科算是「無天」族人。他是我國第一個蒙面持槍，闖入土地銀行古亭分行，搶走540萬元後逃逸的匪徒。此案震壞全國道德系統，警方為求迅速破案，懸賞200萬元給密告者。

幾天後，有王迎先者，被人檢舉，遭到逮捕、刑求、逼供。在指認過程中「自殺」於秀朗橋，以死表明冤枉。這時，真搶匪李

師科被收藏五百多萬贓款的朋友檢舉，被刑警逮捕，罪證確鑿。

原來，李師科是個退伍老兵，說爲了要回中國老家故老而搶錢；不久就被槍決。又過了不久，李師科和廖添丁的銅像，聳立在「無天寺」大門前。❶

衆所週知，「義盜廖添丁」是八里鄉漢民廟的主神。如果「匪徒李師科」成爲「無天寺」的神，那是什麼神？

胡亂造神來拜，不是迷信嗎？迷信不是部分台灣人精神錯亂的淵藪嗎？

【04】

在世爲正人，死後爲正鬼。

Chaī-sè uî chèng-jîn, sí-aū uî chèng-kuí.

Chaī-sè uī chéng-jîn, si-aū uī chéng-kuí.

正鬼正人原一家。

用來勸善，教人在世必要正直，死後才能成爲正鬼。

相關語：「成仙成佛，莫非盡忠盡孝。」唉，大哉忠孝，仙佛也難免俗。

所謂人死爲鬼，而鬼鬼不同，有不死鬼，有垃圾鬼，有癲癇鬼，有種種的鬼，也有「正鬼」。然而，大人物的「鬼」都被包裝成「神」。君不見，光緒元年(1875)落成的延平郡王祠，有張其光者，說鄭成功：「生爲遺臣，沒爲正神…」❷這是否連橫主張鄭氏爲宮廟裏的「王爺」的根源？附帶一提，民俗學者認爲王爺是瘟神。

也許，「正鬼」這種觀念是現代台灣民間的緊急須要，因爲社會一片鬼火妖風。君不見，社會暗角埋伏許多妖業，網路公開販賣「邪術服務」：

你是否對供養小鬼，有何疑問或是有興趣？

本人有陰陽和緣童子，專門幫助解決男女…

本人有各種高級靈童，包括耳報，桃，柳靈童，小狐仙，豬哥神，黑虎神，小棺鬼，沙門養小鬼，金銀將軍，五鬼術等…

如有須要者請來信或來電面議。

諸位讀友，為什麼要「養小鬼，養狐仙，養豬哥神」？養此類妖怪，所為何事？

【05】

心堅，則是佛。

Sim-kian, chek-sī put.

Sim-ken, chek-sī put.

堅心徹悟是為佛。

斷言，修道一定要有堅定的心意，正如佛陀堅心，終於圓成佛果。

背景：太子一人在畢砵羅樹下發誓道：「我如果不圓成無上正等正覺，寧碎此身，終不起座。」經過四十八天禪坐，在農曆十二月七日晚上，經歷超人間恐怖和艷麗的種種境界，降伏魔羅的試煉和最後的煩惱障，示現種種美妙境界。到十二月八日午時，終於大徹大悟，得成無上正等正覺佛果，完成了佛陀，號曰釋迦牟尼佛。❸

這是佛陀生平故事必錄的一段，不難看出「心堅」就是全心全意克服欲望和試探。這是開悟的入門，非此不能成佛？

【06】

一心誠敬，神明鑒納。

It-sim sêng-kèng, sîn-bêng kàm-la̍p.

It-sim sēng-kèng, sīn-bêng kám-la̍p.

拜神之道在誠敬。

村長老用來教示後輩有關獻祭給神明，得到他鑒納的應有態度，就是至誠的尊敬。

祭神誠敬，豈敢勞煩老先輩叮嚀？社會一般有教養的人，都是待人誠懇，知所尊敬長輩。所以如此吩咐，是不是老先人看出神桌雖然擺滿三牲、五牲、燒酒，等等祭物，但未擺上「誠敬」？頗有可能！拜神過分專注「物質供應」和「人神條件交換」，誠敬之心難免忽略，甚至免了。

同時，弟子對於不認識之神明，能夠「一心誠敬」來祭拜嗎？「誠敬」之心跟「認識」神明，應該有密切關係吧！不然，什麼是迷信？

【07】

拜，拜土治公；怪，怪天公。

Paì, paì Thó͘-tī-kong; koài, khoài Thiⁿ-kong.

Paì, paí Thó͘-tī-kong, koài, koái Thīⁿ-kong.

攸關利害熱心拜。

這是替「天公」的不平之鳴。清楚指出善男信女處處祭拜土治公，從玉山之巔祭到礦坑之底，從土地銀行拜到皇天后土。但風颱大水，地動亢旱，竟然怨嘆受拜最少的天公。

同類語：「天公上大人人罵，土治公上細衆人拜。」

啊，可憐的天公！台灣弟子太現實了！

【08】

瞞會過人，瞞繪過神。

Moâ oē-koè lâng, moâ boē-koè sîn.

Moā ē-koé lâng, moā bē-koé sîn.

神者靈明騙不了。

　　用來反映台灣人所認識的「神明」，他們雖然不是「全知」的，但至少還有看破弟子們的所謂「欺心欺神」的能耐。不然，像媽祖婆，她老人家還有「千里眼」和「順風耳」等等，有的是比斷層掃瞄更厲害的裝置，比舊時國民黨警總更無孔不入的偵探部隊。

【09】

燒一炷清香，卡好刣豬倒羊。

Sio chi̍t-chù chheng-hiuⁿ, khah-hó thaî-ti tó-iûⁿ.

Siō chi̍t-chù chhēng-hiuⁿ, khá-ho thaī-ti to-iûⁿ.

誠心遠勝大獻祭。

　　用來改革民間傳統嗜血的祭牲，主張用燒清香為禮神供品。

　　燒香有傳統：焚香裊裊，人神之間有了溝通橋樑；焚香迎神，可以無酒，可以無肉。焚香求我心平靜，勉勵修養心性；焚香是虔誠，是期待，也是懷念追思。焚香振奮昏睡，夜可除蚊，日可提神——然而，燒化學香者，可能燒出問題來，不可不慎！

　　焚香有新義：台灣善男信女，香燒了數百年，燒出了大轉折，提升到大妙境。君不見，現代台灣某些佛教，焚香燒紙不要，「無金燒竹葉」不要，「環保金銀紙」也不要；神牛、神豬、神羊、三牲、五牲，通通免了。供獻的是茶水、鮮花、水果和唸佛。善哉，阿彌陀佛！

【10】

欲求天上福，須點佛前燈。

Iok-kiû thian-siōng hok, su-tiám put-chêng teng.

Iok-kiû thēn-siōng hok, su-tiám put-chēng teng.

點佛燈求天福。

　　斷言燃燈供佛，可得到天賜大福。啊，原來「燈」這件東西對於佛，對於神，都是很重要的供品。

　　佛教供養菩薩有六樣：花、塗香、水、燒香、飯食、燈明。道教和民間信仰的供品有：香、燭、花、茶、果、酒、牲醴。可見，燈和燭都是重要供品。而「燈」這種供禮，意思很好，象徵光明，平安，福氣。台灣人的「燈」更妙，孕懷「添丁」的遐思。

　　這句俗語說，點了佛燈，弟子可得天上福。何福之有？佛經云：「…若有眾生於佛塔廟施燈明者。得於四種可樂之法。何等為四。一者色身。二者資財。三者大善。四者智慧。」(→《施燈功德經》)於是，平安燈、消災燈、祈福燈、太歲燈、光明燈、長明燈，等等的燈，擠滿寺廟，塞住網路。如此，台灣大小寺廟，殿內一簇簇粗糙小電燈泡，從此寺廟寶貴的「清淨」失落。不可惜嗎？

　　點燈不宜強調它的「巫術功能」，點燈供佛的深層意義應該是：「滅卻心頭火，點起佛前燈！」(《增廣昔時賢文》)如果，點燈點出粗暴，點出貪婪，有何功德？

【11】

人無神明，寸步難行。

Lâng bô sìn-bêng, chhùn-pō· lân hêng.

Lâng bō sīn-bêng, chhún-pō· lān hêng.

未免過分依賴了。

斷言神明對於信士的重要性：神明是他們邁向未知的前程的倚靠，除了生老病死須要神明保佑，人生「大願」和「野望」更是寄託神明來圓滿。

神明對於信士如此重要嗎？不見得吧。因為民間信仰的神明蓋在「正人而正神」的格局。他們的屬性以「人神同形同性」得到理解、傳述和信仰。如此理解無誤的話，那麼「人無神明，寸步難行」的說法，真是將神明的功能性誇張到無限大，將弟子的重要性壓縮到無限小。

【12】

求錯人，拜錯尪仔，註定無采工。

Kiû-chhò lâng, paì-chhò ang-á, chù-tiāⁿ bô-chhaí-kang.

Kiū-chhó lâng, paí-chhó āng-á, chú-tiāⁿ bō-chhai-kang.

向佛祖求明牌嗎？

斷言，不可求錯神，正如不可求錯人，那是「無采工」，白費工夫的代誌！

這層道理非常明白，但實際上有些信士為了個人的慾望，不管什麼樣的神明，都要靠自己的愚誠，都要憑著「條件交換」的心思來為難神明。近年來報紙屢報不鮮的是：土治公、關公等等神像被人毀容、截肢、趕出宮廟，拋進臭水溝、丟進糞埽堆，等等橫逆災難。據說是樂透、彩券的賭者向神明「迫明牌」，被損龜的報冤仇。

為什麼會有如此錯亂？當然是弟子貪慾作怪；當然是弟子錯認了神明，如關公是「正派」的神明，為什麼也被捲入神明碼的競技場？我曾在網路看到「神明碼」廣告：

年月日　夢境提供碼

Ｘ王爺公廟	主24；副14	土地公	主18；副16
城隍廟	主15；副13	關公廟	主17；副45
觀音廟	主06；副39	Ｘ天上聖母	主15；副11
Ｘ媽祖廟	主33；副21	財神廟	主15；副27
五穀王廟	主11；副13	保生大帝	主21；副05

切記！切記！以上資料僅供參考，請勿賭博。❹

怪哉！既然要人「切記！請勿賭博」，爲什麼要公佈博繳的「神明碼」？這不是「問錯神」的誘惑嗎？若又加上「有求必應」，「有食有行氣，有燒香有保庇」的態度實行「夢境碼」，非但「無采工」，更是拜錯了神！

【13】

神明，會保庇好人。

Sîn-bêng oē pó-pì hó-lâng.

Sīn-bêng ē po-pí ho-lâng.

會保庇歹人嗎？

用來勸善，鼓勵信士都做個好人，因爲神明會保庇好人。當然，背後不必言明的是神明責罰歹人。

除了「撒旦教」、「魔鬼幫」，一切宗教莫不相信神是會保庇好人的。這並不能推論做「凡受苦的人都是壞人」，義人受苦，好人受難，在天國以前，西天以外，有其必要性，有其救贖的奧義。

古以色列人在討論「義人受苦」的經典中肯定上帝庇佑善人，不僅是財子壽的福氣，其中極受珍重的價值是「與神和好」，「以

上帝為喜樂」的福氣。經云：

> 你得跟上帝親善和好，
> 這樣他就會賜福給你。
> 你要接受他的教訓，
> 把他的話牢牢記在心裏。
> ……
> 這樣，你就會時常信賴全能者，
> 知道他是你喜樂的泉源。
>
> (《舊約聖經‧約伯記22:21-23, 26》)

【14】

問神就有嘸著，看醫生就著食藥。

Mn̄g-sîn chiū-ū m̄-tióh, khoàⁿ i-seng chiū-tióh chiáh-ióh.
Mn̄g-sîn chiū-ū m̄-tiō, khoáⁿ ī-seng chiū-tiō chiā-iō.

無事不上三寶殿。

指出問神的一種情況。庄頭有人在「跳童乩，扛攆轎」，是迎媽祖嗎？村長老說：「嘸是啦，人有嘸著，值問神。」

當然，「人是有事，則求神」，神豈可黑白問？尤其是台灣全民健保還沒有實施之前，「有錢人行病院，無錢人行廟寺」是常有的現象。這時期，寺廟無異於民俗治療診所。但病家行寺廟，問神求醫，是無可奈何之事，所以老先人憤憤不平的說：「神明，專趁歹命人的錢。」說得有些過分，不過跳童問神豈能免費？紅包難免吧。

時代不同了，現今「行廟寺」可能比「行病院」昂貴。君不見，

紛紛行大寺大廟的，不乏作秀政客。特別是大選之前，大法師，大道長、大喇嘛的「加持」和「開示」都是攸關民調。如此，供養金自不能免，也不能不隆重。這當然不是一般窮弟子走動得了的寺廟吧？

　　總之，無事不上三寶殿，有事跳童乩扛攆轎，有大事請大師加持開示。

【15】

先顧腹肚，才顧道祖。

Seng kò͘ pak-tó͘, chiah kò͘ tō-chó͘.

Sēng kó͘ pak-tó͘, chiá kó͘ tō-chó͘.

民生主義第一講。

　　用來提醒善男信女，務必節省廟事，多多用心來賺錢，顧三頓要緊。

　　這句俗語構句簡單有力，理直氣壯，列出生活的優先次序：「腹肚」先來，「道祖」慢慢來。真的，表象用得驚人的坦白，萬分的實在，極能表現台灣人的「直腸直肚」。君不見，他敢用自己的「腹肚」來比對「道祖」；他敢將「道祖」貶成茶餘飯後的餘興節目。

　　不僅對「道祖」如此，就是「佛祖」也差不多，君不聞，有話說「家伙寄附尼姑庵，乞無一碗糜。」說的是，有錢人的太太捐獻財產給奉佛的尼姑庵，後來不幸家道中落，她回來尼庵求一碗糜療饑而不可得。此說，無異於「先顧腹肚，才顧佛祖」。

　　唉，對道祖，對佛祖如此現實！是的，正是一般台灣人的宗教態度。

【16】

田頭加一掘，呣通桌頭加一佛。

Chhân-thâu ke chi̍t-khut, m̄-thang toh-téng ke chi̍t-pu̍t.

Chhān-thâu kē chi̍t-khut, m̄-thāng tó-téng kē chi̍t-pu̍t.

增加生產，減少供養。

用法同上句，表現的宗教態度也全款。

說的是，在原有小田園，建置了小產業，買進了隔壁一小區水田；這是努力耕耘的結果。桌頭加一佛，家裏增加一尊神佛來祭祀；這常是家庭「有事」的做法，表示多了耗費，有了麻煩。

【17】

神明若靈聖，弟子著猴行。

Sîn-bêng nā lêng-siàⁿ, tē-chú tio̍h kaû-kiâⁿ.

Sīn-bêng nā lēng-siàⁿ, tē-chú tiō kaū-kiâⁿ.

神明興，弟子窮。

斷言，廟境裏的神明靈驗的話，大醮小祭自然頻繁，弟子們不能置之度外，但事事參與的話，一定「猴行煞尾」。

同類句有：「尪公顯，弟子窮」；「尪公顯，弟子落輪」；「新營有廟不做醮，查某營有錢唔起廟。」前二句義同「神明興，弟子窮」，而第三句，說的是清國據台後不久，新營雖然有廟，但信士窮困，沒錢做醮；「查某營」，係清查官田地籍的徵稅處，當然有錢，但非建廟經費。

猴行：情況糟糕，難以收拾。　落輪[lak-lián]：或作落攆，（特指經濟生活的）衰敗。　煞尾：事情演變的結果。　尪公[ang-kong]：神明名，例如，台南麻豆鎮「尪公廟」的祀奉「三元眞君」。學界認爲，尪公可能是平埔祀壺信仰中的「太祖」和漢人的神明混融而成的偶像。麻豆社人以「尪公」和「洪公」稱呼祀壺神明。❺　查某營：係「查畝營」的訛音，雍正九年(1731)開始清查地畝，故名；日據，大正

九年（*1920*）改做柳營。

【18】

師公哄死鬼，和尙唔畏佛。

Sai-kong háⁿ-sí kuí, hoê-siūⁿ m̄-uì pu̍t.

Saī-kong haⁿ-si kuí, hoē-siūⁿ m̄-uí pu̍t.

怠慢了鬼神仙佛。

　　指出宗教人員一種專業性的怠慢。道士、法師習於接觸鬼神仙佛，以致於對他們不當作一回事。老先人觀察入微，這種現象確實存在，曾有喪家在報上發表意見，說家祭法會時道士吊兒郎當，時而抽烟，時而嚼檳榔，法壇毫無追悼氣氛。

　　其實，善男信女習慣了接觸寺廟，也可能失落應有的態度，所謂「近廟欺神」（→326.28）。近年來，有工廠倒，員工散，神明被當做糞埽丟棄的事，於是「落難神明」成爲台灣民間信仰特有的宗教現象。此一情形非常嚴重，僅台南新市明信宮就有三千多尊落難神明，從媽祖、關聖帝君、保生大帝到孫悟空等等都有。（→《自由時報》2001(5.21):7)

　　（本句詳解，請看321.09）

【19】

要信卵鳥面，唔信不服人。

Beh-sìn lān-chiáu bīn, m̄-sìn put-ho̍k jîn.

Bé-sìn lān-chiau bīn, m̄-sìn put-ho̍k jîn.

弟子信不下去了。

　　用來表述對於民間信仰的一種態度。說的是，鬼神之事難相信，要信的話，覺得面無光彩；如果不信，卻犯不起衆議。

　　卵鳥面：精神陽萎，面無光彩；例如，勉強接受無理、橫逆、挫

折、失敗的感受和反應。 不服人：「人不服」的倒裝句，使之和第一分句和韻。

這句俗語形式和字眼都很粗糙，連「卵鳥」也掛在嘴巴。然而，反映著批判傳統信仰的態度，頗有氣魄，提出來的問題也頗實在。難道民間信仰裏頭，有「要信卵鳥面」的這回事嗎？是神明、祭祀、法術、迎神，或是思想、觀念、習俗？當今台灣社會已經相當自由化、個人化，宗教信仰也相當多元化，難道還有「嘸信不服人」的事？要是有的話，那是什麼？誰敢祭出這種傳統社會殘餘的壓力？

【20】

無想貪，著免信神。

Bô-siūⁿ tham, tio̍h-bián sìn-sîn.

Bō-siūⁿ tham, tiō-ben sín-sîn.

信神的人都貪心？

用來激發正信。這句俗語反映著民間對於宗教信仰的一種理解，認爲人信神都是有所求，有所求便是貪，而貪欲不應該是宗教信仰。於是，心正而無貪，可免信神。

這種見解也有幾分道理，因爲民間信仰確有許多觀念和做法逸脫了正信。極端的例子是向神明「迫明牌」，「求明碼」。這何只是貪心，已經是大大褻瀆神明了。

當然，民間有許多信士都是善人，不但心無貪婪，更是勤儉知足，好善樂施。所以，我們將這句話解讀做激勵正信。如何？

此外，歷史證明道德不能取代宗教，中國人精神空虛，歷經胡適等人的非基督教，非佛教，要全盤西化，結果是共產唯物無神主義打倒孔門道德，摧毀中國所謂的「道統」，家庭倫常破滅，

但「忠黨愛國主義」成爲紅衛兵鬥爭父母的武器。慘哉！

　　當知，宗教不是形而上的玄學，而崇高的信仰，有神人感應的光明、智慧、良善和純情的境界。印順法師一語道破：「我們現在嚐受無信仰的惡果了。」❻

【21】

落水叫三界，上山叫無代。

Lȯh-chuí kiò Sam-kaì, chiūⁿ-soaⁿ kiò bô-taī.

Lō-chuí kió Sām-kaì, chiūⁿ-soaⁿ kió bō-taī.

落水教徒。

　　這句話淸楚反映著台灣人對於宗教信仰的見解，那是所謂「平時毋燒香，急時抱佛腳」(→321.18)的態度。說，宗教不是信來「修養的」，不是信來「生活的」，而是遭難時的一種逃生的預備「工具」。

　　我們這樣講，並不盡在台灣信士的現實和功利心態，而也考慮到客觀的民間信仰的個性。君不見，神明雖然無數，究竟沒有像世界宗教的教主，供給信徒服膺的「教理」？神仙幾乎淸一色用「巫術」和「靈聖」掛帥，而宮廟、神壇宣揚的也是法術的「靈驗」。如此宗教現實，要叫弟子不「功利」，不「工具」的看待宗教信仰，似不可能。

　　進一步問，這種民間信仰除了定期操演堆砌的傳統習俗和傳說之外，對他的善男信女有什麼開創性的啓導？有什麼提升精神生活境界的功能？關心自己的精神生活者，關懷台灣的精神文明者，多致意焉。

　　(本句另解，請看636.28)

【22】

買柴，兼禮拜。

Bé chhaì, kiam lé-paì.

Be chhaì, kiām le-paì.

觀光，兼禮拜！

舊時，用來譏刺禮拜不虔誠的耶穌教徒。說的是，鄉下教徒利用上街做禮拜的機會，先到柴市場看了王祿先生表演，也採購了貨物。到了禮拜時刻，姍姍來遲，隨手帶著大包小包的蔬果、魚肉、雜物，進禮拜堂參加禮拜。見者，嘲笑他們「買柴，兼禮拜」。

這句俗語頗寫實，又刺得入骨。然而，大部分耶穌教徒是虔誠參加禮拜的。記得1950年代，先父要做禮拜時，都得換裝，穿他那套禮拜日才穿的台灣衫，要「獻金」的鈔票都得選最新的，不然得先走過熨斗，摺得整齊。先慈，更加愛婿，長髮用茶仔油梳過，打好了髻，插了金簪，又插了玉蘭花，清潔整齊的大陶衫上別上一隻碧玉蝙蝠，戴上金手指，金手環。阿母那時已近六旬，唱聖歌是宏亮的女高音——啊，真巧，撫鍵至此，正好是母親節，心裏充滿甜蜜感恩和深沉的懷念。

總之，祭神如神在，禮拜不虔誠無啥意思。只要誠心恭敬，就是觀光兼禮拜，也有隨喜道福。

【23】

道理，聽在尻脊骿。

Tō-lí, thiaⁿ tī ka-chiah-phiaⁿ.

Tō-lí, thiāⁿ tī kā-chiá-phiaⁿ.

道理太沈重了。

用來諷刺那些沒有實踐道理的耶穌教徒。爲什麼說是「耶穌教徒」？因爲舊時說基督教徒是「聽道理的人」，而「做禮拜」是「聽道理」。好像基督教徒不必修練信德，只要「聽」而懂之，就可以了。

同類句有：「道理精，道理精，聖經揹在尻脊骿。」這是耶穌教徒信仰和信道實踐的自省。

聽在尻脊骿：喻指不服膺道理，放在腦後，不用它；例如，「冊，讀於尻脊骿。」(→411.13)　道理精：精通敎理的妖精。

【24】

一代燒，二代冷，三代死，四代換別人傳道理。

It-taī sio, jī-taī léng, saⁿ-taī sí,

　　sì-taī oāⁿ pa̍t-lâng thoân-tō-lí.

It-taī sio, jī-taī léng, sāⁿ-taī sí,

　　sí-taī oāⁿ pa̍t-lâng thoān-tō-lí.

一代不如一代。

耶穌教徒用來自嘲，說維持信仰的家世不易，第一代的教徒熱心奉教，第二代冷淡，第三代離開教會，第四代成爲非基督教徒。

同類句：「一代大興，二代無燒無冷，三代霧霧無明，四代你請我無閒，五代行踪不明，六代偶像滿厝間。」這句話說的也頗實在，句式跟上一句都是仿照舊諺「一代興，二代窮…」(→132.33-35)之類的句型，另外加上耶穌敎的一些特有用語。

死：指的是信仰之死。　無燒無冷：上敎堂似有似無，信道馬虎。　你請我無閒[bô-êng]：原義，向來訪者推辭的套語，等於「送客」，「再會」；這裏當做託辭，意思是沒有做禮拜的美國時間。　行

踪不明：從教會消失。

【25】

敬鬼神而遠之。

Kèng kuí-sîn jî oán--chi.

Kéng kui-sîn jī oán--chì.

親愛？免想！

　　斷言，對於鬼神應有的態度就是「敬而遠之」。顯然的，鬼神不可以成為親近的對象，尤其是咱台灣民間的鬼神，要是親了，附身童乩還可商量，萬一「被抓去」要怎麼辦？

　　這句俗語背景崇高，出身自孔老夫子。原文是：「樊遲問知。子曰：『務民之義，敬鬼神而遠之，可謂知矣。』」(《論語‧雍也》)妙哉，原來是弟子請教何為「智慧」這個大問題。誰知夫子答以「遠鬼神」！

　　是否孔夫子「豬母牽對牛墟去」(→315.07)了？非也。夫子認為，交陪鬼神是反智的行為。這句名諺對於當今台灣宗教亂象，有話要說。

【26】

神明會成人，也會敗人。

Sîn-bêng oē chhiāⁿ-lâng, iā-oē paī-lâng.

Sīn-bêng ē chhiāⁿ-lâng, iā-ē paī-lâng.

成我敗我皆神明。

　　用法有二：一、道德上的，神會福祐善人，報應惡人，所以成人敗人，都是神明。二、用來感嘆，說神有誤了弟子之時。

　　相關句：「有福互神助，無福互神誤。」成我敗我者雖是神明，也是弟子本人的有福無福。這是什麼樣的台灣邏輯？

上面的二種用法，第一種是傳統的說法，原是福善禍淫，終歸因果報應之說。但如此解釋，並沒有把握到民間信仰的「神會敗人」的事實。

筆者根據俗語的語氣和民間信仰者的生活經驗，提出第二種用法。就語氣言，本句重點在「也會敗人」，因為神明「成人」沒啥好說的，神明嘛；神明的「也會」敗人，才是老先人所要傳達的訊息所在。

就民間信者的宗教生活經驗言，神明「敗人」的代誌不少，最顯明的是「誤人症頭」的事實。律師莊柏林先生曾提過一段家內事，大意如此：他的小叔，患了腸交纏引起的急性腹膜炎，家人要送醫院開刀，但祖父不送醫手術。說是妖怪作祟，堅持要跳童乩，扛撢轎。於是附近無數神明都請來治病，日日童乩，夜夜驅鬼，時時派藥，但見小叔分分沈重，痛得不省人事。如此搞了七天，終於走向末路，年僅27歲。祖父非常自責，隔年大去。(→《自由時報》1999(3.13):15)

如此，「神明…敗人」。可惜，老主人迷信，豈是英靈無福？

【27】

寧可信其有，不可信其無。

Lêng-khó sìn kî iú, put-khó sìn kî bû.

Lēng-kho sín kī iú, put-kho sín kī bû.

信仰的安全瓣。

反映著民間的信仰態度，勸人寧可相信鬼神、陰間、西天，以及鬼神的為禍為福，敗人成人，等等傳聞，以免到時真有其事，就抱不及佛腳了。

【28】

神，不可不信，不可盡信。

Sîn, put-khó put sìn, put-khó chīn sìn.

Sîn, put-kho put sìn, put-kho chīn sìn.

有所不信於神明。

　　反映著民間的信仰態度，勸人對於神明的信仰不可太專、太深，應該有所不信，有所保留。

　　這句俗語頗為保留，沒有指出什麼是「不可不信」，什麼又是「不可盡信」的。也許，這句俗語頗值得很容易信神的台灣鄉親多多思量。

【29】

聖到會食糕仔。

Siàⁿ kaù oē-chia̍h ko-á.

Siáⁿ kah ē-chiā kō-á.

靈聖如此！

　　用來嘲諷，譏刺那神明實在沒啥，卻被說成神威無邊，萬分靈驗，連他的神像都會吃弟子供獻的糕餅。

　　反義句：「看有食無癮仙膏，親像佛祖蒸香煙。」第二分句指出這尊癡呆木偶「看得到，吃不到」，不像「會食糕仔」的那尊「聖佛」——本句常用來形容單相思的病狀。❼

【30】

活佛唔敬，敬死佛。

Oa̍h-hut m̄kèng, kèng sí-hut.

Oā-hut m̄kèng, kéng si-hut.

有孝vs.敬佛。

斷言，爲人子者應該孝敬父母甚於敬拜神佛。

活佛：喻指在世的父母。　死佛：字面義，神明偶像；廣義，指宗教信仰。

孝順父母和宗教虔誠是對立的嗎？道德實踐和宗教修持可用「活佛」和「死佛」來類比嗎？如此推論大有商榷的餘地，因爲孝親和敬神的感情雖然不同，究竟不是對立或衝突的關係。一個宗教徒在敬神的虔誠中，將獲得更純淨的、更合適的態度來敬愛父母。

然而，若將精神活動局限在「家庭倫常」，盡在孝順「家庭活佛」上面做功夫，可能陷落儒教的「孝道」末途。因爲「佛」也好，「上帝」也好，有奇妙的靈性、智慧、眞理境界，這不是「家中活佛」所能給與或感動的。如果，阻塞了這些精神性命的泉源，可能使「孝子」的心靈枯萎。

【31】

在家敬父母，何必燒遠香？

Chaī ka kèng pē-bú, hô-pit sio oán-hiuⁿ?

Chaī ka kéng pē-bú, hō-pit siō oan-hiuⁿ?

活佛就在家裏。

用來鼓勵孝順父母，那是最大的虔誠，無須到很遠的名山大廟去燒香祈福。

這是一句古諺，見於《明賢集》。

【32】

未能事人，焉能事鬼。

Bī-lêng sū jîn, ian-lêng sū kuí.

Bī-lēng sū jîn, en-lēng sū kuí.

小心事人哦！

　　用來勸戒，教人不可崇拜鬼神，因為重要的人間關係尚未能處理得和順，那能關心鬼的代誌。

　　這句俗諺源自孔門師生對話：「李路問事鬼神。子曰：『未能事人，焉能事鬼？』…」(《論語·先進》)

　　在中國文化和台灣傳統道德影響下，對於這句話可能已經變得麻痺，沒啥異見。何況「事人」非常重要，中國人和台灣人都「很會」事人，君不見，一窩蜂的熱烈「事人」，將凡人「事」成專制魔頭，「事」成聖賢領袖，「事」成民族救星。哀哉，如此「事人」結果，人民淪為牛馬不如的祭牲，國家窮困落後，黨產卻無限，大黨棍個個肥胖，人民萬分悽慘。

　　人不可「事鬼」，當然！「鬼」者，妖魔鬼怪，雖美其名謂之「正鬼、義鬼、好兄弟仔」。近年來，屢傳「養小鬼」以滿足邪欲，這不是犯法的行為是什麼？

【33】

勸人做好代，卡好食早齋。

Khǹg-lâng choè hó-taī, khah-hó chiah chá-chai.

Khńg-lāng chó ho-taī, khá-ho chiā cha-chai.

清修vs.行善？

　　用來諷刺食齋清修，但不力行善德的人。這句話刺得有理，修養的目的之一在乎增進行善動機和能力。可是，這句話不能當作否定「食早齋」的修養解釋，因為吃齋和「勸人做好代」沒有非此即彼的關係。

　　同類語：「修心，卡好食菜。」

好代：好事，行善。　卡好：較好。　食早齋：在家唸佛者，早餐禁葷。　食菜：吃素，喻指唸佛的修持者。

當知，宗教徒，不論民間宗教信士也好，佛教徒也好，基督徒也好，那種時時謙卑做道德反省的虔誠修道行爲是值得肯定的，高傲自我中心之徒沒有資格任意貶損靈修，不論修到什麼程度。

【34】

唸佛，唸在心內。

Liām hu̍t, liām-tī sim-laī.

Liām hu̍t, liām-tī sīm-laī.

心不外馳妄想息。

外道用來譏刺，持誦者用來警醒，唸佛當然要用心唸；唸佛是淨土宗的修行，自有其專門的方法，外人應該尊重，不宜指東畫西。

相關句：「佛在靈山莫遠求，靈山就在你心頭。」靈山就在心頭，豈能不專心唸佛呢？

筆者不知唸佛，查了淨土宗大師有關「念佛方法」的開示。印光法師說：

> 朝暮於佛前禮拜持誦。隨自身閒忙。立一課程。此外。行住坐臥及做不用心的事。均好念。睡時當默念。不宜出聲。宜只念阿彌陀佛四字。以免字多難念。若衣冠不整齊。或洗澡、抽解、或至不潔淨處。均須默念。默念功德一樣。出聲於儀式不合。無論大聲念、小聲念、金剛念(有聲而旁人不聞)。心中默念。均須心裏念得清清楚楚。口裏念得清清楚

楚。耳中聽得清清楚楚。如此則心不外馳。妄想漸息。佛念漸純。功德最大。**❽**

【35】

心裏無邪，唔驚鬼。

Sim-nih bô-siâ, m̄-kiaⁿ kuí.

Sim-nì bō-siâ, m̄-kiāⁿ kuí.

自古邪不勝正。

　　這是民間信仰的重要信條之一，正邪分明又對立，而正一定勝邪。如此，也就有了正人、正鬼、正神和與之對立的邪人、邪鬼、邪神之別。如此，正邪緊張，而人當時時歸正。若能如此，何邪能侵？何鬼可驚？

　　同類語：「心裏無邪，半暝也敢行。」

【36】

世上無神鬼，萬般人做起。

Sè-siōng bô sîn-kuí, bān-poaⁿ lâng choè-khí.

Sé-siōng bō sīn-kuí, bān-poaⁿ lâng chó-khí.

大有氣魄的人。

　　反映著民間對於宗教信仰的一種見解，認為不論何事都是人的作為，無關鬼神，因為世上根本沒有神，沒有鬼。

　　相關句：「做人若有良心，初一十五免點燭燒金。」說的是，以良心為師為教，宗教儀禮可以不論，宗教信仰免談。

　　俗語說，「一樣米，飼百樣人」(→111.20)，民間雖然有無數虔誠信士，也一定有許多不信神鬼的人。可惜的是，民間信仰者跟無神鬼論者之間少有對話。文化院的蔡文老師如此解說「宗教」。

他說：

　　…人同時應該注意到人性的要素，人性是善的，心中有
道德的約束，最重要的是一個「神」…爲人若沒有一個神來存
心的話，則人生永遠無法感到幸福…觀察宗教史的演變，我
們可以看到即使是一個脆弱的人，一旦得到靈感或啓示，他
就會變得非常活潑，且充滿了力量。所以宗教教人…控制肉
體和加強心靈力量的方法。❾

　　良心和宗教不但不是非此即彼的關係，宗教更有滋潤良心，
營養良心功能。特別是世界宗教，乃是數千年來靈性活動的結
晶，歷經人類社會嚴酷的考驗而後發展出來見證眞理之道。這樣
的一種宗教，應該是一個講究良心的謙謙君子不致於一竿打翻的
吧。

【37】

也著神，也著人。

Iā-tio̍h sîn, iā-tio̍h jîn.

Iā-tiō sîn, iā-tiō jîn.

神人合作事可成。

　　斷言，善男信女不可單憑「跳童乩，扛攆轎」來應付治病等等
問題，而是應該善用人的智慧、科學的方法來解決問題。

　　我們如此解釋，是根據民間信仰者對於現代科學，如醫學，
的高度的接受性，以及他們對於自己的傳統信仰的批判和保留。

【38】

人著妝，神著扛。

Lâng tiȯh-chng, sîn tiȯh-kng.

Lâng tiō-chng, sîn tiō-kng.

人造靈聖？

　　村長老坦言，神明的靈聖在於弟子的支持，例如，頻頻問神、跳童、扛攑轎、做大醮、迎神賽會，等等活動。如此，寺廟門埕若市，神明也就興得不得了也。此說，用「人著妝」來做類比，真是比得天真可愛。

　　同類句：「人無神不成，神無人不靈。」

【39】

宗教的歸宗教，政治的歸政治。

Chong-kaù--ê kui chong-kaù, chèng-tī--ê kui chèng-tī.

Chōng-kaù--è kuī chōng-kaù, chéng-tī--è kuī chéng-tī.

請大師開示！

　　這是一句新的台灣俗諺，在2000年我國大選期間，某些宗教領袖常用來「表態」的客氣話。

　　背景：在二千禧年大選前，過去與執政黨關係良好的星雲法師到底挺連，還是挺宋？成為話題，但他早在一個月前就出國，據說是因為挺宋或挺連，而不得不避開的動作。法鼓山聖嚴法師一向絕口不提政治，他和證嚴法師會面時，口徑一致地謙稱自己不懂政治，同時強調，希望「政治的歸政治，宗教的歸宗教」，並呼籲選民要多多關心政治，用理性和智慧選賢與能。(→《自立晚報》2000.2.27)

　　政治是眾人大事，宗教領袖當然要，也一定會關心；若不願意公開表示支持特定的候選人，也是他個人的權利。若真的如報載，他們各懷「政治暗盤」的話，未免太「不沾鍋」，難免有違阿彌

陀佛的精神之嫌。其實，就候選人的「政見」來發表宗教家的看法，不但無可厚非，而且是應有的責任，不是嗎？

致於算命大師的選前鐵口直斷：「高雄市長姓黃！」不無借助迷信製造影響選舉結果的嫌疑。幸虧，相士漏氣，不然選舉官司幾時休？

【40】

吳仔墙好查某，陳番鴨好大鼓，火山巖好佛祖。

Gô͘ Á-chhiûⁿ hó cha-bó͘, Tân Hoan-ah hó toā-kó͘,

Hoé-soaⁿ-giâm hó pu̍t-chó͘.

Gō͘ A-chhiûⁿ ho cha-bó͘, Tān Hoān-ah ho toā-kó͘,

Hoe-soāⁿ-giâm ho pu̍t-chó͘.

公寺變家廟。

這是台南白河的地方諺語，傳述地方豪族強人，佔據寺廟成為家廟的個案。由此可以窺見清國據台末期，台灣民間信仰亂象的一斑。

吳仔墙：本名吳志高（？-1880），台南白水溪（今白河鎮）人氏。　好查某：傳說吳太太擅於鬥爭。　陳番鴨：可能因為他是番社人（今台南縣東山鄉），所以綽號番鴨，原名陳向義。　火山巖：在白河至關仔嶺之間的岩前村。本地有二大名寺，大仙寺和碧雲寺。

背景：相傳，清末地方強人吳仔墙在同治年間捐銀修建大仙寺，而陳番鴨大力修建碧雲寺。此後，這二座寺也就由吳陳二人把持，並主掌四時祭典，控制經濟大權。如此，大仙寺和碧雲寺淪為吳陳氏的家廟。

大仙、碧雲二寺都是規模宏大，寺貌壯麗巍峨的佛寺。俗稱大仙寺為舊岩，碧雲寺為新岩，此二寺都開創於康熙四十年，後

來翻修、增建多次，才有現今的格局。在同治年間，寺勢衰微，極須有力人士鼎助之時，吳仔墻和陳番鴨順勢而作，而和此二寺發生不即不離的關係。相傳，此前吳仔墻曾欲搶赤山岩寺的寶貝。後來寺產糾紛多年，到了1917年，官司才算平息。

應該一提的是，此二寺為台灣佛教重鎮，建築物屬於國家二級古蹟，又是關仔嶺風景區的美麗景點。❿

注釋

1.《台灣筆記》。At:www.tacocity.com.tw/s1315（14 April 1982）

2. 連橫，《台灣語典》，頁204。

3. At:http://www.jingangdhyanaincnet.org（10 May 2003）

4. At:http://homelf.kimo.com.tw/i-jung（10 May 2003）

5. At:http://gopher.sinica.edu.tw/～pingpu/01/siraya（10 May 2003）

6. 印順法師，「我之宗教觀」，《妙雲集》下編之六，頁53。
   At:http://www.hku.hk/buddhist/yinshun/08/yinshun08-02.html（14 May 2003）

7. 許成章，《台灣的諺語講義》（高雄：河畔出版社，1999），頁70-71。

8. 般若念佛會編輯，印光大師述，《印光大師全集問答擷錄》。
   At:http://book.bfnn.org/books2/1341.htm＃a006（14 May 2003）

9. At:http://web.my8d.net/tao/07generalnewsdata/2001-06/11-20/heart.htm（14 May 2003）

10. 參看，吳南圖、張良澤合編，「吳新榮先生遺著」，《南台灣鄉土志》（彰化：大明印書局，1978），頁264-265; 337。張德水，《台灣政治、種

族、地名沿革》(台北：前衛出版社，1996)，頁332。高賢治，《台灣宗教》，頁128-129；洪波浪、吳新榮編，《台南縣志‧人物志社會篇》第五冊(台北：成文出版社，1983)，頁100-101。

第五節　時數命運

本節段落：

時運重要01-04　所謂好運05-10　如此歹運11-15　時機得失16-19

命裏註定20-31　算命問命32-33　時來運轉34-40　樂觀打拚41-45

（衰運、禍福，等類的俗諺，請看132.，133.）

【01】

時也，命也，運也！

Sî iā, bēng iā, ūn iā !

Sî ià, bēng ià, ūn iā !

最後的實在？

　　斷言，人生在世富貴貧賤，或吉凶成敗，盡在「時、命、運」三字！

　　這句名諺出自《呂蒙正勸世文》。原是用來回應羨慕他、崇拜他的人，他說：「⋯人皆言余之貴也。余曰：『非貴也，時也，命也，運也！』」

　　厲害萬分啦，這句老諺！什麼都不算數，學問混不得飯吃，才能幹不了苦力，萬般都是這三字。是否如此？也許。尤其是在戰亂不停，批鬥不息的中國，社會不安，芸芸眾生看不見什麼是生存法則，知識不如剌刀，仁義不如槍桿，人命不如蟻螻。反思所得，剩下「時命運」稍可解釋混沌。

【02】

運去金成鐵，時來鐵成金。

Ūn-khì kim sêng-thih, sî-laî thih sêng-kim.

Ūn-khì kim sēng-thih, sî-laî thih sēng-kim.

黃金烏土有運數。

　　斷言，時運的重要性，大吉時，歹銅舊錫變黃金白銀；大凶時，珍珠成鼠屎。

　　這句俗諺爲深信命運者所常引用，語見《增廣昔時賢文》和《人生必讀》等。

　　同義句：「運去黃金失色，時來鐵也爭光」；「時到花就開，水到船就浮。」首句見於《名賢集》。

【03】

蛇傷虎厄，天地數。

Choâ-siong hó·-eh, thian-tē sò·.

Choā-siong ho·-eh, thēn-tē sò·.

冥冥之中有定數。

　　斷言，人生一切的遭遇，例如，雨傘節吻咬，市虎吞噬，都是天地預定的命數。

　　天地數，就是先天註定的數，是個人的「命」。具體而言，「八字」是個人的天地數，對應著天地自然的運轉變化，可用八卦、星相等等的變化規則，加以推算，詮釋、預測的。因有這種「數」，也就有你「算」數的方法，那就是八卦、紫微斗數、鐵板神算、四柱推命等等。

　　相士的「算」命數、運數，是一種玄學的邏輯，自不能期待它像數學、電腦一般的可精密演算。它是流傳久遠的一種民間「信仰」，對於危機中的人生，帶有心理諮商的一定功用。然而，反效果的也有，發生嚴重「情況」的也有。

【04】

這關拚會過，食到百二歲。

Chit-koan piàⁿ oē-koè, chiàh-kaù pah-jī hoè.

Chit-koan piáⁿ ē-koè, chiā-kaú pá-jī hoè.

要命的人生關卡。

形容人生道上，走到威脅生存的關點，生命力似乎枯萎，無法逾越這生死大關。然而若能過關，不但起死回生，而且是如龍似虎，有120屆華誕伺候！

這關拚會過：難以克服的，威脅人存活的關隘，例如，大病、破產、危險等等。 食到百二歲：字面是長壽，引申為生命品質，生活條件都非常美好。

【05】

海垱，扱著鱟。

Haí-kîⁿ, khioh-tiȯh haū.

Hai-kîⁿ, khió-tiō haū.

不勞而獲真好運。

形容好運當頭，在海岸近處的沙灘撿到馬蹄蟹，而且是公母成對的也。

同類語：「扱著，死翁的」；「乞食，扱著死鷄。」前句，說的可能是舊時羅漢腳，得到好機會，入贅新寡。後句，說的是舊時乞友往垃圾桶找食物，難得的找到了一隻死鷄。

鱟：俗名馬蹄蟹(Horsefoot)。蟹類屬於劍尾(鱟)科，係由頭胸部和腹部組成，身披甲殼，頭胸部呈馬蹄形，背甲有三條縱脊，一對單眼，兩對複眼，腹端有長劍尾，全長可達50公分。據悉，鱟都是成雙成對的親親。

　　看了這句俗語，可不必太注意「扱著鱟」的好運，而應該關心生態問題：我國沿海污染的情形非常嚴重。鱟的祖先出現於古生代泥盆紀，它數億年來型態沒有改變，因此有「活化石」之稱。由於鱟的生活與潮間帶息息相關，因此在受到各種人為干擾後，現在台灣鱟的數量已經越來越少，因此鱟也是污染的指標生物之一。❶

　　深願諸位讀友都有「海�☐『看』著鱟」的福氣。能夠如此，也是鱟的大吉大福，能跟愛鄉土，愛物命，不貪心的台灣人，共生共榮於永遠的福爾摩莎。

【06】

乞食，也有三年好光景。

Khit-chia̍h, iā-ū saⁿ-nî hó kong-kéng.

Khit-chiā, iā-ū sāⁿ-nî ho kōng-kéng.

歹命當中有光景。

　　用來自勵勵人。說，人就算是命底大壞，非常歹命，也有遇到好時機的時候，也會有過得輕鬆愉快的日子。

　　同類句：「乞食，也有三年好運。」

　　好光景：好趁食，社會和個人的經濟情形很好，賺錢的機會多。乞友的「好光景」是容易討錢，時時發得小小財利。

【07】

歹戲，抵著神明生。

Phaíⁿ-hì, tú-tio̍h sîn-bêng-siⁿ.

Phaiⁿ-hì, tu-tiō sīn-bēng-siⁿ.

日正當中自熱鬧。

　　用指時機造英雄，看那班野台藝人，演技是那麼的非常普

通，平時請戲的聊聊無幾，散班頗有希望。但地方廟寺多，神明更多，神誕日頻頻而來，有錢弟子紛紛演戲酬神。所以，連這班「歹戲」也都應接不暇。

同類句：「歹船，抵著好港路」；「冇粟，收落好米籮」；「千算，唔值著抵當」；「僭鑽，唔值著抵當。」

歹戲：演技差的戲班。 抵著：不期而遇，不是主動追求而得到的(機會、結果)。 神明生：慶祝神明的生日，暗示本日有大拜拜，迎神賽會，食腥臊，看戲等等鬧熱。 歹船：駛船技術差的船長。好港路：港深又闊。 冇粟：虛空的穀粒，好像沒裝鈔票的紅包仔。 收落好米籮：被收在晶瑩穀粒的米籮中；米籮，竹編的大籮筐。 千算：像孔明一般的善於計謀。 抵當：擠進大福列車。 僭鑽[chiàm-chǹg]：無孔不入的鑽營。

這幾句俚諺都在比喻一種情況，就是外在的機緣，使才情、資質等條件不足的主體，獲到意外的機會和良好的結果。老先人用這些譬喻來說明「好運」；好運當頭，濫竽也能混進世界級的交響樂團。顯然的，這種「運途」畢竟是妄想，但對於某一種人，卻頗有鼓勵作用，聊可望梅止渴。

【08】

抵著，貴人。

Tú tiȯh, kuì-jîn.

Tu tiō, kuí-jîn.

純潔的義工。

用指人生遭遇重大艱難時，遇到了「好人」，他給與無條件的幫助，他不求回報，更無企圖，有的是期待和祝福。

貴人原是命相家很喜歡用的字眼，用來指摘「運途」當中可能

遇到的「意外又美好的助緣」。其實，貴人並沒什麼神秘，凡是心地慈悲善良，而又有能力行大善的人，都可能成爲大貴人。眞貴人，不貪妳的色，不謀妳的財，絕不囉囉嗦嗦。

　　然而，應該注意的是，台灣社會有許多「貴人大賤賣」活動。君不見，網路上有個XX館打出「誠徵貴人」廣告，說：

> 誠徵貴人，豬哥情人
> 好運快遞，幸福贈獎

　　這是何方「貴人」？有應徵的辦法，又有贈獎的鼓勵，眞是詭譎多端。

　　這啥「貴人」！搞「應召豬哥」的啦。

　　唉，貴人，貴人，多少豺狼假你的大名。

【09】
男行運頭，女行運尾。

Lâm kiâⁿ ūn-thaû, lú kiâⁿ ūn-boé.

Lâm kiāⁿ ūn-thaû, lú kiāⁿ ūn-boé.

一頭一尾行大運。

　　命相家斷言，男人的好運從「運頭」開始，而女人的好運卻從「運尾」算起。

　　這是命書所謂的「運行十載，上下五年」。例如，男造四柱爲年丙午；月庚寅；日乙丑；時壬午。而運是以「月柱」爲起點，如此「月柱庚寅」是爲運頭，也是大運的開始。反此順序推算，就是女人的大運，也是她的運頭。❷

　　反義句：「男驚運頭，女驚運尾。」這又是民間的另一種說

法：男人應該小心的是運頭，因為是凶，而女人反而為吉。

【10】

娶某前，生囝後。

Chhoā-bó chêng, siⁿ-kiáⁿ aū.

Chhoā-boˊ chêng, sīⁿ-kiaⁿ aū.

好運當頭賭彩去？

　　斷言，男人在進入洞房之前，女人在滿月之時，開始好運。

　　這句俚諺頗有不少現代人相信。不久之前，看過這樣的一則新聞：宜蘭市X先生結婚禮成之時，親友極力慫恿「娶某前，生囝後」；說是手氣大好，賭彩必中。於是，集資六千元，帶著身披婚紗的太太到投注站去試運氣。

　　結果呢？X太太「生囝後」再賭吧。

【11】

狗，咬衰人。

Kaú, kā soe-lâng.

Kaú, kā soē-lâng.

猾狗傷人了。

　　舊說，犬不隨便咬人。所以凡是被咬的太太先生，都是「衰」運當頭，自認倒楣可矣。

　　近年來我國處處有流浪犬，大多數反成為兇猛襲人的野狗，常有大人小孩被咬。這是公德心淪喪，社會失序的現象，絕非這句老俚語所說的認「衰」可以算數的。

　　筆者住在萊茵河古城Mainz，路旁狗屎偶而可見，但大街小巷，深弄幽徑，絕無流浪之犬，咬人事件未曾聽過。為什麼？是德國犬犬比我們的有道德修養嗎？非也。狗主啦！他們不隨興要

養就收，要棄就放；同時，犬犬納稅掛牌，萬一狗民犯法，主人同罪，非大錢恐難消災。

【12】

雨對天窗潑落來。

Hō͘ tuì thiⁿ-thang phoah-lȯh--laî.

Hō͘ tuí thīⁿ-thang phoah-lō--laì.

祿從天降。

　　「雨」水滴破窗，沒啥貨；「禍」患穿瓦來，有夠衰。

　　句裏玩了一個雙關字戲：「雨hō͘」混「禍hō͘」而來；雨從天窗下來，極有可能；老屋破窗嘛！禍從天窗來，應無可能。但妙而不幸的，就是偏偏禍從天窗來。如此字戲，英語也有，例如："Seven days without water make one weak." ❸

【13】

翁死，抵著歹大家。

Ang-sí, tú-tiȯh phaíⁿ ta-ke.

Ang-sí, tu-tiō phaiⁿ tā-ke.

屋漏連夜雨。

　　形容禍不單行，夫君去了，惡婆婆來了。

　　同類句：「做忌，抵著惡鬼。」做忌［choè-kī］，拜忌也。哀悼先人，一苦；惡鬼搶吃拜忌的牲醴，再苦。

【14】

飼豬成豬哥，飼鷄變伯勞。

Chhī-ti chiâⁿ ti-ko, chhī-ke chiâⁿ pit-lô.

Chhī-ti chiāⁿ tī-ko, chhī-ke chiāⁿ pit-lô.

運歹禽獸也造反。

自己覺得歹運的人,用來怨嘆。說,養一隻大豬母要來生百子千孫,誰知,給我自動變了性,成了一隻瘦骨嶙峋的老豬哥;配種無能,賣肉無價。苦也!

第二分句,「飼雞變伯勞」義同第一分句,釋義請看132.15。

【15】

一百枝籤詩,去抽著罰油。

Chi̍t-pah-ki chhiam-si, khì thiu-tio̍h hoa̍t-iû.

Chi̍t-pá-kī chhiām-si, khí thiu-tiō hoa̍t-iû.

大福未得先罰油。

用來嘆息,因爲運途大壞,心思不定,來問神明的意旨。誰知萬分倒楣,竟然抽到「罰油」的籤王。

以「關帝靈籤」而言,籤詩有百首,外加一首「籤王」;在101籤之中要抽中它並不容易。所謂「籤王」是「上上籤」,例如,嘉義朴子「配天宮」天上聖母的「籤王」,云:

> 來意欲求天上福
>
> 誠心須點佛前燈
>
> 平安萬事皆大吉
>
> 處決酬謝油三斤

看來這位弟子的運途是:「平安萬事皆大吉」,他的生意會賺錢,他的婚姻會幸福,他太太懷孕會弄璋,他家不感染中國肺炎,他萬事非常OK!如此籤王,應該歡喜,因何嘆息?只因弟子窮得三餐不繼,大福未得,先被神明「處決酬謝油三斤」。這不

是衰,是什麼?

相關句:「心思不定,抽籤相命。」強調「不安」是抽籤者的心理狀態。

至於求籤,道廟求籤,最遲當在大唐帝國末期。籤詩是大廟常有的設備,我國常見的籤詩有媽祖、關帝、觀音、城隍、土地、保生大帝、東嶽大帝、三山國王等等,但不是每一種「主祀神明」都有,也不是所有的大廟都有。

籤詩的內容回應著弟子的難題,例如:訴訟、失物、疾病、生意、求財、婚姻、旅行等事項。近年來不少廟寺利用電腦系統來「管理」籤詩,籤單美麗,且可列印日期、抽贈者等項目。看來,廟公稍可展示一下學問的「解籤」,正在急速落幕。

【16】

七抵八唔著,串抵魯古石。

Chhit-tú peh-m̄-tio̍h, chhoàn-tú ló·-kó·-chio̍h.

Chhit-tú pé-m̄-tiō, chhoán-tú lo·-ko·-chiō.

災厄偏多真歹運。

用來感嘆。運途多乖,所做所為,遇人遇事,都不順利,如同小舟撞上尖銳的魯古石,棄舟厄運就在目前。

第一分句,也說成「三抵四唔著」。又作「三抵四唔著,串抵魯古石」。

(參看,132.18;436.23*)

【17】

無疑無誤,就去摸鯊魚肚。

Bô-gî bô-gō·, chiū-khì bong soa-hî-tō·.

Bō-gī bō-gō·, chiū-khí bōng soā-hî-tō·.

但見惡鯊不見君。

海人望洋興嘆。平時豆腐鯊好吃，好賣錢，最受漁人歡迎。如今，無疑無誤，有人入海祭祀鯊王爺去了。

無疑無誤：意想不到，發生意外、不幸；喜事不能用。

【18】
想富散到，想食屎澇。

Siūⁿ-pù sàn kaù, siūⁿ-chiảh saí laù.

Siūⁿ-pù sàn kaù, siūⁿ-chiā saí laù.

另類白色恐怖。

用來形容，歹運當頭，連「思想」的自由都沒有，連「意念」都遭到監視，心身遭受凌遲。君不見，心想發財，財就破；腸想充飢，肚就拉。嗚呼！

同類句：「想要扛轎步步進，無疑牽罟倒退行。」此君學轎夫來任重道遠，哪知搞成「牽罟」的一般，步步轉退。又有：「平平雙腳一雙手，富貴二字難得求」，此人賺不到富貴，真是人比人，氣死人。

牽罟[khan-koˑ]：罟，大漁網。拋罟入淺海圍魚，由百十人在海灘拉罟上岸。拉者不可前進，只能「倒行逆施」，才能將罟拉上，才可望分他幾隻小沙蝦。

（參看，「散人想要富，閣添三年窮。」131.53）

【19】
學有凌雲之志，無運不能自通。

Hảk-iú lêng-hûn chi chì, bô-ūn put-lêng chū thong.

Hảk-iu lēng-hûn chi chì, bō-ūn put-lēng chū thong.

學問＋好運＝狀元！

　　相信運命的人，用來強調「好運」的重要性。說的是豐富的學識還得加上好運的助力，才能飛黃騰達，名利通吃。

【20】

落土時，八字命。

Lȯh-tô͘ sî, peh-jī miā.

Lō-tō͘ sî, pé-jī miā.

生者，命也。

　　命相家之言，說人的命，在於呱呱墜地之時已經註定；那就是所謂的生辰「八字」。

　　八字：生年月日時的干支，例如：年丙子，月己亥，日乙丑，時壬午。

　　（參看，「八字有合，會做堆。」524.03）

【21】

帶文昌來出世。

Taì bûn-chhiong laî chhut-sì.

Taí būn-chhiong laī chhut-sì.

文昌入命狀元郎。

　　一、相命語。文昌入命，命定爲大貴之人，功名祿位可期，出人頭地有望。二、舊說。用來讚美人家的小孩，褒他很會讀書，更會考試，考第一像吃冰淇淋。

　　帶…出世：（嬰孩落地時）賦有的命格。例如，出生之日天干爲「金」，遇上地支的年、月、時的「亥」，則是「文昌入命」，帶文昌出生的傢伙。

　　背景：文昌帝君，原是文昌星，或稱文曲星、文星的神格化。按《星經》所載：「文昌六星如半月形，在北斗魁前，其六星

各有名。」❹《史記・天官書》說這六星，「斗魁戴匡六星，曰文昌宮。一曰上將，二曰次將，三曰貴相，四曰司命，五曰司中，六曰司祿，在斗魁中，貴人之牢。」❺這些經書講的，不是天文學，是星宿信仰，說文昌諸星主宰富貴福祿，等等世俗的高等價值。

文昌帝君這個神明是結合「文昌星神」和「帝君」信仰而成的。宋、元，道士假託四川的守護神梓潼神張亞子降筆，宣稱玉皇大帝命他掌文昌星神之府，主掌人間祿籍。在延祐三年(1316)，元國大皇帝仁宗封為「輔元開化文昌司祿宏仁帝君」。此後，「文昌星神」與「梓潼神」合成「文昌帝君」。到了大明帝國時期，學宮皆立文昌祠，定期祭拜；大清帝國定二月三日為文昌帝君的神誕日，朝廷派員祭祀。❻

清國時期的台灣，因官運和科舉的關係，每逢二月初三帝君的神誕日，舉人、秀才、書塾老師、參加考試的士子，集在文昌祠祭拜，以牛、果品為牲醴。祭後，將一年中收集的字紙焚燒於「敬紙爐」，然後舉行「迎聖蹟」，將字紙灰爐裝好，遊街示眾，然後撒入海中。如此，恭敬祭拜以求文昌帝君保庇，取得功名祿位，仕途亨通。所謂：

> 孔子但把教育揚
> 文昌留眼送祿來

除了讀書人、官人之外，文昌帝君也是紙店、刻印店、印書店、裱褙店、錦盒店、冥衣鋪等，有關文字和紙業者的守護神。❼

科舉已廢，文昌帝君的信仰急速衰退，大不如王爺、媽祖的香火鼎盛。我國的文昌廟只有十九座，以台南市的「文昌祠」爲最古。值得注意的現象是，民間將文昌帝君，關聖帝君，孚佑帝君，大魁星君和朱衣使者(主管科舉，朱筆點頭，錄取之神)合成「五文昌帝君」來祭祀。❽他是儒宗神敎，鸞堂的重要祀神。

【22】

神仙，燴救無命囝。

Sîn-sian, boē-kiù bô-miā kiáⁿ.

Sīn-sen, bē-kiú bō-miā kiáⁿ.

命定如此奈何仙。

斷言，人的長生富貴或短命貧窮，都是命定，就是神仙也無能如何。

相關句：「註死，拍唔見藥單。」起死回生的仙方，被丟了，病者註定無命。

拍唔見[phah-m̄-kìⁿ]：約音說成「放見」[phàng-kìⁿ]，丟掉了。

（本句有解，參看614.11）

【23】

帶鉸刀旁，鐵掃帚。

Taì ka-to-pêng, thih saù-chiú.

Taì kā-tō-pêng, thí saú-chiú.

帶凶煞的女命。

舊說，用來譏刺女人，她嫁進門不久，翁婿去了，公婆走了。隔壁九嬸婆口不擇言，說她，命帶剪刀兼鐵掃把，是可怕的「凶女」。

這是相士之言，鉸刀命剪斷姻緣，鐵掃命淸掃人命。如此

「婦功」，煞像秋風掃落葉，有幾個歹命翁婿公婆，抵當得住？

　　安啦！命相者言。

【24】

品命底，唔通品好馬。

Phín miā-té, m̄-thang phín hó-bé.

Phin miā-té, m̄-thāng phin ho-bé.

歹命名犬煮香肉。

　　斷言，人不可憑恃優越的能力，那沒啥，好命才重要。不然，像歹命的千里馬，落在土匪手中，還不是淪爲拉破車的老馬；說不定，馬肉大餐，祭匪徒的五臟廟去了！

　　相關句語很多，例如：「千斤力，唔值著四兩命」；「一千銀，唔值四兩命」；「一斤囝，唔值四兩命」；「項羽有千斤力，毋值劉邦四兩命」；「人勢，命做對頭」；「三兩命，唔通數想七兩運」等等。

　　品：誇耀，憑恃。　　*命底*：先天賦予的定命。　　*唔通*：不要，不可。　　*好馬*：喻指大有能力的人。　　*唔值著*：（能力等）的重要性不值得（命運等）。　　*四兩命*：好命度約有60%。　　*一斤囝*：十六個壯丁。　　*勢［gaû］*：能力高強。

　　須要指出的是，這幾句俗語口徑一致，主張命運勝過能力。這是中國、台灣傳統的命運觀，更是典型的儒家之徒的信仰特色之一，自孔子以下莫不信「命」。還有，這幾句俗諺反映著《列子・力命篇》主張的生死、成敗、禍福，等等都是命，不是「力」所能改變的見解。

　　值得一提的是，這幾句俗語將「命」量化。那是命相大師鬼谷眞人秤出了「命」的輕重，洩漏了它的秘密。命之最重的，有「七

兩一錢」：

> 此命生來大不同
> 公侯卿相在其中
> 一生自有逍遙福
> 富貴榮華極品隆

「命」，最輕的只有「二兩二錢」：

> 身寒骨冷苦伶仃
> 此命推來行乞人
> 絡絡巴巴無度日
> 終年打拱過平生

　　雖然社會現象，有許多可解釋做「有人食命，有人食力」的事。但「食命」者，並不能放逸，應該知所正命，不然活成飯囊酒袋，有啥福氣？至於「食力」者，努力耕耘，天地自然給他收成，給他歡喜享受自己栽種的芋仔、蕃藷。潦落去啦，「命與力」的口水戰沒完沒了。

【25】

女命無眞，男命無假。

Lú miā bô-chin, lâm miā bô-ké.

Lu miā bō-chin, lām miā bō-ké.

大吉八字命僞造。

　　女孩誕生的八字帶凶的話，大都會請相命先生造個大吉利

的，以備後來「對八字」時，容易嫁人。至於男嬰的八字可以不改，因爲只要女方的八字可以互補，配合得和順，也就是好婚姻了。

本句又說成：「男命無假，女命無眞。」相關句有：「假得過，富無替」，說女的八字僞造得好的話，將來可能釣到金龜婿。爲什麼不是女大董事長？或台灣民主共和國的女總統？

【26】

天地行災，薄福者受。

Thian-tē hêng chai, po̍h-hok-chiá siū.

Thēn-tē hēng chai, pō-hok-chià siū.

倒楣的都是薄福人。

斷言，自然災害中，受到傷害的都是薄命人。

有理，以果斷因嘛！人從世貿大樓的廢墟中爬得出來，不是福大是什麼？

反義句有：「賊劫火燒，命裏所招」；「雷拍火燒，命裏所招。」說，歹命無福的人，才會遭到失竊、被搶、雷擊、失火。此話成立的話，那麼警察機關、內政部，可以關門大吉。

【27】

閹雞拖木屐，現趁現食。

Iam-ke thoa ba̍k-kia̍h, hiān-thàn hiān-chia̍h.

Iām-ke thoā ba̍k-kiā, hēn-thàn hēn-chià.

渡小月過三頓啦！

舊時，老先人用來自嘲，也是命相說詞。說經營的小本生意，不能盈餘，但夠糊口。

這句俗諺的修辭用的是起興格，興詞「閹雞拖木屐」；主句是

「現趁現食」。世上哪有閹雞拖木屐的？旨在起興罷了。

說到「沒有賺錢運」的俗諺還有：「卡算，也剩一條錢貫」；「白鴒鷥，卡勢討食，嘛無腳後肚肉。」Miss白露鷥小腿骨感得很，抽不到油水的也。

（比較：「眞勢算，剩一條貫。」243.25；

　　　　「有算，無貫。」612.59）

【28】

一人一個命，未生先註定。

Chi̍t-lâng chi̍t-ê miā, boē-siⁿ seng chù-tiāⁿ.

Chi̍t-lâng chi̍t-ê miā, boē-siⁿ sēng chú-tiāⁿ.

命定信仰第一條。

斷言，命在個人誕生前已經註定了。

命相家認爲，人在受胎之日，命就已經決定。命經有言：「人之吉凶，制在結胎受氣之日，皆上得列宿之精。其值聖則聖，值賢宿則賢，值文宿則文…值貧宿則貧，值壽宿則壽…」

（《玉鈐經・主命原》）

如此，人和命的關係是先天的。民間流行著許多俗語強烈地反映著這種信念，例如：「命帶骨，削膾黜」；「一年要死幾個臭頭，註好好」；「命裏只有八合米，走盡天下不滿升。」

削膾黜［lut］：削不掉；黜，落、脫，如，黜頭毛。　臭頭：頭皮患了嚴重的皮膚病患。　合［kap］：一升［chin］的十分一。

這種「先天定命」的信念其來有自，君不見，舊時先人的通俗讀物，例如，《人生必讀》，《格言諺語》，《昔時賢文》，《增廣昔時賢文》等，可說是這種思想的大本營。僅以《增廣昔時賢文》爲例，隨意翻檢就可看到：「死生有命，富貴在天」；「萬般都是

命，半點不由人」；「命裏有時終須有，命裏無時莫強求」；「萬事不由人計較，算來攏是命安排」等等，都是定命論的名諺。

【29】

命裏帶六合，處處合會著。

Bēng-lí taì la̍k-ha̍p, chhù-chhù kap-oē-tio̍h.

Bēng-lí taí la̍k-ha̍p, chhú-chhù kap-ē -tiō.

命帶六合彩必中。

　　用來形容好命，八字配合得大吉大利。

　　六合：命相語，意指和合順適的命底，例如，子與丑合，卯與戌合，等等合得來，配得和適的命底。❾　合會著：合得來；這裏的「合」當動詞，接也，合也，例如，合做堆［kap-choè-tui］；合做伙［kap-choe-hoé］；相合［saⁿ-kap］。

【30】

妻財子祿皆前定。

Chhe chaî chú lo̍k kai chên-tēng.

Chhē chaî chú lo̍k kaī chên-tēng.

都是前定的了。

　　斷言，夫妻姻緣、經濟貧富、子女幾何，能否考個皇奴來當，混個太監來幹，都是先天註定的。

　　有更細膩一句，說：「一樹蔭一河飲，莫非前生緣。」眞讚！連樹下乘涼，滴水止渴，都是前定福份。這種思想和態度若能移轉做愛惜樹木，愛護水源，以及感恩的歡喜，將是很有意思的。若是鴨霸地認爲：「妻財子祿」是本大爺的福份，可糟可蹋，那就太野豬了。

　　相關句有：「命歹嫁八罩，命好嫁媽宮。」舊說，歹命女，嫁

到「八罩」去當奴婢不如的媳婦；好命女，嫁來澎湖首都馬公當少奶奶。❿

（參看，「金林投，銀八罩。」11.05）

【31】

賊星，該敗。

Chhȧt-chhiⁿ kai paī.

Chhȧt-chhiⁿ kaī paī.

失手被縛也天命。

舊時，老先人用來歡呼，因爲飛牆走壁的慣竊被捕了；樑上老君子用來怨嘆，上天敗我，非君子無能也。

什麼是賊星？按陳輝樺、蘇明俊教授所提供的資料說：古代中國北方人稱天狼星爲「賊星」，因爲天狼星在南方星空高掛時，正是秋收後的寒冬，該是嚴防土匪打家劫舍的「冬防」時刻。又言，天狼星(Sirius)對生活在尼羅河河谷的古埃及居民，扮演著重要的角色：每年當天狼星和太陽同時在黎明時刻東昇時，尼羅河就氾濫，田園因此變得肥沃。古埃及人又開始新的一年，這令人聯想到埃及司陰府之神(Osiris)之死與復活，象徵萬物更新。⓫

【32】

志窮燒香，命窮算命。

Chì-kêng sio-hiuⁿ, miā-kêng sǹg-miā.

Chì-kêng siō-hiuⁿ, miā-kêng sńg-miā.

無法度燒香算命。

用來譏刺燒香、算命的人。刺他一定是走頭無路，才走進寺廟來燒香拜佛；說他無疑的是走上崎嶇歹運，所以才來算命卜問前程。

這句是老名諺,出自《格言諺語》。

看來,這燒香、算命的小姐先生,很可能是民間信仰的信士,因為佛教徒不講命運,講業力。命的好壞決定在自己的行為,操縱在自己手中;命不能算,運不能改,只能靠自己造善業。

不論如何,對於一個燒香、算命的人,不可如此譏刺,信仰不同,處理人生的危機的方法自然不同。假如真的是「志窮燒香,命窮算命」,那麼能夠的話,理解和關懷才是此時此刻最妥當的態度。

(參看,「富燒香,貪相命。」33.38)

【33】

不問蒼生,問鬼神。

Put-būn chhong-seng, mng kuí-sîn.

Put-būn chhōng-seng, mng kui-sîn.

怪力亂神亂人心。

現代用法,諷刺政治人物,濫用鬼神,鼓動迷信,以期提高民調聲勢,而不用心理解人民的須要來提出具體可行的政見,只是一意欺騙愚民,耍詐選票。

這句俗諺源自晚唐大詩人李商隱的《賈生》;原詩如下:

> 宣室求賢訪逐臣,賈生才調更無倫;
> 可憐夜半虛前席,不問蒼生問鬼神。

主調在譏諷漢文帝,弦外之音則是譏刺唐代帝王的煉丹吃藥,妄求長生,心中沒有百姓的荒唐行為。⓬從來中國的專制統

治者，都會宣傳自己是天命所歸，藉助天文異象，來合法化政權，粉飾暴力。

　　據說，我國台灣大官之間，花費無數新台幣來算命改運，心無人民國家，權位掛帥，大大妨害參政品質。說要當總統，得宣傳祖墳風水出皇帝，眞不知他是活在什麼時代？相傳，2000年總統大選前，某候選人重金聘來中國相士給另一個候選人的父墳釘下九釘。街頭巷議如此，但願是空穴來潮才好。

　　還有，傳說某候選人養小鬼，某候選人親自祭拜法師邀天兵天將助選，連得票數都開了出來。唉，「可憐夜半虛前席，不問蒼生問鬼神！」凡此公衆人物的迷信鬼神，宛然中國皇帝陰魂籠罩我國台灣。眞慘！

　　政論家司馬文武說：「…台灣的怪力亂神，氾濫成災，與黑金政治相互牽成，變成難兄難弟，政治領袖們有責任率先破除迷信，引導社會走上正確的方向，才有建立民主文化的空間。」❸這正是一針見血的眞言啊！

【34】

天，會光會暗。

Thiⁿ, oē-kng oē-àm.

Thiⁿ, ē-kng ē-àm.

時來運轉。

　　一、用來鼓勵人，面對艱難必要意志堅定，繼續奮鬥，因爲暗暝將過，黎明就到。二、用來譬喻人的運途，時暗時明。

　　同類句有：「有時星光，有時月光」；「圓人會扁，扁人會圓」；「三年水流東，三年水流西」；「今日好運水流東，明日歹運水流西。」前二句，是譬喻，用星星月亮的陰晴圓缺來支持運命

變化的必然；後二句，是信念，力說運命勝自然律，運可改變水流方向。

此外，又有「三年一運，好歹照輪」；「五年二閏，好歹照輪」(→134.21)等句，指出好運歹運的變遷有其韻律軌跡。

【35】

有合，必有分。

Iú ha̍p, pit-iú hun.

Iu ha̍p, pit-iu hun.

分分合合。

老先人斷言，人生在世沒有永遠的聚合，也沒有永遠的分離。說書人，用來說天下大勢，分分合合。

同類句：「分久必合，合久必分。」這句名諺，見於羅貫中的《三國演義》；句前加了按語：「話說天下大勢…」。又引了大明帝國詞人楊慎的《臨江仙》做了逍遙自在的開幕詞：

> 滾滾長江東逝水，浪花淘盡英雄。
>
> 是非成敗轉頭空，青山依舊在，幾度夕陽紅。
>
> 白髮漁樵江渚上，慣看秋月春風。
>
> 一壺濁酒喜相逢，古今多少事，都付笑談中。

其實，羅大才子並不以喝酒作樂的態度來看三國的分合。君不見，演義中寫的是幕幕陰謀坑人，回回橫屍遍野，頁頁血流漂杆，行行腐化的人性。這豈是「一壺濁酒喜相逢，古今多少事，都付笑談中」來消遣的北京戲？

時代不同啦，現代國家的分合是國民的意志和權利，沒有什

麼「分久必合，合久必分」的必然性！這層道理，台灣人應該清
楚，應該確信，應該主張。

【36】

大貴必有大賤，大敗必有大興。

Toā-kuì pit-iú toā-chiān, toā-paī pit-iú toā-heng.

Toā-kuì pit-iú toā-chēn, toā-paī pit-iú toā-heng.

命好命壞沒十全。

　　命相家之言，說的是人無十全福相，身體某個部位一定有其
致命弱點。

　　這幾乎是民間普遍的一種信念。看過某相士給歌星X小姐的
論相，說她面貌生得極好，眉、眼、額、印堂和地庫等，都是
「上等相」，唯獨鼻子太扁平低陷，是其缺點。她爲歌星鼻扁小，
發聲氣息薄弱無力，聲雖甜美，但可能導致呼吸病症。結果，X
小姐因氣喘病致死，雖非「福薄」，但卻「短命」！

　　總之，這句俗諺反映著民間相信「圓缺成敗」一體兩面。還
好，如此一解，略可開脫老天爺的偏心病狂。

【37】

食卵都有雙粒仁，行船哪無對頭風。

Chia̍h nn̄g to-ū siang-lia̍p-jîn,

　　kiâⁿ-chûn ná-bô tuì-thaû-hong.

Chiā nn̄g tō-ū siāng-lia̍p-jîn,

　　kiâⁿ-chûn ná-bō tuí-thaū-hong.

好運歹運各有時。

　　用來鼓勵人，面對逆境時，應該忍受。這如人吃蛋，偶而也
有吃到一蛋雙蛋黃的時候；如人終年航行海上，難免遇到暴風大

浪。

同類語:「順風駛船人人愛,逆風箭水人人哀」;「千日長,一日短。」是的,人生總有順逆,到時候該愛就愛,當哀就哀吧。何必裝扮無情金剛?雖然艱苦的日子度日如年,而快樂瞬息即逝。

【38】

憑天,候時。

Pn̄g thiⁿ, haū-sî.

Pn̄g thiⁿ, haū-sî.

待機而作。

用來鼓勵處於低潮的人,要他忍耐,等候天時。

相關句:「時到,花便開」;「揖墓龜,嘛愛看時陣。」第二句說的是,在清明節前後拜墓時才有的事:主家為要叫人分享先人澤德,將龜粿或「代金」分贈給前來圍觀的孩子。

在適當的時間,做適當的事是常識,是日常經驗,但俗語將之放大在人生歷程中的成敗,運途好壞,等等未知的大事。是的,待時重要,但不可守株待兔,如人臨淵慕魚,應該退而結網,才是應有的態度和做法。

【39】

臭草花,也有開滿的時。

Chhaù chhaú-hoe, iā-ū khui-moá ê sî.

Chhaú chhau-hoe, iā-ū khuī-moá ē sî.

野花也有嬌艷時。

用來疏解時運不佳的怨嘆。說時到花便開,就是那臭賤的「臭草花」也有奔放、艷麗、誘惑野蜂的機會和能耐。

同類句：「粟仔若老家己開，石榴若熟家己破。」

臭草花：正名馬纓丹，臭草花是俗名，又叫做廣葉美人櫻、五色繡球等。原產於西印度、南美洲，十七世紀時，荷蘭人引進我國栽植。她現在已經是認同本地的野花了。臭草花枝條半蔓性匍匐下垂，葉面粗糙，葉緣有細鋸齒，全株具特殊嗆味，花色很多，有黃、橙、紅、紛紅、紅黃混色等，開花性特佳，花期也很長，春夏盛開時佈滿全株，而且四季都會開花，為一非常良好之觀花類灌木。臭草花的果實沒熟時有毒，不可誤食。⓮

台灣民間對於「時間」的感受非常敏感，覺得時間不僅是自然韻律，也是神秘力量，所以人應知道順時而為；逆時而動，有傷太和，可能招來不吉。古以色列的智者，對於時間也有深刻的體會，但歸結於上帝，相信祂是時間的主宰。如此信仰，開展出一段著名的經文：

> 天下萬事都有定期，
> 都有上帝特定的時間。
> 生有時，死有時；
> 栽種有時，拔除有時；
> 殺害有時，醫治有時；
> 悲傷有時，歡樂有時；
> 哀慟有時，舞蹈有時；
> 同房有時，分房有時；
> 親熱有時，冷落有時；
> 尋找有時，遺失有時；
> 保存有時，捨棄有時；

撕裂有時，縫補有時；

緘默有時，言談有時；

愛有時，恨有時；

戰爭有時，和平有時。

上帝為萬事特定適當的時間；祂使我們有永恆的意識，卻不使我們完全明白祂一切的作為。所以我想，人不如時常歡樂，一生享福。我們都應該吃喝，享受辛勞的成果。這是上帝的恩賜。(《聖經·傳道書》3:1-8)

是的，用信仰來生活，不要老是想要打破更漏問時機。重要的是，如何活出上帝的恩賜，活得喜樂，活得自覺很有意義——人不要被套牢在文化、社會定義的「意義」下來受虐待，被凌遲。《聖經》說得好：「時常歡樂，一生享福…應該吃喝，享受辛勞的成果」！

【40】

濁水溪五十年清一遍。

Lô-chuí-khe gō·-cha̍p-nî chheng chi̍t-piàn.

Lō-chui-khe gō·-cha̍p-nî chhēng chi̍t-piàn.

合作奮鬥應時運。

用來勵志，人生難免不得志，但不可絕望，我國的濁水溪都有澄清的日子，人怎樣不會有好運叩門的機會呢？

相關句：「黃河尚有澄清日，豈可人無得運時」，見於《人生必讀》。

撫鍵至此，憶及我國最近盛傳濁水溪清淨，民間說是國家禎祥的大吉兆，專家說是溪水少，涮不著黑沙岩。不論如何，中國

人敢期待黃河澄清，一黨專制下台之日，台灣人怎麼不敢有完全獨立建國的願景？今晨我看到CNN報導我國第七度叩關「世界衛生組織」(WHO)被拒。看了，心肝鬱卒。啊，濁水溪有清淨之日，台灣人在世界村上出人頭地，要待何時？筆者有感，吟道：

講啥黃河會坐清	Kóng-siaⁿh N̂g-hô oē chē-chheng？
五旬濁水一清淨	gō·-sûn Lô-chuí it chheng-chēng！
自由民主台灣國	chū-iû bîn-chú Taî-oân-kok,
合作奮鬥造前程	ha̍p-chok hùn-tò· chō chiân-thêng.

唉，濁水溪清淨了，國會、縣市議會清淨了嗎？亂七八糟，不三不四的表演停了嗎？連一個WHO也進不了，還有臉在國人面前替中國作秀。時候將到，台灣選民必然清除污穢的政客。

【41】

日日是好日，時時是好時。

Ji̍t-ji̍t sī hó-ji̍t, sî-sî sī hó-sî.

Ji̍t-ji̍t sī ho-ji̍t, sī-sî sī ho-sî.

天天都是精進天。

用來勵志，斷言沒有凶時惡日，要在把握時間，天天都是好日子。

這句是禪語。雲門和尚對弟子說：「十日後來見我，每人都說一句道來。」過了十日，弟子都苦思良久，無法悟道，不敢去見雲門。雲門看了笑道：「日日是好日！」其實雲門不是要弟子利用這十天想出答案，而是告訴他們：把握每一天，則每一天都是

可以悟道的日子。**⑮**

　　禪師的如此超脫，值得台灣民間信士詳參了。為什麼「時間」和「空間」裏有那麼多邪惡的力量，來使人動著、衝著、土著、煞著？其實，心正不怕邪，日日都是好日！但目前我國應該小心應付的是：殺人不見血的「中國肺炎」！

【42】

恨命，莫怨天。

Hīn miā bók-oàn thian.

Hīn miā bók-oán then.

不怨天不尤人。

　　用來勸解散鄉落魄的人，開化他不要心懷憂怨，更不可怨妒別人，要怨的只有自己。知道了自己先天命薄，就得趕快起來建造後天的厚實的生命。

　　這句俚諺為台灣一般民間人士所深信，也是舊時「唸歌仔先生」大力宣傳的人生觀。請聽「歌仔」唱道：

> 看人富貴免欣羨，人講恨命莫怨天；
> 天下散人港千萬，領憑出世在世間。
> 也有出世著免趁，有人度日都為難；
> 世間散人無塊比，恨咱當初落土時。
> 歹命干若磨到死，富貴差姻攔使兒；
> 當今世界講繪盡，富貴由命不由人。

　　此外，同義句有「籠內雞角——恨咱命」；「清水岩的雞角——恨咱命歹」；「自恨枝無葉，莫怨太陽偏」。據悉，第二句

是彰化社頭鄉清水岩的俗語；傳說，本地的公鷄啼晨不是「舊一
久一舊」，而是「恨一咱一歹一命」。噫，姑妄聽之！

　　清水巖位於社頭鄉清水村山麓，初創於乾隆十年(1745)，後
經重修；巖祀釋迦牟尼佛。此地山澗、溪水清澈如鏡，故名「清
水巖」。與花壇虎山巖、南投碧山巖，並稱中部三大巖寺。

　　清水巖樹木蔭翳，丘壑之勝尤勝圖畫；春天野花爭艷，令人
心曠神怡，原是清據時期彰化八景之一。寺境之美如寺聯所記：
「清不沾塵景色晶瑩…」❻

【43】

吉人，自有天相。

Kiat-jîn chū-iú thian siòng.

Ket-jîn chū-iu thēn siòng.

天祐善人。

　　用來寬慰遭遇艱難困苦的當事人，或關係人，要他們堅信上
天福善禍淫，只要自己行得正，幹得對，災難也都可能轉為福
氣。

　　這句諺語來自成語「吉人天相」，常見於章回小說，如《警世
通言》等等。

【44】

五分命，五分拍拚。

Gō·-hun miā, gō·-hun phah-piàⁿ.

Gō·-hūn miā, gō·-hūn phá-piàⁿ.

天人股份公司。

　　用來勵志，一方面承認天命之必有，另一方面鼓勵人可能主
宰自己的命運；理論上這是「命」和「力」很好的妥協。

看來傳統儒教之士的人生觀，可用這句俗語來描述。君不見，舊時儒家之徒，雖然相信天命，更是信相文昌點頭，常把《易經》當命經來解命。雖是如此，還是苦苦十年窗下，天天「三更燈火五更鷄」，不盡這些人事，金榜那裏來？

【45】

三分天註定，七分靠拍拚。

Saⁿ-hun thiⁿ chù-tiāⁿ, chhit-hun khò phah-piàⁿ.

Sāⁿ-hun thiⁿ chú-tiāⁿ, chhit-hun khó phá-piàⁿ.

天命不論，拍拚要緊。

用來勵志。鼓舞奮鬥的志氣，灌輸認眞拍拚才能成大功，立大業；天命可以不論，其重要性不過三分而已。

這句是台灣新俗語，源自陳百潭先生詞曲的《愛拚才會贏》。

背景：前世紀八十年代，台灣人認眞打拚，經濟起飛，景氣大好。但社會也因此出現了優勝劣敗的現象，敗下來的難免消沈苦悶，飲酒解愁。身處如此急變社會，要如何是好？潦落去啦！拚啦，愛拚才會贏！這種「拍拚」的精神成爲民間大衆，也是當時反對黨的黨魂。這首台灣歌，反映的就是這時代的精神。

這首歌詞句貼近社會現實，樂曲輕快悠揚，極有鼓舞鬥志的作用，難怪成爲民進黨集會、選戰，最愛唱的歌曲。（歌詞請看16.15）

眞害，剛才CNN報導：「台灣SARS患者新增39名，感染率世界第一！」(20 May 2003)看了心肝艱苦，我掛念第一線拚鬥的醫護天使，有關人員和被感染的同胞。請加油，請一定戰勝病毒，一定要贏過死亡！我要給恁加油，爲恁高唱「愛拚才會贏」，一定會贏！

　　拚贏歌唱了幾回，覺得還缺了什麼。……是啦，是啦，祈禱也！我們應該爲醫護人員的康安祈禱，爲祖國台灣早日清淨祈禱，爲「中國肺炎」快快絕滅祈禱：

　　　　願主賜福保佑您
　　　　願上主的榮耀遍照您
　　　　願他無限的恩慈待您
　　　　賜您平安
　　　　賜您平安
　　　　阿們！
　　　　阿們！

注釋

1. At:http://www.pts.org.tw/～web01/ocean/p2-3-8.htm（15 May 2003）

2. 參看，洪丕謨、姜玉珍，《中國古代算命術》（上海：人民出版社，1990），頁64-69。

3. 這句話說的是「斷水七天人衰弱」。此處玩了同音異義的雙關，用「一星期」（one week）的滴水不進，來耍「人衰弱」（one weak）。

4. 轉引，阮昌銳，《莊嚴的世界》上，頁III-5。

5. 轉引，蔡相輝，《台灣的祠祀與宗教》（台北：台原出版社，1998），頁145。

6. 參看，中國道教協會編，「文昌帝君」，《道教大辭典》，頁315-316。

7. 參看，朱元壽，《神誕譜》，頁66。

8. 見，凌志四，《台灣民俗大觀》第三冊，頁104。

9. 「六合」，《道教大辭典》，頁306。

10. 「八罩」：澎湖群島中的第四大島，屬望安鄉。該島一向財源缺乏，近年該鄉公所曾負債三千餘萬。據說，鄉長爲要紓困，曾提議出售西吉嶼給中國，或押島向中國人民銀行借錢云云。(→《自由時報》2002(5.7):4)

11. 陳輝樺、蘇明俊，「冬季星座(3)：大犬座與天狼星」，天文教育資訊網。At:http://aeea.nmns.edu.tw/2003/0301/ap030104.html （17 May 2003)

12. 按江國貞教授研究，漢文帝是一位以德化民的仁君。他的儉樸，歷代沒有任一帝王可及！爲了減輕人民負擔：田租由十五稅一，改爲三十稅一，後來又下詔免徵田租…他注重民間疾苦，不是「不問蒼生」的帝王。At:http://www.literature.idv.tw/news/n-97.htm （20 May 2003)

13. 見，司馬文武，「政治領袖推波助瀾，怪力亂神氾濫成災」，《新新聞》。At:http://www.new7.com.tw/weekly/old/501 （18 May 2003)

14. At:http://www.yctsayl.idv.tw/yctsayl/menu/ranch/03/03005.htm （18 May 2003)

15. 潘台成，《綠化心靈》。At:http://tw.websearch.yahoo.com/search （19 May 2003)

16. 參看http://www.hlps.chc.edu.tw/changhua/other/ching.htm （20 May 2003)

第六節　因果報應

本節段落：

因因果果01-06　必有報應07-10　報應方式11-20　懷疑報應21-23

【01】

種瓜得瓜，種豆得豆。

Chèng-koe tit koe, chèng-taū tit taū.

Chéng-koe tit koe, chéng-taū tit taū.

善惡種收善惡果。

　　用來勸善。勸人種善因，以期待收善果。撒下的種子是原因，而發生的、收穫的瓜果豆莢是栽種的結果。

　　這句俗諺有人給它加了下聯：「種瓜得瓜，種豆得豆；一分耕耘，一分收穫。」

　　本句，可能激發收美果、甜果、碩果，等等好果子的幻想、希望。但據說，真正修行的人並不在意收啥果子，要緊的是栽種了什麼。這是所謂的「凡夫畏果，菩薩種因」。

　　正常情形之下，「種瓜得瓜，種豆得豆」是普遍法則；如此，自然和人類才能夠各從其類的活下去。然而，自然界和人間世潛存著「突變」的勢力，不論是主體自發的突變，或是環境誘導的突變。結果，變種的瓜，變種的豆，變相的人出現了。

　　然而，善因善果是正常的，種善因是做人的道德本務。所以，勇敢地繼續栽種香瓜、甜豆吧。哪怕一大堆好瓜好豆中有幾個爛瓜，幾粒臭豆！從某種角度看，爛瓜臭豆也頗可憐，它們被

打入垃圾堆。聖保羅有言：

> 如果他為著滿足自己的情慾而撒種，他要收取死亡；如果他為要得聖靈的喜悅而撒種，他要收穫永恆的生命。所以我們行善，不可喪志；我們若不灰心，時候到了，就有收成。(《聖經・加拉太書》6：8-9)

是的，行善不可喪志，「善人」嘛！惡人，除非改惡從善，不然可能行善嗎？基督徒相信「我的善」不是我的，而是上帝交託的；善因善緣結善果，彼此分享神恩也。善哉！

【02】

冤有頭，債有主。

Oan iú-thaû, chè iú-chú.

Oan iu-thaû, chè iu-chú.

跑不了恩恩怨怨。

斷言，冤冤相報有一定對象，正如債主只找負債者，報仇者只挑仇人。

這句諺語是台灣人的社會倫理規範之一：虧欠必要還報，債主會來索債。無法度啦，正是「跑得了和尚，跑不了廟」，恩恩怨怨，因緣牽纏，天涯海角也沒有躲避之處。怕麻煩，只有不結怨，不負債。

當今台灣人讀這句老諺，看到了什麼？筆者看到的是「胡亂報冤討債」的亂象：有台灣社會的，有來自中國的。這是怎麼說的？僅舉一二。君不見，二二八事件，中國國民黨政府亂殺台灣人；中國要吞併跟它無瓜無葛的我國台灣；台灣要參加聯合國，

中國反對；台灣在選總統，中國反對；台灣要參加世衛，中國反對；咱的小姐芳名"MISS TAIWAN"，中國反對！中國見台灣必反對，這是什麼因果？如此惡霸，小心報應哦！

　　然而，人家中國領導人不信因果，不信報應。沒有關係，信仰自由嘛，要緊的是中國有無數億人信因果，中國有無數億人修法輪功。這無數億人就是中國的「報應」，信不信聽便。中國領導人只有改惡從善一途，因果報應，絲毫不爽！

【03】

雷陳，有認主。

Luî tân, ū-jīn chú.

Luî tân, ū-jīn chú.

雷公要吃點心啦。

　　斷言，雷公不會黑白殺人，那些被雷公處決的，都是登記有案的報應人，雷公仔點心也。

　　相關句：「雷公仔點心」；「歹心，互雷唅」；「新雷猶不知，舊雷本熟似。」首句，舊時沒有修養的老母，用來詈罵孽子，責他忤逆不孝，雷霹難免。第二句，邪惡心行之人，將遭雷吻。最後一句，喻指某人素行不良，已經是人盡皆知，老雷欲轟之久矣。

　　雷陳：雷電襲擊，字面義是雷鳴。　認主：認得對象，知道誰是主角。　互雷唅：雷吻，天雷打殺。　本熟似：早就熟悉的人；老主顧。

　　看了這句俗語，我們難免要問：雷公登記有案的所謂「雷公仔點心」是什麼樣的腳色？勸善文有解答，雷仔公點心是：

第一作孽，便是忤逆，不孝爺娘，雷公要擊。

五穀不惜，罰他後來，沒得飯吃，還恐難免，天雷霹靂。

字褙鞋片，也爲作孽，踏在鞋底，天雷必擊。

從前惡蹟，如敢再犯，天雷霹靂。❶

上面四句，勸善人用來勸人孝順父母，愛惜五穀，敬重字紙，以及忠於誓言。唉，老長老用心良苦，祭出雷公來勸善。但請讀友們不要反果爲因才好，我們知道，有某種善人，生活工作比無數惡人更接近雷公，也曾有意外發生過。那會是誰？巡山員、高山住民、海上漁民、氣象觀測員、登山者，等等，大都是有功於家，有勞於國的大善人也。

（參看，「好心，互雷唚。」．19）

【04】
今生作福，來生消受。
Kim-seng chok hok, laî-seng siau-siū.
Kīm-seng chok hok, laī-seng siāu-siū.
來生福今生製造。

用來勸善，鼓勵人從現在開始就當積極行善，以備來生享用。

相關句：「今世做，今世報」；「今世做，後世報」；「這世做，後世報」；「前世作孽，今世報應。」

這是有名的佛家語，說的道理是根據善惡因果通三世之說。《涅槃經》有言：「善惡之報，如影隨形；三世因果，循環不失。」又《大般涅槃經憍陳如品》說：「衆生從業而有果報，如是果報則

有三種：一者現報；二者生報；三者後報。」民間最流行的《三世因果經》說：「若問前生事，今生受者是；若問後世事，今生做者是。」

　　因果通三世之說頗有警世的作用。對於修道者來說，他在今世種善因，來補償「過去」的虧欠，並蓄積福報於「將來」。如此，「現在」的生活自然會謹慎，遵行善道，活出道德的生活。可見因果通三世，對於個人的進德有積極的意義。

　　然而，因果通三世之說頗難說明「歷史大事」的因果和「善人遭難」的問題。例如，有千百萬人死在毛澤東「階級敵人」的罪名下；又有千百萬人死在十年文革；又有千百萬人死在老毛大躍進，「十五年超英趕美」，造成的三年大饑荒(1959–1961)。❷難道這數千萬中國人，前世都欠老毛和共產黨徒的「命債」嗎？如此，「因果」當如何解釋？

【05】

前世，歹積德。

Chêng-sè, phaiⁿ chek-tek.

Chēng-sì, phaiⁿ chek-tek.

因何走路像企鵝？

　　用來解釋當前的不幸，例如，不如人，不如意，有災禍，有苦難，等等的原因，而這些原因都是前世做了壞事，今世才有這種報應。

　　噫，這樣解釋，是將一切受苦、不幸都推到受害者不可知的過去，將道德行動主體推進冥冥世界，然後以果斷因。如此說教，乃是超理的信仰、教條。數千年來印度教種姓制度，宰制「賤民首陀羅」命運，也就是套牢在不可知的過去的宿命和現在的

認命的神話上面。我在想，宗教和修道的目的，應是助人從宿命思想獲得釋放、獲得自由，不是嗎？

這句俗諺耳熟能詳，小時候常聽到九姑婆如此評斷殘障和遭遇不幸的人，聽來於心非常不忍。許媛如小姐在「給沮喪的你」一文中，寫道：

> 我覺得自己不漂亮，我太矮，而且我走路的樣子像企鵝……
> 很多次我走在街上，會有小孩問他媽：「媽媽！那個人為甚麼那麼矮？」
> 也曾有鄉下婆婆告誡媳婦一定要積陰德，才不會生出像我一樣的殘障孩子。她們語重心長的說：「歹積德喔，前世恁作壞歹喔！」
> 我曾因殘障問題被拒入學，我曾因身體的殘缺而感情受挫，我不難過嗎？說實話，我的確難過，可是當我難過的時候，上帝總是會適時把我找回來！
> 上帝告訴我說：「你很獨特，你的心善良，你充滿自信，你熱愛生命，你真誠愛人，你學有專長，世界上找不出第二個你！」❸

停止用別人的遭遇當因果報應的教材吧！面對災難不幸，伸出援手，解決問題才是要緊。《福音書》記載耶穌憐愛艱苦人，看見他們就動了慈心，醫癒殘障，驅逐魔鬼。值得注意的是，有關記事總有這麼一句話：「…歸榮耀上帝。」耶穌改變當前被譏刺做「歹積德」的人的運命，使他恢復尊嚴，使他覺得滿有光彩。是

的，上帝的榮耀就是人得到你拯救，人轉禍爲福。

【06】

前世人，摃破伊的黃金甕。

Chêng-sì-lâng, kòng-phoà i--ê hông-kim-àng.

Chēng-sí-lâng, kóng-phoá ī-ē hōng-kīm-àng.

小牧童告罪了！

　　心懷不平的人，用來自哀自怨。說如此被人欺負凌辱，一定是前世侵犯到人家的祖墳，傷了人家當選皇帝的好風水。

　　相關句：「前世人，踏破伊的棺柴蓋。」不是盜墓。舊時，很可能是牧童在公墓放牛吃草，老牛不小心踏破了人家的老墳墓，壞了腐朽的棺蓋。

　　什麼是黃金甕？平常的，高約二尺、直徑約爲一尺的陶甕，用來收藏枯骨。此甕，是很「神聖的」黃金甕也。這是拾骨，又稱洗骨後，必要的藏寶器。

　　那麼，什麼是「黃金」？當然囉，這不是狗屎人糞一類的，也不是賤金屬一類的，而是自家人的枯骨。例如，過往祖先，埋葬了五至七年後，挖開墳墓，揀出骨骸，刷去泥土，曬乾黃金，將之裝入「黃金甕」。然後，請日師卜個大吉之日，來擇處埋葬寶甕。

【07】

一報還一報。

It pò hoân it-pò.

It pò hoân it-pò.

公道啦！

　　用來勸善。斷言，報應之道，就是善善惡惡，虧欠的一定是

如數如量還報。

　　此種還報說法，乃是普世信念。不論是人間交際互動，也都以一報還一報爲通則。然而這句用在因果報應時，就有不同傳統：民間信仰將報應的主持者關聯到天公、鬼神；儒教則將之放在天人感應的基礎上，所謂：「爲善者天報之以福，爲不善者天報之以禍。」(《荀子·宥坐》)

　　至於佛教的報應，則以「三世因果」來立論，來教化。如此，「一報還一報」是因因果果，自作自受，無須上天或鬼神的干預，無須良心制裁，或上帝審判。

　　古今以色列人都奉行「一報還一報」的信條。摩西的律法明記：「以眼還眼、以牙還牙、以手還手、以腳還腳、以烙還烙、以傷還傷、以打還打。」(《聖經·出埃及記》21:24-25)這是原始的報應律。看來相當公平，可是仔細一想，並不盡公平。君不見，原來的受害者沒了一眼，缺了一手，經過「還眼，還手」之後，世上多了一對殘傷者。所以，從「大格局」看，硬心腸的報應，既是殘忍又不公道。

　　耶穌也提到報應，但他要用「慈愛」來「補眼，補牙」。他說：

　　　　你們聽見有話說：「以眼還眼、以牙還牙。」只是我告訴你們、不要與惡人作對。有人打你的右臉、連左臉也轉過來由他打。

　　　　你們聽見有話說：「當愛你的鄰舍、恨你的仇敵。」只是我告訴你們、要愛你們的仇敵。爲那逼迫你們的禱告。這樣、就可以作你們天父的兒子。因爲他叫日頭照好人、也照歹人，降雨給義人、也給不義的人。(《聖經·馬太福音》4:38-39;

43–45）

難了，曲高和寡！豈是爲一般人說法？是的，極不容易，所以學界說它是「天國公民的道德」。當然，面對集體邪惡，像紅衛兵，像蓋世太保；面對妖魔化的政治巨獸，像毛澤東，像希特勒，是不適用天國道德的。我想連耶穌也不會實行這種特殊倫理教訓。能如此解說嗎？怎麼不能！君不見，耶穌在世，不是常常「驅鬼」，隨時「滅魔」嗎？

愛你的敵「人」，有化解報應之功；愛妖魔鬼怪，只有自取毀滅。此不可不明辨之。

【08】

禍福無門，唯人自召。

Hō-hok bû bûn, uî jîn chū-tiàu.

Hō-hok bū bûn, uî jîn chū-tiàu.

相隨禍福任君邀。

用來勸善。教人約束心念，端正言行，因爲災害和福氣都是自己召引的。

這句老名諺源自道敎《太上感應篇》，開宗明義強調：「禍福無門，唯人自召；善惡之報，如影隨形。」李昌齡傳注道：「一念未起，則方寸湛然，有同太虛。何者爲善？何者爲惡？及一念才起，趣向不同，善惡既殊，禍福即異。」怎不戒愼？心念一動，善惡立判，禍胎福孕發育了。

【09】

天眼恢恢，報應甚速。

Thian-gán hoe-hoe, pò-èng sīm sok.

Thēn-gán hoē-hoe, pó-èng sīm sok.

上天監察報應快。

　　提醒人冥冥之中有報應，不要說天眼恢恢，更不能說老天爺眼睛花花，當知天公帳簿好大本，報應必有且非常快速也。

　　這句老諺，屢見於晉漢等史籍，如《晉史・劉頌傳》；傳統修養讀物，如《增廣昔時賢文》和《人生必讀》都收錄。同類語有：「虧人是禍，饒人是福；天眼恢恢，報應甚速」，《顏氏家訓》有類似的教示。

　　恢恢：寬廣疏鬆的樣子，如「天網恢恢，疏而不失」；天眼太大了，大得令人覺得似有似無。

　　有現代勸善詩，用白話表達本句諺語的說法：

　　　　天上有眼睛，善惡分得清；
　　　　好人得福果，惡人遭報應。

　　　　（參看，「天公數簿，大本。」31.25）

【10】

善有善報，惡有惡報；嗯是無報，天時未到。

Siān iú siān-pò, ok iú ok-pò; m̄-sī bô pò, thian-sî bī tò.

Sēn iu sēn-pò, ok iu ok-pò; m̄-sī bō pò, thēn-sî bī tò.

早報晚報都有報。

　　斷言做善事有善報，做惡事有惡報；不要說沒有報，不同的是，早報晚報。

　　這句老名諺，常用第一分句：「善有善報、惡有惡報」，而第

二分句又做如「不是不報，天時未到」。同義句：「善惡到頭將有報，只爭來早與來遲。」相關句：「積善成名，積惡滅身」；「善積者昌，惡積者喪」；「善人得福為之賞，惡人得福為之殃」；「無端獲福，禍必隨之。」

　　善惡有報應可說是非常普遍的教示，古以色列的先知說：

> 行為正直的人將有喜樂，事事順利；
> 他們要享受自己工作的成果。
> 作惡的人卻要遭殃，
> 他們要因自己所做的壞事遭報應。
>
> 《聖經・以賽亞書》3:11

　　那麼，為什麼會有善惡報？最流行的說法有「因果報應說」和「上帝審判說」。但當今少年郎另闢新義，網路上討論「報應」來源。眾說紛紛，其中有「外星人說」，說因果報應是他們給地球上的人類設定的程式，以維持社會秩序；又有「磁場效應說」，有「能量放射說」，等等說。

　　真好，論因果說報應，但請多多製造善氣、福氣、喜氣！說不定多少能吹散瀰漫著人心，社會各個角落的惡氣、禍氣、凶氣。

【11】

積善之家必有餘慶，積不善之家必有餘殃。

Chek-siān chi ka pit-iú û-khèng,

　　chek put-siān chi ka pit-iú û-iong.

Chek-sēn chī ka pit-iú ū-khèng,

chek put-sēn chī ka pit-iu ū-iong.
鷄犬升天vs.抄家滅族。

　　鼓勵父母公媽，多積善德以福蔭子孫。如此，可望一人在朝，九族耀武揚威；否則積惡太多，己身受報未盡，餘殃累及子子孫孫，使他們世代窮苦。

　　相關句：「積福有福在，行善有陰功。」

　　這句老名諺出身名門，來自《周易・坤卦・文言》。本句含蘊的思想屢屢異化成千百年來專制中國的「抄家滅族」和「保庇九族」。此外，此語立基的思想，正是家族主義的基盤；就此，洪應明《菜根談》有所反映：

　　　　問祖宗之德澤，吾身所享者是，當念其積累之難；問子孫之福祉，吾身所貽者是，要思其覆之易。……常言道：「積善之家，必有餘慶；積不善之家，必有餘殃」。故世人常思，子孫守業惟艱，傾業之易，對子孫宜善導之，使知以謹慎敬畏態度處事，始可上昭祖先事業之光大，下及子孫之榮顯也。

　　這是中國家族型因果觀，明顯地異於印度自作自受的業報說。佛教的善因善報，惡因惡果，業力不廢，沒有連累子孫的道理。佛陀有言：「施者行施，施者受報。」(《雜阿含經》141)《泥洹經》也說：「父作不善，子不代受；子作不善，父亦不受。」

　　眞好，善惡因果，各自受報。中國人應該善用這種信仰，化做力量來反抗，來消滅專制領導人的抄家連坐。

【12】

遠報兒孫，近報自身。

Oán pò jî-sun, kīn pò chū-sin.

Oan pò jī-sun, kīn pò chū-sin.

自作自受孫也受。

　　斷言，因果報應，善善惡惡，不僅報應於當事人，也報及子子孫孫。

　　這句老諺講得相當無理，不是嗎？「自作自受」災情已經夠慘重，還得「牽龜落湳」，連累子孫！是的，無理至極，但現實如此，可能性也如此。話說當今台灣認真增建核能發電廠，當做富國事業。當知，萬一核電廠爆炸，小小台灣沉淪做阿鼻大地獄！如此，近報自身；遠報呢？有啥遠報？兒孫絕，報應盡！

　　連帶報應的思想非常古老，道教也有如是見解，《太上感應篇》載：「苟或非義而動，背理而行；以惡爲能，忍作殘害；陰賊良善…如是等罪，司命隨其輕重，奪其計算。算盡則死；死有餘責，乃殃及子孫。又諸橫取人財者，乃計其妻子家口以當之，漸至死喪。」

　　古以色列人也看到了報應的連帶性，他們的智者說：「城邑因義人居住而興隆，市鎮因邪惡人的言語而傾覆。」(《聖經·箴言》11:11)大哉報應！義人福蔭他的城市，惡人毀滅她。

　　舊世界的善惡連帶報應，因爲地理、交通等等阻隔、限制，影響的範圍和報應速度較小而慢。當今世界村，一人一國作惡，市鎮、社會、邦國，全世界受害受苦。且不提恐怖分子，單說「中國肺炎」，因中國政府草菅人命，死愛面子，粉飾太平，掩飾疫情，造成世紀大瘟疫，全球受連累，千萬人悽慘落魄。

噫,邪惡的連累太可怕啦。如何是好?唯一辦法:斷絕惡緣。

【13】

草索拖俺公,草索拖俺父。

Chhaú-soh thoa án-kong, chhaú-soh thoa án-pē.

Chhau-soh thoā an-kong, chhau-soh thoā an-pē.

不孝爸出不孝子。

勸人孝順父母。孝是家庭道德,也是教養子女的重要德目。老爸不孝,孩子看在眼裏,必有負面影響。

相關句:「歹人,獪出好囝孫」;「不孝生囝免歡喜,忤逆囝生忤逆兒。」為什麼說「不孝生囝免歡喜」?第二分句有解:「忤逆囝生忤逆兒。」

世界宗教都重視孝敬父母,佛教強調孝親,《地藏菩薩本願經》第三品有言:「若有衆生不孝父母,或至殺害,當墮無間地獄,千萬億劫,求出無期。」

以色列人通過立法來規範兒女孝敬父母,摩西律法說:「打父母的、必要把他治死…咒詛父母的、必要把他治死。」(《出埃及記》21:15, 17)又說:「人若有頑梗悖逆的兒子,不聽從父母的話,他們雖懲治他,他仍不聽從。父母就要抓住他,將他帶到本地的城門,本城的長老那裏接受審判。」(《申命記》21:18-19)

智慧人警告忤逆兒,說他們:「戲笑父親,藐視而不聽從母親的,他的眼睛,必為谷中的烏鴉啄出來,為鷹雛所喫。」(《箴言》30:17)又說:「咒詛父母的,他的燈必滅,變為漆黑的黑暗。」(《箴言》20:20)

《聖經》說孝子是上帝和人祝福的對象,摩西律法載:「當孝

敬父母，使你的日子在耶和華你的上帝所賜你的地上，得以長存。」(《出埃及記》20:12；《利未記》19:3；參看《以弗所書》6:3)

耶穌基督也教孝，他說：「當孝敬父母，又當愛人如己。」(《馬太福音》19:19)他不從因果報應立教，他以愛親爲人子的本分。草索拖爸拖子，非常殘忍，何不「使父母歡喜，使生你的快樂」？(《箴言》23:25)

【14】

燒山毒窟，絕囝絕孫。

Sio-soaⁿ thaū-khut, chē-kiáⁿ chē-sun.

Siō-soaⁿ thaū-khut, chē-kiáⁿ chē-sun.

謀殺大地無活命。

勸止破壞生態環境，嚴厲如同咒詛，要人認識山林湖溪一旦漠化乾涸，也就是絕子絕孫的時候了。

燒山：有多種，如燒山打獵、焚墾、濫墾，等等。這是原始的獵耕方式，會嚴重的破壞生態，危及動物和人類的生存；燒山，如1997年印尼，引起嚴重霾害。　毒窟：溪流水窟，用毒藥殺魚。《三世因果經》有言：「被人毒死爲何因，前世攔河毒魚人。」

人類歷史上最荒唐的燒山，應是晉文公燒山來強迫避入深山不當官的介之推。誰知介之推寧死不仕，連老夫人也被燒死，無數樹木、花草、動物、昆蟲陪葬。眞慘，糊塗暴君，結果給中國人發明了「足下」，一雙木屐──眞想聽聽小學老師講這段故事。

看了這句俗諺，痛心我國台灣遭遇到的生態浩劫。靜宜大學生態所陳玉峰所長指出：

台灣的倒行逆施橫行如故，官方所謂的生態工法、水土

保持、全民造林、平地景觀造林…，依然以蠅頭小利，誘使
農民砍大樹種小苗，全面清除次生林、天然林，矯情栽植水
不服、土不從的島內外外來種。直到現在，台灣人…仍然縱
容傷天害理的造林，爲造林而伐木！我不確定台灣還有多少
福份可以揮霍？…國土潰決還能拚經濟？❹

　　慘哉，舊時台灣人「燒山毒窟」，現時濫伐森林，栽種小樹！
國土潰決，皮之不存、毛將焉附？苦哉，洪水乾旱，山崩土流，
紛紛報應台灣人。自作孽嘛，怨啥天！

【15】
豬刀利利，趁錢燴過後代。

Ti-to laī-laī, thàn-chîⁿ boē-koè aū-taī.

Tī-to laī-laī, thán-chîⁿ bē-koé aū-taī.

放下屠刀來食菜！

　　用來勸戒勿殺動物。雖然句裏說的是「不可殺豬」，這只是用
殺豬做代表。台灣吃豬肉的人比吃牛肉的人多，還有，殺牛不普
遍，牠是舊時農耕動力，農家哪能隨便賣牛供人屠宰？

　　同義句：「刣豬錢，燴過後代。」

　　台灣人普遍禁忌「殺生」，認爲刣牛殺豬是惡業，是報應迅速
的代誌。《三世因果經》如此勸戒：

　　　　今生短命是何因，前世宰殺衆生身
　　　　下身膿血生暗病，殺豬殺狗殺鷄禽
　　　　今生多病爲何因，殺生害命打飛禽
　　　　今生短命爲何因，怨天恨地殺生靈

如此，報得暗疾叢生，屠宰所賺的錢盡，人死，有啥錢留給後代？

且不談因果報應，牛、豬、羊、鷄、鴨，等等動物，台灣人是吃得太多了，吃出巨人處處。據說，中國人吃多了果子狸，吃出「煞士病毒」，讓「中國肺炎」傳染世界。

請珍惜百年寶體。何不多多吃素，多唸阿彌陀佛；常常吃菜，常唱哈利路亞？

【16】

蝕兄弟，僥伙記，趁錢燴過後世。

Si̍h hiaⁿ-tī, hiau hoé-kì, thàn-chîⁿ boē-koè aū-sè.

Sī hiāⁿ-tī, hiāu hoé-kì, thán-chîⁿ bē-koé aū-sì.

禍哉，公庫通褲袋。

戒人不可歪糕。兄弟合伙，公司合股，若有盈餘應該公平分享。否則私下A錢，自己必遭報應，後代無法消受。

同類句有：「梟人，無好尾」；「咒詛錢，燴過暝。」

蝕：剝虧人家。　僥：不遵守契約義務，虧負也。　伙記：合夥人，或店員。　燴過後世：歪得的錢，子孫無法消受。　梟人〔hiau lâng〕：梟，當動詞，人為受詞；意指背負他人、侵貪了人。（→「台灣梟雄山」11.16）　咒詛錢：A來的黑金，賣春的黃錢，等類的金錢。所以說「咒詛錢」，因為這種錢是害人利己，必召咒詛報應的黑金。

本句，用因果報應來勸人公道處理合作的或公家的財務，用意良苦；但是它的局限性至為明顯。舊時，訴之良心，現時要訴之法律、制度、民意、選票。公財應該放在陽光下來控制、監督。現代文明國家，哪有像我國台灣，有政黨，有銀行，有公家

事業，可被A錢，可被掏空，可當做私人財產來亂搞的？

還好，因果報應昭然，雖然來得慢些。人民終於是用怨嘆、咒詛、三字經，來唾棄黑官，用「選票」來報應政棍！嘉哉！報應不爽。

【17】

刻薄成家，理無久享。

Khek-pȯk sêng ka, lí bû kiú-hióng.

Khek-pȯk sēng ka, lí bū kiu-hióng.

家國橫逆無久享。

鼓勵人修養敦厚善心，因為刻薄虧人致富，就是家世興旺一時，也不能繼續。

這句俗語原是對個人說法，但說國家、團體也通。殘暴的領導人和他的爪牙，內鬥、腐敗，必然嚴重，天災人禍頻頻，再加上人民的報應，如此國家，哪有久享的道理？

五月二十三日我國申請參加「世界衛生組織」(WHO)及「世衛大會」(WHA)。正當「中國肺炎」(SARS)瘟疫中，這是獲得世界滅瘟協助，保護2300萬台灣人生命的必要做法。誰知，中國在會議上惡形惡狀的反對，因此失敗。報載(→當日《自由時報》；《台灣日報》等)當時的場面：

　　中國副總理吳儀向大會發言：「…台灣參加WHO於法不符，於理不容，於情不合！」

　　美國衛生部長湯姆森支持台灣，發言：「有效之公共衛生需求是每個人都該享有的權利。因此，美國強烈支持台灣入會以對抗SARS疫情！」

　　中國官員步出會場時，中央社記者問：「…你聽到台灣
兩千萬人的需要嗎？……」

　　一個男性官員頭也不回地咆哮：「早就該拒絕啦！」

　　另一個男官員側著臉回她：「沒聽到大會做的決定嗎？」

　　又一個男官員拋出一句：「誰理你們？」

　　隨即揚長而去！

　　啊，中國領導人嘴臉兇惡，心態惡霸可鄙，醜得萬分難看。
這是中國的代表？真是給「偉大的」中華人民共和國丟人現眼。台
灣在緊急尋求保命，中國官在國際上趁火打劫。老名諺說：「刻
薄成家，理無久享！」這幫人統治中國，報應快了！

【18】

亂亂做，獪責頭也責尾。

Loān-loān choè, boē chek-thaû iā chek-boé.

Loān-loān chò, boē chek-thaû iā chek-boé.

亂來種因天罰果。

　　斷言倒行逆施，以惡為能，專門欺凌善良以自飽自肥的惡
人，必遭惡報。

　　獪責頭也責尾：天罰報應，不是現在，就是後來。

　　這句是非常通俗的俚諺，老先人用來「咒詛」為非作歹，一時
逍遙法外，或仍然耀武揚威的歹人。

　　說來有趣，網路上有不少法輪功網站，有許多善文專門向江
澤民，高幹、公安勸善。有一篇「告警察」的善文，如此苦勸公安
改邪歸正：

邪惡警察少猖狂

逆天行事要遭殃

災禍天天有

大難在後頭

警鐘已敲響

回頭悟一悟

莫拿生命當兒戲

棄惡揚善來得及

若被名利擋眼睛

惡報下場受不起❺

勸善人眼看中國瘟疫不斷，如口蹄疫、禽流疫、血毒症、煞死肺炎等等；又有洪水大旱，礦坑災變，天災人禍不斷。他們認爲這些都是中國領導人，迫害善良，虐待百姓，罪惡灌滿，報應的徵兆。他們勸請公安警察，切莫爲虎作倀，懺悔歸正要緊。

是的，勸得極是！連法輪功也定罪做「邪教」，來迫害凌遲。如此「亂亂做」，如此殘酷邪惡，哪能沒有報應？

【19】

冤鬼，抽舌筋。

Oan kuí, thiu chi̍h-kin.

Oān kuí, thiū chī-kin.

捏造是非舌筋抽。

教示人存心善良，講話誠實，不可搬弄是非，講話刻薄，或造謠害人。如是等罪，將有抽舌筋小鬼伺候。

這句俚諺反映著十殿地獄，第七殿泰山王「熱惱大地獄」的第

十二分獄「拔舌穿腮小地獄」的行刑項目之一。這裏處刑的是：在世「口出邪惡之言，捏造是非，發人陰私；尖酸諷刺他人的過失，搬弄是非，致雙方滋生鬥毆，變生許多事端、意外等等罪行」。(《玉歷文鈔勸世文》)

驚死我了！「口出邪惡之言」者，報應如此之重。那麼，現時台灣某些立委、報刊和黑媒體，游走法律漏洞，在國會抹黑塗黃，新聞審判，電視「吐血口水節目」，爲匪統戰，搞亂國政，誹謗正人，動搖民心，嚴重毒害台灣人的思想耳目。如此惡毒，會有什麼報應？

報應？按因果大法，「抽舌筋」是跑不了的啦！問題是，台灣社會沒有再被他們如此擾亂蹂躪的本錢。每一個不願受害的台灣人，應該抗議、抵制、示威，要他是非曲直交代清楚。司法不彰，公義不明，台灣哪有平安的日子？

惡鬼何在？還不快去抽舌筋！

【20】

好心，互雷唚。

Hó-sim, hō˙ luî chim.

Ho-sim, hō˙ luî chim.

好人好事好冤枉。

用來嘆息。自認一片好心，給人做了好事，竟然招來誤會、不滿、損害。眞害，雷公無目睭啦！

相關句：「歹心的食雷肉，好心的互雷拍。」

(參看，「雷陳，有認主」；「歹心，互雷唚。」.03，03＊；「好心，害了心。」234.18)

【21】

好心倒得餓，歹心戴紗帽。

Hó-sim tó-teh gō, phaíⁿ-sim tì se-bō.

Ho-sim to-té gō, phaiⁿ-sim tí sē-bō.

惡迪吉報應何在？

懷疑因果報應，也是善人的感嘆。他眼看善人萬事不通，貧飢交纏，煩惱一籮筐；但那心術不正之徒，卻是文昌高高提攜，連爬帶趖官階步步高升。

同類句：「好心好行，無衫可穿」；「好心倒得餓，歹心戴王帽」；「紗帽若無烏，做官著土土土。」最後一句，諷刺爲官必貪，乃是中國文化之必然。烏紗帽不夠黑，貪污不多的，食飯著攪鹽，官場前程三字土。

倒得餓：喻指窮得發病，潦倒至極。　好心好行：行，坊間做幸，疑誤。此處當行爲、品行解。　無衫可穿：譬喻赤貧。　紗帽若無烏：若不幹黑官，貪瀆枉法。　土土土：狼狽不堪。

小檔案：烏紗帽原是民間常戴的便帽。大明帝國洪武年間，定爲「官帽」。此帽，源自東晉帝國成帝時代，規定凡是在都城宮中做事的人，要頂戴用黑紗做的帽子，此「烏紗帽」也。到了大宋帝國明帝時代，此帽流傳於民間，成爲便帽。

大明帝國朱皇帝元璋定都南京之後，於洪武三年(1370)規定文武百官上朝和辦公，一律戴烏紗帽，穿圓領衫，束腰帶。考得功名，未授官職的狀元、進士，也可頂戴此帽。從此，烏紗帽成爲當官的代名詞。

雖然大清帝國的官人戴的是「紅纓帽」，但是仍然叫它做「烏紗帽」。❻

烏紗帽以鐵絲爲骨架，外罩烏紗，後有兩翅。彰化市文德宮土治公頭戴烏紗帽的也；此帽，左右各有一隻展角，展翅爲扁弧狀的。專家說，這是大明帝國的烏紗帽；我國台灣的土治公罕有如此頂戴。❼

　　(參看，「做官若淸廉，食飯著攪鹽。」613.09)

【22】

紅面的，快落籠。

Âng-bīn--ê, khoài lóh-láng.

Āng-bīn--è, khoái lō-láng.

謝幕乾脆忠直人。

　　用來嘆息又婉惜，說忠義的人死得快，而老奸巨滑的卻是歹戲拖棚的腳色。

　　同義句：「盡忠的，死代先」；「盡忠，死無棺柴。」

　　紅面的：布袋戲的紅面戲尫仔，喩指忠勇，正氣之士，如關公之類的。　快落籠：戲尫仔就快快被收進戲籠；演不了幾回合，就被抬進忠烈祠，煞戲啦。

　　除了這句常用俗語的「紅面」，我們還常聽到「某人做烏面，某人做白面」，譬如說：「呂副總統，言所當言，一中一台說得淸淸楚楚，是做烏面的也；而陳總統不好得罪黑媒，講話得非常含蓄，三分話四六講，扮白面的了。」是的，「烏面」，像包公的正邪分明的人格特質。

　　雖然，現時台灣人用「白面」指「好好先生」；他發言討好，焦點模糊，不痛不癢，只求自保。當知，北京戲、台灣布袋戲的弄權太監，大奸大鬼，都是白面的。也許，戲要奸鬼擔綱才好看，日本人會誇它omoshiroi，眞「白面」啦！

還有，咱台灣人是「黃種人」，不是「黃面人」。我們知道，黃面是病容，是愁容，也是鴉片仙的烟容。不好吧！此外，戲裏的黃臉譜，代表殘酷、兇惡，乃是天罡地煞一幫匪徒——其實，「白種人」「白面」的並不多，花點面的不少就是。

話說回來，一個公義的社會，絕少「紅面的，快落籠」，因為「紅面」是高尚的私德，人人尊重的公德，乃是學者、君子、紳士、英雄、政治家的重要品性。只有腐爛的社會，「白面」處處，「花臉」一大黨。可笑的是，後來大花臉一概被塗成「金面」，塞進忠烈廟。

【23】

做惡做毒，騎馬咯硞。

Chò-ok choè tòk, khiâ-bé lòk-khòk.

Chó-ok chó tòk, khiā-bé lòk-khòk.

毒夫騎馬咯咯硞。

怨嘆凶人善報。看那惡人功名成就，頻頻向善人示威，宣傳著天地無報，因果錯亂。

做惡做毒：行為一盡惡毒。 騎馬咯硞：形容威勢奪人，萬分搖擺[hia-pai]；咯硞，跑馬聲。

社會上不難看見有所謂的「惡有善報，善有惡報」現象，但令人心理不平衡的是，天地好像無報，因果好像有錯亂的代誌。這種報應的難題，古人討論多矣。但結論維持「善有善報，惡有惡報；唔是無報，天時未到」。

佛家用「因果」來解答報應問題，而台灣民間信仰則傾向於通俗佛教的「三世因果」的教法。這種信仰，對於個人的修行和社會道德具有積極的意義。不過，「因果通三世」的見解，則是超理性

的一種信仰。

　　一神論的宗教也相信「善有善報，惡有惡報」，而相信報應的主權在乎上帝，他按照人的善善惡惡施行報應。《聖經》說：「上帝要按照每一個人的行爲報應他。有些人恆心行善，追求從上帝來的尊貴、榮耀，和不朽的生命；這樣的人，上帝將以永恆的生命賜給他…所有作惡的人將逃不了患難和痛苦。」(《羅馬書》2:6-7, 9)

　　這節「因果報應」，一路寫來，心情相當沈重，不像寫其他章節那般快樂。爲什麼？「中國煞士肺炎」流瘟我國，傳染世界各地，心裏盤旋著「報應嗎？」這個疑問。還有，我也懷疑當前我國，媒體、立院、議會混亂不堪；政治、經濟、教育、社會、衛生、生態、環境、治安、文化、道德、宗教，等等亂象百出；水災、旱災、山崩、土流，災禍頻頻。這都是台灣人的「報應」嗎？

　　有啥報應？台灣人十二萬分善良，福報多多也！是的，私人私福，上天福報台灣人也確實不薄。只是政治社會的業障太重，尤其是在國際上台灣人還是個「孤兒」，除非有錢人買一個阿利巴巴什麼的身份，換一張另類護照。

　　這是什麼因果？君子不問果，但菩薩種因！是的，當前台灣無數凶象，大多是政治社會惡果，當然是來自政治社會的惡因。

　　可惡，豈有此理！誰敢撒此惡因？請免激動。還不是中國國民黨政府。君不見，中國無所不用其極的打壓台灣，連要加入保命的「世界衛生組織」都粗暴的反對，乃是「國共鬥爭」的餘殃！不是嗎？

　　因果報應？無此道理！國共鬥爭，何干台灣人？那時，大清帝國是把台灣人送給日本當「清國奴」。台灣人跟中國人沒有什麼瓜葛，爲什麼要吞吃這口惡果？

　　啊，人間火宅，滅火要緊。這一大片政治社會惡火，必須用政治社會的「消防車」來打火。具體而言，台灣人要趕快隔斷中國牽纏的「惡緣」。現在台灣國內最欠的是「台灣國家」意識——台灣人可憐，一時當明國奴來反清，一時當清國奴來奉待日本，一時當中國奴來反「共匪」。免了，免了！台灣人不幹奴才，台灣人要當家做主。

　　我國俗諺教示的多是「私因果，私報應」，但大善大惡究竟是「政治社會共業」，所以台灣人必要栽種「政治社會善因」，創造「政治社會善緣」；如此，私德私福配合公德公福，才是眞正的大福。就此，筆者有所共勉：

大是大非要分明　Toā-sī toā-hui aì hun-bêng,
烏媒亂視不看聽　o͘-moê loān-sī put khàn-theng;
貪官黑金我看輕　tham-koaⁿ ō͘-kim goá khoàⁿ-khin,
好國好家則安寧　hó-kok hó-ka chiah an-lêng.❽

　　撫鍵至此，祖國台灣仍然交纏在中國肺炎的瘟疫惡果中。請諸位一起來奉獻虔誠願力，或用祈禱來護持親人朋友、醫護、衛生人員，祝他們康安喜樂，福慧雙修。

注釋

1. 參看，「多多看」。At:www. home.nevigator.com (25 May 2003)

2. 天意，「胡言亂語話中共」。At:<u>www.future.china.org.tw</u>（25 May 2003）

3. At:<u>www.flh.net/mian/writer/</u>（25 May 2003）

4. 陳玉峰，「花盛年兇──中國病毒隨想錄」《台灣生態電子報》第十期（2003年5月12日）。At:<u>www.pu.edu.tw/ecology/taiwan</u>（25 May 2003）

5. 明慧網，「勸善歌」。At: http://minghui.ca/mh/articles/（22 May 2003）

6. 見，《新民晚報》(2001, 4.26)。At:<u>www.booker.com.cn/</u>（26 May 2003）

7. At:<u>www.s89.tku.edu.tw/</u> and At:<u>www.gdjh.tcc.edu.tw/</u>（26 May 2003）

8. 這句打油詩，須要略做說明：

大是大非要分明：無是無非的人，不堪享受好社會，社會須要公義真理來建造。

烏媒亂視不看聽：水準低劣，為中國統戰宣傳的報紙、電視節目，不訂不看。

貪官黑金我看輕：司法不彰，貪官黑金無罪。OK！但我一定棄絕他，不選他。

好國好家則安寧：沒有整全獨立的國家，私富私能，不是體面的現代人。

本卷索引

一、發音查句索引

說明：

一、以諺語首字的本音調爲準，按照台灣話羅馬字母的順序排列。

二、諺語的索引號碼是依照本文的「章節」和該句在節裏的「次序」構成的。

三、索引號碼小數點左邊的數字代表「章、節」，右邊的是「諺句」，例如：

「未過烏水溝，無算出外人。」　　　　　　　　11.12

「蓆老爹，兵大爺。」　　　　　　　　　　　12.01a; 613.34

「11.12」表示該句爲本卷，第一章，第一節，第12句。

「613.34」表示該句在第六卷，第一章，第三節，第34句有釋。

四、同字異音或文白二音，按不同發音，分別排列。本卷可看到的有如：命bēng／miā；正chiaⁿ／chiàⁿ；福hok／hō˙；父hū／pē；分hun／pun；一it／chi̍t；有iú／ū；人jîn／lâng；家ka／ke；今kim／kin；鬧naū／laū；員oân／goân；平pêng／pîⁿ；三sam／saⁿ；生seng／siⁿ；死sú／sí；大taī／toā；天thian／thiⁿ等。

五、形式相似，意義相近或相關的，用「星號」「*」表示。例如：

「一府，二鹿，三艋舺。」　　　　　　　　　11.27

「一府，二鹿，三艋舺，四笨港。」　　　　　　11.27*

「一府，二笨，三艋舺。」　　　　　　　　　11.27*

A

a	1阿扁上台一年半，人民財產去一半。	13.46*
	亞細亞的孤兒。	16.12
ai	哀父叫母。	23.15*
aì	要伊死，就勸伊去選舉。	15.31

	愛拚則會贏！	16.15; 242.15
àm	暗暗抾，生卵脬。	22.26
an	安平迎媽祖，百百奇，有了了。	32.16*
	安平迎媽祖，台南伏地虎。	32.16*
	安平唔認惠安，台灣唔認唐山。	11.29
ang	尪公顯，弟子窮。	34.17*
	尪公顯，弟子落輪。	34.17*
	翁死，抵著歹大家。	35.13
àng	甕內無米，三貂角也唔通去。	11.22
âng	紅面的，快落籠。	36.22
	紅格桌頂，無祀老姑婆。	23.36*
	紅格桌頂斟燒酒——意思意思。	33.28*
	紅宮，黑祖厝。	33.18
au	歐風美雨。	25.19
aū	後山滯久，番仔款。	13.17
	後山滯久，生囝番仔款。	13.17*
bah	肉粽歸綰，土虱歸甕。	11.04*
	肉互人食，骨唔互人齧。	22.04
bān	萬年老賊。	15.23
	萬般都是命，半點不由人。	35.28*
	萬事由天莫強求，何須苦苦用機謀。	31.37
	萬事不由人計較，算來攏是命安排。	35.28*
bé	買大厝，大富貴。	23.08
	買茱，兼禮拜。	34.22
	買貨看標頭，選舉看人頭。	15.08

	買票無一定當選，無買票一定落選。	15.14*
	買壽板，買大厝。	23.08*
beh	要借人死，唔借人生。	23.37; 531.35
	要做台灣豬，唔做澎湖人。	13.26
	要娶嘉義某，要嫁台南翁。	13.07*
	要娶嘉義人，要嫁台南翁	13.07; 523.32
	要嫁都市乞食，唔嫁草地好額。	13.13; 523.29
	要信卵鳥面，唔信不服人。	34.19
bēng	命裏只有八合米，走盡天下不滿升。	35.28*
	命裏有時終須有，命裏無時莫強求。	35.28*
	命裏帶六合，處處合會著。	35.29
bí	米甕弄龍，粟倉弄獅。	12.44*
	美國屎，卡芳。	13.41
bī	未能事人，焉能事鬼。	34.32
biát	滅卻心頭火，點起佛前燈。	34.10*
bîn	民進黨執政一年半，人民財產去一半。	13.46
bīn	面前埔陸，保舍甲張，籬仔內黃。	11.33*
biō	廟內起鼓，厝內著拜拜。	33.36
bô	無疑無誤，就去摸鯊魚肚。	35.17
	無金燒竹葉。	34.09*
	無貫鼻的台灣水牛。	14.06
	無二步七仔，唔敢過虎尾溪。	13.06*; 433.19
	無二步七仔，唔敢過西螺溪。	13.06*; 433.19*
	無澎，不成簇。	13.09
	無時無候，二九老。	22.11

	無啥路用佛仔，擱要討割香。	33.54*
	無想貪，著免信神。	34.20
bó͘	某囝著寄人飼。	12.50
bô͘	謀事在人，成事在天。	31.06
boē	未過烏水溝，無算出外人。	11.12
	未看見藝妲，免講大稻埕。	14.27
	未燒金，先放炮。	33.37
	賣祖宗本，食子孫糧。	12.39
bo̍k	莫謂倉天無保庇，舉頭三尺有神明。	34.01*
bong	摸刀頭起大樓，摸刀尾趁家伙。	32.15*
bú	母仔，嫁父仔。	22.23*
	母囝對父囝。	22.23
	母舅送紅包，了紙無了錢。	24.16
	母死眾人喪，某死割心腸。	23.11*
	母死眾人喪，某死割心腸； 　因何有此事，仔細好思量。	23.11*
	無福不成衙。	12.10
bû	無端獲福，禍必隨之。	36.10*
bûn	文官做到保正，武官做到壯丁。	12.43
	文靠左營，武靠夢裏。	14.25
	文鱸鰻何賜卿，武鱸鰻高老榮。	14.46
cha	查某囝七。	23.16
	查某囝五花孝，乾仔乾孫紅爆爆。	23.25
	查某囝嫁去米粉莊，無死嘛黃酸。	13.13*
	查某囝哭腳尾。	23.05

	查埔分家伙，查某分手尾。	25.04*
chaî	財甲新艋，勢壓淡防。	14.43
chaī	在家燴捧茶，出嫁會駛犁。	14.18
	在家敬父母，何必燒遠香？	34.31
	在世爲正人，死後爲正鬼。	34.04
	在生無人認，死了歸大陣。	23.43*; 518.27
	在生無祭嚨喉，死了拜棺柴頭。	23.43*; 518.25*
	在生一粒豆，卡贏死了拜豬頭。	23.43*; 518.25*
	在生若不孝，死了著免哭。	23.43
cha̍p	十二十三讓你歹，十九二十你就知。	33.43
	十二月屎桶——盡摒。	21.08; 312.05
	十九無嫁，二五無娶。	22.13
	十九二十天，滿街安溪先。	33.10
	十步一舉，五步一秀。	14.33
	十三點燈起，十五上元暝。	21.20
chaú	走頂走下，唔值著美濃山下。	11.42
chaù	灶君公，三日上一擺天。	32.06*
chē	坐美國船，投番仔王。	15.19
chek	叔仔接嫂仔。	25.05*
	積福有福在，行善有陰功。	36.11*
	積善之家必有餘慶，積不善之家必有餘殃。	36.11
	積善成名，積惡滅身。	36.10*
chèng	政客的天堂，選民的地獄。	15.30
	衆人喪，無人扛。	23.26
	種瓜得瓜，種豆得豆。	36.01

chêng	前棚傀儡，後棚大戲。	33.33
	前世作孽，今世報應。	36.04*
	前世人，損破伊的黃金甕。	36.06
	前世，歹積德。	36.05
	前世人，踏破伊的棺柴蓋。	36.06*
chí	指腹爲婚。	22.20
chì	志窮燒香，命窮算命。	35.32
chîⁿ	錢進中國，債留台灣。	13.53*
	錢若便，某滯六腳佃。	14.10
chiaⁿ	正月正，請囝婿，入大廳。	21.12*
	正月正，牽新娘，出大廳。	21.12
	正月正時。	21.10
chiàⁿ	正腳跪紅紅，倒腳拜死人。	33.34
chia̍h	食要走番仔反。	16.06
	食要走大目降。	16.06*
	食米粉芋，有好頭路。	21.36
	食尾牙面憂憂，食頭牙撚嘴鬚。	21.02
	食無油菜湯，睏無腳眠床。	13.39
	食茱豆食到老老，食茄人卡會鵲趒。	21.34
	食茄肥到若搖，食豆食到老老。	21.34*
	食國民黨，飲國民黨，票唔投國民黨。	15.20
	食人的餅，就是人的囝。	22.05
	食你的肉，無囓你的骨。	22.04*
	食卵都有雙粒仁，行船哪無對頭風。	35.37
	食三角肉。	23.30

	食蘇振輝的肉粽，投呂世明的票。	15.18
	食台灣米，飲台灣水大漢的。	11.47
	食多節圓，加一歲。	21.01
	食甜甜，好過年。	21.18
	食甜甜，互恁新年大賺錢。	21.05*
	食甜甜，互恁信仰加添。	21.05*
	食著下林仔水，會變性。	11.43*
	食著下林仔水，會變婿。	11.43*
	食著王城水，𣍐肥也婿。	11.43*
	食著長女水，無肥也婿。	11.43*
	食頓飯，走七遍。	16.06*
	食大溪水，無肥嘛會婿。	11.43
chiàm	僭鑽，唔值著抵當。	35.07*
chiang	漳泉拚。	13.33*
chím	枕頭邊聽無義理，古井腳看無勸世戲。	14.17
chin	眞人風，媽祖婆雨。	32.16*
chīn	盡人事，待天命。	31.48
	盡人事，待聽命。	31.48*
	盡忠，死無棺柴。	36.22*
	盡忠的，死代先。	36.22*
	盡靠六個門。	11.21*
	盡靠六衙門。	11.21*
	盡靠鹿耳門。	11.21
chiò	照井水，面卡美。	21.32*
chioh	石牌仔查某——半丁。	14.11

	石碇仔保正，擋火車。	14.48*
chit	這關拚會過，食到百二歲。	35.04
	這世做，後世報。	36.04*
chi̍t	一人一個命，未生先註定。	35.28
	一人一個命，好歹天註定。	31.03
	一隻牛，剝雙領皮。	12.27*
	一千銀，呣值四兩命。	35.24*
	一手提錢，一手夯鎗。	15.17
	一任省主席，億萬新台幣。	12.14
	一斤囝，呣值四兩命。	35.24*
	一年要死幾個臭頭，註好好。	35.28*
	一年一歸寧。	22.26*
	一年培墓，一年少人。	21.28; 436.20
	一百枝籤詩，去抽著罰油。	35.15
chiu	周池仔好榜路，燿堅仔好腹肚。	14.34
	洲仔尾陳，拍人粗殘，	14.47
	食肉食三層，看戲看亂彈。	
chiūⁿ	上天奏好話，落地保平安。	32.06
	上天也著落地。	31.28*
chiù	咒詛錢，獪過暝。	36.16*
chó͘	祖宗雖遠，祭祀不可不誠。	32.19
choâ	蛇傷虎厄，天地數。	35.03
choan	專驚五月十三，七月十八，呣驚三個大年節。	33.54*
choè	做十六歲。	24.08
	做一男一女。	24.09

	做月內。	24.04
	做忌，抵著惡鬼。	35.13*
	做鬼師公，白賊戲。	23.44
	做人若有良心，初一十五免點燭燒金。	34.36*
	做六年，關六年。	15.27
	做滿月。	24.05
	做惡做毒，騎馬咯硞。	36.23
	做四月日。	24.06
	做度晬。	24.07
	做天也獪中眾人意。	31.42
chong	宗教的歸宗教，政治的歸政治。	34.39
chòng	葬儀社愛人死，柱仔腳愛選舉。	15.29
chù	註生娘娘，唔敢食人無囝油飯。	32.11
	註死，拍唔見藥單。	35.22*
chū	自恨枝無葉，莫怨太陽偏。	35.42*
chuí	水是故鄉的甜，月是故鄉的圓。	11.45
chún	准唔准是個兜的代誌，講唔講是阮兜的代誌。	15.13
chhah	插松卡勇龍，插艾卡長命。	21.33*
	插香鬆，趁錢就輕鬆。	33.35
chhân	田頭田尾，土治公。	32.04
	田頭加一掘，唔通桌頭加一佛。	34.16
chhȧt	賊星，該敗。	35.31
	賊劫火燒，命裏所招。	35.26*
chhaú	草索拖俺公，草索拖俺父。	36.13
	草屯死歸墩，南投起火烟。	12.42

	草地人驚掠，府城人驚食。	13.03
	草地胡蠅，唔識食著縣口香餅。	13.10
	草地俫，府城戀。	13.18
chhaù	臭狗仔，有禮無體。	13.37
	臭草花，也有開滿的時。	35.39
chhe	妻財子祿皆前定。	35.30
	初五隔開，初六挹肥。	21.16
	初一早食菜，卡贏食一年齋。	21.14
	初一早，初二早，初三睏到飽。	21.13*
	初一放水燈，初二普王宮， 　　初三米市家…三十龜粿店。	33.07
	初一遊，初二遊，初三遊，初四蠓破裘。	21.13*
	初一場，初二場，初三鳥鼠娶新娘。	21.13
	初九天公生，初十食腥臊，十一請囝婿， 　　十二查某囝轉來拜，十三食泔糜配芥菜。	33.03
chhek	粟仔若老家己開，石榴若熟家己破。	35.39*
chheng	千神萬神，都是一神。	34.03
	清水岩的鷄角——恨咱命歹。	35.42*
	清朝錢，明朝進士。	16.04
	清朝重風水，民國重嘴水。	12.29
chhì	刺瓜刺刺刺，東都著來去； 　　來去允有某，唔免唐山即艱苦。	11.07
chhī	市長二年半，水淹一樓半。	13.47
	飼鳥鼠咬破布袋。	13.52
	飼豬成豬哥，飼鷄變伯勞。	35.14

	飼大豬有人稱讚，飼大查某囝無人稱讚。	33.27*
chhia	車輪牌翎𣍐過濁水溪。	15.04
chhiáⁿ	請鬼入宅。	33.46
chhian	千日長，一日短。	35.37*
	千斤力，唔值著四兩命。	35.24*
	千里不同風，百里不同俗。	25.01*
	千算萬算，唔值著天一劃。	31.04
	千算，唔值著抵當。	35.07*
	千條萬條，唔值著金條一條。	12.11
chhin	親不親，故鄉人。	11.37
	親中反台。	13.56
chhióh	蓆老爹，兵大爺。	12.01; 613.34
chhit	七分紳士，三分流氓。	13.45
	七月，無閒和尚。	33.09*
	七月，娶鬼某。	22.12*
	七月半鴨仔——唔知死。	33.26; 231.30
	七月，師公和尚無一個閒。	33.09
	七月頓頓飽，八月攏無巧。	21.35
	七抵八唔著，串抵魯古石。	35.16
chhng	穿七娘媽亭。	24.08*
	穿燈腳，生卵脬。	21.22
chhn̂g	床母公，床母婆，保庇阮囝勢大漢，勢迫迌。	32.07
chhó	草木神，興𣍐久。	32.08
chhò	錯掠，無錯放。	12.24*
	錯殺一百，不可錯放一人。	12.24

chhoà	蔡姑娘嫁翁——加勞的。	14.54
	蔡抵蔡，神主損損破；陳對陳，夯刀仔相殘。	13.29*
	蔡抵蔡，神主牌仔損損破。	13.29
chhoā	娶某前，生囝後。	35.10
	娶神主牌仔。	22.24
chhù	厝內無祀姑婆。	23.36
	厝在遐，店在此。	12.35
chhùn	寸心不昧，萬法分明。	31.15
éng	永來伯九條茄，唔值著盧仔香一粒蟯。　14.29*; 112.22*
ēng	用伊的土，糊伊的壁。	22.02
	用孫中山打天下。	11.23*
giâ	夯扁擔，走大路。	11.23*
	擧香，隨拜。	33.36*
	擧香，隨師公。	33.36*
giah	擧頭看天。	31.31
	擧頭三尺，有神明。	34.01
giâm	閻王好見，小鬼奧纏。	32.22
gô͘	吳仔墻好查某，陳番鴨好大鼓，火山巖好佛祖。	34.40
	吳淑珍當選，陳水扁就職。	15.09
	吳大人開路——侵庫。	12.07
gō͘	五分命，五分拍拚。	35.44
	五月某會相誤，六月半年某。	22.12*
	五月尾轉去歇熱，六月初轉來快活。	22.27*
	五月十三迎城隍——無旗不有！	32.05*
	五月十三，人看人。	33.05*

	五月五，龍船鼓，滿街路。	21.29
goá	我分半，你分瓣；我分千，你分萬。	21.07*
	我唔是辜顯榮，你唔是廖添丁。	14.53
	我嘛是台灣人。	16.14*
	我是台灣人。	16.14
	我是台灣人，唔是中國人。	16.14*
	我是台灣人，嘛是中國人。	16.14*
goā	外國月亮，卡圓。	13.40
goân	員外厝內尋無錢，親像大海掠無魚。	12.41
gōng	戀人拜公媽，那看那無來食。	32.20*
gû	牛寮腳請媽祖，無查埔用查某。	33.47
hāⁿ	伐會過，活百二歲。	22.09
haí	海翁，一年貼大鯊三擔肉。	12.27*; 612.69
	海垃，扱著鱟。	35.05
hak̍	學有凌雲之志，無運不能自通。	35.19
hâm	咸豐三，講到今。	13.33
hàn	漢賊不兩立。	12.31
	漢賊不兩立，國共不並存。	12.31*
hān	旱溪媽祖，大枝腳。	14.12
	翰林窟，會得入，獪得出。	33.18*
hāng	項羽有千斤力，毋值劉邦四兩命。	35.24*
haù	孝男擒棺。	23.27
	孝心感動天。	31.26
haū	後生哭家伙，新婦哭面皮，查某囝哭骨髓。	23.15
	後生得田骨，查某囝得田皮。	25.04

hê	蝦仔兵，草蜢將。	12.02*; 613.35
hí	喜沖喜。	22.15
	喜不見喜，王不見王。	22.15*
hiaⁿ	艾草淨身，菖蒲驅邪。	21.33
hiān	現代包公——包賭、包娼、包工程，包…。	15.25
hiau	梟人，無好尾。	36.16*
hīn	恨命，莫怨天。	35.42
hiong	凶沖喜。	22.15*
hó	好柴，無流過安平鎮；婿查某，無留滯四鯤鯓。	13.11
	好例著設，歹例著滅。	25.18
	好話一句，紅包大注。	25.11
	好話傳上天，歹話放一邊。	21.03*; 32.06*
	好歹，出在天。	31.05*
	好心好行，無衫可穿。	36.21*
	好心，互雷唚。	36.20
	好心倒得餓，歹心戴王帽。	36.21*
	好心倒得餓，歹心戴紗帽。	36.21
	好東都，好台灣。	11.01
hô	荷人治城，漢人治野。	11.25
hō	福佬嬤，討客兄。	13.22
hō	禍福無門，唯人自召。	36.08
hō͘	互人賣去，擱替人算錢。	12.46*
	互人掠去刣，閣替人算錢。	12.46
	雨對天窗潑落來。	35.12
hoa	花不香，鳥不語；男無情，女無義。	11.18

hoan	番仔酒矸。	14.30
	番仔若穿褲，平地人著走無路。	13.20
hoán	反清復明。	16.01
	反共抗俄，殺朱拔毛。	12.32*
	反攻大陸，消滅共匪。	12.32
hoân	凡夫畏果，菩薩種因。	36.01*
hoat	法院親像天主教，入去著愛先矺頭。	13.36
	法律之前人人平等，法律之後特權一等。	12.48*
	法律千百條，不如黃金一條。	12.11*
hoe	花插頭前，唔通插後壁。	24.15
	花是苦楝，人是警官。	12.15
hok	福建總督管二省。	12.10*
	福祿壽，難得求。	33.58
hong	風調雨順，五穀豐登。	21.17*
hông	皇天不負苦心人。	31.46
	逢李必打，逢扁必反。	13.50
hun	分久必合，合久必分。	35.35*
hûn	魂升上天，魄降落地。	23.38
hut	佛在靈山莫遠求，靈山就在你心頭。	34.34*
	佛教偷敕符，道教偷普渡。	33.42
í	以眼還眼，以牙還牙。	36.07*
î	余清芳害死王爺公，王爺公無保庇， 　害死蘇有志。	16.10
în	圓仔花醜唔知。	13.21; 235.19
	圓人會扁，扁人會圓。	35.34*

iā	也無死，也無大，也無廢親，也無來娶。	22.19
	也著神，也著人。	34.37
iâⁿ	贏了選舉，失了台灣。	15.33
iam	閹雞拖木屐，現趁現食。	35.27
iǒk	欲求天上福，須點佛前燈。	34.10
ióng	勇敢的台灣人。	14.04
ip	揜墓龜，嘛愛看時陣。	35.38*
it	一鄉，一俗。	25.01
	一府，二鹿，三艋舺，四月津。	11.26*
	一府，二鹿，三艋舺，四北投。	11.26*
	一府，二鹿，三艋舺，四寶斗。	11.26*
	一府，二鹿，三艋舺，四笨港。	11.26*
	一府，二鹿，三艋舺。	11.26
	一府，二鹿，三新莊。	11.26*
	一府，二笨，三艋舺。	11.26*
	一人獨裁，一黨專政。	12.20
	一念，感動天。	31.13
	一年準備，二年反攻，三年掃蕩，四年成功。	12.33
	一保肉，二保打，三保笑哈哈。	33.49
	一報還一報。	36.07
	一心誠敬，神明鑒納。	34.06
	一樹蔭一河飲，莫非前生緣。	35.30*
	一代燒，二代冷，三代死，四代換別人傳道理。	34.24
	一代大興，二代無燒無冷，三代霧霧無明， 　四代你請我無閒，五代行踪不明，	34.24*

六代偶像滿曆間。

iú	有合，必有分。	35.35
	有孝後生來弄鐃，有孝查某囝來弄猴。	23.17
	有求必應。	34.12*
iû	由天，推排。	31.05*
	遊府食府，遊縣食縣。	32.21; 133.09
	遊縣食縣，遊府食府。	32.21*
jī	二月二，土治公搬老戲。	33.04
	二九暝，無枵人新婦。	21.06
	二龍村划龍船——看人幹譙。	21.30
	二四起，剉草庀。	21.03*
	二四送神，二五挽面。	21.04
jîn	人無酬天之力，天有養人之志。	31.20
	人情無厚薄，只要煖加漏。	24.17
	人眼不見天眼見，人不知道天知道。	31.10
	人欲可斷，天理可循。	31.14
	人有千算，不如天一算。	31.04*
	人有善願，天必從之。	31.27
	人人保密，處處防諜。	12.23
	人間私語，天聞若雷；暗室虧心，神目似電。	31.12
	人惡人怕天不怕，人善人欺天不欺。	31.24
	人丁不滿百，京官三十六。	14.38
jı̍p	入風隨俗。	25.02*
	入港隨彎，入鄉隨俗。	25.02*
	入境隨俗。	25.02*

	入鄉問俗，入國問禁。	25.02
jı̍t	日日是好日，時時是好時。	35.41
	日久他鄉即故鄉。	11.46
	日本仔保正——好勢。	14.48; 643.10
	日本狗，中國豬。	12.03*
	日本人趕艙了。	14.23*
	日本人，有禮無體。	13.37*
joē	蚋仔港洗身軀。	13.34*
ka	家家阿彌陀，處處觀世音。	32.13
	嘉義嘉義，借錢免寫字。	13.08
kaú	九萬十八千，八秀三貢生。	14.35
	九月狗頭重，無死某也死翁。	22.12*
	狗，咬衰人。	35.11
	狗去，豬來。	12.03*
ke	家伙寄附尼姑庵，乞無一碗糜。	34.15*
	鷄母屎——半烏白。	13.43; 326.09
	鷄籠人嘴闊食四方。	13.01
ké	假得過，富無替。	35.25*
kè	嫁入城無食嘛好名，嫁入山有食嘛烏乾。	13.13*
	嫁神主。	22.24*
kèng	敬人，先敬神。	33.31
	敬鬼神而遠之。	34.25
	敬天地蔭囝孫，惜五穀年年春。	31.36
kiaⁿ	驚王公生，嘸驚過年。	32.18*; 33.54*
kiâⁿ	行到六甲頂，腳冷手也冷。	12.40

kiâm	鹹菜甕的乞食，唔是做頭路的人。	13.14
kiàn	見靈不哀，不如無來。	24.11
kiat	吉人，自有天相。	35.43
kim	今日好運水流東，明日歹運水流西。	35.34*
	今世做，今世報。	36.04*
	今世做，後世報。	36.04*
	金林投，銀八罩。	11.05
	金門無認同安，澎湖無認唐山。	11.29*
kin	今年無春，明年雙春。	21.19
kīn	近廟欺神。	34.18*; 326.28
kiò	叫起，叫眠。	23.31
kiō	橋南唔認惠安，台灣唔認唐山。	11.29*
kiong	恭喜發財，紅包拿來。	21.17*
	恭喜發財，萬事如意。	21.17
kiû	求錯人，拜錯尫仔，註定無采工。	34.12
ko˙	姑換嫂。	22.21
	姑換嫂，一頭好，一頭倒。	22.21*
	姑表相趁，歸大陣。	22.22
	孤魂野鬼。	32.23
koaⁿ	官唔驚你散，鬼唔驚你瘦。	32.23*
	官剝地皮，人剝樹皮。	12.28
	官不守法千人怨，半世功名萬世冤。	12.12
	官佃查埔，娶無某。	13.15
koāⁿ	捾籃仔，假燒金。	14.31; 527.12
koah	割肉，唔是割香。	33.54*

koan	關公在受氣,媽祖流目屎。	15.11
	觀音抱大屯,贅婿攏唔轉。	11.31
koè	過河卒仔——有進無退。	14.05
	過關孔子。	32.15*
	過山,唔知囝哭。	11.24*
kok	國庫通黨庫,黨庫通家庫。	12.38
kong	公媽是無攝姑婆。	32.20*
	公擔金,婆擔銀;擔到無塊下,	21.07*
	下在阮兜灶腳下。	
	崗山佛祖,鯤鯓王爺。	33.21
kóng	講話,唔驚天公聽見。	31.11
ku	龜爬上壁。	33.56*
kū	舊例無滅,新例無設。	25.17
kha	腳尾飯,腳尾紙。	23.07
	腳唔踏你的地,頭唔戴你的天。	23.40
	腳長,有食福。	24.02
khah	卡雄蔡牽。	14.51
	卡歹日本人。	14.23
	卡梳也是雞母毛,卡妝也是赤崁糖。	13.12
	卡算,也剩一條錢貫。	35.27*
khang	空手,唔敢做人客。	24.18
khaù	哭爸哭母。	23.15*
kheh	客人叫保正——好勢。	14.48*; 643.10*
khek	刻骨還父,割肉還母。	32.12
	刻薄成家,理無久享。	36.17

khì	去綠島唱小夜曲。	12.25
khiâ	騎車無用後架，胸前結油食粿。	14.50
khiām	儉腸塌肚，儉要過九月二十五。	33.54*
khiáu	巧的食戇的，戇的食天公。	31.19
khioh	扱著，死翁的。	35.05*
khit	乞食望普渡，長工望落雨。	21.41
	乞食，好命八月日，歹命四月日。	21.40
	乞食，也有三年好光景。	35.06
	乞食，也有三年好運。	35.06*
	乞食，扱著死鷄。	35.05*
khǹg	勸人做好代，卡好食早齋。	34.33
khò	靠天食飯。	31.18*
khó˙	許榮淑輸張子源二票——買票佮作票。	15.28
khoàⁿ	看戲著戲本，看師公吃著穩。	23.29
	看有食無癮仙膏，親像佛祖蒸香烟。	34.29*
khu	拘留二九工。	12.19
khui	開鬼門，關鬼門。	33.09*
	虧人是禍，饒人是福；天眼恢恢，報應甚速。	36.09*
khùn	睏空鋪，唔死翁，嘛死某。	22.14
laî	來去鹽埕埔看查某。	11.27
	來食新娘一杯茶，互妳二年生三個；一個手裏抱，二個土腳爬。	22.25
laī	內戰內行，外戰外行。	12.02
	內神通外鬼。	13.55
	內山猴，食樹籽。	13.16; 326.10

làk	六死三留，一回頭。	11.11
lâm	男正，女倒。	23.01
	男清女明。	22.06
	男行運頭，女行運尾。	35.09
	男驚運頭，女驚運尾。	35.09*
	男命無假，女命無眞。	35.25*
	男不拜月，女不拜灶。	33.14*
	男倒，女正。	23.24
	南院大鐘，開元大鼓，台灣赤查某。	14.14
	南部迎媽祖，北部大道公。	32.16
	南斗註生，北斗註死	32.02; 113.02
	南投痛，埔里止痛。	11.39*
láng	籠內鷄角——恨咱命。	35.42*
lâng	人要害人天唔肯，天要害人在目前。	31.23*
	人未到，緣先到。	22.07
	人無神明，寸步難行。	34.11
	人無神不成，神無人不靈。	34.38*
	人插花，伊插草；人抱嬰，伊抱狗；	13.38
	人睏紅眠床，伊睏屎礐仔口。	
	人飼人剩一支骨，天飼人肥朒朒。	31.21
	人親土親。	11.37*
	人勢，唔値著天做對頭。	31.41
	人勢，命做對頭。	35.24*
	人若肯拍拚，唔驚天註定。	31.45
	人是有事，則求神。	34.14*

	人得做，天得撨。	31.08*
	人得做，天得看。	31.08
	人著妝，神著扛。	34.38
laû	留一半，爛一半。	11.35*
laū	老三王公請會到，免食藥。	32.18
	鬧熱有時過，三頓卡要緊。	21.39
lêng	寧願破產，不能落選。	15.21
	寧可信其有，不可信其無。	34.27
	寧投台灣牛，勿選膨風龜。	15.06
lí	你後擺著去互客婆招。	13.25
	你也嗎是林本源。	14.52
	李春盛最僥倖，食飯摃銅鐘。	14.49
	呂祖廟燒金，糕仔𣍐記得提。	14.31*; 326.29
liah	掠猴斬後腳筋。	25.07*
	掠猴割頭鬃。	25.07
liām	唸佛，唸在心內。	34.34
lim	飲大井水，無肥也媠。	11.43*
liȯk	六禮齊到。	22.01; 524.07
lȧp	立委減半，風調雨順；黨產入庫，國泰民安。	13.48
lô	濁水溪五十年清一遍。	35.40
	羅安救萬人，萬人無救羅安。	33.23
lô͘	鱸鰻掠去花蓮港，得互彪婆尋無翁。	12.18
lō͘	路頭帖仔。	25.15
loān	亂亂做，𣍐責頭也責尾。	36.18
lȯh	落水叫三界，上山叫無代。	34.21

	落教，死無人哭。	23.42
	落難神明。	34.18*
	落土時，八字命。	35.20
lȯk	鹿港查埔，台北查某。	14.08
	鹿港人厚臭頭。	13.04
	鹿港人，講話無相仝。	13.05
	鹿港三不見。	11.38
	鹿港施一半，社頭蕭了了。	11.35*
	落葉歸根。	11.37*
	落地生根。	11.37*
lú	女命無眞，男命無假。	35.25
	女媧，煉石補天。	32.10
	女死男門斷，男死女轉厝。	23.20
luî	雷公仔點心。	36.03*
	雷拍火燒，命裏所招。	35.26*
	雷陳，有認主。	36.03
lûn	崙仔頂攻田厝。	13.28
m̄	唔是同志，就是敵人。	12.22
má	媽祖婆押後。	33.45
	媽祖婆飯，食𣍐饜。	32.16*
miā	命歹嫁八罩，命好嫁媽宮。	35.30*
	命帶骨，削𣍐點。	35.28*
mn̄g	問神就有唔著，看醫生就著食藥。	34.14
moâ	麻衫無吊上壁，無算囝。	23.12
	麻燈債。	25.14

	瞞活人目，答死人恩。	23.45
	瞞會過人，瞞繪過神。	34.08
	瞞會過人，瞞繪過天。	31.09*
ná	那拔仔繪上得三界壇。	33.30*
	那拔，繪上桌得。	33.30
nā	若無三領衫，唔敢出山。	23.06*
	若食鹽埕水，無肥嘛會嬈。	11.43*
	若會絕三代，也唔賣大燈。	22.18
n̂g	黃河尚有澄清日，豈可人無得運時。	35.40*
	黃虎生在太平洋，未升天牙癢癢。	16.11
	黃虎跳落太平洋，未升天牙癢癢。	16.11*
	黃南球，放屎嚇番。	13.19
	黃皮，白心。	13.42
ngó͘	午時水，食肥閣嬈。	21.32
niau	貓不在，鳥鼠就作怪。	15.26
	貓親成，狗斷路。	24.14
ni̍h	揑死台灣人，餓死台灣人，	15.12
	踏死台灣人，突死中國人。	
oa̍h	活佛唔敬，敬死佛。	34.30
oan	冤鬼，抽舌筋。	36.19
	冤枉啊，大人！	12.16
	冤有頭，債有主。	36.02
oán	遠祖不如近祖親。	11.36
	遠報兒孫，近報自身。	36.12
oa̍t	越奸越巧越貧窮，奸奸巧巧天不容。	31.29

oē	會堪得過西螺大橋，膾堪得過虎尾溪。	13.06
	會欠得一年，膾欠得一日。	21.09*
	會顧得東嶽，膾顧得城隍。	32.05
	會顧得城隍，膾顧得境主。	32.05*
	會過得鐵枝路，也膾過得黑隘仔門。	13.27
ông	王爺公無保庇，害死蘇有志。	16.10*
	王管甫，顧拍。	12.01*
	王廷幹，看錢無看案。	12.05; 613.17
pá	飽年，飽節。	21.38
pah	百日造船，一日過江。	21.31
paì	拜墓頭。	33.16
	拜灶頭。	33.14
	拜田頭田尾。	33.17
	拜初一，十五。	33.01
	拜初二、十六。	33.01*
	拜月頭，孝月尾。	33.01*
	拜好兄弟仔。	33.24
	拜忌辰拜到散，食忌辰食到胖。	33.53
	拜籬笆邊。	33.15
	拜媽祖，懷故國。	33.50
	拜門口。	33.12
	拜，拜土治公；怪，怪天公。	34.07
	拜神無酒，博無杯。	33.28
	拜神燒金，拜鬼燒銀。	33.32
	拜神燒金，拜鬼燒銀，莫怪世間無情。	33.32*

	拜廳頭。	33.13
pak	北天燈，南蜂炮。	21.21; 33.44
	北有關渡媽，南有北港媽。	32.16*
	北港種芋。	11.11*
	北港媽祖，衆人插。	32.16o
	北港媽祖出巡，什麼奇嘛有。	32.16*
	北港媽祖，鯤鯓王爺。	32.21*
	北港媽祖，衆人拜。	32.16*
	北港聖，啁值著土庫定，土庫媽祖應外方。	32.16*
	北京食麵，台灣喊燒。	13.54
	北砂崙蘇，頂茄萣吳，下茄萣薛，崎漏邱。	11.33*
	剝皮媽。	24.09*
	腹肚斷油膜，則要刮豬哥；	12.44
	豬皮軍用品，罰啁罰隨恁。	
pàng	放手尾錢，富貴萬年。	23.04
	放五虎利，好燴過後代！	12.06*
pat	八仙彩歸八仙彩，選舉歸選舉。	15.03
pē	父仔接母仔。	22.23*
	父母扛上山，家伙出在人搬。	23.46
	父債囝還，父業囝得。	25.03
peh	八月娶土治婆。	22.12*
	八月半，田頭看。	25.10
	爬上三貂嶺，就無想家內某囝。	11.24
pe̍h	白鴿鷥，卡勢討食，嘛無腳後肚肉。	35.27*
	白布衫，白布裙。	23.06

	白派白賊七，紅派收紅包，黑派烏白來。	15.01
	白道綁標，黑道圍標。	12.13
pêng	平安就是福。	33.58*
pîⁿ	平平雙腳一雙手，富貴二字難得求。	35.18*
pio	標會仔，請人客。	14.21
pⁿg	憑番勢，李仔春。	14.55; 642.13
	憑神，福祿。	33.51
	憑天，候時。	35.38
pó	保儀尊王無過獅嶺。	32.17
po˙	埔里出美人。	14.19
poâⁿ	盤山過嶺，就燴記得家己的某囝。	11.24*
poăh	博無杯幹撟天地，允三杯歡天喜地。	33.28*
poeh	拔竹籬，生好囝兒。	21.22*
pŏh	薄禮，卡贏失禮。	24.17*
pù	富的富上天；窮的窮寸鐵。	12.51
	富燒香，貧相命。	33.38
pun	分手尾物。	23.04*
pūn	笨港——查某贏。	14.15
	笨港——查畝營。	14.15*
put	不孝生囝免歡喜，忤逆囝生忤逆兒。	36.13*
	不問蒼生，問鬼神。	35.33
phàⁿ	冇粟，收落好米籮。	35.07*
phaíⁿ	歹船，抵著好港路。	35.07*
	歹戲，抵著神明生。	35.07
	歹人，燴出好囝孫。	36.13*

	歹年冬，厚猜人。	13.49
	歹心的食雷肉，好心的互雷拍。	36.20*
	歹心，互雷唆。	36.03*
phîⁿ	澎湖查某，台灣牛。	14.13
	澎湖唔認惠安，台灣唔認唐山。	11.29*
	澎湖若有路，台灣著出帝都。	11.14
phin	嘭嘭嗹嗹，趁錢飼老娼。	14.26
phín	品命底，唔通品好馬。	35.24
phiò	票房毒藥——台獨。	15.10
phoàⁿ	判大官大證據，判小官小證據，判百姓免證據。	12.49
phoà	破病艙好，求神上表。	33.40*
	破佛興趖。	21.24
phoân	盤古開天。	32.09
saⁿ	三在六亡，一回頭。	11.11*
	三十六天罡，七十二地煞。	32.01
	三村里一小廟，五村里一大廟。	33.20*
	三個查某人，一座菜市仔。	14.16
	三月十五風吹頭巾，三月二三雨沃花粉。	32.16*
	三月節，食清明。	21.26
	三月二十，人看人。	32.11*; 33.05
	三月，猜媽祖！	32.16*
	三月猜媽祖，十月迎王船。	33.11
	三月猜媽祖，四月迎王爺	33.06; 33.11*
	三月猜媽祖，四月，九月迎王爺。	33.11*
	三分人事，七分天。	31.43

	三分天註定，七分靠拍拚。	31.44; 35.45
	三日無看王城，頭殼會眩。	11.41
	三日拍到府，一暝溜到厝。	16.07
	三年一小亂，五年一大亂。	16.05
	三年一小選，五年一大選。	15.32
	三年一運，好歹照輪。	35.34*
	三年水流東，三年水流西。	35.34*
	三年清知府，十萬雪花銀。	12.04*;613.14*
	三年官，二年滿。	12.04; 613.04
	三年小反，五年大亂。	16.05*
	三兩命，唔通數想七兩運。	35.24*
	三步一小廟，五步一大廟。	33.20
	三抵四唔著，串抵魯古石。	35.16*
sai	師公哄死鬼，和尚唔畏佛。	34.18
	師公頭，和尚尾。	23.28
saí	屎桶仔彬，假辜仔榮。	14.53*
sak	揀倒牆，娶好团娘；偷挽蔥，嫁好翁。	21.22*
sam	三民主義，無疾而終。	12.34
	三陽開泰，五福臨門。	21.17*
	三牲五牲。	33.25
	三貂吳，水尾許，八斗仔杜。	11.33
sàn	散人破病，求符扛神。	33.40
	散，散我本頂！	12.39*
sàng	送虎迎狼。	12.03
	送巾，斷根。	24.12

	送扇，無相見。	24.13
	送神早，接神晏。	21.03
	送神風，接神雨。	21.03*
se	西皮倚官，福祿走入山。	13.31
se	紗帽若無鳥，作官著土土土。	36.21*
sè	世風日下，人心不古。	25.16
	世上無神鬼，萬般人做起。	34.36
	細姨生囝，大某的。	25.08
sek	昔爲階下囚，今爲座上客。	13.51
sėk	熟客人，戇福佬。	13.23
seng	生在蘇杭二州，死在福建泉州。	23.39
	生降死不降，男降女不降。	23.41
	生歸清，死歸明。	23.41*
	生死有命，富貴在天。	31.05
	先上車，後買票。	15.15
	先顧腹肚，才顧道祖。	34.15
sêng	成仙成佛，莫非盡忠盡孝。	34.04*
sí	死母路頭遠，死父路頭斷。	23.14
	死某假若割韭菜，死翁假若換破蓆。	23.18*
	死某扛去埋，死翁等候後頭來。	23.02*
	死某換新衫，死翁折扁擔。	23.18*
	死某換新衫，死翁換飯坩。	23.18; 526.59
	死某踏破磚，死父母無人問。	23.19*
	死查埔扛去埋，死查某等候外家來。	23.02
	死查埔死一房，死查某死一人。	23.22

	死囡仔，放水流。	23.23
	死人，無閏月。	23.33
	死人，拎桃枝。	23.09; 231.22
	死人快過日。	23.34
	死人快過七，活人快過日。	23.47
	死貓吊樹頭，死狗放水流。	25.13
	死貓吊樹頭，死狗放水流，後代囝孫目屎流。	25.13*
	死父扛去埋，死母等候後頭來。	23.10
	死父死母眾人扛，死翁死某割心腸。	23.11
	死父死母眾人扛，死著親翁割心腸。	23.11*
	死新婦好風水，死後生斷腳腿。	23.21
	死太太踏破磚，死老爺無人扛。	23.19
	死太太踏破廳，死老爺人人驚。	23.19*
	死豬全家福，死牛全家碌。	25.12*
	死豬拖去刣，死狗放水流。	25.12
	死張活廖。	11.34*; 25.09
	死渭水嚇破活總督。	14.56
sì	四萬箍換一箍。	12.37
	四月死日，五月差誤，六月娶半年某，	22.12
	七月娶鬼某，八月娶土治婆。	
sî	時也，命也，運也！	35.01
	時到，花便開。	35.38*
	時到花就開，水到船就浮。	35.02*
si^n	生後生，月內禮排在眠床頭。	24.01
	生呣看滿清天，死呣踏滿清地。	23.40*

siàⁿ	聖，聖到哪北港媽。	32.16*
siám	閃冬，則會輕鬆。	22.27
siān	善積者昌，惡積者喪。	36.10*
	善有善報，惡有惡報；不是不報，天時未到。	36.10*
	善有善報，惡有惡報；唔是無報，天時未到。	36.10
	善人得福爲之賞，惡人得福爲之殃。	36.10*
	善惡到頭將有報，只爭來早與來遲。	36.10*
siang	雙手，二片薑。	12.38*; 131.26
	雙腳，夾一個卵脬。	12.38*; 131.27
	雙溪石頭鼓，內湖婿查某。	14.19*
si̍h	蝕兄弟，僥伙記，趁錢獪過後世。	36.16
sim	心堅，則是佛。	34.05
	心裏無邪，唔驚鬼。	34.35
	心肝卡硬石仔蝦。	14.24; 245.31
	心裏無邪，半暝也敢行。	34.35*
	心思不定，抽籤相命。	35.15*
sím	什麼命？食到竹塹餅；什麼腳？行到倒吊嶺。	11.24*
sin	新營有廟唔做醮，查某營有錢唔起廟。	34.17*
	新而獨立的國家。	16.16
	新港人來永安，唔是借錢就是還錢。	14.22
	新港老虎，北港媽祖。	32.16*
	新例無設，舊例無滅。	25.17*
	新雷猶唔知，舊雷本熟似。	36.03*
	新年卡好舊年。	21.07*
	新年頭，舊年尾。	21.11

	新埔阿妹勝牡丹，銅鑼阿妹燒火炭， 　三義阿妹人孤單。	14.20
	新婦哭禮數，查某囝哭腸肚。	23.15*
	新台灣人。	16.14*
	新套舊年年有。	21.03*
sîn	神明，專趁歹命人的錢。	34.14*
	神明興，弟子窮。	34.17*
	神明若靈聖，弟子著猴行。	34.17
	神明，會保庇好人。	34.13
	神明會成人，也會敗人。	34.26
	神，不可不信，不可盡信。	34.28
	神仙，𣍐救無命囝。	35.22
	神得金，人得飲。	33.52
sio	燒一炷清香，卡好刣豬倒羊。	34.09
	燒火炭，賢生湠。	22.08
	燒山毒窟，絕囝絕孫。	36.14
siong	商人，無祖國。	13.53
siōng	上富方，錢銀屯粟倉。	14.41
	上帝廟坁塺，水仙宮簾前。	33.19
sip	十年生聚，十年教訓。	12.33*; 16.02
siu	修心，卡好食菜。	34.33*
siú	守分安命，順時聽天。	31.49
siu^n	想要扛轎步步進，無疑牽罟倒退行。	35.18*
	想富散到，想食屎潲。	35.18
só	嫂仔呣免哭，姑仔則擱來。	33.54

soaⁿ	山仔腳食豆菜。	13.34
	山東一人作春秋，山西一人讀春秋。	32.15
soán	選舉無司父，加錢買著有。	15.14
	選舉前嗆大聲，選舉後攏無聽。	15.24
soeh	說獪淸楚，講獪明白。	15.05
su	輸人呣輸陣，輸陣卵鳥面。	33.48
	輸人呣輸陣，輸陣歹看面。	33.48*
	輸人呣輸陣，輸陣生銹面。	33.48*
sú	死生有命，富貴在天。	35.28*
suí	婿呣婿故鄉水，親呣親故鄉人。	11.37*
sūn	順孝娶。	22.16
	順風駛船人人愛，逆風箭水人人哀。	35.37*
	順續，攻彰化。	16.08
	順天者存，逆天者亡。	31.35
taⁿ	擔鹿港，走埔社。	11.23
	擔扁擔，打天下。	11.23*
tảh	踏草靑，生後生。	21.27*
taì	帶文昌來出世。	35.21
	帶鉸刀旁，鐵掃帚。	35.23
taî	台北二敬。	14.33*
	台北人驚食，下港人驚掠。	13.02
	台北三粒五。	14.39
	台中到豐原，褲底結歸丸；	12.45
	豐原到彰化，褲底破破破。	
	台南迎媽祖——無奇不有。	32.16*

台南迎媽祖——無旗不有。	32.16*
台南迎媽祖,百百奇。	32.16*
台灣,無三日好光景。	11.19
台灣無三尺平,要公平來生則去尋。	12.48
台灣無城,食飽起行。	12.36
台灣債,淹肚臍。	11.06*
台灣錢,淹膣屄。	11.06*
台灣錢,淹腳目。	11.06
台灣錢,淹頭殼。	11.06*
台灣錢,艱苦趁。	11.19*
台灣蟳——無膏。	14.07*; 232.19
台灣蟳——有膏。	14.07; 232.01
台灣牛,澎湖查某。	14.13*
台灣梟雄山。	11.16
台灣,國際的流浪者。	16.12*
台灣人,愛錢唔愛命。	14.02
台灣人,驚死。	14.03
台灣人,死好!	12.47
台灣人,唔是嚇大的。	14.03*
台灣人,放尿抄沙燴做堆。	14.01
台灣人,新婦仔命。	16.12*
台灣是台灣,中國是中國。	16.13*
台灣地好燴過三代人,頭代鹽薑醬醋, 　二代長衫拖土,三代典田賣租。	11.20*
台灣地,好無過三代人。	11.20

	台灣地頭輕。	11.15
	台灣中國，一邊一國。	16.13
	台灣，土軟。	11.03
	台灣土快焦，台灣查某快過腳。	14.09
	台灣有五營保一府，布袋有四寮顧一塭；	11.44
	四寮若減一寮，這口塭就顧𣍐稠。	
taī	大本營發表，贏到食𣍐了。	12.30
	大本營發表，輸的攏記敵人的數。	12.30*
	大道公風，媽祖婆雨。	32.16*
	大道公佮媽祖婆鬥法。	32.16*
	大嶼窟，會得入，𣍐得出。	11.13
tām	淡水河無扒龍船，敢會加添新孤魂。	21.29*
tân	陳林李蔡，天腳下鎮一半。	11.32
	陳林李蔡施，鄭趙李劉高。	11.35
	陳林李，結生死。	13.30
	陳林半天下，許蔡佔一半。	11.32*
tang	冬新娘仔，婿噹噹。	21.23
	東甲好筆尾，南甲好魯尾，北甲好龜粿。	11.40
tâng	童乩偷刣豬，見著巡查走去微。	12.17
taū	豆干，孝阿祖。	33.29
tē	第一好過番，第二好過台灣。	11.02
	第一好張德寶，第二好黃阿祿嫂，	14.44
	第三好馬笑哥。	
	第一任蔣中正，第二任于右任，	12.21
	第三任吳三連，第四任趙麗蓮。	

tek	竹篙鬥菜刀。	16.09
	竹山林圯埔,霧峰阿罩霧。	11.39
tek	嫡半,庶半,螟蛉又半。	25.05
	嫡全,庶半,螟蛉半中半。	25.05*
teng	丁蘭孝父母,刻木爲爹娘。	32.20
téng	頂下郊拚。	13.33*
	頂港潘永清,下港許超英。	14.37
	頂街靠大杉,下街靠會社煙筒。	13.32
	頂街天主教,下街基督教,中街陳鳥炮。	15.01*
	頂天羅,下地網,互人𣍐走閃得。	31.28*
thaī	待御巷,小台灣。	14.28
ti	豬就是豬,北京來的嘛是豬。	12.03*
	豬公掛金牌,笑哈哈,眞搖擺,死唔知。	33.27
	豬刀利利,趁錢𣍐過後代。	36.15
tî	除靈拆桌。	23.32
tiⁿ	甜粿迃年,醆粿發錢,	21.05
	包仔粿包金,菜頭粿做點心。	
tĭⁿ	鄭役場,阮組合。	15.02
tiàu	吊猴,食咖哩飯。	25.06*
	吊猴,穿紙衫。	25.06
tiong	中華民國萬萬稅。	12.27
	中國中國,花碌碌。	12.09
	中崙文章,港仔墘字。	14.36
	中晝犒天兵,下昏犒將。	33.02
tiōng	重慶寺,撈醋矸。	33.41

tiuⁿ	張飛押陣尾。	13.24
	張公，廖媽，簡仔孫。	11.34
	張頭許尾。	33.08
tn̂g	唐山出虎，台灣出番。	11.17
	唐山過台灣。	11.08
	唐山過台灣，血汗粒粒像飯丸。	11.09*
	唐山過台灣，心肝結歸丸。	11.09
	唐山屎，放𣍐離。	11.28
	唐山重地理，台灣重嘴水。	12.29*
tō	道理精，道理精，聖經揹在尻脊骿。	34.23*
	道理，聽在尻脊骿。	34.23
tō·	度晬酒，無空手。	24.07*
toā	大厝連機器，五某五囝娶細姨。	14.40
	大厝大韐韐，百年乃一喪，	23.08*
	兄不見弟死，父不見子亡。	
	大下小改，無戲搬傀儡。	33.56
	大官食小官，小官食百姓，百姓食鋤頭柄。	12.08
	大貴必有大賤，大敗必有大興。	35.36
	大人愛趁錢，囝仔煩惱過年。	21.37*
	大人亂操操，囝仔愛年都。	21.37
	大人生日食肉，囝仔生日食拍。	24.10
	大浪泵張，加蚋仔楊。	14.45
	大媽愛過溪，二媽興冤家，三媽愛食燒酒雞。	32.16*
	大媽鎮殿，二媽食便，三媽出戰。	32.16*
	大佛蹌蹌走，尪仔車糞斗。	21.03*

	大富由天，小富由勤儉。	31.47
	大埕龜，艋舺鳥。	13.27*
tong	東原謙記，秀英罔市。	14.32
tòng	當選過關，落選被關，在職不關。	15.22
	擋久，道輪管甫。	12.06; 427.19
tông	同姓不婚。	22.10
tú	抵著，貴人。	35.08
tuì	對年對哀哀，三年無人知。	23.35
thaì	太歲頭上動土。	32.03
thaî	刣豬錢，繪過後代。	36.15*
	刣豬，倒羊。	33.25*
tham	貪污者死，買票者亡。	15.07
thau	偷挽蔥，嫁好翁。	21.22*
	偷魯古，得好某。	21.22*
thaû	頭牙無做，尾牙空；	21.25*
	尾牙那閣無做，就無親像人。	
	頭牙無拜尾牙衰，尾牙無拜會狼狽。	21.25
	頭牙早，尾牙晏。	21.25*
	頭擺糕，二擺桃，三擺食無。	22.26*
	頭上三尺，騰雲駕霧。	34.01*
	頭代鹽薑醬醋，二代長衫拖土，三代典田賣租。	11.20*
	頭戴明朝帽，身穿清朝衣，	16.07*
	五月改永和，六月還康熙。	
	頭戴人的天，腳踏人的地。	16.03
theh	提範提，投範投。	15.16

theng	聽天，由命。	31.32
thiⁿ	天，無目！	31.39
	天，無餓死人。	31.18
	天無二樣心，一樣對待人。	31.22*
	天，𣍐害人。	31.16
	天飼人肥朒朒，人飼人剩一支骨。	31.21*
	天害人則會死，人害人𣍐死。	31.23
	天公，無目睭。	31.39*
	天公上大人人罵，土治公上細衆人拜。	34.07*
	天公數簿，大本。	31.25
	天公，疼戇人。	31.17
	天，會知人的筋仔骨仔。	31.09
	天，會光會暗。	35.34
	天拍，天成。	31.33
	天地，無餓死人。	31.18*
	天地，保忠厚。	31.24*
	天大，地大。	31.01
	天頂天公，地下母舅公。	31.02; 514.17
	天，有目！	31.07
thian	天網恢恢，疏而不漏。	31.28
	天無絕人之路。	31.34
	天眼恢恢，報應甚速。	36.09
	天意如此，互人𣍐逆得。	31.40*
	天公地道。	31.22
	天理良心，到處通行。	31.30

	天聾地啞。	31.12*
	天，不從人願。	31.40
	天生萬物互人，人無半項互天。	31.20*
	天生，天化。	31.33*
	天地，無私。	31.22*
	天地行災，薄福者受。	35.26
	天知地知，你知我知。	31.10*
	天道，無私。	31.22*
thiàu	跳燴出如來佛的掌心。	32.14
	跳茱股，娶好某。	21.22*
	跳火盆，飼豬卡大船；過火氣，百般攏唔畏。	21.07
	跳火城，輸輸爭到贏；跳火群，凊採做也著。	21.07*
	跳童乩，扛攆轎。	33.39
	跳得過，富無退。	21.07*
thiu	抽豬母稅。	22.17
thò͘	兎肉卡甜鷄肉。	12.44*
thô͘	土庫媽祖，應外方。	32.16*
	土治公把水尾。	32.04*
	土治公，土治婆，下你蟶，	33.57
	下你蠔，到時逐項無。	
ū	有錢，無文化。	13.44
	有錢人行病院，無錢人行廟寺。	34.14*
	有錢滯瓦厝，無錢戴破缸。	32.04*
	有食有行氣，有燒香有保庇。	34.12*
	有祖接祖，無祖接石鼓。	23.03

有執照的土匪，穿制服的強盜。　　　　　　12.26

有庄頭，就有土治。　　　　　　　　　　　32.04*

有的鷄桃，無的伯勞。　　　　　　　　　　24.03

有番仔媽，無番仔公。　　　　　　　　　　11.30*

有福互神助，無福互神誤。　　　　　　　　34.26*

有欠過日，無欠過年。　　　　　　　　　　21.09

有客去客，無客去尋永來伯；　　　　　　　14.29
　　有空去空，無空去尋盧仔香。

有人食命，有人食力。　　　　　　　　　　35.24*

有男歸男，無男歸女。　　　　　　　　　　23.13

有樓仔內厝，無樓仔內富；　　　　　　　　14.42
　　有樓仔內富，無樓仔內厝。

有禮，卡贏無禮。　　　　　　　　　　　　24.17*

有羅漢腳查埔，無羅漢腳查某。　　　　　　11.10

有父有母初一二，無父無母初三四。　　　　21.15

有父有母初二三，無父無母頭眈眈。　　　　21.15*

有病死，無餓死。　　　　　　　　　　　　11.04

有菩薩，就有廟。　　　　　　　　　　　　33.22

有時星光，有時月光。　　　　　　　　　　35.34*

有賒豬羊，無賒新娘。　　　　　　　　　　22.03

有山後富，無山後厝。　　　　　　　　　　14.42*

有山就有水，有神就有鬼。　　　　　　　　34.02

有頂店，無下店；有新莊，無七嵌。　　　　13.35

有中崎厝，無中崎富；有中崎富，無中崎厝。　14.42*

有唐山公，無唐山媽。　　　　　　　　　　11.30*

有唐山公，無唐山媽；無番仔公，有番仔媽。　　11.30

有父有母初二三，無父無母頭眈眈；　　　　　　21.15*
　有兄有弟初三四，無兄無弟看人去。

有鬱歲，無鬱下。　　　　　　　　　　　　　　33.55

ūn　　運去金成鐵，時來鐵成金。　　　　　　　　35.02

運去黃金失色，時來鐵也爭光。　　　　　　　　35.02*

二、筆劃查句索引

1劃

一人一個命，未　35.28

一人一個命，好　31.03

一人獨裁，一黨　12.20

一千銀，唔值四　35.24*

一心誠敬，神明　34.06

一手提錢，一手　15.17

一斤囝，唔值四　35.24*

一代大興，二代　34.24*

一代燒，二代冷　34.24

一任省主席，億　12.14

一年一歸寧。　22.26*

一年要死幾個臭　35.28*

一年培墓，一年　21.28;436.20

一年準備，二年　12.33

一百枝籤詩，去　35.15

一府，二笨，三　11.26*

一府，二鹿，三　11.26

一府，二鹿，三　11.26*

一府，二鹿，三　11.26*

一府，二鹿，三　11.26*

一府，二鹿，三　11.26*

一府，二鹿，三　11.26*

一念，感動天。　31.13

一保肉，二保打　33.49

一隻牛，剝雙領　12.27*

一報還一報。　36.07

一鄉，一俗。　25.01

一樹蔭一河飲，　35.30*

2劃

丁蘭孝父母，刻　32.20

七分紳士，三分　13.45

七月，師公和尚　33.09

七月，娶鬼某。　22.12*

七月，無閒和尚　33.09*

七月半鴨仔——　33.26;231.30

七月頓頓飽，八　21.35

七抵八唔著，串　35.16

九月狗頭重，無　22.12*

九萬十八千，八　14.35

二九暝，無枵人　21.06

二月二，土治公　33.04

二四起，剷草庀　21.03*

二四送神，二五　21.04

二龍村划龍船 21.30

人丁不滿百，京 14.38

人人保密，處處 12.23

人未到，緣先到 22.07

人有千算，不如 31.04*

人有善願，天必 31.27

人是有事，則求 34.14*

人若肯拍拚，嘸 31.45

人要害人天嘸肯 31.23*

人得做，天得看 31.08

人得做，天得撨 31.08*

人情無厚薄，只 24.17

人欲可斷，天理 31.14

人眼不見天眼見 31.10

人惡人怕天不怕 31.24

人插花，伊插草 13.38

人無神不成，神 34.38*

人無神明，寸步 34.11

人無酬天之力， 31.20

人著妝，神著扛 34.38

人間私語，天聞 31.12

人飼人剩一支骨 31.21

人親土親。 11.37*

人勢，命做對頭 35.24*

人勢，嘸值著天 31.41

入風隨俗。 25.02*

入港隨彎，入鄉 25.02*

入鄉問俗，入國 25.02

入境隨俗。 25.02*

八月半，田頭看 25.10

八月娶土治婆。 22.12*

八仙彩歸八仙彩 15.03

十九二十天，滿 33.10

十九無嫁，二五 22.13

十二十三讓你歹 33.43

十二月屎桶—— 21.08;312.05

十三點燈起，十 21.20

十年生聚，十年 12.33*;16.02

十步一舉，五步 14.33

3劃

三十六天罡，七 32.01

三分人事，七分 31.43

三分天註定，七 31.44;35.45

三日拍到府，一 16.07

三日無看王城， 11.41

三月，猶媽祖！ 32.16*

三月二十，人看 32.11*;33.05

三月十五風吹頭 32.16*

三月節，食清明 21.26

三月猶媽祖，十 33.11

三月狷媽祖，四　33.06;33.11*
三月狷媽祖，四　33.11*
三民主義，無疾　12.34
三在六亡，一回　11.11*
三年一小亂，五　16.05
三年一小選，五　15.32
三年一運，好歹　35.34*
三年小反，五年　16.05*
三年水流東，三　35.34*
三年官，二年滿　12.04;613.04
三年清知府，十　12.04*;613.14*
三村里一小廟，　33.20*
三步一小廟，五　33.20
三兩命，唔通數　35.24*
三抵四唔著，串　35.16*
三牲五牲。　　33.25
三個查某人，一　14.16
三貂吳，水尾許　11.33
三陽開泰，五福　21.17*
上天也著落地。　31.28*
上天奏好話，落　32.06
上帝廟坽墘，水　33.19
上富方，錢銀屯　14.41
寸心不昧，萬法　31.15
凡夫畏果，菩薩　36.01*

也無死，也無大　22.19
也著神，也著人　34.37
乞食，也有三年　35.06
乞食，也有三年　35.06*
乞食，好命八月　21.40
乞食，扱著死鷄　35.05*
乞食望普渡，長　21.41
千斤力，唔值著　35.24*
千日長，一日短　35.37*
千里不同風，百　25.01*
千神萬神，都是　34.03
千條萬條，唔值　12.11
千算，唔值著抵　35.07*
千算萬算，唔值　31.04
土治公，土治婆　33.57
土治公把水尾。　32.04*
土庫媽祖，應外　32.16*
大人生日食肉，　24.10
大人亂操操，囡　21.37
大下小改，無戲　33.56
大本營發表，輸　12.30*
大本營發表，贏　12.30
大佛蹌蹌走，尪　21.03*
大官食小官，小　12.08
大厝大甕甕，百　23.08*

大厝連機器，五 14.40

大浪泵張，加蚋 14.45

大埕龜，艋舺鳥 13.27*

大富由天，小富 31.47

大貴必有大賤， 35.36

大人愛趁錢，囡 21.37*

大媽愛過溪，二 32.16*

大媽鎮殿，二媽 32.16*

大道公風，媽祖 32.16*

大道公佮媽祖婆 32.16*

大嶼窟，會得入 11.13

女死男門斷，男 23.20

女命無眞，男命 35.25

女媧，煉石補天 32.10

山仔腳食豆菜。 13.34

山東一人作春秋 32.15

4劃

不孝生囝免歡喜 36.13*

不問蒼生，問鬼 35.33

中國中國，花碌 12.09

中崙文章，港仔 14.36

中畫犒天兵，下 33.02

中華民國萬萬稅 12.27

互人掠去刣，閣 12.46

互人賣去，擱替 12.46*

五分命，五分拍 35.44

五月十三，人看 33.05*

五月十三迎城隍 32.05*

五月五，龍船鼓 21.29

五月尾轉去歇熱 22.27*

五月某會相誤， 22.12*

什麼命？食到竹 11.24*

今日好運水流東 35.34*

今世做，今世報 36.04*

今世做，後世報 36.04*

今年無春，明年 21.19

內山猴，食樹籽 13.16;326.10

內神通外鬼。 13.55

內戰內行，外戰 12.02

六死三留，一回 11.11

六禮齊到。 22.01;524.07

公媽是無擺姑婆 32.20*

公擔金，婆擔銀 21.07*

凶沖喜。 22.15*

分久必合，合久 35.35*

分手尾物。 23.04*

午時水，食肥閣 21.32

反共抗俄，殺朱 12.32*

反攻大陸，消滅 12.32

反清復明。 16.01

天，不從人願。　31.40

天生萬物互人，　31.20*

天，有目！　31.07

天，無目！　31.39

天，無餓死人。　31.18

天，會光會暗。　35.34

天，會知人的筋　31.09

天，𠢕害人。　31.16

天大，地大。　31.01

天公，疼戇人。　31.17

天公，無目睭。　31.39*

天公上大人人罵　34.07*

天公地道。　31.22

天公數簿，大本　31.25

天生，天化。　31.33*

天地，保忠厚。　31.24*

天地，無私。　31.22*

天地，無餓死人　31.18*

天地行災，薄福　35.26

天拍，天成。　31.33

天知地知，你知　31.10*

天害人則會死，　31.23

天理良心，到處　31.30

天眼恢恢，報應　36.09

天頂天公，地下　31.02;514.17

天無二樣心，一　31.22*

天無絕人之路。　31.34

天意如此，互人　31.40*

天道，無私。　31.22*

天飼人肥朒朒，　31.21*

天網恢恢，疏而　31.28

天聾地啞。　31.12*

太歲頭上動土。　32.03

心肝卡硬石仔蝦　14.24;245.31

心思不定，抽籤　35.15*

心堅，則是佛。　34.05

心裏無邪，半暝　34.35*

心裏無邪，唔驚　34.35

文官做到保正，　12.43

文靠左營，武靠　14.25

文鱸鰻何賜卿，　14.46

日久他鄉即故鄉　11.46

日日是好日，時　35.41

日本人，有禮無　13.37*

日本人趕𠢕了。　14.23*

日本仔保正──　14.48;643.10

日本狗，中國豬　12.03*

歹人，𠢕出好囝　36.13*

歹心，互雷唚。　36.03*

歹心的食雷肉，　36.20*

歹年冬,厚猵人 13.49

歹船,抵著好港 35.07*

歹戲,抵著神明 35.07

水是故鄉的甜, 11.45

父仔接母仔。 22.23*

父母扛上山,家 23.46

父債囝還,父業 25.03

牛寮腳請媽祖, 33.47

王廷幹,看錢無 12.05;613.17

王爺公無保庇, 16.10*

王管甫,顧拍。 12.01*

冇粟,收落好米 35.07*

5劃

世上無神鬼,萬 34.36

世風日下,人心 25.16

以眼還眼,以牙 36.07*

多新娘仔,婿噹 21.23

北天燈,南蜂炮 21.21;33.44

北有關渡媽,南 32.16*

北京食麵,台灣 13.54

北砂崙蘇,頂茄 11.33*

北港媽祖,衆人 32.16*

北港媽祖,衆人 32.16*

北港媽祖,鯤鯓 32.21*

北港媽祖出巡, 32.16*

北港聖,唔值著 32.16*

北港種芋。 11.11*

卡歹日本人。 14.23

卡梳也是鷄母毛 13.12

卡雄蔡牽。 14.51

卡算,也剩一條 35.27*

去綠島唱小夜曲 12.25

叫起,叫眠。 23.31

台中到豐原,褲 12.45

台北二敬。 14.33*

台北人驚食, 13.02

台北三粒五。 14.39

台南迎媽祖── 32.16*

台南迎媽祖── 32.16*

台南迎媽祖,百 32.16*

台灣,土軟。 11.03

台灣,國際的流 16.12*

台灣,無三日好 11.19

台灣人,死好! 12.47

台灣人,放尿抄 14.01

台灣人,唔是嚇 14.03*

台灣人,愛錢唔 14.02

台灣人,新婦仔 16.12*

台灣人,驚死。 14.03

台灣土快焦,台 14.09

台灣中國，一邊 16.13
台灣牛，澎湖查 14.13*
台灣地，好無過 11.20
台灣地好𣍐過三 11.20*
台灣地頭輕。 11.15
台灣有五營保一 11.44
台灣是台灣，中 16.13*
台灣梟雄山。 11.16
台灣無三尺平， 12.48
台灣無城，食飽 12.36
台灣債，淹肚臍 11.06*
台灣錢，淹腳目 11.06
台灣錢，淹膣屄 11.06*
台灣錢，淹頭殼 11.06*
台灣錢，艱苦趁 11.19*
台灣蟳──有膏 14.07;232.01
台灣蟳──無膏 14.07*;232.19
四月死日，五月 22.12
四萬箍換一箍。 12.37
外國月亮，卡圓 13.40
巧的食戇的，戇 31.19
市長二年半，水 13.47
平平雙腳一雙手 35.18*
平安就是福。 33.58*
未看見藝妲，免 14.27

未能事人，焉能 34.32
未過烏水溝，無 11.12
未燒金，先放炮 33.37
正月正，牽新娘 21.12
正月正，請囝婿 21.12*
正月正時。 21.10
正腳跪紅紅，倒 33.34
母仔，嫁父仔 22.23*
母囝對父囝。 22.23
母死眾人喪，某 23.11*
母死眾人喪，某 23.11*
母舅送紅包，了 24.16
民進黨執政一年 13.46
永來伯九條茄， 14.29*
生在蘇杭二州， 23.39
生死有命，富貴 31.05
生嗎看滿清天， 23.40*
生後生，月內禮 24.01
生降死不降，男 23.41
生歸清，死歸明 23.41*
用伊的土，糊伊 22.02
用孫中山打天下 11.23*
田頭加一掘，唔 34.16
田頭田尾，土治 32.04
由天，推排。 31.05*

白布衫,白布裙 23.06

白派白賊七,紅 15.01

白道綁標,黑道 12.13

白鴒鶯,卡勢討 35.27*

石牌仔查某── 14.11

石碇仔保正,擋 14.48*

立委減半,風調 13.48

夯扁擔,走大路 11.23*

6劃

伐會過,活百二 22.09

先上車,後買票 15.15

先顧腹肚,才顧 34.15

吉人,自有天相 35.43

同姓不婚。 22.10

吊猴,穿紙衫。 25.06

吊猴,食咖哩飯 25.06*

在世為正人,死 34.04

在生一粒豆,卡 23.43*;518.25*

在生若不孝,死 23.43

在生無人認,死 23.43*;518.27

在生無祭嚨喉, 23.43*;518.25*

在家敬父母,何 34.31

在家繪捧茶,出 14.18

好心,互雷嗳。 36.20

好心好行,無衫 36.21*

好心倒得餓,歹 36.21

好心倒得餓,歹 36.21*

好歹,出在天。 31.05*

好例著設,歹例 25.18

好東都,好台灣 11.01

好柴,無流過安 13.11

好話一句,紅包 25.11

好話傳上天,歹 21.03*;32.06*

守分安命,順時 31.49

安平迎媽祖,台 32.16*

安平迎媽祖,百 32.16*

安平唔認惠安, 11.29

成仙成佛,莫非 34.04*

有人食命,有人 35.24*

有山後富,無山 14.42*

有山就有水,有 34.02

有中崎厝,無中 14.42*

有欠過日,無欠 21.09

有父母初一二 21.15

有父有母初二三 21.15

有父有母初二三 21.15*

有合,必有分。 35.35

有庄頭,就有土 32.04*

有孝後生來弄鐃 23.17

有求必應。 34.12*

有男歸男，無男 23.13

有的鷄桃，無的 24.03

有客去客，無客 14.29

有食有行氣，有 34.12*

有唐山公，無唐 11.30

有唐山公，無唐 11.30*

有時星光，有時 35.34*

有病死，無餓死 11.04

有祖接祖，無祖 23.03

有執照的土匪， 12.26

有頂店，無下店 13.35

有番仔媽，無番 11.30*

有菩薩，就有廟 33.22

有福互神助，無 34.26*

有賒豬羊，無賒 22.03

有樓仔內厝，無 14.42

有錢，無文化。 13.44

有錢人行病院， 34.14*

有錢滯瓦厝，無 32.04*

有禮，卡贏無禮 24.17*;631.31

有羅漢腳查埔， 11.10

有鬱歲，無鬱下 33.55

死人，拎桃枝。 23.09;231.22

死人，無閏月。 23.33

死人快過七，活 23.47

死人快過日。　　23.34

死太太踏破磚， 23.19

死太太踏破廳， 23.19*

死父扛去埋，死 23.10

死父死母衆人扛 23.11

死父死母衆人扛 23.11*

死母路頭遠，死 23.14

死生有命，富貴 35.28*

死囡仔，放水流 23.23

死某扛去埋，死 23.02*

死某假若割韭菜 23.18*

死某換新衫，死 23.18*

死某換新衫，死 23.18;526.59

死某踏破磚，死 23.19*

死查埔扛去埋， 23.02

死查埔死一房， 23.22

死張活廖。　　　11.34*;25.09

死渭水嚇破活總 14.56

死新婦好風水， 23.21

死豬全家福，死 25.12*

死豬拖去刣，死 25.12

死貓吊樹頭，死 25.13

死貓吊樹頭，死 25.13*

百日造船，一日 21.31

竹山林坦埔，霧 11.39

竹篙鬥菜刀。　　16.09

米甕弄龍，粟倉　12.44*

老三王公請會到　32.18

肉互人食，骨唔　22.04

肉粽歸綰，土虱　11.04*

自恨枝無葉，莫　35.42*

艾草淨身，菖蒲　21.33

行到六甲頂，腳　12.40

西皮倚官，福祿　13.31

7劃

佛在靈山莫遠求　34.34*

佛教偷救符，道　33.42

你也唔是林本源　14.52

你後擺著去互客　13.25

余淸芳害死王爺　16.10

刣豬，倒羊。　　33.25*

刣豬錢，繪過後　36.15*

判大官大證據，　12.49

吳大人開路——　12.07

吳仔墻好查某，　34.40

吳淑珍當選，陳　15.09

呂祖廟燒金，糕　14.31*;326.29

坐美國船，投番　15.19

孝心感動天。　　31.26

孝男擒棺。　　　23.27

床母公，床母婆　32.07

志窮燒香，命窮　35.32

我分半，你分瓣　21.07*

我唔是辜顯榮，　14.53

正港的台灣人，　16.14*

正港的台灣人，　16.14*

正港的台灣人。　16.14

我嘛是台灣人。　16.14*

旱溪媽祖，大枝　14.12

李春盛最僥倖，　14.49

求錯人，拜錯尪　34.12

灶君公，三日上　32.06*

男不拜月，女不　33.14*

男正，女倒。　　23.01

男行運頭，女行　35.09

男命無假，女命　35.25*

男倒，女正。　　23.24

男淸女明。　　　22.06

男驚運頭，女驚　35.09*

見靈不哀，不如　24.11

豆干，孝阿祖。　33.29

走頂走下，唔值　11.42

車輪牌翺繪過濁　15.04

那拔，繪上桌得　33.30

那拔仔繪上得三　33.30*

尫公顯，弟子落 34.17*
尫公顯，弟子窮 34.17*
扱著，死翁的。 35.05*

8劃
亞細亞的孤兒。 16.12
來去鹽埕埔看查 11.27
來食新娘一杯茶 22.25
刺瓜刺刺刺，東 11.07
叔仔接嫂仔 25.05*
咒詛錢，𣍐過暝 36.16*
周池仔好榜路， 14.34
命歹嫁八罩，命 35.30*
命帶骨，削𣍐黜 35.28*
命裏只有八合米 35.28*
命裏有時終須有 35.28*
命裏帶六合，處 35.29
妻財子祿皆前定 35.30
姑表相趁，歸大 22.22
姑換嫂，一頭好 22.21*
姑換嫂。 22.21
孤魂野鬼。 32.23
宗敎的歸宗敎， 34.39
官不守法千人怨 12.12
官佃查埔，娶無 13.15
官唔驚你散，鬼 32.23*

官剝地皮，人剝 12.28
拔竹籬，生好囝 21.22*
抽豬母稅。 22.17
抵著，貴人。 35.08
拘留二九工。 12.19
放五虎利，好燴 12.06*
放手尾錢，富貴 23.04
昔爲階下囚，今 13.51
枕頭邊聽無義理 14.17
東甲好筆尾，南 11.40
東原謙記，秀英 14.32
法律千百條，不 12.11*
法律之前人人平 12.48*
法院親像天主教 13.36
爬上三貂嶺，就 11.24
狗，咬衰人。 35.11
狗去，豬來。 12.03*
空手，唔敢做人 24.18
花不香，鳥不語 11.18
花是苦楝，人是 12.15
花插頭前，唔通 24.15
初一早，初二早 21.13*
初一早食菜，卡 21.14
初一放水燈，初 33.07
初一遊，初二遊 21.13*

初一場，初二場 21.13

初九天公生，初 33.03

初五隔開，初六 21.16

近廟欺神。　　34.18*;326.28

金林投，銀八罩 11.05

金門無認同安， 11.29*

阿扁上台一年半 13.46*

雨對天窗潑落來 35.12

唔是同志，就是 12.22

保儀尊王無過獅 32.17

前世，夕積德。 36.05

前世人，擮破伊 36.06

前世人，踏破伊 36.06*

前世作孽，今世 36.04*

前棚傀儡，後棚 33.33

9劃

勇敢的台灣人。 14.04

南斗註生，北斗 32.02;113.02

南投痛，埔里止 11.39*

南院大鐘，開元 14.14

南部迎媽祖，北 32.16

哀父叫母。　　23.15*

咸豐三，講到今 13.33

兔肉卡甜雞肉。 12.44*

刻骨還父，割肉 32.12

刻薄成家，理無 36.17

品命底，唔通品 35.24

客人叫保正—— 14.48*;643.10*

屎桶仔彬，假辜 14.53*

度晬酒，無空手 24.07*

待御巷，小台灣 14.28

後山滯久，生囝 13.17*

後山滯久，番仔 13.17

後生哭家伙，新 23.15

後生得田骨，查 25.04

恨命，莫怨天。 35.42

拜，拜土治公； 34.07

拜月頭，孝月尾 33.01*

拜田頭田尾。　 33.17

拜好兄弟仔。　 33.24

拜忌辰拜到散， 33.53

拜灶頭。　　　 33.14

拜初一，十五。 33.01

拜初二、十六。 33.01*

拜門口。　　　 33.12

拜神無酒，博無 33.28

拜神燒金，拜鬼 33.32

拜神燒金，拜鬼 33.32*

拜媽祖，懷故國 33.50

拜墓頭。　　　 33.16

拜廳頭。　　　33.13

拜籬笆邊。　　　33.15

指腹爲婚。　　　22.20

政客的天堂，選 15.30

某囝著寄人飼。 12.50

查某囝七。　　 23.16

查某囝五花孝， 23.25

查某囝哭腳尾。 23.05

查某囝嫁去米粉 13.13*

查埔分家伙，查 25.04*

洲仔尾陳，拍人 14.47

活佛唔敬，敬死 34.30

皇天不負苦心人 31.46

看有食無癩仙膏 34.29*

看戲著戲本，看 23.29

穿七娘媽亭。　 24.08*

穿燈腳，生卵脬 21.22

紅面的，快落籠 36.22

紅宮，黑祖厝。 33.18

紅格桌頂，無祀 23.36*

紅格桌頂斟燒酒 33.28*

美國屎，卡芳。 13.41

若食鹽埕水，無 11.43*

若無三領衫，唔 23.06*

若會絕三代，也 22.18

要伊死，就勸伊 15.31

要信卵鳥面，唔 34.19

要借人死，唔借 23.37;531.35

要做台灣豬，唔 13.26

要娶嘉義人，要 13.07;523.32

要娶嘉義某，要 13.07*

要嫁都市乞食， 13.13;523.29

重慶寺，撈醋矸 33.41

面前埔陸，保舍 11.33*

風調雨順，五穀 21.17*

食人的餅，就是 22.05

食三角肉。　　 23.30

食大溪水，無肥 11.43

食多節圓，加一 21.01

食台灣米，飲台 11.47

食米粉芋，有好 21.36

食你的肉，無嚼 22.04*

食卵都有雙粒仁 35.37

食尾牙面憂憂， 21.02

食茄肥到若搖， 21.34*

食要走大目降。 16.06*

食要走番仔反。 16.06

食國民黨，飲國 15.20

食甜甜，互恁信 21.05*

食甜甜，互恁新 21.05*

食甜甜，好過年 21.18
食無油菜湯，睏 13.39
食著下林仔水， 11.43*
食著下林仔水， 11.43*
食著王城水，𣍐 11.43*
食著長女水，無 11.43*
食菜豆食到老老 21.34
食頓飯，走七遍 16.06*
食蘇振輝的肉粽 15.18
抹倒牆，娶好囝 21.22*

10劃

修心，卡好食菜 34.33*
冤有頭，債有主 36.02
冤枉啊，大人！ 12.16
冤鬼，抽舌筋。 36.19
准㖿准是𣍐兜的 15.13
剝皮媽。 24.09*
厝內無祀姑婆。 23.36
厝在遐，店在此 12.35
唐山出虎，台灣 11.17
唐山屎，放𣍐離 11.28
唐山重地理，台 12.29*
唐山過台灣，心 11.09
唐山過台灣，血 11.09*
唐山過台灣。 11.08
哭爸哭母。 23.15*
員外厝內尋無錢 12.41
埔里出美人。 14.19
家伙寄附尼姑庵 34.15*
家家阿彌陀，處 32.13
師公哄死鬼，和 34.18
師公頭，和尙尾 23.28
恭喜發財，紅包 21.17*
恭喜發財，萬事 21.17
捏死台灣人，餓 15.12
時也，命也，運 35.01
時到，花便開。 35.38*
時到花就開，水 35.02*
海翁，一年貼大 12.27*;612.69
海墘，扱著鬃。 35.05
留一半，爛一半 11.35*
眞人風，媽祖婆 32.16*
破佛興趖。 21.24
破病𣍐好，求神 33.40*
祖宗雖遠，祭祀 32.19
神，不可不信， 34.28
神仙，𣍐救無命 35.22
神明，專趁歹命 34.14*
神明，會保庇好 34.13
神明若靈聖，弟 34.17

神明會成人，也 34.26
神明興，弟子窮 34.17*
神得金，人得飲 33.52
紗帽若無鳥，作 36.21*
翁死，抵著夥大 35.13
臭狗仔，有禮無 13.37
臭草花，也有開 35.39
草屯死歸墩，南 12.42
草木神，興繪久 32.08
草地人驚掠，府 13.03
草地胡蠅，唔識 13.10
草地俶，府城戀 13.18
草索拖俺公，草 36.13
財甲新艋，勢壓 14.43
送巾，斷根。 24.12
送虎迎狼。 12.03
送扇，無相見。 24.13
送神早，接神晏 21.03
送神風，接神雨 21.03*
閃冬，則會輕鬆 22.27
除靈拆桌。 23.32
蚋仔港洗身軀。 13.34*

11劃
假得過，富無替 35.25*
做一男一女。 24.09

做人若有良心， 34.36*
做十六歲。 24.08
做六年，關六年 15.27
做天也繪中衆人 31.42
做月內。 24.04
做四月日。 24.06
做忌，抵著惡鬼 35.13*
做度晬。 24.07
做鬼師公，白賊 23.44
做惡做毒，騎馬 36.23
做滿月。 24.05
偷挽蔥，嫁好翁 21.22*
偷魯古，得好某 21.22*
商人，無祖國。 13.53
問神就有唔著， 34.14
唸佛，唸在心內 34.34
國庫通黨庫，黨 12.38
娶某前，生囝後 35.10
娶神主牌仔。 22.24
專驚五月十三， 33.54*
崙仔頂攻田厝。 13.28
崗山佛祖，鯤鯓 33.21
帶文昌來出世。 35.21
帶鉸刀旁，鐵掃 35.23
張公，廖媽，簡 11.34

張飛押陣尾。　　　13.24

張頭許尾。　　　　33.08

掠猴斬後腳筋。　　25.07*

掠猴割頭鬃。　　　25.07

棺籃仔，假燒金　14.31; 527.12

梟人，無好尾。　　36.16*

欲求天上福，須　　34.10

淡水河無扒龍船　　21.29*

清水岩的雞角　　　35.42*

清朝重風水，民　　12.29

清朝錢，明朝進　　16.04

現代包公──包　　15.25

甜粿荼年，醆粿　　21.05

眾人喪，無人扛　　23.26

票房毒藥──台　　15.10

笨港──查某贏　　14.15

笨港──查畝營　　14.15*

第一任蔣中正，　　12.21

第一好張德寶，　　14.44

第一好過番，第　　11.02

細姨生团，大某　　25.08

莫謂蒼天無保庇　　34.01*

荷人治城，漢人　　11.25

蛇傷虎厄，天地　　35.03

許榮淑輸張子源　　15.28

貪污者死，買票　　15.07

這世做，後世報　　36.04*

這關拚會過，食　　35.04

逢李必打，逢扁　　13.50

陳林半天下，許　　11.32*

陳林李，結生死　　13.30

陳林李蔡，天腳　　11.32

陳林李蔡施，鄭　　11.35

頂下郊拚。　　　　13.33*

頂天羅，下地網　　31.28*

頂港潘永清，下　　14.37

頂街天主教，下　　15.01*

頂街靠大杉，下　　13.32

鹿港人，講話無　　13.05

鹿港人厚臭頭。　　13.04

鹿港三不見。　　　11.38

鹿港施一半，社　　11.35*

鹿港查埔，台北　　14.08

麻衫無吊上壁，　　23.12

麻燈債。　　　　　25.14

割肉，唔是割香　　33.54*

12劃

博無杯幹撟天地　　33.28*

婿唔婿故鄉水，　　11.37*

喜不見喜，王不　　22.15*

喜沖喜。	22.15	善人得福爲之賞	36.10*
富的富上天；窮	12.51	善有善報，惡有	36.10
富燒香，貧相命	33.38	善有善報，惡有	36.10*
插松卡勇龍，插	21.33*	善惡到頭將有報	36.10*
插香鬆，趁錢就	33.35	善積者昌，惡積	36.10*
提範提，投範投	15.16	註生娘娘，唔敢	32.11
揖墓龜，嘛愛看	35.38*	註死，拍唔見藥	35.22*
散，散我本頂！	12.39*	買大厝，大富貴	23.08
散人破病，求符	33.40	買票無一定當選	15.14*
無二步七仔，唔	13.06*; 433.19	買貨看標頭，選	15.08
無二步七仔，唔	13.06*; 433.19	買菜，兼禮拜。	34.22
無金燒竹葉。	34.09*	買壽板，買大厝	23.08*
無時無候，二九	22.11	越奸越巧越貧窮	31.29
無貫鼻的台灣水	14.06	開鬼門，關鬼門	33.09*
無啥路用佛仔，	33.54*	項羽有千斤力，	35.24*
無想貪，著免信	34.20	順天者存，逆天	31.35
無疑無誤，就去	35.17	順孝婆。	22.16
無福不成衙。	12.10	順風駛船人人愛	35.37*
無端獲福，禍必	36.10*	順續，攻彰化。	16.08
無澎，不成籤。	13.09	飲大井水，無肥	11.43*
番仔若穿褲，平	13.20	黃皮，白心。	13.42
番仔酒矸。	14.30	黃河尚有澄清日	35.40*
睏空鋪，唔死翁	22.14	黃虎生在太平洋	16.11
童乩偷创豬，見	12.17	黃虎跳落太平洋	16.11*
粟仔若老家己開	35.39*	黃南球，放屎嚇	13.19

13劃

亂亂做，𣍐責頭 36.18

圓人會扁，扁人 35.34*

圓仔花醜唔知。 13.21; 235.19

嫁入城無食嘛好 13.13*

嫁神主。 22.24*

媽祖婆押後。 33.45

媽祖婆飯，食𣍐 32.16*

嫂仔唔免哭，姑 33.54

想要扛轎步步進 35.18*

想富散到，想食 35.18

愛拚則會贏！ 16.15; 242.15

敬人，先敬神。 33.31

敬天地蔭囝孫， 31.36

敬鬼神而遠之。 34.25

新台灣人。 16.14*

新年卡好舊年。 21.07*

新年頭，舊年尾 21.11

新而獨立的國家 16.16

新例無設，舊例 25.17*

新埔阿妹勝牡丹 14.20

新套舊年年有。 21.03*

新婦哭禮數，查 23.15*

新港人來永安， 14.22

新港老虎，北港 32.16*

新雷猶唔知，舊 36.03*

新營有廟唔做醮 34.17*

暗暗抓，生卵脬 22.26

會欠得一年，𣍐 21.09*

會堪得過西螺大 13.06

會過得鐵枝路， 13.27

會顧得東嶽，𣍐 32.05

會顧得城隍，𣍐 32.05*

滅卻心頭火，點 34.10*

照井水，面卡美 21.32*

當選過關，落選 15.22

萬年老賊。 15.23

萬事不由人計較 35.28*

萬事由天莫強求 31.37

萬般都是命，半 35.28*

聖，聖到哪北港 32.16*

腳尾飯，腳尾紙 23.07

腳長，有食福。 24.02

腳唔踏你的地， 23.40

腹肚斷油臊，則 12.44

落土時，八字命 35.20

落水叫三界，上 34.21

落地生根。 11.37*

落敎，死無人哭 23.42

落葉歸根。 11.37*

落難神明。　34.18*

葬儀社愛人死，　15.29

賊劫火燒，命裏 35.26*

賊星，該敗。　35.31

路頭帖仔。　25.15

跳火城，輸輸爭 21.07*

跳火盆，飼豬卡 21.07

跳得過，富無退 21.07*

跳童乩，扛攑轎 33.39

跳菜股，娶好某 21.22*

跳艙出如來佛的 32.14

運去金成鐵，時 35.02

運去黃金失色，　35.02*

遊府食府，遊縣 32.21; 133.09

遊縣食縣，遊府 32.21*

道理，聽在尻脊 34.23

道理精，道理精 34.23*

過山，唔知囝哭 11.24*

過河卒仔——有 14.05

過關孔子。　32.15*

雷公仔點心。　36.03*

雷拍火燒，命裏 35.26*

雷陳，有認主。 36.03

飼大豬有人稱讚 33.27*

飼鳥鼠咬破布袋 13.52

飼豬成豬哥，飼 35.14

飽年，飽節。　21.38

14劃

儹鑽，唔值著抵 35.07*

嘉義嘉義，借錢 13.08

嫡半，庶半，螟 25.05

嫡全，庶半，螟 25.05*

寧可信其有，不 34.27

寧投台灣牛，勿 15.06

寧願破產，不能 15.21

對年對哀哀，三 23.35

摸刀頭起大樓　32.15*

漳泉拚。　13.33*

漢賊不兩立，國 12.31*

漢賊不兩立。　12.31

盡人事，待天命 31.48

盡人事，待聽命 31.48*

盡忠，死無棺柴 36.22*

盡忠的，死代先 36.22*

盡靠六個門。　11.21*

盡靠六衙門。　11.21*

盡靠鹿耳門。　11.21

福佬嬤，討客兄 13.22

福建總督管二省 12.10*

福祿壽，難得求 33.58

禍福無門，唯人 36.08

種瓜得瓜，種豆 36.01

蓆老爹，兵大爺 12.01; 613.34

蝕兄弟，僥伙記 36.16

說𣍐清楚，講𣍐 15.05

遠祖不如近祖親 11.36

遠報兒孫，近報 36.12

魂升上天，魄降 23.38

15劃

儉腸塌肚，儉要 33.54*

廟內起鼓，厝內 33.36

標會仔，請人客 14.21

歐風美雨。 25.19

澎湖唔認惠安， 11.29*

澎湖查某，台灣 14.13

澎湖若有路，台 11.14

嘭嘭嗙嗙，趁錢 14.26

熟客人，戀福佬 13.23

盤山過嶺，就𣍐 11.24*

盤古開天。 32.09

蔡姑娘嫁翁—— 14.54

蔡抵蔡，神主牌 13.29

蔡抵蔡，神主損 13.29*

蝦仔兵，草蜢將 12.02*; 613.35

請鬼入宅。 33.46

豬刀利利，趁錢 36.15

豬公掛金牌，笑 33.27

豬就是豬，北京 12.03*

賣祖宗本，食子 12.39

踏草青，生後生 21.27*

鄭役場，阮組合 15.02

靠天食飯。 31.18*

鬧熱有時過，三 21.39

學有凌雲之志， 35.19

16劃

憑天，候時。 35.38

憑神，福祿。 33.51

憑番勢，李仔春 14.55; 642.13

擋久，道輪管甫 12.06; 427.19

擔扁擔，打天下 11.23*

擔鹿港，走埔社 11.23

橋南唔認惠安， 11.29*

濁水溪五十年清 35.40

燒一炷清香，卡 4.09

燒山毒窟，絕囝 36.14

燒火炭，賢生湠 22.08

瞞活人目，答死 23.45

瞞會過人，瞞𣍐 31.09*

瞞會過人，瞞𣍐 34.08

積善之家必有餘 36.11

積善成名，積惡 36.10*
積福有福在，行 36.11*
翰林窟，會得入 33.18*
親不親，故鄉人 11.37
親中反台。　　　13.56
謀事在人，成事 31.06
貓不在，鳥鼠就 15.26
貓親成，狗斷路 24.14
輸人唔輸陣，輸 33.48
輸人唔輸陣，輸 33.48*
輸人唔輸陣，輸 33.48*
選舉前嗆大聲， 15.24
選舉無司父，加 15.14
錯掠，無錯放。 12.24*
錯殺一百，不可 12.24
錢若便，某滯六 14.10
錢進中國，債留 13.53*
閻王好見，小鬼 32.22
頭上三尺，騰雲 34.01*
頭牙早，尾牙晏 21.25*
頭牙無拜尾牙衰 21.25
頭牙無做，尾牙 21.25*
頭代鹽薑醬醋， 11.20*
頭戴人的天，腳 16.03
頭戴明朝帽，身 16.07*

頭擺糕，二擺桃 22.26*
龜爬上壁。　　　33.56*

17劃以上

閹雞拖木屐，現 35.27
舉頭三尺，有神 34.01
舉頭看天。　　　31.31
薄禮，卡贏失禮 24.17*
虧人是禍，饒人 36.09*
講話，唔驚天公 31.11
甕內無米，三貂 11.22
舊例無滅，新例 25.17
雙手，二片薑。 12.38*; 131.26
雙溪石頭鼓，內 14.19*
雙腳，夾一個卵 12.38*; 131.27
雞母屎——半烏 13.43; 326.09
雞籠人嘴闊食四 13.01
騎車無用後架， 14.50
羅安救萬人，萬 33.23
關公在受氣，媽 15.11
擇香，隨拜。　　33.36*
擇香，隨師公。 33.36*
勸人做好代，卡 34.33
贏了選舉，失了 15.33
鹹菜甕的乞食， 13.14
籠內雞角——恨 35.42*

聽天，由命。　　31.32
驚王公生，唔驚　32.18*; 33.54*
觀音抱大屯，贅　11.31
鱸鰻掠去花蓮港　12.18
戇人拜公媽，那　32.20*

三、語義分類查句

鄉土	**10.**	文化歧視	36-45
唐山過台灣	11.	政黨緊張	46-50
台灣眞好	01-07	媚中反台	51-56
唐山闖台	08-14	**台灣人列傳**	**14.**
未竟樂園	15-22	自我理解	01-07
拚命開發	23-26	台灣男女	08-20
城鎮出現	27-28	庶民點滴	21-26
脫離唐山	29-30	紅塵春色	27-32
根植台灣	31-36	文人縉紳	33-38
鄉土情懷	37-48	豪門大戶	39-45
殖民地慘況	12.	有力人士	46-50
光復一瞥	01-03	傳奇人物	51-54
貪官污吏	04-14	賢哲領袖	55-56
恐怖統治	15-28	**選舉救台灣**	**15.**
騙民宣傳	29-34	地方派系	01-04
掏空台灣	35-39	選戰妙語	05-13
人民遭殃	40-51	勝選內幕	14-20
民情和族群	13.	敗選苦景	21-22
地方民情	01-09	如此民代	23-26
異地相輕	10-18	選民怨嘆	27-33
族群緊張	19-26	**獨立新國家**	**16.**
分類鬥爭	27-35	大陸逃城	01-04

蕩亂抗暴	05-10		慶弔禮物	24.
台灣新國	11-16		生命禮儀	01-10
慣習	**20.**		弔慰喪事	11
民俗節慶	21.		禮物忌諱	12-14
準備過年	01-09		送禮感想	15-18
歡渡新正	10-16		慣習雜俗	25.
新年好話	17-19		所謂風俗	01-02
元宵頭牙	20-25		財債繼承	03-05
踏青掃墓	26-28		掠猴私刑	06-07
五日節慶	29-34		慣習雜俗	08-15
七八民節	35-36		感想態度	16-19
年節感想	37-41		**信仰**	**30.**
婚嫁禮俗	22.		天道天命	31.
嫁娶禮數	01-09		主宰攝理	01-06
忌諱沖剋	10-15		感應監察	07-15
婚娶類型	16-24		愛養衆生	16-21
食新娘茶	25-25*		公道無私	22-24
轉厝歸寧	26-27		賞善罰惡	25-30
喪葬禮俗	23.		順天謝天	31-38
喪葬準備	01-09		疑天怨天	39-42
父母之喪	10-17		天人合作	43-49
夫婦之喪	18-20		神鬼世界	32.
子媳之喪	21-22		天神地祇	01-05
喪禮慣習	23-36		物神樹神	06-08
有關感想	37-47		道教神仙	11-12

佛教神佛	13-14		時數命運	35.
聖賢英烈	15-16		時運重要	01-04
鄉土神祇	17-18		所謂好運	05-10
祖先家神	19-20		如此歹運	11-15
厲神孤魂	21-23		時機得失	16-19
祀神祭禮	33.		命裏註定	20-31
祭祀時間	01-11		算命問命	32-33
禮拜地點	12-19		時來運轉	34-40
祭拜對象	20-24		樂觀打拚	41-45
牲醴供物	25-30		「衰運」→	**132.**
祭拜儀禮	31-37		「禍福」→	**133.**
祈願拜請	38-42		因果報應	36.
迎神賽會	43-52		因因果果	01-06
感想見解	53-58		必有報應	07-10
宗教態度	34.		報應方式	11-20
神佛遍在	01-02		懷疑報應	21-23
何謂神鬼	03-05			
虔誠信靠	06-14			
省少廟事	15-21			
冷淡離教	22-24			
敬遠保留	25-29			
先盡人事	30-34			
修心為要	35-36			
人神相依	37-38			
慎用宗教	39-40			

國家圖書館出版品預行編目資料

台灣俗諺語典，卷七‧鄉土、慣俗與信仰／
陳主顯著. -- 初版. -- 台北市：前衛，
2003 [民92]，640面；15×21公分

ISBN 978-957-801-415-2(精裝)

1. 諺語 - 台灣

539.9232   92014378

台灣俗諺語典
《卷七‧鄉土、慣俗與信仰》

著　　者　陳主顯

出 版 者　前衛出版社

　　　　　10468 台北市中山區農安街153號4F之3

　　　　　Tel: 02-25865708　Fax: 02-25863758

　　　　　郵撥帳號：05625551

　　　　　E-mail: a4791@ms15.hinet.net

　　　　　http://www.avanguard.com.tw

出版總監　林文欽

法律顧問　南國春秋法律事務所 林峰正律師

出版日期　2003年09月初版第一刷

　　　　　2011年07月初版第三刷

總 經 銷　紅螞蟻圖書有限公司

　　　　　台北市內湖舊宗路二段121巷28.32號4樓

　　　　　Tel: 02-27953656　Fax: 02-27954100

©Avanguard Publishing House 2003

Printed in Taiwan　ISBN 978-957-801-415-2

定　　價　新台幣500元

＊「前衛本土網」http://www.avanguard.com.tw
＊加入前衛出版社臉書facebook粉絲團，搜尋關鍵字「前衛出版社」，按下“讚”即完成。
＊一起到「前衛出版社部落格」http://avanguardbook.pixnet.net/blog互通有無，掌握前衛最新消息。

⊙更多書籍、活動資訊請上網輸入關鍵字“前衛出版”或“草根出版”。